ANNA LEISNER-EGENSPERGER

Vielfalt – ein Begriff des Öffentlichen Rechts

Schriften zum Öffentlichen Recht

Band 965

Vielfalt – ein Begriff des Öffentlichen Rechts

Von

Anna Leisner-Egensperger

Duncker & Humblot · Berlin

Bibliografische Information Der Deutschen Bibliothek

Die Deutsche Bibliothek verzeichnet diese Publikation in der Deutschen Nationalbibliografie; detaillierte bibliografische Daten sind im Internet über <http://dnb.ddb.de> abrufbar.

Fremddatenübernahme und Druck:
Berliner Buchdruckerei Union GmbH, Berlin
Printed in Germany

ISSN 0582-0200
ISBN 3-428-11583-X

Gedruckt auf alterungsbeständigem (säurefreiem) Papier
entsprechend ISO 9706 ♾

Internet: http://www.duncker-humblot.de

Vorwort

„Vielfalt" hat einen guten Klang. Auf allen Ebenen des Öffentlichen Rechts – im Gemeinschafts-, Staats- und Verwaltungsrecht, spricht das Wort einen zu bewahrenden oder erwünschten Ordnungszustand an. Von der Meinungsvielfalt bis zum Naturschutz, von Föderalismus und Kommunalisierung bis zur Europäischen Union wird Vielfalt ständig beschworen. So drängt sich die Frage auf, ob es einen Begriff der Vielfalt im Öffentlichen Recht gibt, oder gar eine „Vielfalt von Vielfaltsbegriffen", ob eine solche im Recht bereits einen Standort gefunden hat.

Die Gleichheit ist zu einer Grundlage des Öffentlichen Rechts geworden; sie hat vereinheitlicht, oft bis zur Schematisierung. Im Gegenzug sollte nun über eine Vervielfältigung der Rechtsordnung nachgedacht werden; dazu wird hier ein Anstoß gegeben.

Eine Dogmatik der Vielfalt gibt es nicht, und sie kann hier auch nicht in ausgebauter Form geboten werden. Ihre bereichsspezifischen Gewichte in verschiedenen Rechtsbereichen gilt es vielmehr induktiv zu erfassen, um daraus dann gewisse Grundorientierungen für einen allgemeinen Vielfaltsbegriff zu entwickeln. Vielleicht kann auf diese Weise Vielfalt als Rechtsbegriff des Öffentlichen Rechts, vor allem aber als Rechtswert bewusst werden.

Jena, im Februar 2004 *Anna Leisner-Egensperger*

Schulze-Fielitz DVBl 06, 94

Inhaltsverzeichnis

Abkürzungsverzeichnis

Hinsichtlich der Abkürzungen wird, soweit diese nicht nachfolgend erläutert werden, verwiesen auf *Kirchner, H.*, Abkürzungsverzeichnis der Rechtssprache, 5. Auflage, Berlin / New York 2003.

a.A.	anderer Ansicht
a.E.	am Ende
a.F.	alte Fassung
a. a. O.	am angegebenen Ort (unter Bezugnahme auf die jeweils vorhergehende Fußnote)
abgedr.	abgedruckt
Abl.	Amtsblatt
abl.	ablehnend
Abs.	Absatz
AfK	Archiv für Kommunalwissenschaften (*Zeitschrift*)
AfP	Archiv für Presserecht (*Zeitschrift*)
allg.	allgemein
Alternativkommentar, Bd. 1–2	Wassermann, R. (Hrsg.), Alternativkommentar zum Grundgesetz, Band 1 und 2, 2. Auflage, 1989
amtl.	amtlich
Anm.	Anmerkung
AöR	Archiv des öffentlichen Rechts (*Zeitschrift*)
Art.	Artikel
ausf.	ausführlich
AVR	Archiv des Völkerrechts (*Zeitschrift*)
Badura, P., StaatsR.	*Badura, P.,* Staatsrecht, 2. Auflage, 1996
BayVBl	Bayerische Verwaltungsblätter (*Zeitschrift*)
BayVerfGH	Bayerischer Verfassungsgerichtshof
BayVGH	Bayerischer Verwaltungsgerichtshof
BB	Betriebsberater (*Zeitschrift*)
BBauBl.	Bundesbaublatt
BBG	Bundesbeamtengesetz
Bd.	Band
Bde.	Bände
BerlVerfGH	Berliner Verfassungsgerichtshof
BGBl.	Bundesgesetzblatt

BNatSchG	Gesetz über Naturschutz und Landschaftspflege (Bundesnaturschutzgesetz)
BStBl	Bundessteuerblatt
BT	Bundestag
BT-Drucks	Bundestagsdrucksache
BVerfG(E)	Bundesverfassungsgericht(-sentscheidungen)
BVerfGG	Bundesverfassungsgerichtsgesetz
BVerwG(E).	Bundesverwaltungsgericht(-sentscheidungen)
BWGZ	Baden-Württembergische Gemeindezeitung (*Zeitschrift*)
bzw.	beziehungsweise
d.h.	das heißt
Degenhart, Chr., StaatsR	*Degenhart,* Chr., Staatsrecht. Band 1, Staatszielbestimmungen, Staatsorgane, Staatsfunktionen, 15. Auflage, 1999
ders.	derselbe
dies.	dieselbe(n)
Diss.	Dissertation
DIW	Deutsches Institut für Wirtschaftsforschung
DJT	Deutscher Juristentag
DÖV	Die öffentliche Verwaltung (*Zeitschrift*)
Dreier, H., GG, Bd. 1–2	Dreier, H. (Hrsg.), Grundgesetz. Kommentar, Band 1, 1996; Band 2, 1998; Band 3, 2000.
DVBl.	Deutsches Verwaltungsblatt (Zeitschrift)
E	Entscheidung(en)
ebda.	ebenda
EG	Europäische Gemeinschaft
EGV	Vertrag zur Gründung der Europäischen Gemeinschaft vom 25. März 1957 (in der Fassung des Vertrages über die Europäische Union vom 26. Februar 2001 – Nizza)
Einf.	Einführung
Einl.	Einleitung
EuGH	Europäischer Gerichtshof
EuGRZ	Europäische Grundrechte-Zeitschrift (*Zeitschrift*)
EuR	Europarecht (*Zeitschrift*)
EinigungsV	Vertrag zwischen der Bundesrepublik Deutschland und der Deutschen Demokratischen Republik über die Herstellung der Einheit Deutschlands vom 31. August 1990 (Einigungsvertrag), BGBl. 1990 II, S. 889.
EvStL, Bd. 1–2	Herzog, R. / Kunst, H. / Schlaich, K. / Schneemelcher, W. (Hrsg.), Evangelisches Staatslexikon, Band 1 und 2, 3. Auflage, 1987
f., ff.	folgend, fortfolgend

f. viele	für viele
FG	Festgabe (zu Herausgeber und Titel siehe das Literaturverzeichnis)
Fn.	Fußnote
FR	Finanzrundschau (bis 1990); Finanzrundschau für Einkommensteuer, mit Körperschaftsteuer und Gewerbesteuer (seit 1991) (*Zeitschrift*)
Fr.	Fragment
frz.	Französisch
FS	Festschrift (zu Herausgeber und Titel siehe das Literaturverzeichnis)
GewArch	Gewerbearchiv (*Zeitschrift*)
GG	Grundgesetz
ggf.	Gegebenenfalls
grdl.	grundlegend
grds.	grundsätzlich
GrS	Großer Senat
GS	Gedächtnisschrift (zu Herausgeber und Titel siehe das Literaturverzeichnis)
GWB	Gesetz gegen Wettbewerbsbeschränkungen (Kartellgesetz)
HdbDStR, Bd. 1–2	Anschütz, G. / Thoma, R. (Hrsg.), Handbuch des Deutschen Staatsrechts, Band 1, 1930, Band 2, 1932
HdbStKirchR, Bd. 1–2	Listl, J./Pirson, D. (Hrsg.), Handbuch des Staatskirchenrechts der Bundesrepublik Deutschland, 2. Auflage, Band 1, 1994; Band 2, 1995.
HdbStR, Bd. 1–9	Isensee, J. / Kirchhof, P. (Hrsg.), Handbuch des Staatsrechts der Bundesrepublik Deutschland, Band 1, 2. Auflage, 1995; Band 2, 2. Auflage, 1998, Band 3, 2. Auflage, 1996, Band 4, 2. Auflage, 1999; Band 5, 2. Auflage, 2000; Band 6, 2. Auflage. 2001; Band 7, 1992; Band 8, 1995; Band 9, 1997
HdbVerfR	Benda, E./Maihofer, W./Vogel, Hans-Jochen (Hrsg.), Handbuch des Verfassungsrechts der Bundesrepublik Deutschland, 2. Auflage, Berlin / New York 1994
Herv. d. Verf.	Hervorhebung des Verfassers
h.L.	herrschende Lehre
h.M.	herrschende Meinung
Hrsg.	Herausgeber
i. Anschl.	im Anschluss
i. Folg.	im Folgenden
i.S.	im Sinne
insb.	insbesondere
JA	Juristische Arbeitsblätter (*Zeitschrift*)

JbFSt	Jahrbuch der Fachanwälte für Steuerrecht
Jellinek, G., Staatslehre	*Jellinek,* G., Allgemeine Staatslehre, 3. Auflage, 1913 (Siebenter Neudruck 1960)
JöR	Jahrbuch des öffentlichen Rechts der Gegenwart (*Zeitschrift*)
JR	Juristische Rundschau (*Zeitschrift*)
Jura	Juristische Ausbildung (*Zeitschrift*)
JuS	Juristische Schulung (*Zeitschrift*)
JZ	Juristenzeitung (*Zeitschrift*)
Kap.	Kapitel
KJ	Kritische Justiz *(Zeitschrift)*
Komm.	Kommentar
krit.	kritisch
KritV	Kritische Vierteljahresschrift für Gesetzgebung und Rechtswissenschaft (*Zeitschrift*)
LKV	Landes- und Kommunalverwaltung (*Zeitschrift*)
LS	Leitsatz
m. Nachw.	mit Nachweisen
m. umfangr. Nachw.	mit umfangreichen Nachweisen
m. w. N.	mit weiteren Nachweisen
m. zahlr. Nachw.	mit zahlreichen Nachweisen
Maunz, Th. / Dürig, G., GG	Maunz, Th. / Dürig, G. / Herzog, R. / Scholz, R. / Lerche, P. / Papier, H.-J. / Randelzhofer, A. / Schmidt-Aßmann, E. (Hrsg.), Grundgesetz. Kommentar, Loseblatt, 1958 ff.
Maunz, Th. / *Zippelius,* R., StaatsR	*Maunz,* Th. / *Zippelius,* R., Deutsches Staatsrecht, 30. Auflage, 1998
n.F.	neue Fassung
N.F.	Neue Folge
Nachdr.	Nachdruck
Nachw.	Nachweis(e)
Nachw. b.	Nachweis(e) bei
Nachw. z. Schrifttum b.	Nachweis(e) zum Schrifttum bei
neg.	negativ
NJW	Neue Juristische Wochenschrift (*Zeitschrift*)
NuR	Natur und Recht (*Zeitschrift*)
NVwZ	Neue Zeitschrift für Verwaltungsrecht (*Zeitschrift*)
NW	Nordrhein-Westfalen, nordrhein-westfälisch
NWVBl.	Nordrhein-Westfälische Verwaltungsblätter (*Zeitschrift*)
NZBau	Neue Zeitschrift für Baurecht und Vergaberecht (*Zeitschrift*)
o.	oben

Oppermann, Th., EuropaR	*Oppermann,* Th., Europarecht, 2. Auflage, 1999
OVG(E)	Oberverwaltungsgericht(-sentscheidungen)
Parl. Rat	Parlamentarischer Rat
PrALR	Preußisches Allgemeines Landrecht
preuß.	preußisch
RdJB	Recht der Jugend und des Bildungswesens (*Zeitschrift*)
RFH(E)	Reichsfinanzhof(-sentscheidungen)
RiA	Recht im Amt (*Zeitschrift*)
Rn.	Randnummer
Rs.	Rechtssache
s.	siehe
Sachs, M., GG	Sachs, M. (Hrsg.), Grundgesetz, 2. Auflage, 1999
Schmidt-Bleibtreu, B. / Klein, F., GG	*Schmidt-Bleibtreu,* B. / *Klein,* Franz, Kommentar zum Grundgesetz, 9. Auflage, 1999
SGB	Sozialgesetzbuch
SGb	Die Sozialgerichtsbarkeit (*Zeitschrift*)
SGG	Sozialgerichtsgesetz
Slg.	Sammlung
sog.	sogenannte(r)
Sp.	Spalte
st. Rspr.	ständige Rechtsprechung
StB	Der Steuerberater (*Zeitschrift*)
Stbg	Die Steuerberatung (*Zeitschrift*)
StbJb	Steuerberater-Jahrbuch
StbKongrRep	Steuerberaterkongreß-Report *(Jahrbuch, seit 1977; bis 1976 Steuerkongreß-Report, s. u.)*
StBp	Die steuerliche Betriebsprüfung *(Zeitschrift)*
Stern, K., StaatsR, Bd. 1, 2, III/1, III/2	*Stern,* K., Das Staatsrecht der Bundesrepublik Deutschland, Band 1, 2. Auflage, 1984; Band 2, 1980; Band III / 1, III / 2 unter Mitwirkung von *Sachs, M.*, 1988 bzw. 1994
StL	Görres-Gesellschaft (Hrsg.), Staatslexikon: Recht, Wirtschaft, Gesellschaft, 7. Aufl., Band 1, 1985, Band 2, 1986, Band 3, 1987, Band 4, 1988, Band 5, 1989, Band 6, 1992, Band 7, 1993
str.	strittig
StStud	Steuer und Studium (*Zeitschrift*)
StuW	Steuer und Wirtschaft (*Zeitschrift*)
ThürNatG	Thüringer Gesetz über Naturschutz und Landschaftspflege (Thüringer Naturschutzgesetz)
ThürVBl	Thüringer Verwaltungsblätter (*Zeitschrift*)
u.	und, unten

u. a.	und andere, unter anderem
umfangr. Nachw.	umfangreiche Nachweise
UPR	Umwelt- und Planungsrecht (*Zeitschrift*)
usw.	und so weiter
Verw	Die Verwaltung (*Zeitschrift*)
VerwArch	Verwaltungsarchiv (*Zeitschrift*)
vgl.	vergleiche
von Mangoldt, H. / Klein, F. / Starck, Chr., GG	von Mangoldt, H. / Klein, F. / Starck, Chr. (Hrsg.), Bonner Grundgesetz. Kommentar, Band 1, 4. Auflage, 1999; Band 2, 4. Auflage 2000; Band 3, 4. Auflage 2001
von Münch, I. / Kunig, Ph., GG, Bd. 1–3	von Münch, I. / Kunig, Ph. (Hrsg.), Grundgesetz-Kommentar. Band 1, 5. Auflage, 2000; Band 2, 5. Auflage, 2001; Band 3, 5. Auflage, 2003
Vorb.	Vorbemerkung
VVDStRL	Veröffentlichungen der Vereinigung der Deutschen Staatsrechtslehrer
VwGO	Verwaltungsgerichtsordnung
VwVfG	Verwaltungsverfahrensgesetz
Wolff, H. J. /Bachof, O. / Stober, R., VerwR I	*Wolff,* H. J. / *Bachof,* O. / *Stober,* R., Verwaltungsrecht I, 11. Auflage, 1999
z. B.	zum Beispiel
ZfP	Zeitschrift für Politik (*Zeitschrift*)
ZG	Zollgesetz
Zges	Zeitschrift für Gesetzgebung (*Zeitschrift*)
ZgesStW	Zeitschrift für die gesamten Staatswissenschaften (*Zeitschrift, bis 1945*)
ZHR	Zeitschrift für das gesamte Handelsrecht und Wirtschaftsrecht (*Zeitschrift*)
zit.	zitiert
ZLW	Zeitschrift für Luftrecht und Weltraumfragen (*Zeitschrift*)
ZO	Zeitschrift für Organisation (*Zeitschrift*)
ZöR	Zeitschrift für öffentliches Recht (*Zeitschrift*)
ZParl	Zeitschrift für Parlamentsfragen (*Zeitschrift*)
ZPO	Zivilprozessordnung
ZRP	Zeitschrift für Rechtspolitik (*Zeitschrift*)
ZSR	Zeitschrift für Sozialreform (*Zeitschrift*)
ZUM	Zeitschrift für Urheber- und Medienrecht (*Zeitschrift*)
ZUR	Zeitschrift für Umweltrecht (*Zeitschrift*)
zutr.	zutreffend
zutr. betont bei	zutreffend betont bei

A. Vielfalt als Rechtsbegriff – Ziel und Plan der Untersuchung

I. „Vielfalt“: Außerrechtliche und rechtstypische Begrifflichkeit – das Untersuchungsprogramm

1. „Vielfalt“ – „Mannigfaltigkeit“: Der „klassische“ allgemeine Sprachgebrauch

a) Der Begriff „Vielfalt“ wird seit der Antike verwendet und hat mit im Wesentlichem gleichem Inhalt Eingang in moderne Sprachen gefunden (*variété, variety*). Im allgemeinen Sprachgebrauch lässt sich ein über Nuancen hinaus reichender Unterschied zwischen „Vielfalt“ und „Mannigfaltigkeit“ nicht feststellen.[1]

Als lexikalischer Sach- und Fachterminus begegnet Mannigfaltigkeit allerdings nur in der n-dimensionalen Mathematik, variété bereits seit langem in der Botanik, die sprachlich nahe verwandte Variation in nautischen und musikologischen Zusammenhängen.[2] Dies alles kann bei einer juristischen Analyse vernachlässigt werden.

Bedeutsam ist dagegen ein allgemeiner Sprachgebrauch, wie er sich bereits in der Antike inhaltlich konkretisieren konnte und vor allem über Latein als Bildungs- und Wissenschaftssprache gegenwärtige Wortinhalte mitgeprägt hat.

b) Im *Griechischen* begegnet „Vielfalt“ in verschiedenen Vokabeln. Da ist vor allem das *poikilon,* das eine Grundbedeutung des Buntfarbigen bezeichnet[3], die später auch gräzisierende lateinische Autoren aufnehmen,[4] das aber auch bereits früh das Kunstvolle anspricht – eben in seiner Vielfalt[5] und später, in einer bereits (immer weiter) übertragenen Bedeutung das Komplexe, Komplizierte, Vielschichtige, „Schillernde“[6].

---

1 Der letztere Begriff wurde wohl früher häufiger gebraucht. So findet sich im *Gesners* Thesaurus (Neubearbeitung des mehrsprachigen Thesaurus eruditionis scholasticae des Basilius Faber, Leipzig 1735) im deutsch-lateinischen Index nur „Mannigfaltigkeit“. Dieses Bild bietet auch die ihm Folgenden analysierte Literatur und Rechtsprechung.

2 So etwa schon in der Encyclopédie von *Diderot* und *d' Alembert,* „variété“.

3 So etwa bei *Herodot,* Historiae, 7, 61; *Euripides,* Bauch. 249.

4 Etwa *Terenz,* Eun. 4, 4, 16; *Vergil,* Eclog. 4, 42.

5 Für viele *Homer,* Od. 1, 132.

6 So wenn *Plato* das „Gute“ als ein(e Art von) poikilon bezeichnet, Protagoras, 334 b.

Diese letztere Bedeutungsschattierung der Vielfalt dürfte isoliert geblieben sein, während die des „Bunten“ immerhin auf „qualitativ unterschiedliche“ Vielfalt hindeutet. Dies gilt auch für die zahlreichen Wortzusammensetzungen, in denen das *poikilon* vorkommt, vor allem in dem bei *Homer* ständig gebrauchten Beiwort des Odysseus als eines *poikilometes,* klassisch übersetzt mit „listenreich“: All diese Wortverbindungen bezeichnen das Vielartige – das qualitativ Unterschiedliche, nicht nur eine quantitative Vielheit. Dieselbe qualitative Mannigfaltigkeit liegt auch ersichtlich von Anfang an den Worten *pantoios*[7] und *pantodapos* zugrunde, welches letztere ausdrücklich die Artenvielfalt ansprechen, ebenso die zahlreichen Begriffe, die mit *„panto* = all“ verbunden werden.

Eine spezifische Wortbedeutung, in der das *poikilon* als Vielfalt in einem bestimmten Sinn begegnet, der auch später noch den Begriffsinhalt der lateinischen *varietas* beeinflussen sollte[8], hat immerhin noch indirekte Beziehung zu dieser qualitativen Mannigfaltigkeitsvorstellung: das *poikilon* als „Veränderliches“[9], in Begriffsnähe zu jener gewandten Listigkeit, die das Wort ja ebenfalls beschreibt. Auch hier aber wird ein Wechsel von einem qualitativ Bestimmten zu einem anderen angesprochen, wiederum nicht etwa nur im Rahmen einer qualitativ gleichen Vielheit. Dies ist denn auch der Sinn des platonischen „Angenehm ist der Wechsel“, das in diesem Zusammenhang zitiert wird[10] und in *varietas delectat* zum geflügelten Wort wurde: Immer geht es um einen Wechsel nicht zwischen gleichartigen Dingen, sondern um unterschiedlichen, im Sinne qualitativer Verschiedenheit.

c) In dem lateinischen *varietas,* dem Ursprungsbegriff der modernen Vielfalt[11], findet sich, wie schon angedeutet, zwar der Reichtum der griechischen Wortschattierungen wieder.[12] Deutlich wird aber bereits bei *Cicero,* dass es sich bei dieser Mannigfaltigkeit um einen Begriff handelt, der alle möglichen Formen der Vielfalt bezeichnen kann.[13] Dabei wird Vielheit (*multae res*) zwar erwähnt, entscheidend

---

7 So verwendet es *Homer,* Ilias 2, 397, i.S.v. „mannigfachen Winden“.

8 Vgl. *Gesner*s Thesaurus (Fn. 1), der unter „varietas“ ausdrücklich darauf Bezug nimmt.

9 Siehe etwa *Aristoteles,* Ethik, 1, 10.

10 *Gesners* (Fn. 1); vgl. auch *Quintilian,* De arte oratoria 1, 12.

11 Während die bei *Gesner* (Fn. 1), vario, auch angesprochene diversité jedenfalls im gleichzeitigen französischen wissenschaftlichen Sprachgebrauch wohl vor allem in dem engeren Sinn der farblich-malerischen Unterschiedlichkeit gebraucht wurde (vgl. die Encyclopédie (Fn. 2, diversité), in dem sich bemerkenswert eine Ausgangsbedeutung der poikilon erhalten hat.

12 Vgl. die lexikalischen Überblicke in der letzten Zeit durchgehender lateinischer Wissenschaftssprachlichkeit, etwa im Lexicon catholicon Latinae Linguae, Leipzig, *Schwickert,* 1794, oder bereits bei *Gesner* (Fn. 1), unter varius, varietas, variare usw.

13 *Cicero,* De finibus, 2, 3: „Varietas ist ein lateinisches Wort, und es wird im eigentlichen (engeren) Sinn (proprie) für unterschiedliche Farben gebraucht. Es wird jedoch auch übertragen (transfertur) auf vieles Ungleiches (*disparia*): Gedicht, Rede, Sitten, Glück (Schicksal). Auch von mannigfachem Vergnügen (Lust, *voluptas*) – spricht man, wenn dies empfunden wird aus vielen unähnlichen (*dissimilibus*) Dingen, welche unähnliche Lustzustände hervorbringen.“

ist aber, dass sie untereinander unähnlich sind (*dissimiles*), was letztlich auf qualitative Unterschiede hinausläuft.

Klar erweist sich nun aber diese *Vielfalt als Gegenbegriff zur Gleichheit:* Sie tritt nur dort in Erscheinung, wo gerade *disparia,* eine Vielzahl ungleicher Dinge, festzustellen sind. Deshalb wird denn auch „Mannigfaltigkeit" nicht nur mit *varietas,* sondern auch mit *disparitas* übersetzt[14], ein Begriff, der eindeutig die Ausgangsbedeutung der „Ungleichheit" aufweist, von römischen Autoren jedoch synonym mit *varietas* gebraucht wird[15]. Daneben begegnen im Lateinischen zahlreiche Wortzusammensetzungen mit „multi-", welche ebenfalls „Vielfältiges" bezeichnen. Auch sie aber heben regelmäßig auf qualitative Unterschiedlichkeit ab.[16]

Der lateinische Sprachgebrauch bestätigt also die wesentlich *qualitativ* verstandene Begrifflichkeit der Vielfalt und zeigt diese zugleich als *Gegenbegriff zur Gleichheit.* Diesen beiden Orientierungen des allgemeinen Sprachgebrauches vor allem wird im Folgenden nachzugehen sein.

d) Bemerkenswert und von besonderer Bedeutung für die vorliegende Betrachtung ist allerdings, dass der Begriff der Vielfalt im allgemeinen wie literarischen Sprachgebrauch *nicht in spezifisch juristischen Zusammenhängen* verwendet wird. Allenfalls in jener *varietas sententiarum,* von der bei *Cicero* die Rede ist[17], könnte jene Meinungsvielfalt gesehen werden, die in einem demokratischen Staat geradezu ein politisch-staatsrechtlicher Schlüsselbegriff geworden ist; doch es fehlt auch hier ein spezifisch verfassungsrechtlicher Begriffsinhalt.

Vielfalt und Mannigfaltigkeit zeigen also zwar gewisse – sehr allgemeine – Begriffsinhalte; auf eine traditionelle juristische Begriffsverwendung kann sich gegenwärtig jedoch weder ein Rechtsverständnis, noch weniger die Rechtsdogmatik stützen.

2. Vielfalt – ein neuer materieller Rechts- und Gesetzesbegriff: materielle Vielfaltsgebote

a) „Vielfalt" oder „Mannigfaltigkeit" haben als *„rechtstechnische" Begriffe keine Tradition.* In den Rechtslexica der Gegenwart tauchen sie als Stichworte nicht auf. Bezeichnend ist etwa, dass das *Corpus Iuris* den Begriff der *varietas* kaum und nur ablehnend gebraucht, im Übrigen nur den der *variatio* kennt. Dieser ist aber durchgehend zu verstehen im Sinne einer (Ab-)Änderung von Rechtsauf-

14 *Gesner* (Fn. 1), Index.

15 Nachw. b. *Georges,* Karl Ernst, Lateinisches Deutsches Handwörterbuch, disparilis.

16 Deutlich etwa wieder *Cicero,* Acad. 1, 7, der von „qualitates variae et quasi multiformes" spricht.

17 *Cicero,* De Oratore, 2, 14; und in der Encyclopédie (Fn. 2) heißt es (variété): „La variété des opinions étonne".

fassungen oder Anträgen, nicht in dem der Herstellung, Ordnung oder Bewahrung einer bestimmten Vielfaltslage.[18]

b) Daran scheint sich auch in den vergangenen Jahrzehnten wenig geändert zu haben – auf den ersten Blick. In den Sachregistern von Gesetzessammlungen, Lexica, Lehrbüchern oder Monografien tauchen die Begriffe „Vielfalt“ oder „Mannigfaltigkeit“ nicht auf. Und doch hat sich, spätestens seit der Weimarer Zeit, eine mehrschichtige Entwicklung vollzogen, welche auf eine Rechtsrelevanz ihrer Inhalte hindeutet und damit die vorliegenden Betrachtungen angeregt hat. Ein kurzer Überblick zeigt vor allem folgende Erscheinungen:

- In den Mittelpunkt des *politischen und soziologischen,* vor allem aber auch des *rechtlichen* Interesses sind Begriffe getreten, die außerrechtlich von jeher, nun aber auch in ihrem juristischen Verständnis nicht erfassbar sind ohne Blick auf Formen von Vielfalt, die sie geradezu begriffsnotwendig voraussetzen. Im Vordergrund steht hier die *Meinungsvielfalt* einschließlich ihrer organisatorischen Ausprägungen der Medien-, Parteien- und Verbandsvielfalt,[19] aber auch die *kulturelle Vielfalt* als Kernbegriff des Föderalismus.[20] Hier liegen also *implizite Vielfaltbegriffe* vor, die sich allerdings allenfalls in Staatspraxis oder Rechtsprechung zu Rechtsbegriffen verdichtet haben.
- Von ähnlicher rechtlicher Wirksamkeit ist eine allgemeine Begrifflichkeit, bei deren vieldiskutierten Erfassungsversuchen Vielfalt notwendig eine Rolle spielt – als Gegenbegriff: die *Einheitlichkeit oder neuerdings Gleichwertigkeit der Lebensverhältnisse*[21]; hier liegt die Funktion des Vielfaltsbegriffs in der Bestimmung von Grenzen im Bereich der föderalen Ordnung verortet.
- Während diese vielfaltgeprägte Begrifflichkeit in der neueren Rechtsentwicklung bereits eine gewisse Tradition aufweist, kommt es in letzter Zeit nun zu einer sich rasch intensivierenden Entwicklung eines materiellen Gesetzesterminus der Vielfalt als Zentralbegriff eines wichtigen Rechtsgebietes: des *Umweltrechts,* vor allem[22] jenes Rechts des *Landschaftsschutzes*[23], in dem „Vielfalt und Schönheit der Landschaft“ oder „Artenvielfalt“ in Gesetzestexten seit langem begegnen, nun aber eine entscheidende Aufwertung erfahren haben. Hier jedenfalls wird „Vielfalt“ zum Gesetzes- und damit zugleich zum unbestimmten Rechtsbegriff.

c) Allen diesen Rechtsentwicklungen ist eines gemeinsam: Ein *Zustand der Mannigfaltigkeit wird als rechtlich erwünscht oder gar notwendig* dargestellt; da-

---

18 Vgl. dazu etwa die entsprechenden Stichworte im Index zum Corpus Iuris in der Ausgabe von Lyon, 1612, mit den Kommentaren von *Cujas* und *Geoffroy,* Denis.

19 Vgl. bereits Fn. 17 sowie näher im Folgenden B. I.

20 Aus den entsprechenden Kapiteln im Folgenden: C. II.

21 Aus den entsprechenden Kapiteln im Folgenden: D. III.

22 Aus den entsprechenden Kapiteln im Folgenden: B. IV.

23 Aus den entsprechenden Kapiteln im Folgenden: B. IV.

mit wird vom geltenden Recht die Erhaltung, Fortentwicklung oder sogar Herstellung einer solchen materiellen Vielfaltslage gefordert. Dabei macht es keinen wesentlichen Unterschied mehr, ob dies ausdrücklich geschieht, wie im Umweltrecht, oder implizit, durch die Verwendung von Begriffen, in denen wie etwa in der „Meinung", oder als deren Gegensatz, wie ihm Falle der Gleichwertigkeit der Lebensverhältnisse, materielle Vielfaltvorstellungen notwendig mitgedacht sind. Hier kann daher zusammenfassend von *rechtlichen Vielfaltsgeboten* gesprochen werden. Und dann stellt dies die Frage nach einer etwa daraus folgenden Orientierung für den Inhalt einer solchen Vielfalt.

3. Mannigfaltigkeit der Entscheidungsträger – Organisationspluralismus als Ermöglichung materieller Vielfalt

a) Die Untersuchung materiell-rechtlicher *Vielfaltsgebote* schöpft aber die rechtliche Problematik nicht aus. Vielfalt als Rechtsphänomen begegnet auch in einer *organisatorischen Pluralität,* in einem erweiterten Sinn, der zugleich die häufig mit der Organisationsvielfalt verbundene *Verfahrensvielfalt* einschließt.[24]

Wo immer die Rechtsordnung derartiges schafft, intermittierend bewahrt oder auch nur als rechtssystemkonform zulässt, muss sie davon ausgehen, dass damit nicht nur dezentralisiert, Macht geteilt, ja gebrochen wird. Die vielen und meist eben auch deshalb vielfältigen Träger werden aus ihrer Autonomie heraus notwendig mannigfaltige Lösungen hervorbringen, ähnliche oder gar die gleichen Fragen unterschiedlich beantworten und damit materielle Vielfalt schaffen. Gerade eine Organisationslehre, die sich aufgabenangepasster Flexibilität verschreibt[25], eine „Organisation als Selbstzweck" bürokratiekritisch ablehnt[26], wird hinter der Organisation stets auch die materielle Lösung sehen, jene nur um dieser Willen schaffen. Jedenfalls ist dann die Organisationsentscheidung in deutlicher Teleologie auf solche Vielfalt ausgerichtet. Es darf insoweit von *rechtlicher Vielfaltsermöglichung* die Rede sein. Sie führt wiederum, wie schon oben (vgl. 2. a.E.) zu den materiellen

---

24 Zu dieser Verbindung – und Ergänzung – für den föderalen Bereich vgl. bereits grundlegend *Lerche,* P., Föderalismus als nationales Ordnungsprinzip, VVDStRL 1964, S. 66 ff.

25 Siehe zu Organisationslehre und „Flexibilität" *Bullinger,* M. Flexibilität moderner Verwaltung und Gerichtsschutz des Bürgers, in: Geis, M.-E. (Hrsg.), Staat, Kirche, Verwaltung, FS für Helmut Maurer zum 70. Geburtstag, 2001, S. 565 ff.; *Thieme,* W., Verwaltungslehre, Jura 1990, 337 ff.; *Groß,* Th., Die Anpassungsfähigkeit des Verwaltungsrechts, DÖV 1994, 66 ff.; *Appel,* I., Reform des Verwaltungsrechts – Ermöglichung von Flexibilität und Innovationsoffenheit, JZ 1994, 668 ff.

26 Zur Bürokratiekritik vgl. etwa *Morstein-Max,* F., Einführung in die Bürokratie, 1959; *Püttner,* G., Verwaltungslehre, S. 273 ff.; *Laux,* E., Zur Bürokratiekritik, ZO 1980, 121 ff.; *Mayntz,* R., Gesetzesflut und Bürokratiekritik – Das Problem der Überregelung im Spiegel der öffentlichen Meinung, Verw 1982, 281 ff.; *Laux,* E., Bürokratiekritik und Verwaltungsvereinfachung, DÖV 1988, 657 ff.

Vielfaltsgeboten, weiter zu der Frage nach einer sich aus der Vielfalt der Akteure ergebenden, inhaltlichen Orientierung des Vielfaltbegriffs.

b) Diese „Organisationsvielfalt" begegnet auf vor allem drei Ebenen, auf denen sie im Folgenden auch untersucht werden soll:

– In der *verfassungsrechtlich verankerten Staatsorganisation,* und dort wiederum auf verschiedenen Ebenen: im *Föderalismus,* der nicht nur vertikal Gewalt teilen, sondern dieser negatorischen Freiheitswirkung den positiv-legitimierenden Vielfaltseffekt hinzufügen will[27] und in der *Kommunalisierung,* der es um Ähnliches geht, vielleicht noch deutlicher vielfaltsorientiert[28]. Über beiden beginnt sich eine weitere, nunmehr ebenfalls „verfassungsrechtliche"[29], europarechtliche Ebene zu verdichten, in der die gleichen Vielfaltsprobleme auftreten, und auf der sie noch deutlicher bewusst werden.[30]

– In der darunter *einfachgesetzlich entfalteten Verwaltungsorganisation*[31]. *Primäres Ziel* der Mannigfaltigkeit der behördlichen Organisationseinheiten und deren nicht nur normativ geregelter, sondern auch in der Verwaltungspraxis entfalteter Verfahren, ist hier zwar nicht in erster Linie die Herstellung von Vielfalt, sondern vielmehr eine gewisse Vereinheitlichung in Effizienz. Dennoch fordern auch hier Sach- und Bürgernähe immer mehr einen Tribut an eine Verwaltungsvielfalt, die vielgestaltige Lösungen in Kauf nimmt, teilweise auch anstrebt. Eine Untersuchung zur Vielfalt darf diesen Bereich daher nicht vernachlässigen; es wird sogar ihre Aufgabe sein, Phänomene und Tendenzen der Mannigfaltigkeit gerade hier bewusster werden zu lassen.

– Schließlich begegnet Organisationsvielfalt mit einer sehr deutlichen Orientierung zu einer auch materiell-inhaltlichen Mannigfaltigkeit der Lösungen in einem Bereich, der zwar heute nur an den Rändern staatlich-normativer Einflussnahmen liegt, dennoch aber von der Rechtsordnung gerade auch als ein „Raum der Vielfalt" normativ und administrativ umhegt wird: im *Wettbewerb.*[32] Hier zeigt sich Organisationsvielfalt in einem weiteren Sinn der Trägervielfalt, vor allem im gesellschaftlichen Raum des Wirtschaftens. Schon im klassischen Verständnis des wirtschaftlichen Wettbewerbs[33] zielt dieser gleichermaßen auf das preisgünstige Produkt wie auf die bunte, also vielfältige Produktpalette. Wer also Konkurrenz, Kompetition als Grundprinzip einer gesellschaftlichen Ordnung nicht nur akzeptiert, sondern postuliert, sie über marktwirtschaftliche oder de-

---

27 Siehe unten D. II.

28 Siehe unten D. III.

29 Aus der Entfaltung eines europäischen Verfassungsrechts heraus *Oppermann,* Th., EuropaR, Rn. 1899 ff.

30 Vgl. unten D. IV.

31 Siehe unten D. V.

32 Vgl. unten D. VI.

33 Vgl. Görres-Gesellschaft (Hrsg.), Staatslexikon, 7. Aufl. 1989, unter „Wettbewerb".

mokratische Mechanismen in den staatlichen Bereich einführt, übernimmt damit ein vielfaltsträchtiges Organisationsprinzip. Daher dürfen Grundüberlegungen zum Wettbewerb nicht fehlen. Denn in ihm kann Vielfalt zu einem Mannigfaltigkeit generierenden und damit zu einem Begriff der Vielfaltsermöglichung werden.

4. Gleichheit, Freiheit und Demokratie als „Räume der Vielfalt"

Mit materiellen und organisationsrechtlichen Inhalten ist Vielfalt auf diesen Wegen rechtlich jedenfalls relevant geworden, wenn sie sich nicht bereits zum (unbestimmten) Rechtsbegriff verdichtet hat. Erfolgt ist dies vor allem unter Impulsen des freiheitlich-demokratischen Verfassungsstaates. Es ist daher zu untersuchen, ob ein rechtlicher Vielfaltbegriff zugleich in den Staatsgrundsatznormen der Verfassung mitgedacht ist: als ein Gegenbegriff zur Gleichheit[34], wenn diese etwa in Spannung steht zu einem Vielfaltgebot, das im Namen der Ungleichheit den Gesetzgeber etwa auch ermächtigt oder gar verpflichtet, mannigfaltige Regelungstatbestände zu schaffen; als Rechtsfolge / Rechtsinhalt einer Freiheit und von Grundrechten, deren Bürgerautonomie ein Recht auf Vielfalt einschließt[35]; als Ausprägung einer Demokratie, in welcher die Bürgerschaft in ihrer Vielfalt den Volkswillen bildet[36]. Zu klären wird sein, ob diese verfassungsrechtlich vorgegebenen „Räume der Vielfalt" durch ihre rechtlichen Abgrenzungen wie durch ihre immanente Teleologie nicht bereits Ansätze oder Orientierungen zu einer (weiteren) Strukturierung des Inhalts eines Rechtsbegriffs der Vielfalt bieten.

5. Öffentlich-rechtliche Untersuchungen

a) Die Untersuchung beschränkt sich auf den Vielfaltsbegriff des *Öffentlichen Rechts,* mögen auch gewisse Grenzüberschreitungen zum *Privatrecht* unvermeidlich sein[37]. In der Zivilrechtsordnung ergeben sich zwar analoge Ordnungsprobleme der Vielfalt, und dies nicht nur im Gesellschaftsrecht. Allein schon durch ihren Ordnungsbereich, die privaten Rechts-, vor allem Wirtschaftsbeziehungen zwischen privatautonomen Subjekten, ist ihr aber etwas wie eine „natürliche Vielfalt" vorgegeben, die sie eher rechtlich vereinheitlichen als diversifizieren muss; insbesondere hat das Privatrecht im Gegensatz zum Öffentlichen Recht nicht die Aufgabe, eine Vielfalt geradezu herzustellen. Die privatrechtliche austauschende Gerechtigkeit bildet die Vielfalt der Rechtsträger und ihrer Beziehungen vor allem ab; in der öffentlichrechtlichen verteilenden Gerechtigkeit tritt die einheitsstiftende

---

34 Siehe unten E.

35 Vgl. unten E. VI.

36 Darauf wird immer wieder zurückzukommen sein, insb. E.

37 Etwa zur Privatautonomie, zum Wettbewerb oder zur Vertragsfreiheit.

Aufgabe der Staatlichkeit vorrangig hinzu[38] – was dann sogleich die Kontrastfrage der Vielfalt aufwirft. Diese Verteilung selbst muss sich vor allem dem Problem stellen, ob sie Vielfalt nicht nur achtet, sondern herstellt. Öffentlich-rechtliche Begriffe weisen schließlich, wie dargelegt, eine deutlichere Nähe zu möglicher rechtlicher Vielfalt auf[39]; dieses Rechtsgebiet ist weit stärker als das Privatrecht einer Gleichheit verpflichtet, die in Spannung zur Vielfalt steht.

b) Vielfalt als Rechtsbegriff darf aber nicht nur als mögliche normative Erscheinung des Verfassungsrechts untersucht werden. Wie alle rechtlichen Grundsatzfragen ist sicher auch diese „in der Verfassung aufgehängt". Entwicklungen rechtlicher Mannigfaltigkeit ergeben sich aber auch im Bereich des einfachgesetzlichen Verwaltungsrechts, etwa im Verwaltungsorganisations- oder im Umweltrecht. Auch ist nicht auszuschließen, vielleicht sogar zu erwarten, dass die Verfassungsnormen zum Vielfaltsbegriff nicht mehr vorgeben als rechtliche Entfaltungsräume, die aber heute bereits durch einfache Gesetze ausgefüllt werden – in einer Vielfalt eben, die gerade dieser Normschicht eigentümlich ist[40]; das Kommunalrecht bietet dafür ein Beispiel.

Diese Untersuchung versteht sich also als eine *zugleich verfassungs- und verwaltungsrechtliche,* wobei schon aus Gründen der gerade hier notwendigen induktiven Methodik[41] nicht selten verwaltungsrechtliche Anfänge, wenn nicht Schwerpunkte zu setzen sind.

II. Notwendigkeit induktiver Methodik – fehlende rechtliche Vielfaltssystematik

1. Vielfalt – ein rechtlich nicht systematisierbarer Begriff?

a) Die Untersuchung geht nicht von einer bestimmten These zur „Vielfalt als Rechtsbegriff des Öffentlichen Rechts" aus. Es gilt vielmehr, bestimmte rechtliche Begriffsinhalte der Vielfalt in vorsichtigen Annäherungen aufzusuchen, sich vielleicht auch nur mit Teil- oder Rahmenergebnissen zu begnügen.

Auf den ersten Blick eröffnet sich dabei jedoch ein begriffsimmanentes Problem: „Vielfalt" soll rechtlich erfasst, damit aber, wenn auch nur ansatzweise, systematisiert werden. Ist dies aber überhaupt vorstellbar bei einem Begriff, der, wie

---

[38] Siehe dazu für viele *Depenheuer,* O. (Hrsg.), Die Einheit des Staates, Symposium aus Anlaß der Vollendung des 60. Lebensjahrs von Josef Isensee, 1997; *Isensee,* J., Staat und Verfassung, in: HdbStR, Bd. 1, § 13 Rn. 174.

[39] Die Drittwirkungsproblematik zeigt es.

[40] Siehe grundsätzlich zum Zusammenhang verfassungsrechtlicher und einfachgesetzlicher Normierungen *Jestaedt,* M., Grundrechtsentfaltung im Gesetz: Studien zur Interdependenz von Grundrechtsdogmatik und Rechtsgewinnungstheorie, 1999.

[41] Näher dazu nun i. Folg. II.

immer er im Einzelnen gedeutet werden mag, inhaltlich gerade das Gegenteil anzusprechen scheint, also das nicht Systematisierbare? Ist es nicht der Vielfalt als einem Gegenbegriff zu inhaltlicher Erfassbarkeit oder gar Dogmatisierbarkeit eigen, dass sie etwas beschreibt wie „heterogene Substraktionsreste", nach Abzug all dessen, was sich normativ überhaupt noch definieren lässt?

b) Hier stellen sich grundsätzliche, rechtsmethodische Fragen. Aufgabe des Rechts ist wesentlich die normative Ordnung bestimmter Bereiche[42]. Diese aber zielt stets auf eine Stabilisierung, auf Festlegungen, die sich in der Zusammenfassung von mehr oder weniger einheitlichen Rechtsfolgen aus Sachverhaltsvoraussetzungen ergeben, welche ihrerseits in rechtlichen Tatbeständen zusammengestellt sind. Ist damit nicht allem Recht eine gewisse *Vereinheitlichungsaufgabe* gestellt, eine unitarisierende Tendenz mitgegeben, die dem Juristen gerade nicht das Ziel setzt, Vielfältiges in den Blick zu nehmen? Bezeichnet damit Vielfalt nicht wesentlich einen rechtlich-normativen „Außenraum"? Und liegt es dann nicht nahe, diesen sogleich der Welt eines „Faktischen" zuzuordnen, das zwar mit seiner „normativen Kraft"[43] – in Extremfällen – rechtlich-normative Effekte hervorbringen mag, letztlich aber ein soziologisch beschreibender Begriff bleiben muss?

In kritischer Vorsicht ist dies in sämtlichen Konstellationen zu prüfen, in denen „Vielfalt" im Öffentlichen Recht begegnet – aber auch ohne grundsätzlich negative Vorfestlegung. Unitarisierende Rechtsentwicklungen sind ihrerseits rechtlich zu betrachten und im Rechtsstaat normativ einzugrenzen. So kann sich gerade aus so verstandener Rechtsstaatlichkeit[44] die Notwendigkeit einer Bildung von Vielfaltbegrifflichkeit(en) ergeben. Das hier unternommene Vorhaben ist also nicht bereits methodisch unzulässig. Ergebnisse solcher Überlegungen mögen vielmehr gerade im Öffentlichen Recht eine gewisse Zurückhaltung gegenüber unitarisierenden Entwicklungen nahelegen.

2. Stufen relativierender Wortverwendung von „Vielfalt" im Rechtssinn

Die Untersuchung stößt allerdings auch in methodischer Hinsicht auf die bereits erwähnte Schwierigkeit, dass „Vielfalt" kein rechtlich verfasster Begriff ist, seine Inhalte vielmehr zunächst aufgesucht werden müssen. Dabei begegnen vor allem gewisse Formen der Begriffsverwendung, welche auf verschiedenen Ebenen als *Relativierungen* erscheinen.

a) Implizit steht etwa „Vielfalt" hinter normativen Regelungen, wo diese ohne ihr Verständnis nicht wirklich fassbar werden. Wenn etwa Meinungs- und Informa-

---

42 Zu „Stabilisierung", „Ordnung", „Friedensbewahrung".

43 *Jellinek,* G., Allgemeine Staatslehre, S. 342 f.

44 BVerfGE 49, 168 (181); 58, 104 (114); 64, 261 (280); 69, 1 (43); 71, 354 (362).

tionsvielfalt in den audiovisuellen öffentlichen Medien in „gleichgewichtiger Vielfalt“ geboten werden müssen[45], so wird hier der Begriff ausdrücklich gebraucht, wenn auch vielleicht nur im Sinne eines Zielwertes. Konkreter wird ein solches Vielfaltsgebot jedoch dort, wo in den Rundfunkräten „alle bedeutsamen Kräfte“ vertreten sein sollen[46] – eben als „maßgebliche Vertreter“ einer Vielfalt, die damit implizit organisationsrechtlich ausgeformt, aber (noch) nicht ausdrücklich normiert wird. Im Vordergrund stehen dann gewisse rechtliche Gestaltungen, die eine Vielfalt zum Tragen bringen mögen, die aber „hinter ihnen stehen bleiben“ und durch das primäre Normierungsanliegen – die Organisation von Senderkontrollen – auch relativiert erscheinen.

b) Von einer eher beiläufigen Erwähnung kann gesprochen werden, wenn das Wort Vielfalt in Zusammenhängen auftritt, wo es ersichtlich zunächst *nur um dezentralisierende Vielfalt* zu gehen scheint[47], oder einfach um eine Freiheit, aus der sich dann allenfalls mannigfaltige Lösungsinhalte entwickeln können[48]. Auch hier kann nicht unbesehen davon ausgegangen werden, dass solche normativen Gestaltungen Vielfalt hätten primär hervorbringen oder auch nur erhalten sollen, oder dass ein solcher Begriff bestimmte rechtliche Inhalte aufzuweisen hätte. Jedenfalls wird all dies durch die normativen Zusammenhänge, in denen das Wort begegnet, weitgehend relativiert.

c) „Bereichsspezifische“ Begriffsverwendung führt schließlich zu einer weiteren Relativierung von Vielfalt als Rechtsbegriff. „Kulturelle Vielfalt“ weist bereits fassbare Inhalte auf, wird so jedenfalls als Zielvorstellung bestimmte rechtliche Gestaltungen rechtfertigen.[49]

Eine wiederum ganz andere, mehr organisationsrechtlich verwendete Struktur weist etwa der Begriff der „kommunalen Vielfalt“ auf[50], noch globaler und zugleich allgemein-gesellschaftlich orientiert zeigt sich eine „Wettbewerbsvielfalt“[51]. Darin werden bereichsspezifische Verengungen des Vielfaltbegriffes sichtbar; bei rechtssystematischer Betrachtung führen sie wiederum zu einer gewissen (weiteren) Relativierung der rechtlichen Wirksamkeit eines etwaigen einheitlichen Vielfaltbegriffes.

Trotz dieser – eben vielfältigen – Probleme der Erfassung einer einheitlichen Vielfaltsbegrifflichkeit muss vertiefend geprüft werden, ob es zwischen diesen For-

---

45 Vgl. etwa BVerfGE 73, 118 (1561); BVerfGE 83, 238 (316 f.); dazu für viele *Bamberger*, Chr., Sicherung der Meinungsvielfalt durch die Landesmedienanstalt, ZUM 2000, 551 ff.

46 BVerfGE 83, 238 (335 f.); vgl. etwa auch BVerfGE 12, 205 (261 f.); 57, 295 (324).

47 So etwa beim „Außenpluralismus“ der Rundfunk- und Fernsehanstalten, dazu etwa *Schulze-Fielitz*, M., in: Dreier, H. (Hrsg.), GG, Bd. 1, Art. 5 Rn. 206 ff. m. Nachw.

48 Wenn z. B. der Vielfaltbegriff im Zusammenhang mit der „inneren Rundfunkfreiheit“ begegnet, BVerfGE 83, 238 (321).

49 Dazu näher unten C. IV.

50 Siehe unten D. II.

51 Vgl. unten C. V. 5.

men der Begriffsverwendung nicht Verbindungslinien gibt, ob hier nicht doch gewisse Verknüpfungen zu wenigstens rahmenmäßiger Begriffsvereinheitlichung erreichbar sind.

3. Fehlen einer „Dogmatik der Vielfalt"

a) Versuche der Sinnerfassung rechtlicher Inhalte des Vielfaltbegriffes müssen spätestens dann, wenn sich für diesen von einer gewissen Einheit sprechen lässt, das Ziel einer Dogmatik stecken, in der Induktion in Deduktion umschlagen kann. Dann können Gemeinsamkeiten bereichsübergreifend geordnet, Analogien zu nahen Bereichen entwickelt und vielfaltsträchtige Rechtsräume neu entdeckt werden. Am Ende könnte dann vielleicht sogar ein Anfang stehen zu einer Vielfaltsdogmatik, welche Entsprechungen zu der seit langem entfalteten Gleichheitsdogmatik aufweist.

b) Doch gerade auf diesem Weg muss die *Untersuchung Neuland betreten:* Eine „Dogmatik der Vielfalt" gibt es nicht. Auf der Suche nach Ansätzen zu ihr wird man allenfalls sogleich auf jene Pluralismusdiskussion stoßen,[52] welche vor fast einem Jahrhundert begonnen hat und periodisch immer von neuem anhebt. Von ihr dürfen aber nicht ohne weiteres rechtsdogmatische Begründungen erwartet werden, sondern allenfalls allgemein orientierende Denkanstöße.[53] Denn einerseits wurde und wird sie weiterhin im staatsgrundsätzlichen, ja politologischen Raum geführt und nicht mit Kategorien, wie sie in der täglichen Rechtspraxis des öffentlichen Rechts entwickelt werden und dort laufend einsetzbar sind – darum aber geht es im Folgenden. Zum anderen ist ihr Hauptanliegen Analyse und geistige Bewältigung des Zerfalls der einheitlicheren früheren Machtstrukturen der Staatlichkeit, nicht die Suche nach der materiellen und organisatorischen Vielfalt von deren heutigen Ordnungsfeldern. Eine „Dogmatik der Vielfalt" aufzubauen, bleibt also Aufgabe, und dies wohl noch für einige Zeit. Mehr als Anstöße dazu, vielleicht sogar nur Fragestellungen, dürfen auch von diesen Ausführungen nicht erwartet werden.

4. Notwendigkeit der Induktion

Daraus ergibt sich die Unmöglichkeit, mit festen Begriffsdefinitionen einzusetzen, aus ihnen Inhalte, Akzentuierungen, Grenzen einer Vielfalt als Rechtsbegriff des öffentlichen Rechts zu deduzieren. Angesagt ist vielmehr, wie es bereits die

---

52 Im Folgenden B., siehe insbesondere *Fraenkel,* E., Der Pluralismus als Strukturelement der freiheitlich-rechtsstaatlichen Demokratie, 1964; *Kremendahl,* H., Pluralismustheorie in Deutschland, 1977.

53 Besonders zu nennen wären hier *Häberle,* P., Die Verfassung des Pluralismus, 1980; *Quaritsch,* H., Zur Entstehung der Theorie des Pluralismus, Der Staat 19 (1980), S. 37 ff.

vorstehenden Ausführungen inhaltlich nahelegen und als Gang der Untersuchung skizziert haben, ein durchgehend induktives Bemühen.

Die Probleme dieses Vorgehens sind hier nicht zu verkennen: Unter den Rechtsgebieten muß eine Auswahl getroffen, Schwerpunkte müssen gebildet werden, die sich nicht immer leicht begründen lassen. Verzichtet werden muss auf vollständigen Überblick und flächendeckende Lösungsvorschläge. Der erwähnte Umschlag in Deduktion, in der Herausstellung von Leitgedanken am Ende wird und muss Kritik wecken.

Dennoch gibt es zu einer solchen Methode nur eine Alternative: Verzicht auf begriffliche Zusammenschau zu einem Rechtsbegriff der Vielfalt, und damit Resignation gegenüber einem der vielen Dogmatisierungsdefizite des gegenwärtigen Öffentlichen Rechts, Anerkennung einer Auflösung in immer neue Spezialismen, die keine geistige Interpretation mehr zusammenfügt.

Sollte daher nicht doch der Weg zu einer „einheitlichen Vielfalt" beschritten werden, die nur als eine solche rechtlich wirksam werden kann – und sei es lediglich als ein Rahmen für das, was in diesem mannigfaltig bleibt?

III. Allgemeine Fragen an die folgenden Einzeluntersuchungen

In einem zumindest muss das Vorgehen, wenn schon nicht dogmatisch geschlossen, so doch bereits systematisiert sein: in allgemeinen Fragestellungen, die sodann am Ende der jeweiligen Einzelkapitel wie der Untersuchung als solcher, insgesamt oder doch teilweise, zu beantworten sind:

1. Vielfalt – ist dies (auch) ein Rechtsbegriff oder nur ein soziologischer Beschreibungsbegriff?

2. Wenn hier ein Rechtsbegriff vorliegt – handelt es sich (nur) um Rezeption außerrechtlicher Wirklichkeit in ein Recht, das dies abbildet und (sodann) zur rechtlichen Wirksamkeit bringt? Oder tragen Rechtsentscheidungen (auch) ihrerseits Vielfaltsvorstellungen an diese Wirklichkeit heran, „gestalten" sie auf solche Weise?

3. Welches sind und wie wirken rechtliche Vielfaltsnormen, möglicherweise in Intensitätsstufen

   - als (materielle) Gebote,

   - in Formen organisationsrechtlicher Vielfalt oder

   - dadurch (lediglich), dass dieser ein „Raum" eröffnet, zugleich aber auch abgegrenzt wird, in dem sie sich entfalten kann oder gar soll?

4. Was bedeutet inhaltlich Vielfalt,
   - in welchen Bereichen kann der Begriff (überhaupt) Rechtswirkungen entfalten?
   - Welche Bedeutung kommt, als Form oder Vorstufe der Vielfalt, der (quantitativen) Vielheit zu, von materiellen Lösungen, vor allem aber von organisatorischen Entscheidungsträgern?
   - Wie (vor allem) lässt sich Vielfalt qualitativ bestimmen, welche und vor allem wie tiefe Unterschiede trennen die einzelnen Erscheinungsformen des Vielfältigen?
5. Gibt es nur bereichsspezifische Vielfaltsbegriffe, oder lässt sich (über ihnen) ein einheitlicher Vielfaltsbegriff entfalten? Insbesondere:
   - Stehen derartige bereichsspezifische Vielfaltsbegriffe ihrerseits wieder in qualitativer Vielfalt beziehungslos nebeneinander – *varietas varietatum* – oder lassen sie sich in andere Bereiche hinein erweitern – wenigstens teilweise?
   - Welche bereichsspezifischen Vielfaltbegriffe prägen, (wenigstens) über einzelne Begriffselemente, einen etwaigen einheitlichen Vielfaltsbegriff?

B. Der „Pluralismus“ – grundsätzliche Diskussionen über Vielfalt

Eine allgemeinere Diskussion über Vielfalt wurde im Öffentlichen Recht, soweit ersichtlich, bisher nie geführt – auch heute sucht man nach ihr vergeblich. Ihr Ausgangspunkt, ja ihr Beginn wenigstens müsste sich in Überlegungen finden, welche zum Begriff der Vielheit geführt werden. Hier bietet sich die Pluralismusdiskussion an, die seit nahezu einem Jahrhundert immer wieder intensiv geführt wird, in Amerika[54], vor allem aber auch in Deutschland[55]. Aus ihr könnten sich (erste) Orientierungen ergeben.

I. Die Pluralismusdiskussion

1. Pluralismus – eine akzeptierte Harmonieformel

Pluralismus ist schon seit längerem ein „gutes Wort“ der *Staatslehre.* Konsensfähig ist der Begriff schon deshalb, weil er unausweichlichen Dissens in einer Harmonieformel zu institutionalisieren scheint[56]. In ihm verbindet sich das Laissez-faire der Liberalen mit dem Laissez-vivre sozialistischer Richtungen im 20. Jahrhundert[57] und der christlichen Achtung vor der unantastbaren Schöpfungsvielfalt, die der Mensch umweltschützend zu bewahren hat.[58] Gewiss liegt darin auch eine gewisse Nostalgie angesichts des Zerfalls früherer Wertvorstellungen in Gegensätzlichkeiten[59]; andererseits wird im Pluralismus aber auch die grundsätzliche Chance zu neuen Formen der Staatseinung gesehen, bis hin zur „Organisationseinung“[60], aus der das freiheitlich-demokratische Staatswesen integrierende Kräfte gewinnen kann.

---

54 Dazu m. Nachw. *Loewenstein,* K., Verfassungslehre, 1959, S. 367.

55 Vgl. *Oberreuter,* H., in: ders. (Hrsg.), Pluralismus, 1980, insb. S. 32 ff.; *Lehner,* F., Der Staat 24 (1985), S. 91 ff.; *Scheuner,* U., Konsens und Pluralismus als verfassungsrechtliches Problem, in: Jakobs (Hrsg.), Rechtsgeltung und Konsens, 1976, S. 33.

56 *Leisner,* W., Die Staatseinung, 1991, S. 61 ff.

57 Zu den Weichenstellungen schon um die Jahrhundertwende vgl. *Bracher,* K. D., Zeit der Ideologien – Eine Geschichte politischen Denkens im 20. Jh., 1987, insb. S. 94 ff., 104 ff.

58 Zu den allerdings noch weithin anthropozentrischen Grundlagen der katholischen Pluralismuskonzeption vgl. *Lindgens,* G., Katholische Kirche und moderner Pluralismus, 1980, insb. S. 19 ff., 134 ff.

59 Siehe etwa *Hesse,* K., Grundzüge des Verfassungsrechts der BRD, 20. Aufl. 1999, § 5 Rn. 133; *Leisner,* W., „Wertverlust“, „Wertewandel“ und Verfassungsrecht, JZ 2001, 313 ff.

60 *Leisner* (Fn. 56), S. 156.

Im *Staatsrecht* ist denn Pluralismus auch bereits zum zentralen juristischen Terminus geworden[61]; dort steht der Begriff für Herrschaftsverteilung, vor allem für Gewaltenteilung, auf eine Mehr-, wenn nicht gar Vielzahl von Kompetenzträgern, wobei deren Vielheit, nicht Vielfalt, im Vordergrund steht. Allerdings erscheint der Verfassungsstaat, der den Pluralismus akzeptiert, als eine „unabweisbare und legitime Vorfindlichkeit", auch bereits als eine „komplementäre Gegenordnung" zu ihm, die aber in ihren übergreifenden Unitarisierungen „in den Freiheitsrechten die individuelle wie die gesellschaftlich-kollektive Besonderheit in Religion und Wissenschaft, in Kultur und Wirtschaft, im privaten wie im öffentlichen Leben respektiert".[62]

Immerhin ist von einer „Grundentscheidung unserer Verfassung für den Pluralismus" die Rede[63], ein Außen- wird von einem Binnenpluralismus unterschieden[64], und allgemeiner befasste sich *Peter Häberle* bereits 1980 mit Grundfragen einer „Verfassung des Pluralismus", im Zusammenhang mit einer „Verfassungstheorie der offenen Gesellschaft"[65]. Damit ist Pluralismus als Kernwort für jene „offene Verfassung" angesprochen[66], welche als Sammel- und Integrativbegriff für alle „offenen Verfassungsbegriffe" die Probleme einer „offenen Gesellschaft" bewältigen soll – bis hin zum Verfassungswandel. „Pluralistische Demokratie"[67] erscheint denn auch geradezu als ein Präzisierungsbegriff zur Demokratie als einer verfassungsrechtlichen Staatsgrundnorm.

Doch der Häufigkeit des Begriffsgebrauchs entspricht nicht seine Präzision, vor allem nicht im Verfassungsrecht. Mehr als eine gewisse Vielheit von Machtträgern wird hier nicht beschrieben, noch weniger rechtlich gefordert; und auch ihre Zahl wird weder näher bestimmt noch auch nur eingegrenzt. Meist bleibt vom Inhalt des Pluralismusbegriffs nicht mehr übrig als eine zusammenfassende – und sehr allgemeine – Zusammenstellung gewisser Regelungsbereiche oder Regelungsformen, aus der allgemein und meist undifferenziert verwendeten Terminologie hierzu lassen sich Hinweise auf einen Vielfaltsbegriff nicht gewinnen. Immerhin spricht er einen gedanklichen Ausgangspunkt für weitere Überlegungen zur Vielfalt an, einen ganz weiten Entfaltungsraum für diese im Verfassungsstaat.

---

61 *Herzog,* R., EvStL 1987, 2539 ff. m. Nachw.; *Schmitt Glaeser,* W., in: Tilch, H. / Arloth, F. (Hrsg.), Deutsches Rechtslexikon, Bd. 2, 3. Aufl. 2001, „Pluralismus", S. 3271 f.

62 *Isensee* (Fn. 38), Rn. 53.

63 *Bleckmann,* A., Staatsrecht I, 1. Aufl. 1993, S. 1492.

64 Zu letzterem für viele *Schulze-Fielitz,* H., in: Dreier H. (Hrsg.), GG, Bd. 1, Art. 5 Rn. 201 ff.

65 *Häberle* (Fn. 53), S. 163 ff., 287 ff. dort wird ebenfalls „Pluralismus nach innen" und „nach außen" unterschieden.

66 Grdl. *Häberle,* P., Verfassung als öffentlicher Prozess – Materialien zu einer Verfassungstheorie der offenen Gesellschaft, 1996, S. 121 ff.

67 Siehe dazu für viele *Schwan,* A., StL, Bd. 4, S. 427 ff.; *Stern,* K., StaatsR, Bd. 5, S. 619; *Loewenstein* (Fn. 54), S. 369 ff.; *Thelen,* M., Demokratie, Grundkonsens und politischer Pluralismus, 1997, S. 20 f.

2. Der Streit um die so genannten Pluralismustheorien

a) Lange Zeit, vor allem in der ersten Hälfte des 20. Jahrhunderts, war der Begriff Pluralismus mit der Diskussion um die so genannten Pluralismustheorien verbunden. Es ging dabei um die „Gruppenbasis der Staatsgesellschaft“, eine Problematik, die weit in die Geschichte zurückreicht[68]. Die historischen Wurzeln heutiger Pluralismusvorstellungen[69] liegen in der liberalen Staatsphilosophie, im England und Frankreich des 19. Jahrhunderts, von *Locke* bis *Mill*, von *Montesquieu* bis *Tocqueville*. Gewiss wurden dort und später in jedem Land andere Wege gegangen[70]. Doch ein Anliegen begleitete die Pluralismusdiskussion stets, seit sie sich gegen *Rousseau* stellte[71]: Sie wendete sich im Namen von Gruppeninteressen und ihrer Träger gegen einen staatlichen Totalitätsanspruch des Ordnens[72], der Besonderheiten nicht achten wollte[73], steht jedenfalls in unauflöslicher dialektischer Spannung zu allen Formen des Totalitarismus[74]. Diese Spannung wird noch in *Hegels* Staatsphilosophie deutlich[75], doch wird dort eine in Korporationen gegliederte Gesellschaft zur synthesehaften Überwindung der Antagonismen der Industriegesellschaft. Auf *Hegel* kann sich also der liberale Pluralismus ebenso berufen wie auf *Lorenz von Stein* und *von Mohl*[76]. Von entscheidender Bedeutung für die spätere Pluralismusdiskussion wurde die Genossenschaftstheorie *Otto von Gierkes*, die hier entwickelte Lehre von der Verbandspersönlichkeit lieferte die rechtliche Grundlage für jene „Repräsentation organisierter Interessen“[77], in welcher öffentliche und vor allem private Pluralität und eben auch – wenn auch noch nicht als solche thematisiert – Vielfalt in den Staat nicht nur einfließen, sondern ihn geradezu konstituieren konnte, in Herrschaftsverbänden.

b) Gierke wirkte vor allem in England[78] und von dort, wo *Harold Laski* im Jahre 1915 erstmals das Wort „Pluralismus“ gebrauchte, ging dann die neuere Pluralismusdiskussion aus[79]. In kriegsbedingter Polemik gegen den deutschen „Obrig-

---

68 *Loewenstein* (Fn. 54), S. 370 ff.

69 Zur Geschichte dieser Begrifflichkeit vgl. für viele *Kremendahl* (Fn. 52), insb. S. 573 ff.; *Quaritsch* (Fn. 53), S. 37 ff.; *Schwan* (Fn. 67).

70 *Quaritsch*, a. a. O., S. 54 f.

71 Vgl. *Kremendahl* (Fn. 52), S. 99 ff.

72 *Loewenstein* (Fn. 54), S. 369.

73 Vgl. *Isensee* (Fn. 38), Rn. 53.

74 Dazu näher *Hennig*, E., Zur Dialektik von Pluralismus und Totalitarismus, Der Staat 7 (1968), S. 287 ff.

75 Vgl. hierzu näher m. Nachw. *Hennig*, a. a. O., S. 289 ff.

76 *Hennig*, a. a. O., S. 294.

77 Klassisch später zusammengefasst in *Josef Kaisers* gleichnamiger Monographie, Repräsentation organisierter Interessen, 1956.

78 Dazu *Fraenkel* (Fn. 52), S. 6 f.

79 Näher dazu *Kaiser* (Fn. 77), S. 316 ff.; *Quaritsch* (Fn. 53), S. 37 ff.; *Kremendahl* (Fn. 52), S. 87 ff., *Fraenkel*, a. a. O.

keitsstaat" setzte *Laski* Gruppeninteressen im demokratischen Gemeinwesen einem Staat entgegen, dem er ein Monopol zur Einforderung einer Loyalität seiner Bürger absprach: Ihm komme kein ethischer Vorrang vor partikularen Gruppen zu, er sei vielmehr nur eine große Organisation unter anderen, und er dürfe sich vor allem nicht zum souveränen Sachwalter privater Kapitalinteressen machen. Damit geriet die Pluralismusdiskussion in die Nähe monistischer Gedankengänge[80], die sich hier wie auch sonst zwar auf *Hegel* beriefen, was die sozialen Antithesen anlangte, seinen Syntheseversuchen zum pluralistischen Staat aber nicht folgen wollten.

Carl Schmitt trat dem mit einer „vernichtenden Kritik" (*Fraenkel*) nicht nur der sozialistischen Version der Pluralismustheorie bei *Laski* entgegen[81]; er hat damit den Begriff des Pluralismus für den deutschen Sprach- und Verfassungsgebrauch entscheidend geprägt, mit einer eindeutigen Absage an jede Form einer Vielheit von Machtträgern, welche den Staat auflösen müsse – bis hin zu den politischen Parteien[82].

c) Diese Pluralismuskritik, welche sich in *Schmitts* Dezisionismus zur Kritik an der Weimarer Republik erweiterte[83], rief zwar in der frühen Bonner Verfassungsperiode zunächst eine neopluralistische Staatstheorie hervor, welche vor allem von *Ernst Fraenkel* vertreten wurde[84]. Sie sah sich aber weiter marktkritischen Einwänden ausgesetzt[85], welche die Unterschiede zwischen privaten und öffentlichen Interessen betonten.

So leidet denn die Pluralismusdiskussion, will man aus ihr Orientierungen für das Thema eines rechtlichen Vielfaltsbegriffs gewinnen, unter einer grundsätzlichen entwicklungsgeschichtlichen Belastung: Sie hat sich vor allem im Widerstreit gegenläufiger Grundpositionen entfaltet, zuerst zwischen konservativer und liberaler Staatslehre, sodann zwischen ihnen und sozialistischem Staatsverständnis. Immer ging es um den Staat als Ordnungseinheit – ob er als solcher zu stärken oder in Trägervielheit zu flexibilisieren sei. Kritisch heißt es zur deutschen Pluralismusliteratur, hier werde seit Jahren nur längst Bekanntes diskutiert, rekonstruiert, beschworen.[86]

---

80 *Hennig* (Fn. 74), S. 293 f.

81 S. dazu im zweiten Abschnitt von *Schmitt,* C., Die Hüter der Verfassung, 1929.

82 *Kaiser* (Fn. 77), S. 314 f.

83 *Kremendahl* (Fn. 52), S. 107 ff.

84 Fn. 52; vgl. dazu näher *Masing,* P., Interesse und Konsensus. Zur Rekonstruktion und Begründung normativ-kritischer Elemente neopluralistischer Demokratietheorie, 1979, S. 36 ff., 46 ff.

85 Siehe etwa *Lehner* (Fn. 55), S. 99 ff.

86 *Lehner* (Fn. 55), S. 94.

II. Pluralismus des Gruppen- und Verbändestaates

1. Ein Gemeinwohl – aus einer Vielfalt von Gruppeninteressen

a) Bei all dieser begründeten Skepsis – der die Kritik hinzuzufügen ist, die Pluralismusdiskussion habe sich ja kaum um den Begriffsinhalt ihres zentralen Terminus bemüht – bleibt doch auch Positives: die Erkenntnis der Staatsbezogenheit der vielen privaten Interessen und Überlegungen, in der sie zu einem gemeinwohlorientierten öffentlichen Interesse integriert werden können; und hier geht es auch um Voraussetzungen wie Rechtswirkungen der „Vielfalt“.

Zu den Grundannahmen der deutschen Pluralismustheorie gehört zunächst einmal die einer *legitimen Interessensvielfalt* – eine erste Rückbesinnung auf den Wortsinn des „Pluralen“[87]. Der Begriff des Interesses spielt denn in dieser Diskussion auch eine zentrale Rolle.[88] Nicht nur, dass Interessen das Handeln bestimmen[89], und Ideen eine Spiegelung von Interessen sind,[90] diese konstituieren eben jene Interessengruppierungen, welche ihre Organisation darstellen[91] und sie in autonomer Interessenintegration zusammenfassen.[92] Interessen sind ihrem Wesen nach gegenläufig und schon insoweit eben nie „gleich“. Mit ihnen dringt, in jedem Fall und durchaus grundsätzlich, nicht nur Vielheit, sondern Vielfalt in die Räume einer Staatlichkeit ein, welche sie erfüllen sollen – in Pluralismus.

b) Im Begriff des Interesses selbst mag Vielfalt noch nicht mitgedacht sein, dort wird ganz selbstverständlich Pluralismus als „Vielfalt von Meinungen und Interessen“ angesprochen[93]. Zu wenig steht in der Pluralismusdiskussion bisher das Private im Vordergrund[94], aus dem auch qualitative Vielfalt den Interessensbegriff prägen kann. Immerhin führt aber seine Vertiefung im Namen des Pluralismus auf der Seite des Staates doch auch zu einer gewissen Auflösung des Gegenpols der privaten Interessen, des öffentlichen Interesses, in einer Überwindung des Gemeinwohls im Pluralismus: Ein einheitlich-totalitäres Gemeinwohl ist nun nicht mehr vorstellbar.[95]

---

87 *Lehner*, a. a. O., S. 15.

88 Vgl. etwa die vertiefende Behandlung des Interessenbegriffs bei *Hirsch-Weber*, W., Politik als Interessenskonflikt, 1969, S. 50 ff.; *Kaiser* (Fn. 77), S. 364 ff.; *Massing* (Fn. 84), S. 46 ff. (zum Interessensbegriff in der neopluralistischen Theorie; *Truman*, D. B., The Governmental Process. Political Interests and Public Opinion, 2. Aufl., New York 1971, S. 32 ff., 213 ff.

89 *Hirsch-Weber*, a. a. O., S. 64 ff.

90 *Hirsch-Weber*, a. a. O., S. 72 ff.

91 Vgl. *Kaiser* (Fn. 77).

92 *Herzog* (Fn. 61), S. 2547 f.

93 *Badura*, P., Staatsrecht, S. 9.

94 Allenfalls noch in kritisch-marxistischer Betrachtung, vgl. oben 2. b.

95 *Fraenkel* (Fn. 52), S. 7.

So kommt es zu einer grundsätzlichen, jedenfalls zu einer *begrifflichen Pluralisierung auch der öffentlichen Interessen*[96]. Damit aber öffnet sich der Weg zur Entdeckung und Systematisierung einer nicht nur quantitativen Vielheit, sondern zugleich qualitativen Vielfalt auch im Öffentlichen Recht, bis hin zur Möglichkeit von deren Integration zu Staatskräften, die aus „Verwaltungseinungen“ erwachsen[97]. Die Pluralismusdiskussion kann nicht Halt machen vor dem Staat und dessen Organisationseinheit. Sie hat diese aufgebrochen und damit den Weg geöffnet zu einer Vielfaltdiskussion in Föderalismus, Kommunalisierung und Organisationspluralität, die noch zu vertiefen sein wird[98]; und schließlich wird sie ja primär nicht um Vielfalt der Gesellschaft geführt, sondern um deren Hineinwirken in den Staat.

c) Deshalb konnte denn auch, als weitere Grundannahme der Pluralismusdiskussion, *ein notwendiges Spannungsverhältnis von Konsens und Konflikt* herausgestellt werden, in dem das Austragen von Konflikten auf der Grundlage eines Minimalkonsenses erfolgt[99]. Diese Konsenssuche ist denn auch ein Grundanliegen der neopluralistischen Staatstheorie *Ernst Fraenkel*s[100]. Dem ist allerdings alsbald auch nachdrücklich widersprochen worden: Konsens stehe einem Pluralismus entgegen, der gerade den Konflikt suche[101]. Dieselbe Auffassung muss denn auch einem Wettbewerb kritisch gegenüberstehen, aus dem sich – eine weitere Grundannahme in der Pluralismusdiskussion – die Integration der vielfältigen Interessen zu einem gemeinwohlorientierten Gesamtinteresse ergeben soll[102].

d) Mit solchen Grundannahmen und Überlegungen konnte die Pluralismustheorie freilich keinen konkreten Beitrag zur Begrifflichkeit der Vielfalt leisten. Zu sehr war sie mit der Möglichkeit beschäftigt, in Vielheiten überhaupt zu denken. Doch ihre Bemühungen öffnen *überall Türen zu einem „Denken in Vielfalt“*: Im Interessensbegriff selbst und der Pluralisierung der öffentlichen Interessen, aber auch in ihren Konsens- und Wettbewerbsvorstellungen. Konsens bedeutet begrifflich gerade nicht Unitarisierung, Eliminierung von Unterschieden in Vielfalt, sondern deren Überhöhung in gemeinsamen Vorstellungen, in denen diese aber weiterwirken. Und Wettbewerb setzt gerade voraus, dass nicht nur Vieles konkurriere, sondern Vielfältiges – im eigentlichen, im Qualitätswettbewerb[103].

---

96 *Steinberg,* R., Pluralismus und öffentliches Interesse als Problem der amerikanischen und deutlichen Verbandslehre, AöR 96 (1997), 475 (491), unter Hinweis auf *Peter Häberle*s Studien zum öffentlichen Interesse.

97 Dazu näher *Leisner* (Fn. 56).

98 Vgl. dazu unten D., II. ff.

99 *Lehner* (Fn. 55), S. 95.

100 Vgl. dazu *Masing* (Fn. 84), S. 125 ff.; *Kremendahl* (Fn. 52), S. 455 ff.

101 *Kremendahl,* a. a. O.; *Becker,* W., Pluralismus gegen Konsens, in: Hempfer, K./ Schwan, A., Grundlagen der politischen Kultur des Westens, New York 1987, S. 319 ff.; *Lehner* (Fn. 55), S. 97 f.

102 Dazu *Thelen,* (Fn. 67), S. 23; kritisch *Lehner,* a. a. O., S. 96.

103 Dazu im Folg. C. V. 5.

So hat denn die Pluralismusdiskussion in ihrer Interessensorientierung die Dimension der hier behandelten Problematik in ihrer Grundsätzlichkeit deutlich werden lassen.

2. Bereiche der Vielfalt in der Pluralismusdiskussion – der Gruppenstaat – gestufte Vielfalt

a) Konkrete Aussagen dazu, wo sich Vielfalt von Interessen und deren Repräsentanten, mit welcher Intensität und Durchsetzungskraft sie sich in der Gesellschaft vor allem findet, aus ihr in den Staat hineinwirkt, sich dort fortsetzt oder weiter auflädt – all das sucht man in der bisherigen Pluralismusdiskussion vergeblich. Das Wort „Pluralismus“ erscheint dort als „ein Begriff der politischen Theorie zur Kennzeichnung der modernen Lebenswelt in industrialisierten Gesellschaften“. In ihnen sind vielfältige soziale, ökonomische, politische, kulturelle und weltanschauliche Interessen und für sie eintretende Gruppen, Organisationen und Institutionen legitim wirksam und ringen miteinander um Einfluss und Geltung“[104]: Damit droht sich der Begriff der Vielfalt von vorneherein in der Unübersehbarkeit und Unbegrenzbarkeit seiner Anwendungsräume zu verlieren. Deren – eben auch – Vielfalt, schließt aber eine Bereichsspezifik des Vielfaltsbegriffs nicht von vorneherein aus, und gerade sie macht ja die Schwierigkeit, aber auch den Reiz der folgenden Untersuchung aus.

Zutreffend hat *Roman Herzog* gefordert, es müssten „Ebenen“ des Pluralismus unterschieden werden – religiöse, politische, sozialpolitische vor allem. Nach seiner Ansicht sind diese zwar nicht „völlig voneinander getrennt zu betrachten. Für eine realistische Behandlung des Pluralismus ist Schichtung nach Sachbereichen aber trotzdem wichtig und nützlich“[105]. Damit sind bereits die wichtigsten Räume entfaltbarer Vielfalt angesprochen, die Zentren des Öffentlichen Rechts.

b) Eine wichtige Erkenntnis der Pluralismuslehre liegt nun aber in Folgendem: Die Bereiche der *Vielfalt und ihre Strukturen werden in erster Linie auf organisatorischen Wegen erkannt:* Rechtspluralismus ist zuallererst Gruppenpluralismus, Gruppenvielfalt definiert Interessenvielfalt, der Gruppenstaat wird zum Staat organisierter Vielfalt.

Das Auftreten der Gruppen erst lässt die Ebene pluralistischer Vielfalt erkennen[106], und deshalb sollte für jeden Bereich eine entsprechende Repräsentanz gefunden werden[107]. Gruppen formieren sich darin, dass sie in der Öffentlichkeit wirken, jenem größten Raum staatsrechtlicher Vielfalt[108]. Sie stehen zwischen einem

---

104 *Schwan* (Fn. 67), Sp. 427.

105 *Herzog* (Fn. 61), Sp. 2540 f.

106 *Herzog,* a. a. O.

107 *Herzog,* a. a. O., Sp. 2547.

108 Grundsätzlich *Häberle* (Fn. 53), S. 45 ff.

Individuum und der Masse[109], denen beiden gemeinsam ist, dass sie unauflösliche Einheiten darstellen, undifferenzierbar in Vielfalten.

Die Gruppen sind Träger jener verfestigten Interaktionen[110], in denen Staatlichkeit aus Vielfalt wächst; sie sind Subjekte und Objekte eines Schutzes der Minderheiten[111], die ihre Identität in Unterschiedlichkeit gewinnen – in Vielfalt und sich diese nur in deren Akzeptanz durch (gegenseitige) Toleranz bewahren können.[112]

„Vielfaltbereiche" sind also im wesentlichen diejenigen sachlichen Regelungsräume, in denen *legitime Gruppenbildung* festzustellen oder möglich ist. Die Gruppe ist aber begrifflich[113] nicht nur das organisatorische Medium der Erkenntnis von Vielfalt und auch nicht nur ein Raum für diese; sie ist wesentlich, in ihrem Verhältnis zu anderen Gruppierungen, Vielfalt konstituiert eine solche in ihrer systematischen Erscheinung.

Deutlich wird dies eben darin, dass der Staat sich letztlich nicht nur notwendig, sondern ausschließlich aus derartigen Gruppierungen aufbaut, so dass also „Gruppenstaat" gerade in diesem Sinn zu verstehen ist[114]. Darin wird er allerdings zugleich zur Bedrohung für einen Bürger, der sich in seiner Vielfalt als Individuum durch Gruppen bedroht sieht[115]. Die Pluralismuslehre muss also im Grundsatz von einer gewissermaßen gestuften „Vielfalt" ausgehen, welche sich ebenso in der Bürger-Individualität ausprägt wie in einer Gruppenvielfalt, welche jene integriert, damit aber zugleich beschränkt.

3. Der Verbändestaat als Vielfaltsstaat

Hier erreicht die grundsätzliche Betrachtung der Vielfalt aus der Sicht des Pluralismus die Problematik des Verbändestaates und damit erstmals eine typisch staatsrechtliche Konkretisierung, mit praktisch-rechtlichen Problemstellungen, sie führen über jene gesellschaftssoziologischen Fragen hinaus, mit denen sich die Pluralismusdiskussion herkömmlich beschäftigt[116].

a) Die Diskussion um den Verbändestaat begann in Deutschland in voller Breite mit *Theodor Eschenburgs* politologisch-historischer Analyse der Situation in der

---

109 *Fraenkel* (Fn. 52), S. 6.

110 *Lehner* (Fn. 55), S. 96.

111 Siehe dazu *Thelen* (Fn. 67), S. 18 f.

112 Zu „Pluralismus und Toleranz" vgl. *Topitsch,* E. u. a., Pluralismus: Legitimationsprobleme Im Interessenwandel, Veröffentlichungen der Walter-Raymond-Stiftung, Bd. 21, 1983, S. 9 ff.; *Marcuse,* H., in: Wolff, R. / Moore, B. / Mareuse, H. (Hrsg.), Kritik der reinen Toleranz, 1966, S. 91 ff.

113 Zum Begriff „Gruppe" zu der Pluralismustheorie vgl. u. a. *Loewenstein* (Fn. 54), S. 371; *Truman* (Fn. 88), S. 14 ff.; *Hirsch-Weber* (Fn. 88), S. 119 ff.

114 Siehe dazu *Badura* (Fn. 93).

115 Dazu grdl. *Loewenstein* (Fn. 54), S. 385 ff.

116 Vgl. *Schmitt Glaeser* (Fn. 61).

frühen Bonner Republik, der alsbald die grundlegende öffentlich-rechtliche Monographie von *Josef H. Kaiser* folgte[117]: Sie wurde intensiv fortgesetzt, auch in der Politik, insbesondere gegen Ende der 70er Jahre, als es um das Vorhaben eines „Verbände-Gesetzes“ ging[118]. Nachdem jedoch das Vorhaben eines Gewerkschaftsgesetzes scheiterte, flaute auch die Diskussion um die Verbände und die „Verbandsstaatlichkeit“ in der Folgezeit deutlich ab. Dies war wohl nicht nur eine Konsequenz der Unzulänglichkeit des in ihr eingesetzten staatstheoretischen Instrumentariums, einer sich verbreitenden „Interessenverbandsprüderie“ (*Gustav Radbruch*) oder gar eines Fortwirkens der Verfallstheorie von *Carl Schmitt*[119]. Entscheidend dürfte sich die zunehmende, insgesamt unwiderstehlich vordringende Parteienstaatlichkeit ausgewirkt haben[120]. Verbandsprüderie war von Anfang an vor allem Skepsis gegenüber den politischen Parteien[121] und wandelte sich immer mehr zur Parteienverdrossenheit. Für *Theodor Eschenburg*[122] war noch das alte Pluralismusthema der Schwächung des Staates, bis zu seiner Auflösung (vgl. oben 2.), die eigentliche Grundproblematik des Verbändestaates[123]. Die Verbände mochten diese Einheit des Staates gefährden, die sich programmatisch annähernde, den Staat am Ende bestehende Parteien schienen geradezu eine neue Verfassungsethik, ja eine erneuerte Staatseinheit hervorzubringen[124].

b) So verlor der Verbändestaat seine politische Bedrohlichkeit, damit ging eben auch das staatsrechtliche Interesse an ihm verloren, und darin nicht zuletzt verebbte das Interesse an einem Pluralismus, der sich nun im Wesentlichen Überlegungen zur politischen Meinungsfreiheit und der sie organisierenden Parteienvielfalt zuwandte (vgl. C. I.).

Damit aber wandelten sich auch die Zentralfragen des „Verbändestaates als Gruppenstaat“ zu spezifischer erfassten Problemen bestimmter staatsrechtlicher Bereiche: Die Bindungen der Abgeordneten an Verbände, für *Eschenburg* ein Hauptthema der Herrschaft der Verbände in ihrer staatsauflösenden Vielfalt[125], wurde zum Parlamentarismusproblem des Lobbyismus; der zweite Zentralgegen-

---

117 *Eschenburg,* Th., Herrschaft der Verbände, 1955 und *Kaiser* (Fn. 77).

118 Vgl. dazu grundsätzliche Beiträge, vor allem aber die Dokumentation (S. 214 ff.) in: von Alemann, U. / Heinze, R.G., Verbände und Staat, 1979.

119 So m. Nachw. *Steinberg* (Fn. 96), S. 492 f.

120 Zu ihr im Zusammenhang mit dem Pluralismus vgl. u. a. *Truman* (Fn. 88), S. 262 ff.; *Achterberg,* N., Die Parlamentarische Demokratie als Entfaltungsraum für Bürgerinitiativen, NJW 1978, 1993 (1994); *Hohm,* K.-H., Parteiendemokratie und Volksentscheid, DuR 1983, 406 (409); *Loewenstein* (Fn. 54), S. 390 ff.

121 So deutlich bei *Fraenkel* (Fn. 52), S. 8.

122 Vgl. etwa seine Ausführungen zum Einfluss der mächtigen Landwirtschaftslobby auf die Regierung (Fn. 117), S. 39 ff., 62 ff. – im Grunde noch ein klassisches Weimarer Thema.

123 Siehe vor allem *Quaritsch* (Fn. 53), S. 53 ff.

124 Vgl. *Quaritsch* (a. a. O.), unter Hinweis auf Carl Schmitt.

125 Siehe *Eschenburg* (Fn. 117), S. 76 ff.

stand der Verbändediskussion, die Ämterpatronage[126], wandelte sich zum Gegenstand des Verwaltungsrechts, von dort, ebenso wie der Lobbyismus, zu einem Nebenkriegsschauplatz der Korruptionsbekämpfung. Und an diesen praktischen Diskussionsfronten stellte sich immer mehr die Ruhe der Resignation ein: An der Macht der von den Parteien repräsentierten Politik trafen die Verbände – und damit die „klassische" Pluralismusdiskussion – auf ihre Grenzen. Die Verbände als reale politische Potenzen[127] hatten in den Parteien nicht so sehr ihren Meister als vielmehr eine neue, staatsrechtlich klare, fassbare Erscheinungsform gefunden[128].

c) Damit aber fiel ein Betrachtungshorizont immer weiter zurück, auf dem der Pluralismus für die Erfassung der Vielfalt besonders ergiebig hätte werden können: in der Erkenntnis der notwendigen Vielfalt gerade des Gruppenstaates in seiner Form des Verbändestaates. Die Pluralität war früher, etwa bei *Josef M. Kaiser*, noch durchaus bewusst und Ausgangspunkt von Versuchen einer Verbändedogmatik[129]; sie verlor sich aber in der induktiven Betrachtung einzelner Interessenträger. Nicht allgemein vertieft wurden Fragestellungen etwa zu einer „Opposition innerhalb der Verbände"[130], in denen ein „Binnenpluralismus" grundsätzlich und flächendeckend hätte thematisiert werden können, der wenigstens im Medienbereich diskutiert wurde (vgl. C. II.). Noch weniger wurde der Außenpluralismus, wurden Unterschiedlichkeiten und damit Vielfalt der Verbandslandschaft selbst als inhaltliches Rechtsproblem bewusst, liegt doch im Wort vom Gruppen-, näher vom Verbändestaat bereits die grundsätzliche Anerkennung einer staatsrechtlichen Vielfaltsstruktur, die zur öffentlich-rechtlichen inhaltlichen Erfassung und Präzisierung drängt. Dass der Verbändestaat, anders als der Parteienstaat, noch nicht seine normative Regelung in der Verfassung gefunden hat, darf aber nicht daran hindern, den Pluralismus in eine Vielfaltsdogmatik hinein weiter zu denken. Immerhin hat er eine Grunderkenntnis gebracht: Vielfalt wird gerade in Organisationen fassbar; das Wort, im Plural gebraucht, steht schon für Vielfalt – auch der Inhalte. Darin bleibt Pluralismus das Untersuchungsprogramm der Vielfalt.

---

126 *Eschenburg* (Fn. 117), S. 16 ff.

127 *Schmitt Glaeser* (Fn. 61).

128 *Herbert von Arnim* ist hier in verschiedenen Richtungen zum Wortführer geworden, vgl. etwa parteikritische Beiträge wie „Reform der Parteidemokratie: Beiträge auf der 5. Speyerer Demokratietagung vom 25. bis 26. Oktober 2001 an der Deutschen Hochschule für Verwaltungswissenschaften Speyer" (2001) oder „Vom schönen Schein der Demokratie: Politik ohne Verantwortung – am Volk vorbei" (2002).

129 *Kaiser* (Fn. 77), S. 83 ff.

130 *Leisner*, W., Organisierte Opposition in Verbänden und Parteien, ZRP 1979, 275 ff. = *ders.*, Staat 33 (1994), S. 743 ff.

III. Pluralistische Demokratie: Vielfalt als Staatsgrundsatznorm

Die für das Vielfaltsthema aus öffentlich-rechtlicher Sicht entscheidende Feststellung liegt darin, dass der Staat als ein Gruppenstaat erfasst worden ist[131]. Damit wird er zu einer Ordnung, die ihrem Wesen nach eines darstellt: einen Entfaltungsraum aktueller und potenzieller Vielfalt. So wenig eine Staatlichkeit „geschlossen“ ist, die sich ihre Aufgaben ständig selbst suchen und stellen darf, so unabsehbar sind die einzelnen Bereiche, in denen sie in Vielfalt zu erfüllen sind. Entscheidend aber bleibt, dass sie rechtlich zusammengeschlossen sind in einer staatlichen Ordnung, die ihrerseits und gerade als solche aus dieser Vielfalt lebt; und so konnte sie in Deutschland mehr als Gruppenbund gesehen werden denn als Bundesstaat[132]: Die staatsrechtlichen Grundmuster selbst, wie etwa die Gewaltenteilung, erscheinen als Ausdruck des Pluralismus[133]. Die verbreitete Terminologie der „pluralistischen Demokratie“[134] bliebe inhaltslos, sähe man darin nicht die Charakterisierung der gesamten Staatlichkeit, der Staatsform als solcher als Raum der Entfaltung von Vielfalt.

Dann aber drängt sich eine staatsrechtliche Erkenntnis als Ausgangspunkt der folgenden Betrachtungen auf: Die „Demokratie“, als Staatsgrundsatznorm nach Art. 20 und 79 Abs. 3 GG längst erfasst und auch dogmatisiert[135], ist als solche eine „Staatsform der Vielfalt“, unabhängig davon, wie weit sie sich im Einzelnen zu einem Gruppen- oder gar Verbändestaat entwickelt. Diese ihre – legitimen – Organisationsstrukturen sind, wie die Pluralismusdiskussion gezeigt hat, Konkretisierungs- und zugleich Erkenntnisformen rechtlicher Vielfalt. Jene Demokratie aber, welche sich aus ihnen legitimiert, fügt dem einen höchsten staatsrechtlichen Imperativ hinzu: In ihrem Namen ist Vielfalt herzustellen, jedenfalls in allen Bereichen des öffentlichen Rechts, als einem Raum zu bewahrender oder herzustellender Vielfalt.

Die Pluralismusdiskussion ist einseitig verlaufen, ohne Blick auf eine inhaltliche Erfüllung des Vielfaltsbegriffs. Immerhin ermöglicht sie ein positives Grundurteil über diesen Begriff: Wenn die Staatsgrundsatznorm der Demokratie normativ ausstrahlt in alle Bereiche des Öffentlichen Rechts, dann ist dessen Vertretern die Aufgabe gestellt, überall zu suchen nach solchen Inhalten; und das soll nun versucht werden, anhand von Beispielen.

---

131 *Herzog* (Fn. 61), Sp. 2539.

132 *Eschenburg* (Fn. 117), S. 85.

133 *Schmitt Glaeser* (Fn. 61), S. 3271.

134 StL, Bd. 4, „Pluralismus“, Sp. 427; *Stern* (Fn. 67), S. 619; *Loewenstein* (Fn. 54), S. 369 ff.; *Thelen* (Fn. 67), 20.

135 Für alle *Böckenförde,* E.-W., Demokratie als Verfassungsprinzip, in: HdbStR, Bd. 1, § 22.

Als Ergebnis der Pluralismusdiskussion ist für die folgenden Betrachtungen aber eines jedenfalls festzuhalten: Eine Vermutung für Vielfalt, ein favor varietatis, die Überzeugung, dass auch fern erscheinende Ansätze zu ihrer Dogmatik etwas beitragen können.

IV. Ergebnis: Pluralismusdiskussion – Bedeutung und Probleme für eine Erfassung der Vielfalt

1. Pluralismus ist der Ausgangsbegriff für eine Untersuchung zur Vielfalt im Öffentlichen Recht; hier sollten für sie theoretische Grundlagen erwartet werden. Die „Pluralismusdiskussion" wird seit dem Beginn des 19. Jahrhunderts geführt. Inzwischen ist Pluralismus zu einem positiv aufgenommenen Grundbegriff in Staatstheorie und Staatsrecht geworden, das sich in ihm öffnen soll – zu einer offenen Gesellschaft.

2. Dieser Akzeptanz entspricht allerdings nicht die hier erreichte Präzision. Schon zur Weimarer Zeit – und auch später – ging es in der Pluralismusdiskussion vor allem um die Bewahrung der Staatseinheit, der Staatlichkeit als solcher, gegenüber vordringenden gesellschaftlichen Gewalten, insbesondere Verbänden und politischen Parteien.

3. Aus der Pluralismusdiskussion sind daher im Wesentlichen Bemühungen um die Erfassung einer „Verbände- und Parteienstaatlichkeit" entstanden. Darin droht sich der rechtliche Vielfaltsbegriff in soziologischen oder politischen Umschreibungen zu verlieren. Der Verbändestaat erscheint überdies grundsätzlich als durch den Parteienstaat „überholt"; dessen faktischer Mächtigkeit gegenüber macht sich zunehmend juristische Resignation breit. So können den Untersuchungen zum Pluralismus kaum Ansätze zu näherer rechtlicher Erfassung von Außen- und Innenpluralismus entnommen werden, die immerhin als Begriffe unterschieden werden.

Bedeutsam für die folgenden Problemstellungen ist aber die Erkenntnis der Bedeutung organisatorischer, damit auch organisationsrechtlicher Pluralität. Von grundsätzlichem Gewicht sind auch die Aussagen zur pluralistischen Demokratie, welche gerade als eine „Staatsform der Vielfalt" erscheint und auch materiellrechtlich zu einem allgemeinen favor varietatis führt.

C. Rechtliche „Vielfaltsgebote“

I. Vielfalt zwischen grundrechtlicher Freiheit und staatlichem Sicherungsauftrag

Die folgende Untersuchung verfährt *induktiv,* in der Behandlung heterogener Bereiche des Öffentlichen Rechts. Dabei kann sie sich, wie die Diskussion um den Pluralismus gezeigt hat, nicht auf eine formierte allgemeine Dogmatik stützen, welche ein Prüfungsschema vorgäbe. Deshalb wird der Induktion in der Weise Rechnung getragen, dass zunächst Bereiche angesprochen werden, in denen das Öffentliche Recht, insbesondere die Verfassung, von der Existenz einer außerrechtlichen Vielfalt ausgeht und diese in die Rechtsordnung normativ ordnend rezipiert, vielleicht sogar eine solche *fordert* und sie durch geeignete materielle und bereichsweise auch organisatorische Vorgaben sichern, ja herstellen will. Hier läuft also mehr ab als ein reiner Übernahmevorgang, Rezeption wird zum kreativ ordnenden Imperativ.

1. Die möglichen Rechtsfolgen eines Vielfaltsgebotes

In den im Folgenden behandelten Bereichen erscheint also Vielfalt als ein *rechtliches Gebot* und ist als solches, nicht nur als ein Beschreibungsbegriff außerrechtlicher Sachverhalte, dem Öffentlichen Recht seit langem geläufig. Hier werden rechtliche Voraussetzungen normiert, aus denen sich dann Rechtsfolgen ergeben sollen – zwei Kategorien von solchen:

- *Grundrechtlich begründete Ansprüche des Bürgers auf ein „Verhalten in Vielfalt“*, durch das diese hergestellt, aufrechterhalten, entfaltet wird. Wie allenthalben im Grundrechtsbereich, stehen dem Staat ihnen gegenüber gewisse rechtliche Regelungs-, ja Eingriffsbefugnisse im engeren Sinn zu. Ihre Ausübung hat sich bereits danach auszurichten, ob und wie weit die betreffende Vielfalt (verfassungs-)rechtlich gewünscht, als solche ein Verfassungswert ist. Vielfalt verlangt hier rechtlich ein „staatliches Gewährenlassen“ als Rechtsfolge, etwa im Bereich der Meinungs- oder der Kunstfreiheit.
- *Staatliche Sicherungs- ja Herstellungsverpflichtungen* hinsichtlich eines bestimmten rechtlich, insbesondere auch organisatorisch verfestigten *Vielfaltszustandes,* etwa in einer „Medien-“, „Kultur-“ oder „Umweltlandschaft“. Gewiss spielen auch hier grundrechtliche Wertungen eine entscheidende Rolle, als Ausgangspunkte rechtlicher Ordnung oder deren Begründung. Die staatlichen Rege-

lungen erfüllen jedoch Sicherungspflichten, steigern sich zu Verpflichtungen zur Herstellung von Vielfaltszuständen, die neuerdings in der Dogmatik der staatlichen Gewährleistungen speziell erfasst werden.

Wenn also der rechtliche Inhalt eines Vielfaltsbegriffs allgemein oder bereichsspezifisch geklärt werden kann, so ergeben sich aus ihm Rechtsfolgen solcher Art, die dann im jeweiligen Bereich subjektiv-rechtlich oder organisationsrechtlich zu regeln sind. Dabei wird der Bereichsspezifik entscheidendes Gewicht zukommen.

2. Vielfaltsbegriff – Untersuchungsgegenstand als rechtliche Voraussetzung

Zentraler Gegenstand der folgenden Untersuchung sind jedoch *nicht die möglichen einzelnen Rechtsfolgen,* die sich aus einem allgemeinen oder speziellen Vielfaltsbegriff bereichsspezifisch ergeben mögen. Eine solche Behandlung würde den Rahmen auch der folgenden Darstellung sprengen und muss späteren Einzeluntersuchungen vorbehalten bleiben.

Hier geht es vielmehr um eine *grundsätzliche Untersuchung des Vielfaltsbegriffs* als Voraussetzung für die angesprochenen (möglichen) Rechtsfolgen. Diese können erst näher bestimmt, insbesondere die staatlichen Regelungsrechte und -pflichten im Einzelnen verdeutlicht werden, wenn klar ist, welche Vielfalt durch Bürgerverhalten der Staat, allgemein oder im besonderen Bereich, zu achten oder zu begünstigen – oder gar durch staatliche Zustandsgewährleistung zu sichern oder herzustellen hat. Aufgabe einer Gewährleistungsdogmatik ist es sodann, diese Rechtsfolgen im Einzelnen herauszuarbeiten.

Die nachfolgenden Untersuchungen werden also „Vielfalt" in doppelter Hinsicht betrachten:

- einerseits als eine *Ordnungsvoraussetzung, die durch Bürgerverhalten* in Freiheit herzustellen und / oder zu erhalten ist,
- zum anderen als *Gegenstand staatlicher Zustandsordnung,* mag auf sie nun ein Rechtsanspruch bestehen oder sie im staatlichen Organisationsermessen liegen.

Ob der Staat Vielfalt schwerpunktmäßig achtet, hinnimmt, allenfalls noch fördert, oder ob er sie selbst hervorbringt, jedenfalls verfestigt – diese Akzentuierungen werden im Folgenden immer wieder begegnen, auch im Verbund, allerdings in unterschiedlicher Intensität. So wird allgemein bei der Meinungsfreiheit die Vielfalt zulassende, im speziellen Medienbereich die sie organisatorisch wahrende, ja herstellende Staatsgewalt im Vordergrund stehen, bei der wirtschaftlichen Freiheit der Akzent auf der freiheitlichen Entfaltung durch Bürgerbeteiligung, im Umweltrecht auf der staatlichen „Vielfaltsorganisation" liegen.

Doch immer geht es zunächst um ein und dasselbe: um Vielfalt als Rechtsbegriff – einheitlich oder wiederum in Vielfalt zu bestimmen.

II. Meinungsfreiheit – ein „Vielfaltsimperativ“

1. Meinungsfreiheit als Meinungsvielfalt

a) *Freiheit der Meinungsbildung* ist für die freiheitliche demokratische Staatsordnung „schlechthin konstituierend“ – dies ist eine verfassungsrechtliche Grundaussage des Bundesverfassungsgerichts[136]. Sie bedeutet, dass es inhaltlich *unterschiedliche Positionen* zu allen möglichen Meinungsgegenständen *geben muss,* denn nur dann kann auch der Kommunikationsvorgang der Meinungen verfassungsrechtlichen Schutz genießen[137]. Eine lediglich auf Konsens zielende Meinungsvielzahl gleicher Auffassungen, vieler Träger von solchen, kann nicht allein Schutzbereich der Meinungsbildungsfreiheit sein, denn „Meinungen streben wesentlich gegeneinander“. Verfassungsrechtlich geschützt ist also (zunächst) eine Freiheit der Meinungsvielfalt, wie dann allerdings auch eine etwa sich aus ihr entfaltende Freiheit der Meinungskonvergenz. Primär – im engeren Sinn des Wortes – gilt also: *Meinungsfreiheit ist Meinungsvielfalt;* sie setzt sie nicht nur voraus, sie setzt sie fort.

b) Der Gegenstand dieser Meinungsfreiheit, damit der Schutz- und Entfaltungsbereich der Meinungsvielfalt, ist überaus weit, wenn auch nicht grenzenlos. Längst überwunden ist die Vorstellung, die verfassungsrechtliche Meinungsfreiheit beziehe sich nur auf Stellungnahmen zu „grundsätzlichen“ oder „politischen“ Fragen, solchen, welche „das Gemeinschaftsleben als solches“ beträfen[138].

Auch die neueren Differenzierungen der Meinungsfreiheit, welche diese etwa als eine religiöse der Religionsfreiheit[139], als eine ökonomische der Berufsfreiheit zuordnen[140], ändern an dieser begrifflichen Weite grundsätzlich nichts; allerdings führt dies dann dazu, dass solchen bereichsspezifischen Meinungsfreiheiten jeweils unterschiedliche „letzte Schranken“ gezogen werden, so etwa der Werbungsfreiheit durch das Recht des unlauteren Wettbewerbs[141]. Der Raum einer verfassungsrechtlichen „Meinungsfreiheit als Meinungsvielfalt“ ist also nach wie vor sehr weit; „Vielfalt“ ist in diesem Sinn gewünscht und schlechthin konstitutiv für die Demo-

---

136 BVerfGE 7, 198 (208); 10, 118 (121); 12, 205 (259 ff.); 20, 56 (97); 20, 162 (174 f.); 27, 71 (81 f.); 35, 202 (221); 59, 231 (265); 77, 65 (74).

137 BVerfGE 83, 283 (296).

138 *Starck,* Chr., in: Maunz, Th. / Dürig, G., GG, Bd. 1, Art. 5 Abs. 1, 2 Rn. 49 ff. m. Nachw.

139 BVerfGE 57, 295 (319 f.); *Starck,* Chr., in: Maunz, Th. / Dürig, G., GG, Bd. 1, Art. 5 Abs. 1, 2 Rn. 25.

140 *Lerche,* P., Grundfragen eines gemeinschaftlichen Verbots mittelbarer Werbung, 1990; *ders.*, Werbung u. Verfassung, 1967; *Scholz,* R., in: Maunz, Th. / Dürig, G., GG, Art. 12 Rn. 327.

141 Wobei allerdings neuerdings doch wieder ein sehr weiter Freiheitsraum eröffnet wird (vgl. das Benetton-Werbung-Urteil des Bundesverfassungsgericht und literarische Reaktionen darauf), in deutlicher Akzentuierung aus der (allgemeineren) Meinungsfreiheit.

kratie – bis hin zu den letzten Grenzen des aktiv-gewaltsamen Kampfes gegen dieselbe, als solche unabänderlich geschützte Staatsform.

Beschränkt sich die Betrachtung auf die Meinungsfreiheit, so sind der Meinungsvielfalt letzte Grenzen nur durch die Ewigkeitsgarantie gezogen[142]. Dies ist eine für eine verfassungsrechtliche Vielfaltkonzeption sehr bedeutsame Aussage: Der Vielfaltsbegriff außerstaatlichen Verhaltens ist jedenfalls aus der Meinungsfreiheit heraus, gegenständlich nur durch äußerste Schranken begrenzt.[143]

c) Eine weitere, bedeutsame Erkenntnis schließt sich an: Diese so weit(reichend)e Vielfalt ist nicht nur eine mögliche, sie ist *verfassungsrechtlich gewünscht;* sie zu schützen, wo nötig herzustellen, ist Aufgabe des Gesetzgebers[144]. Er findet eine außerrechtlich bestehende Vielfalt vor[145], und diese Meinungsrealität ist in der öffentlichen Medienordnung abzubilden[146]. Vor allem geht es hier um Sicherung jener Informationen, die nur dann Vielfalt der Meinungen hervorbringen kann, wenn sie ebenso umfassend ist wie deren bereits erwähnter Vielfaltsraum[147], was Gewährleistung der Anbietervielfalt verlangt[148].

Dies alles wird bisher vor allem für den organisationsrechtlichen Medienbereich diskutiert, wobei dieser so weite Vielfaltsbegriff nicht weiter vertieft wird. Es gilt jedoch, daraus eine inhaltliche Folgerung für den Vielfaltsbegriff zu ziehen: Vielfalt wird hier in der vollen Breite der gesellschaftlichen Meinungsgegenstände und -entwicklungen zum Schutzgegenstand eines verfassungsrechtlichen Vielfaltsbegriffs. Der Staat hat diese nahezu unbegrenzte Vielfalt nicht „herzustellen“, da sie sich wesentlich im außerrechtlichen Freiheitsraum des Bürgers bildet, aber es obliegen ihm von Verfassungs wegen zwei Aufgaben:

– entfaltete gesellschaftliche Vielfalt hinzunehmen sowie abzubilden, und

– Entfaltungsmechanismen und Träger einer solchen Vielfalt zu fördern.

Die rechtliche Bedeutung der Vielfalt in der Demokratie geht über ein reines Abbildungsrecht weit hinaus; sie ist demokratisch gewünscht, nicht nur erwünscht, und dies gilt prinzipiell in der vollen Breite der meinungsfähigen Sachverhalte. Der folgenden Untersuchung stellt diese Feststellung die nicht leichte Aufgabe, herauszuarbeiten, wo sich diese „generelle Vielfalts(garantie)verpflichtung des

---

142 Vgl. Art. 79 Absatz 3 GG.

143 Vgl. allgemein zur Funktion der Ewigkeitsgarantie als letzte Schranke *Leisner,* A., Kontinuität als Verfassungsprinzip, 2001, S. 364 ff.

144 Diese Erkenntnis der medienrechtlichen Verfassungsjudikatur (vgl. etwa BVerfGE 83, 238 (334); bereits E 57, 295 (321)) gelten für die Meinungsfreiheit allgemein.

145 BVerfGE 57, 295 (321, 325); 83, 238 (337).

146 *Gehrhardt,* E., „Pressevielfalt“ – ein oft gebrauchter, doch ungeklärter Begriff, AfP 1980, 200 (202).

147 *Janik,* V., Kapitulation vor der eingetretenen Konzentration?, AfP 2002, 104 (106).

148 Vgl. auch a. a. O., S. 109, 112 f. (zur Frage der „Senderfamilien“).

Staates“ in dessen öffentlichem Recht in besonderer Weise akzentuiert hat, wo es (noch weiter) geschehen sollte.

d) Diese staatliche Aufgabe ist in der Verfassungsrechtsprechung immerhin bereits insoweit verdeutlicht worden, als Meinungsfreiheit dort nicht *nur als ein subjektiver Abwehranspruch,* sondern auch als ein *objektiv-rechtliches Verfassungsprinzip* verstanden wird[149], woraus sich die Notwendigkeit einer positiven Ordnung ergibt, vor allem für den Medienbereich[150].

Für einen Vielfaltsbegriff ist dies von einer bisher noch nicht hinreichend erkannten Bedeutung: Wo die Verfassung Rechtspositionen (nur) über subjektive Grundrechtsansprüche sichert, geschieht dies weiterhin „vielfaltsblind“, ohne dass dabei andere subjektive Rechtslagen in den Blick genommen würden[151]. Allerdings mag sich auch hier Vielfalt zeigen in der breiten Unterschiedlichkeit jener subjektiv-rechtlichen Rechtsbeziehungen, die weithin, schon aus der menschlichen Unauswechselbarkeit ihrer Rechtsträger, eben „subjektiv-rechtliche Vielfalt“ hervorbringen. Weit deutlicher noch aber steigert sich Vielfalt vom Rezeptionsauftrag zum Herstellungsgebot dort, wo in einer objektiv-rechtlichen Ordnung etwas wie ein (bereichsspezifisch) flächendeckendes System multi-optimaler Darstellung von der Verfassung gefordert ist. Dort ist dann „Vielfalt überall“ angesagt, horizontal wie vertikal.

Die früh bereits erkannte[152] „Objektivierung“ der Meinungsfreiheit verstärkt also das Gewicht der Grundrechte als Ausgangspunkt einer öffentlich-rechtlichen Vielfaltsdogmatik.

e) Die hohe Bedeutung der Meinungsvielfalt für eine Meinungsbildung, die nur aus ihr schöpfen kann, immer wieder zu ihr zurückfinden muss, zeigt sich staatsgrundsätzlich vor allem darin, dass die *Demokratie* damit als eine Staatsform der Vielfalt erscheint (vgl. auch oben a)). Mag diese gerade in ihrer Gleichgewichtigkeit[153] stets aufrecht zu erhaltende Vielheit auch ein Zielwert sein, der sich stets nur annäherungsweise erreichen lässt[154] – nach den neueren Optimierungsvorstellungen[155] schließt dies seine dogmatische Erfassbarkeit als Verfassungsprinzip jedenfalls im Rahmen von Art. 5 Abs. 1 GG nicht aus[156]; eine exakte Definition

149 BVerfGE 57, 295 (321); vgl. bereits BVerfGE 12, 205 (229).

150 BVerfGE 57, 295 (321, 323).

151 Sieht man von Gleichheitsbetrachtungen ab, auf die noch zurückzukommen ist (unten E.).

152 Vgl. bereits *Ridder,* H., Meinungsfreiheit, in: Neumann F. L. / Nipperdey, H. C. / Scheuner, U. (Hrsg.), Die Grundrechte, Handbuch der Theorie und Praxis der Grundrechte, Bd. 2, 1954, S. 243 ff.

153 BVerfGE 73, 118 (156); 83, 238 (317).

154 BVerfGE 73, 118 (156).

155 Vgl. insgesamt dazu VVDStRL 2002, Leistungsgrenzen des Verfassungsrechts, S. 7 ff.

156 Zu Unrecht schließt aus diesem „Zielwert“ *Bamberger* (Fn. 45), S. 551 – eher beiläufig – auf eine „Unmöglichkeit ihrer exakten Definition“.

widerspräche im Übrigen an sich schon dieser Begrifflichkeit, die allenfalls in Akzentuierungen und in ihren Grundlinien deutlich werden kann.

Diese staatsgrundsätzliche Bedeutung der Meinungsvielfalt – welche nach dem bisher Dargelegten nichts anderes sein kann als eine subjektive Spiegelung der allgemein-gesellschaftlichen Vielfalt – gerade für die Volksherrschaft hat das Bundesverfassungsgericht neuerdings nochmals hervorgehoben[157]: Es spricht von der „Bedeutung der Meinungsvielfalt im Rundfunk für die *individuelle und öffentliche Meinungsbildung* und damit sowohl für die *Entfaltung der Persönlichkeit* als auch für die *Aufrechterhaltung der demokratischen Ordnung*“[158]. Dies gilt aber nicht nur für die „rundfunkspezifische Vielfalt“[159], sondern für jede Erscheinungsform der Meinungsvielfalt; denn stets kann sich freie Meinungsbildung nur in Auswahl aus ihrem Angebot oder in dessen Ergänzung vollziehen[160].

In diesem doppelten Sinn ist in der Tat die Vielfalt der Meinungen – und das heißt die *Vielfalt der Verhaltensweisen*[161] – konstitutiv für die Demokratie: Sie befestigt und verstärkt einerseits die *Individualität der Bürger,* die in der Volksherrschaft nur als eine vielfältige vorstellbar ist; denn diese Staatsform zieht ihre Kraft gerade aus dieser in Staatseinung zusammenwachsenden Vielfalt[162]. Nur aus ihr heraus handelnde, insbesondere wählende Persönlichkeiten verleihen der Demokratie die Legitimation nicht allein des Konsenses, sondern sogar noch die einer persönlichen Gewalt, die sich auf laufend kritisch sich festigenden Persönlichkeiten ausruht. Andererseits begegnen einander sodann diese überzeugt vielfältigen Bürgerpositionen auf einem Feld der öffentlichen Meinung; diese wird vom Bundesverfassungsgericht hier ersichtlich nicht verstanden als eine dominante (gesellschaftliche) Entscheidungsinstanz, sondern als ein Freiheitsraum, in dem sich Strömungen bilden – wiederum in Vielfalt – aus denen sodann die politischen Entscheidungsträger ihre Kräfte gewinnen.

Demokratie bedeutet also nicht Herrschaft „der“, „einer“ öffentlichen Meinung, sondern öffentliche Meinung immer noch in einer Vielfalt, aus der dann die politischen Instanzen Entscheidungsinhalte auswählen; in der Volksherrschaft besteht eben Vielfalt und damit Wahl auf allen Ebenen.

---

157 BVerfGE 95, 163 (172), unter Hinweis auf BVerfGE 12, 205 (260 ff.); 57, 295 (322 ff.); 73, 118 (160); 83, 238 (296); siehe dazu auch *Janik* (Fn. 147).

158 a. a. O.

159 Geradezu als eine „Ausprägung des Demokratieprinzips“ sieht diese *Bamberger* (Fn. 45), S. 553 m. Nachw.

160 Da schließt nicht aus, dass dem Medienrecht hier eine besondere und eine zentrale Bedeutung zukommt, auf die noch, vor allem in ihren organisatorischen Instrumentalisierungen, unter III. zurückzukommen ist.

161 Nachdem der Meinungsbegriff auf alle Formen menschlichen Verhaltens erweitert worden ist, die eine persönliche Stellungnahme ausdrücken, vgl. *Herzog,* R., in: Maunz, Th. / Dürig, G., GG, Art. 5 Abs. 1, 2 Rn. 73 m. Nachw.; *Schmidt-Jortzig,* E., Meinungs- und Informationsfreiheit, in: HdbStR, Bd. 6, § 141 Rn. 23 ff.

162 Grundsätzlich dazu *Leisner* (Fn. 56), S. 66 ff.

2. Ansätze für die Erfassung des Begriffs der Meinungsvielfalt

a) Versucht man nun, die erwähnten Akzentuierungen und Grundlinien zu einer Bestimmung des Begriffsinhalts der Vielfalt in diesem für ihn doch so wichtigen Bereich der Meinungsfreiheit herauszuarbeiten, so begegnet man einer Schwierigkeit, die sich auch auf anderen Gebieten zeigen wird: Der Vielfaltsbegriff wird zwar laufend gebraucht; doch dies geschieht eher beiläufig, ohne inhaltliche Vertiefung, in einer Weise, die man geradezu als unkritisch bezeichnen könnte. Dies gilt gerade auch für das im Folgenden (III.) noch näher zu behandelnde Medienrecht, welches sich primär mit den organisatorischen Sicherungsformen der Vielfalt befasst, nur ansatzweise mit dem als Meinungsvielfalt zu schützenden oder herzustellenden Zustand.

Zu diesem finden sich, soweit ersichtlich, vor allem skeptische Äußerungen[163], bei denen aber diese Untersuchung nicht stehen bleiben darf. Wäre auch nicht ansatzweise bestimmbar, was Meinungsvielfalt beinhaltet, so wären schon nach rechtsstaatlichen Grundsätzen alle Versuche unvollziehbar und daher rechtswidrig, daraus rechtliche, insbesondere medien-organisatorische Folgerungen zu ziehen.

„Vielfalt“ darf hier also nicht ein „politischer“ Begriff bleiben, der meist „frei gegriffen“ wird, bisher auch nicht „jenes Minimum“ präzisen Inhalts aufweist, das ihn normativ greifbar machen könnte[164]. Nach inhaltlichen Bestimmungsansätzen muss gesucht werden.

b) Im Medienrecht, das bereits hier für den allgemeinen Inhalt des Meinungsbegriffs relevant ist, werden verschiedene *Vielfaltsbegriffe* dargestellt. Die Unterscheidung zwischen „rezipientenbezogener“ und ökonomisch optimaler konsumtiver Programmvielfalt[165] betont zutreffend, dass es nicht nur vielfältige Meinungen geben muss, sondern dass diesen auch eine wenigstens medienrechtliche Wirkung zu sichern ist. Dies sagt allerdings noch nichts darüber aus, wie diese so zu bewahrende Vielfalt inhaltlich vorzustellen ist. Weiter führen bereits die Unterscheidungen von *Hoffmann-Riem*[166]: Mit ihm kann einerseits zwischen inhaltlicher und personen- / gruppenbezogener Vielfalt unterschieden werden, andererseits die erstere, die inhaltlich meinungsbezogene Vielfalt wiederum nach Gegenständen, räumlicher Diversität und Spartenvielfalt aufgegliedert werden. Zentral muss aber der Vielfaltsbegriff jedenfalls inhaltlich bestimmt werden, also „gegenständlich“, nach dem, worauf sich eben die Stellungnahme bezieht, und danach, wie sie diesen Gegenstand darstellt oder beurteilt. Dies wird beides nach den Personen / Gruppen der Meinungsträger variieren.

---

163 Siehe etwa *Gehrhardt* (Fn. 146), 200 f.; *Bamberger* (Fn. 45); *Janik* (Fn. 147), S. 106.

164 So die frühere Analyse von *Leisner,* W., Die Pressegleichheit, 1976, S. 141.

165 Die auch als „meritorische“ bezeichnet wird; dazu *Müller,* M., Markt- und Politikversagen im Fernsehsektor, 1998, S. 30 ff.

166 *Hoffmann-Riem,* W., Rundfunkrecht neben Wirtschaftsrecht, 1991, S. 18 ff.

Daraus ergibt sich dann eine *dreischichtige Vielfaltsstruktur* der Meinungen:

- nach ihren *Gegenständen,*
- nach ihren möglichen darstellenden oder beurteilenden *Stellungnahmen*[167],
- nach der personalen Vielfalt der *Träger* dieser Meinungen; sie lässt eben Gegenstands- und Beurteilungsvielfalt erwarten.

Die folgende Untersuchung wird also stets danach zu fragen haben, ob ein rechtlicher Vielfaltsbegriff – verkürzt ausgedrückt – gegenständliche, beurteilende oder personale Diversität fordert, unterstellt oder abbildet. Im Medienrecht mag dies weithin konvergieren zu einem Primat der „inhaltlichen Angebotsvielfalt“[168].

Bei aller Bedeutung der Vielfalt der Meinungsträger – sie erfüllt das klare verfassungsrechtliche Vielfaltsgebot nur insoweit, als daraus inhaltliche Vielfalt der Meinungen zu erwarten ist; und zu dieser wird es notwendig schon dann kommen, wenn den Meinungsträgern gegenständliche Vielfalt als Objekte ihrer Stellungnahmen geboten wird, sie jedenfalls erreichbar ist.

c) Das Bundesverfassungsgericht spricht von Vielfalt, nicht von Vielheit der Meinungen[169]. Eine *numerische Vielzahl* von Meinungsträgern oder auch von geäußerten Meinungen ist dafür ohne Bedeutung. Dies zeigt sich für die Meinungsträger deutlich etwa im Pressebereich, wenn die Zahl der „selbständigen publizistischen Einheiten“ ermittelt wird. Eine Vielzahl, wie sie noch unter dem Nationalsozialismus bestand, garantiert allein nicht Vielfalt, da sie „gleichgeschaltet“ sein kann; eine weitaus geringere Zahl – wie etwa in Frankreich – kann ohne weiteres ausreichen[170]. Dies gilt es schon hier zu betonen, weil gerade in der Demokratie mit ihren Mehrheitsvorstellungen eine (partiell) meinungsbündelnde Gleichschaltung zwar laufend Meinungsvielzahl erzeigt; diese Integration muss jedoch herauswachsen aus einer qualitativen Meinungsvielfalt, die ihrerseits eine echte Auswahl ermöglicht, was wiederum der Grundentscheidung der „Wahl-Demokratie“ entspricht. Mag dieser Begriff zwar mitunter ebenso unkritisch gebraucht werden wie der der Vielfalt, so führt er immerhin zu den zwei entscheidenden Fragen: Zwischen wie vielen Meinungen – oder auch Gegenständen von Stellungnahmen – muss denn nun (jedenfalls) ausgewählt werden können, und wie weit müssen sie „auseinanderliegen“? Die erstere Frage ist selbst für den Medienbereich, wo sie sich doch aufdrängt, noch nie überzeugend beantwortet worden[171]. In einem Zweiparteienregime mag die Tendenz vorherrschen, den Vielfaltsbegriff zahlenmäßig minimalistisch eng zu sehen, in einer herkömmlichen Vielparteienordnung dage-

167 Nach dem Bundesverfassungsgericht beinhaltet das Vielfaltsgebot *beides – sowohl* Gegenstände *als auch* Meinungen, siehe BVerfGE 83, 238 (315).

168 *Janik* (Fn. 147), S. 106.

169 BVerfGE 82, 238 (314, 321); vgl. bereits früher BVerfGE 7, 377 (208); 12, 113 (125).

170 Vgl. *Gehrhardt* (Fn. 146), S. 201, 205.

171 Wenn dies nicht sogar als grundsätzlich unmöglich angesehen wird, wie etwa von *Gehrhardt* (Fn. 146), S. 202.

gen ein weiteres Spektrum für erforderlich zu halten. Diese selben Gesichtspunkte werden auch die Auffassungen darüber orientieren, wie weit sich die einzelnen Meinungen qualitativ unterscheiden, also „auseinanderliegen“ sollten. Zahl und Qualitätsabstand stehen hier in einem Kompensationsverhältnis zueinander: Je weniger Meinungen vertreten werden, desto deutlicher müsste ihr Qualitätsabstand sein. Dies und die erwähnte Bedeutung der noch zu vertiefenden (im Folgenden IV.) Parteienstruktur bieten immerhin Ansätze für eine nähere inhaltliche Bestimmung des Begriffs der Meinungsvielfalt.

d) Für den Begriff der Meinungsvielfalt geradezu konstitutiv ist die *Informationsfreiheit* des Art. 5 Abs. 1 S. 1 GG, welche die Freiheit der Meinungsbildung zugleich ermöglicht wie auch deren Ergebnis kommunikativ wirksam werden lässt. Sie ist möglichst weitreichend zu sichern[172], und zwar nicht nur hinsichtlich der Öffnungsweite der Zugänglichkeit, sondern auch, was die Vielfalt der so zugänglichen Inhalte anlangt: Die Verfassungsvorschrift unterstellt eine gewisse Vielfalt der Gegenstände und Stellungnahmen innerhalb der jeweiligen Meinungsspektren. Daher wird in der Verfassungsrechtsprechung zu den Medien betont, diese hätten Informationen in „möglichster Breite und Vollständigkeit“ zu bieten[173]. Die frühere Einschränkung auf die „bestehenden Meinungen“[174] wird später mit Recht nicht wiederholt; es wird vielmehr betont, der Rundfunk müsse „dem einzelnen und den gesellschaftlichen Gruppen Gelegenheit zu meinungsbildendem Wirken“ bieten[175] – zu ergänzen ist hier jedoch: in möglichster Vielfalt; damit deutet dieses Wort im Licht der Informationsfreiheit auf einen Optimierungsbegriff hin[176].

e) Gerade die medienrechtliche Diskussion um die Inhalte einer Meinungsvielfalt hat allerdings auch zu Kategorisierungen geführt, die auf die Frage, ob die Verfassung von einer möglichst reichen Meinungsvielfalt ausgeht oder diese auch in engeren Spektren genügen lässt, durchaus ambivalente Antworten geben.

Dies gilt etwa für den Begriff *Ausgewogenheit* der medialen Darstellung der Meinungsvielfalt[177], der sogar zu dem der *Gleichgewichtigkeit* gesteigert wird[178]. Einerseits kann dies vielfaltssteigernd wirken, weil hier eben auch Minderheiten wirksam zu Worte kommen[179]. Andererseits sind dann staatliche Ordnungseingriffe die notwendige Folge, welche die Gefahr der Vielfaltsverarmung, ja -mani-

---

172 Zur Informationsfreiheit siehe BVerfGE 27, 71 (81); 104 (108 f.); 30, 336 (352); 33, 52 (65); 57, 250 (270).

173 BVerfGE 73, 118 (152, 155); vgl. bereits BVerfGE 57, 295 (321).

174 BVerfGE 57, 295 (320); dies liegt auch dem Begriff der „Vollständigkeit“ zugrunde; vgl. dazu *Herzog*, R., in: Maunz, Th. / Dürig, G., GG, Art. 5 Abs. 1, 2 Rn. 251.

175 BVerfGE 73, 118 (152).

176 Im Sinne der neueren Lehren (vgl. Fn. 155).

177 BVerfGE 83, 238 (317, 320).

178 BVerfGE 73, 118 (160).

179 *Janik* (Fn. 147), S. 106.

pulation mit sich bringen[180]; also kann hier allenfalls ein korrektives Mindestmaß von Vielfaltslenkung in Betracht kommen[181], das deutlich auf Vielfaltserweiterungen gerichtet sein muss.

In dieselbe Richtung weisen Vorstellungen von einer gewissen (medialen) *„Grundversorgung“* der Bevölkerung, die sich in der Rechtsprechung des Bundesverfassungsgerichts[182] mit solchen der Ausgewogenheit verbinden. Auch dies könnte missverstanden werden im Sinne einer Reduktion des Informationsangebotes – mit der notwendigen Folge einer Einschränkung von Meinungsvielfalt. Demgegenüber ist zu betonen[183], dass sich Grundversorgung nicht auf eine „Mindestversorgung“ beschränken darf, und dass der gegenständlich und zeitlich dynamisch offene Charakter von medialer Information und daraus folgender Meinungsvielfalt stets gewahrt werden muss. Es bleibt also bei einem *Verfassungsgebot optimaler Vielfalt,* nicht nur als fernes Verfassungsziel.

f) Ein orientierender Ansatz zur Erfassung dessen, was die Verfassung mit ihrer Meinungsfreiheit als Meinungsvielfalt wünscht, ergibt sich schließlich aus dem vom Bundesverfassungsgericht aufgegriffenen Begriff des *„Meinungsmarktes“*[184], den das „Gesamtprogramm“ bieten müsse[185]. Darin liegt nicht nur die Vorstellung von einem Raum, in dem sich „irgendwie Unterschiedliches“ bilden und abspielen soll. Hier wird deutlich, dass mit der Meinungsfreiheit weit mehr gewährleistet ist als die bloße Möglichkeit, sich unterschiedlich zu verhalten. Ein Markt bedeutet eine Plattform, die nur Sinn darin gewinnt, dass auf ihr verkauft, gekauft, getauscht wird, und dies setzt stets eines voraus: systematisierte Vielfalt, die als solche Bewegung hervorbringt und darin wirkt. Wie die Markt-Wirtschaft nicht vorstellbar ist ohne flutende Vielfalt, im maximalen wie im erleichternd-optimalen Sinn (vgl. unten V. 2.), so gilt dasselbe auf dem „Meinungsmarkt“. Selbst wenn die Marktwirtschaft nicht auf der Grundlage eines Verfassungsimperativs[186] funktioniert, so spricht doch jedenfalls „Meinungsmarkt“ ein normatives Gebot an zu einer maximalen wie optimal sich entfaltenden Vielfalt von Meinungsgegenständen und Beurteilungen zu diesen – letztlich eine in dubio pro Verhaltens-Vielfalt.

---

180 *Herzog* (Fn. 174), Rn. 237.

181 BVerfGE 12, 205 (263); 31, 314 (326); 57, 295 (323 f.).

182 Siehe dazu *Schulze-Fielitz,* H., in: Dreier, H., GG, Bd. 1, Art. 5 Abs. 1, 2 Rn. 207 m. Nachw.; siehe auch *Janik* (Fn. 147), S. 203 f.

183 Mit *Schulze-Fielitz,* a. a. O.

184 BVerfGE 57, 295 (323).

185 Dazu *Bamberger* (Fn. 45), 553.

186 Die Marktwirtschaft ist als solche im Grundgesetz nicht garantiert, BVerfGE 4, 7 (17); 50, 290 (338).

3. Meinungsvielfalt im Gemeinschaftsrecht

a) Die Meinungsfreiheit und ihre Sicherung ist kein traditioneller *Ordnungsbereich des Gemeinschaftsrechts.* Das Medienrecht, der eigentliche Prüfstand für den allgemeinen Inhalt dieses Begriffs, ist bisher im Wesentlichen Regelungskompetenz der Mitgliedstaaten[187]. Inwieweit künftig im Rahmen einer Europäischen Verfassungsordnung Medienfreiheit und Medienvielfalt grundsätzliche inhaltliche Leitlinien auch für die Verfassungen der Mitgliedstaaten ergeben könnten[188], lässt sich heute noch nicht absehen. Ein gemeinschaftsrechtlicher Begriffsinhalt von Medien- oder gar Meinungsvielfalt, der dem des nationalen Rechts etwas hinzufügen könnte, ist gegenwärtig nicht festzustellen[189].

b) Die Rechtsprechung des Europäischen Gerichtshofes überlässt es den Mitgliedstaaten, mit nicht diskriminierenden Maßnahmen, die Meinungsfreiheit zu sichern und damit zugleich die Meinungsvielfalt zu gewährleisten[190]. In dieser Judikatur ist, wie auch in anderen Mitgliedstaaten der Europäischen Union, anerkannt, dass der Sicherung der *Meinungsvielfalt prinzipiell Vorrang vor der Freiheit der Rundfunkveranstalter* einzuräumen ist[191]. Solche nationalen Anstrengungen werden auch durch eine „Umgehungsrechtsprechung“ unterstützt[192], die es einem Mitgliedstaat erlaubt, seine Regelungen auf diejenigen Medien auszuweiten, die vom europäischen Ausland aus ausschließlich auf seinem inländischen Meinungsmarkt tätig wird.

c) Damit ist allerdings noch nicht geklärt, ob der (Regelung der) Meinungsfreiheit auch bei der Beurteilung des *grenzüberschreitenden (Informations-) Dienstleistungsverkehrs* Bedeutung zukommt, und was dies für den Begriff der Medienfreiheit – auf nationaler wie Gemeinschaftsebene – bedeutet. Die Rechtsprechung des Europäischen Gerichtshofs hat hier eine Wendung vollzogen. Ging es ihr herkömmlich vor allem um die Durchsetzung der Medienfreiheit, so hat das Gericht neuerdings[193] festgestellt, die Sicherung des Pluralismus in einem Mitgliedstaat trage zur Wahrung des Rechts der freien Meinungsäußerung bei, das durch Art. 10 EMRK geschützt sei und damit zu den Gemeinschaftsgrundrechten gehöre. Damit hat der *Begriff der Meinungsvielfalt Eingang in das Gemeinschaftsrecht* gefunden, ohne dass er jedoch bisher inhaltlich näher präzisiert worden wäre.

---

187 Vgl. dazu den Überblick von *Schwartz,* I., Subsidiarität und EG-Kompetenzen – der neue Titel „Kultur“ – Medienvielfalt und Binnenmarkt, AfP 1993, 409 ff., der sich vor allem auch mit „Medienvielfalt und Binnenmarkt“ beschäftigt.

188 Dazu *Schwarze,* J., Medienfreiheit und Medienvielfalt im Europäischen Gemeinschaftsrecht, ZUM 2000, 779 (800).

189 Siehe dazu *Schwartz* (Fn. 187), S. 419.

190 Nachweis bei *Schwarze* (Fn. 188), S. 783.

191 *Schulze-Fielitz* (Fn. 182), Rn. 19 m. Nachw.

192 *Schwarze* (Fn. 188), S. 784 m. Nachw.

193 EuGH, Slg. 1997, I-3689, „Familiapress“.

d) Allerdings hat sich die traditionelle Tendenz, im Gemeinschaftsrecht die *grenzüberschreitende Dienstleistungsfreiheit* auch im Meinungsrecht zu betonen, meinungsordnende Vielfaltsregelungen dagegen zurücktreten zu lassen, immerhin insoweit erhalten, als Ausnahmen vom Kartellverbot der Art. 81 f. EG in der Regel durch vielfaltschützende kulturelle Belange nicht begründet werden können[194].

Hier bahnen sich jedoch immerhin neue Tendenzen an, die Bedeutung der Meinungsvielfalt dadurch zu verstärken, dass die Mitgliedstaaten im Namen ihrer Zuständigkeit für Kultur die mediale grenzüberschreitende Dienstleistungsfreiheit einschränken dürfen[195]. Darin darf einem grenzüberschreitenden „medialen Meinungsimperialismus" entgegengetreten werden (vgl. zur Kulturvielfalt auch noch im Folgenden IV.). Dass damit der Herstellung und Sicherung einer neuen Meinungsfreiheit in europäischer Dimension entgegengewirkt werden könnte, ist jedenfalls solange (noch) nicht zu befürchten, wie rechtlich die Subsidiarität, tatsächlich vor allem die Sprachbarrieren die Entfaltung eines europäischen Meinungsmarktes noch in weitere Ferne rücken.

Verhindert scheint jedenfalls im Gemeinschaftsrecht eine durchgehende *Leistungs-Ökonomisierung des Medienrechts,* dem dessen vielfaltsschützende Funktion hätte zum Opfer fallen können. Eine inhaltliche Präzisierung des Rechtsbegriffs der (Meinungs-)Vielfalt ist vom Gemeinschaftsrecht allerdings in absehbarer Zeit nicht zu erwarten.

4. Ergebnis zur Meinungsvielfalt

Das Verfassungsrecht hat mit Art. 5 Abs. 1 GG eine Grundentscheidung für die Vielfalt getroffen, und es bietet wenigstens einige Ansätze, diesen Begriff inhaltlich näher zu erfassen: in den Formen der Träger-, der Gegenstände- und der Stellungnahme – Vielfalt, diese verstanden als ein Optimierungsbegriff, bei dem nichts für Minimalisierung spricht. Von einem bereichsspezifischen Vielfaltsbegriff kann angesichts der Weite des Meinungsbegriffs nicht die Rede sein. Gerade deshalb ist die Meinungsvielfalt rechtlich nicht herzustellen, sondern zuzulassen, allenfalls normativ abzubilden. Quantitative Meinungsvielheit allein kann nicht genügen. Je geringer die Zahl der Meinungen, desto mehr inhaltliche Unterschiedlichkeit, „Meinungsdistanz" ist gefordert. Die grundgesetzliche Ordnung ist damit grundsätzlich ein vielfaltoffenes, ja ein vielfaltgestütztes Regime.

Im Gemeinschaftsrecht gewinnt der Begriff der Meinungsvielfalt zunehmende Bedeutung vor allem darin, dass ihre Wahrung den Mitgliedstaaten vorbehalten bleibt und nicht hinter die grenzüberschreitende Dienstleistungsfreiheit zurücktritt.

---

194 *Schwarze* (Fn. 188), S. 787 f. m. Nachw.

195 Vgl. etwa Art. 151 EGV sowie das „Rundfunkprotokoll der Staats- und Regierungschefs vom Juni 1997, dazu *Schwarze,* a. a. O., S. 794, 796.

Inhaltlich nähere Präzisierung gliedstaatlicher Meinungsvielfalt aus Gemeinschaftsrecht ist allerdings nicht zu erwarten, ein spezifisch europarechtlicher Begriffsinhalt in weiter Ferne.

III. Insbesondere Medienvielfalt – staatsgesicherte, „staatsorganisierte“ Meinungsfreiheit

1. Medienvielfalt als Meinungsvielfalt – organisatorische Akzentuierungen

Die Diskussion um Meinungsfreiheit in Meinungsvielfalt wird schwerpunktmäßig seit langem im Medienrecht geführt. Deshalb waren allgemeine medienrechtliche Erkenntnisse zum Inhalt der Meinungsvielfalt bereits im vorstehenden Kapitel zu berücksichtigen. Dies schöpft jedoch die Vielfaltsproblematik in diesem für sie zentralen Bereich nicht aus. Gerade hier ist die staatliche Medienordnung gefordert, angesichts des beherrschenden Einflusses von deren Einrichtungen auf die Meinungsbildung, einen gewissen Vielfaltszustand zu gewährleisten, wenn nötig herzustellen.

Damit stehen hier *medienorganisatorische, staatliche Ordnungsaufgaben* im Vordergrund; es ist zu prüfen, ob sich aus ihnen Ansätze zur Bestimmung eines Zustands der medialen Meinungsvielfalt ergeben. Darin mag dann bereits ein erster Beitrag zu der auch im Folgenden immer wieder begegnenden Frage liegen, ob Trägervielfalt zu inhaltlich-sachlicher Verhaltens-, Beurteilungs-, Lösungsvielfalt führen kann, ob solche „organisatorische Vielfaltsermöglichung“ nicht geradezu ein freiheitswahrender Königsweg sein könnte[196].

2. „Staatsmeinungen“, staatliche Medienordnung und Meinungsvielfalt

Vorgängig ist aber gerade hier noch eine für die gesamte Problematik der Meinungsvielfalt wichtige Frage zu stellen: Nimmt die öffentliche Gewalt in all ihren Ausprägungen teil am Hervorbringen und Aufrechterhalten jener Meinungsvielfalt, von der bisher die Rede war? Darauf ist gerade hier einzugehen, denn eines ist ganz herrschende, auch hier nicht näher zu belegende Auffassung: Durch Medienorganisation darf der Staat die Meinungsbildung nicht beeinflussen, in einer freiheitlichen Demokratie wäre dies unerträglich; er stellt vielmehr „der Bürgerschaft“, „den Privaten“ nur Medien zur Verfügung. In diesem Sinn sind alle Medienäußerungen dem Bürger-, dem nichtstaatlichen Bereich zuzuordnen.

[196] Vertieft wird dies, vor allem in seiner föderalen Kernausprägung, im Folgenden unter D.

Wenn „Meinung" allerdings „jedes Verhalten" sein kann – so gibt es eben schon deshalb auch *staatliche, kommunale Meinungen,* wie auch solche aller anderen Träger öffentlicher Gewalt, öffentlicher Aufgabenerfüllung. Auch sie fügen sich ein in den großen Meinungsstrom, sind Steinchen – und nur zu oft Flächen – im größeren Meinungsmosaik. Sehr deutliche, geradezu institutionelle Ausprägungen finden sie im Informationsrecht, ja der *Informationspflicht der Regierung* und der Verwaltungen, in der Öffentlichkeitsarbeit aller Träger staatlicher Aufgabenerfüllung im weiten Sinn[197]. Neuerdings stehen hier Fragen staatlicher Warnungen im Vordergrund[198], die auch schon herkömmlich im Verwaltungsrecht unter dem Begriff des „informellen Verwaltungshandelns" untersucht werden[199]. Bei all diesen Äußerungen mögen sich die staatlichen Träger nicht auf die Meinungsfreiheit des Art. 5 Abs. 1 GG berufen können[200] – sie finden aber, wie dies vor allem für die Tätigkeit der Regierung betont worden ist[201] – jedenfalls in gewissen Grenzen eine unmittelbare ebenfalls verfassungsrechtliche Legitimation in der organisationsrechtlichen Aufgabenstellung des betreffenden Staatsorgans.

Jenseits solcher Begründungen und Grenzziehungen ist im vorliegenden Zusammenhang nur ein Doppeltes wichtig:

- Die vom Grundgesetz gewünschte, demokratiekonstitutive Meinungsbildung vollzieht sich auch durch „staatliche Meinungsäußerung". Sie prägt in vielfacher, oft entscheidender Weise die jeweilige gesellschaftliche Meinungslage, einfach schon durch das staatliche Verhalten selbst, welches vor allem durch die Medien bekannt gemacht, Gegenstand von Meinungen der Bürger wird. Die staatliche Medienordnung als solche leistet jedoch keinen inhaltlichen Beitrag zur Meinungsbildung.
- Das Verhalten der Staatsorgane, insbesondere ihre hoheitlichen Äußerungen, darf jedoch nie primär darauf gerichtet sein, Einfluss auf den Meinungsbildungs-

---

197 Zur Öffentlichkeitsarbeit der Regierung und der Verwaltung vgl. *Seifert,* K.-H., Öffentlichkeitsarbeit der Bundesregierung und Wahlwerbung, DÖV 1977, 288 ff.; *Häberle,* P., Öffentlichkeitsarbeit der Regierung zwischen Parteiendemokratie und Bürgerdemokratie, JZ 1977, 361 ff.; *Kempen,* O., Zwischen Gemeinwohlpostulat und demokratischen Verfahrensgarantien, Der Staat 18 (1979), 81 ff.; *Zwicky,* H., Das Dilemma der verwaltungsgerechter Öffentlichkeitsarbeit, Verwaltungspraxis 1981, 4 f.; *Müller,* G., Mangelnde Öffentlichkeitsarbeit der Verwaltung?, BBauBl. 1981, 527 ff.; *Ladeur,* K.-H., Verfassungsrechtliche Fragen regierungsamtlicher Öffentlichkeitsarbeit und öffentlicher Wirtschaftstätigkeit im Internet, DÖV 2002, 1 ff.

198 Vgl. etwa *Heintzen,* M., Staatliche Warnungen als Grundrechtsproblem, VerwArch 81 (1990), 532 ff.; *Murswiek,* D., Staatliche Warnungen, Wertungen, Kritik als Grundrechtseingriffe, DVBl. 1997, 1021 ff.; Informationstätigkeit der Bundesregierung: Warnungen vor Jugendsekten und glykohlhaltigen Weinen, ThürVBl. 2003, 49 ff.

199 BVerwGE 82, 76; 87, 37, 1766; BVerwG NJW 1991, 1770; BVerfG, NJW 1989, 3269; kritisch *Schoch,* F., Staatliche Informationspolitik und Berufsfreiheit, DVBl. 1991, 667 ff.

200 BVerfGE 45, 63 (79); 51, 82 (103).

201 BVerfGE 44, 125 (149); 63, 230, (242); 105, 279 ff.

prozess in der Gemeinschaft zu nehmen. Ihre Legitimation wie ihre Grenzen liegen ausschließlich in der Erfüllung der jeweils übertragenen staatlichen Aufgaben – zu denen allerdings auch Herstellung und Aufrechterhaltung einer optimal vielfältigen medialen Meinungsäußerungsorganisation gehören.

Staatsverhalten lässt die Verfassung zu, ja sie ordnet es an. Nie erfolgt dies jedoch zur Förderung der in der Demokratie erwünschten Meinungsvielfalt, es sei denn, in der nun zu betrachtenden staatlichen Medienordnung. Doch auch hier bleibt der Staat „meinungsneutral". Er ist kein Akteur auf der Bühne der Meinungsvielfalt, ordnet vielmehr nur ihren Medien-Raum.

3. Medienvielfalt in und durch Wettbewerb?

Das Ausgangsproblem einer medienorganisatorischen Vielfaltsordnung durch den Staat und damit eines typisch medienrechtlichen Vielfaltsbegriff liegt in folgendem: Wieweit kann *durch Wettbewerb allein Meinungsvielfalt* geschaffen und erhalten, Meinungsvielfalt gesichert werden? Denn dass im Übrigen eine elementare Frequenzordnung bei den sendenden Medien jedenfalls erforderlich ist, steht außer Zweifel; hier liegt aber auch nicht das Zentralproblem einer staatlichen Medienordnung.

a) „Meinungsvielfalt durch Wettbewerb" ist eine schon im Grundsatz nicht unproblematische Annahme, wie sich auch noch in Zusammenhang der „wirtschaftlichen Vielfalt" (V. 5.) zeigen wird. Für eine Verbreiterung der Vielfalt mag dabei sprechen, dass *Konkurrenz*[202] *jedenfalls tendenziell den Meinungsmarkt verbreitert,* soweit dies nicht an technische oder ökonomische Grenzen stößt. Damit könnten Meinungsangebot wie Meinungskonsum – die hier ja eine in sich verzahnte Einheit bilden – auch qualitativ vielfältiger werden. So wird denn auch Vielfaltssicherung durch Wettbewerb vor allem im Bereich der Printmedien durchaus positiv beurteilt, gerade unter Vielfaltsaspekten[203].

Vor allem neuerdings werden aber *skeptische Stimmen lauter.* Selbst Konkurrenz im Pressebereich, früher ein Hoffnungsträger der Vielfalt, ist in ihren Wirkungen weithin regional beschränkt[204]. Der durch die Sendeentwicklung hervorgerufene Wandel im Medienbereich[205], der durch Cross-Media-Partnership[206] in den Print-

---

202 Diese „Konkurrenz-Situation" zwischen Print- und Sendemedien rechtfertigte nach dem Bundesverfassungsgericht, vgl. BVerfGE 83, 238 (337 f.), aber auch die Nichtzulassung der Zeitungsverleger zu Rundfunkräten, in denen eine eigen- und andersartige Vielfalt hergestellt werden soll, als sie über Effekte des Wettbewerbs zu erwarten ist.

203 Vgl. etwa *Gehrhardt* (Fn. 146), S. 201 f.

204 Was schon im Schlussbericht der Pressekommission deutlich wurde (BT-Drucks. V/3122).

205 Dazu etwa *Bamberger* (Fn. 45), S. 553.

206 Siehe dazu näher *Janik* (Fn. 147), S. 114.

bereich hinüberwirkt, führt zu eindeutigen *Konzentrationserscheinungen,* im Meinungsangebot wie im „Meinungskonsum“[207], schon über die technisch bedingten Notwendigkeiten von Kooperation. Eine solche Entwicklung kann nicht vielfaltsfördernd sein, wenn sie zu einem mainstream konvergierender „Meinungsprodukte“ führt, zum „Entstehen vorherrschender Meinungsmacht“[208]. Durch Fusionskontrollen des Kartellrechts nach ökonomischen Gesichtspunkten[209] kann dem nicht hinreichend entgegengewirkt werden – Irreversibilität des Vorgangs wäre die notwendige Folge[210].

b) Einer solchen Vielfaltsverarmung durch Wettbewerb müssen umso mehr Grenzen gesetzt werden, als es ja keinen empirischen Beleg dafür gibt, dass *wirtschaftlicher Wettbewerb auch publizistischen Wettbewerb* gewährleistet[211] – hier liegt das eigentliche und durchaus grundsätzliche Problem für Vielfalt durch Wettbewerb „in den Medien“[212]: *„Eine gewisse Vielfalt“* mag dort durch Konkurrenz herstellbar sein, sich sogar als konzentrationsresistent erweisen – dies aber ist keineswegs notwendig der von der Verfassung gewünschte, ja vorausgesetzte Vielfaltszustand. Denn jene Vielfalt ist ja wesentlich, im Grunde ausschließlich, auf wirtschaftlichen Erfolg gerichtet. Diese nicht nur ökonomisierte, sondern ökonomisierende Vielfalt ist lediglich ein Instrument für Gewinn, nicht primär zur Herstellung eines Meinungsreichtums; sie mag, sie muss nicht gelingen.

Nur wer Meinung primär als Vehikel ökonomischer Erfolge sieht, wer also vor allem die durchgehende Ökonomisierung des geistigen Lebens hinnimmt, kann allein auf „Meinungsvielfalt durch Wettbewerb“ setzen. Die herrschende Grundrechtsdogmatik lehnt dies ab – als Beleg mag hier die neuere, überzeugende Zuordnung der Wirtschaftswerbung zu Art. 12 GG dienen[213]; dann aber bleibt die Herstellung von Meinungsvielfalt in den Sende-, ihre Bewahrung auch in den Printmedien, wenigstens rahmenmäßig eine Staatsaufgabe, Wettbewerbs- und Meinungsvielfalt fallen nicht zusammen, letztere ist ein Selbstwert, der aus eigenen Gesetzlichkeiten erwächst. Diese muss die öffentliche Ordnungsgewalt aussuchen, ihnen folgen. Das Recht der Sendemedien hat dafür Ansätze entwickelt.

---

207 Dazu *Janik,* a. a. O., S. 109.

208 BVerfGE 73, 118 (160).

209 Siehe zur europäischen Fusionskontrolle und Medienvielfalt *Frey,* D., Die europäische Fusionskontrolle und die Medienvielfalt, ZUM 1998, 985 ff.; *Dörr,* D. / *Zorn,* N., Die Entwicklung des Medienrechts, NJW 2003, 3020 (3021 f.).

210 Vgl. BVerfGE 57, 295 (323); 73, 118 (172).

211 Dazu näher *Hoffmann-Riem* (Fn. 166), S. 206 f.; *Seiler,* W., Pressekonzentration und publizistische Vielfalt nach zehn Jahren deutscher Einheit, AfP 2002, 1 (8 f.).

212 Und nicht nur darin, dass „Vielfalt durch Wettbewerb“ durch keine gesicherte Kausalität verbunden ist, so *Kübler,* F., in: Kohl, H. (Hrsg.), Vielfalt im Rundfunk, 1997, 27 (28 f.).

213 BVerfGE 17, 232 (251); 17, 269 (276 f.); 32, 311 (317 ff.); *Scholz,* R., in: Maunz, Th. / Dürig, G., GG, Art. 12 Abs. 1 Rn. 124, 327; *Lerche* (Fn. 140), S. 72 ff., 92 ff.

4. Das „ausgewogene Gesamtprogramm“ in Außen- und Binnenpluralismus

a) Ausgegangen wird von einem „Gesamtprogramm“[214], im Sinne der Addition aller verfügbaren Sendungen. Dies ist zunächst noch kein Vielfalts-, sondern lediglich ein Vielheitsbegriff; die Staatsgewalt steckt damit auch den Meinungsmarkt möglicher Vielfalt nicht ab, sie rezipiert ihn lediglich in seinem real existierenden Umfang.

Dieses *Gesamtprogramm muss nun aber plural ausgewogen sein,* und hier spricht das Bundesverfassungsgericht ausdrücklich von „ausgewogener Vielfalt“[215] – mit Recht; denn diese auch „gleichgewichtig“ genannte Gesamtlage bezeichnet nicht eine Situation arithmetischer Gleichheit[216], sondern eine solche von Gewichten und Gegengewichten, die einander ausbalancieren. Dies aber setzt auch qualitative Unterschiede der vorgetragenen und „konsumierten“ Inhalte voraus, nicht nur quantitativ erfassbare Differenzen der Lautstärke des Vorgetragenen. Eine Rundfunkordnung, die seit langem auf solche Ausgewogenheit gerichtet ist, diese jedenfalls als Zielwert begreift[217], will qualitative Vielfalt sichern, wenn nötig hoheitlich erzwingen, mag sie damit auch (noch) nicht die qualitativen Vielfaltsabstände des Gesendeten im Einzelnen bestimmen; doch sie werden jedenfalls als potenziell bedeutsam unterstellt, andernfalls würde der organisatorische Aufwand eines Außen- und Binnenpluralismus (dazu im Folgenden) nicht lohnen. Vielfalt ist also ein eigenständiger Zentralbegriff dieses Medienrechts, vom Staat nicht inhaltlich herzustellen, aber wirkungsmäßig zu ermöglichen. Daher fragt es sich, wie dieser „Vielfaltszustand als Rechtszustand“ medienorganisatorisch zu verwirklichen ist, ob sich daraus eine nähere inhaltliche Bestimmung dieser Vielfalt ergeben kann. Der Gesetzgeber hat hier weite Gestaltungsfreiheit[218].

b) Die Gesetzgebung hat sich dafür entschieden, diese Vielfalt zunächst einmal durch einen *Außenpluralismus* zu sichern, in welchem der *öffentlich-rechtliche Rundfunk und private Sender* nebeneinander und in eindeutiger (möglicher) Konkurrenz zueinander in einem „dualen System“ wirken[219]. Die gesetzlichen Anforderungen an die vielfaltssichernden Standards *müssen* zwar nicht von Verfassungs wegen für öffentlich-rechtliche und private Veranstalter die gleichen sein, für letztere können sie, müssen allerdings nicht gesenkt werden[220]. Jedenfalls zu gewähr-

[214] BVerfGE 57, 295 (323, 325); siehe auch BVerfGE 73, 118 (156 ff.); 83, 238 (296 f.); 89, 144 (152 f.); *Bamberger* (Fn. 45), 553; *Herzog,* R., in: Maunz, Th. / Dürig, G., Art. 5 Abs. 1, 2 Rn. 230, 234, 237.

[215] BVerfGE 83, 238 (317, 320); 73, 118 (160).

[216] BVerfGE 73, 118 (160).

[217] BVerfGE 73, 118 (156).

[218] BVerfGE 83, 238 (334); 57, 295 (320).

[219] Dazu m. Nachw. *Schulze-Fielitz,* H., in: Dreier, H. (Hrsg.), GG, Bd. 1, Art. 5 Abs. 1, 2 Rn. 206 ff.; siehe auch *Herzog* (Fn. 214).

[220] BVerfGE 83, 238 (316 f.); vgl. *Schulze-Fielitz,* a. a. O., Rn. 208.

leisten ist aber die (vgl. oben a)) erwähnte Ausgewogenheit und damit die qualitative Vielfalt innerhalb des Gesamtprogramms. Nun wird zwar das duale System und die Existenzberechtigung des öffentlich-rechtlichen Rundfunks vor allem mit der durch diese Anstalten zu gewährleistenden *„Grundversorgung"*[221] gerechtfertigt. Für diese aber gilt auch, ja in besonderem Maße jenes Gebot der Ausgewogenheit, welches gerade die öffentlich-rechtlichen Einrichtungen binnenplural gewährleisten (im Folgenden c)). Also bleibt doch der Außenpluralismus, die Mehrheit der Sendeanstalten, auch als solcher bereits eine vielfaltsgenerierende Organisationsform. Der Gesetzgeber setzt damit zur Sicherung, ja zur Herstellung der Vielfalt der Sendungsinhalte zunächst einmal auf die organisatorische *Schaffung einer Trägervielfalt.* Sie bringt bereits eine bedeutsame, geradezu gewollte organisatorische Qualitätsvielfalt zum Tragen, nicht nur eine Mehrzahl von Trägern.

Hier zeigt sich also erstmals eine organisationsrechtliche Vielfaltsentscheidung: Pluralität wird über Träger gesichert, von deren organisatorischen Unterschieden bereits erwartet wird, dass sie sich auch in inhaltlicher Vielfalt der Aktivitäten niederschlagen.

c) Hinzu kommt nun aber, als zweite zentrale Garantieform der inhaltlichen Äußerungs- und Konsumvielfalt in den Medien, ein *Binnenpluralismus,* der möglichst vielfältige Meinungen zur Verbreitung gelangen lässt. Er soll auf zwei Wegen vor allem wirken:

- Zunächst in der herkömmlichen Form der Garantie der „journalistischen Meinungsfreiheit". Als *„innere Pressefreiheit" ist sie seit langem ein beherrschendes Thema des Medienrechts*[222]. Mag sie sich angesichts der privatrechtlichen Pressestruktur[223] auch nicht gegen das Tendenzbestimmungsrecht des Rechtsträgers eines Print-Mediums durchsetzen können[224] – einen gewissen Entfaltungsraum journalistischer Meinungsfreiheit eröffnet der „Überzeugungsschutz"[225] und hier kommt nun wirklich der Reichtum individueller Vielfalt zum Ausdruck. Sie setzt sich fort in der Meinungsvielfalt der Verlags- und Ressortleiter, noch bevor sie in den Außenpluralismus der Tendenzvielfalt der Presseorgane mündet. Diese innere Medienfreiheit wird im Sendebereich zur „inneren Rundfunkfreiheit"[226]. Der Grad der Redakteursbeteiligung in individueller Meinungsfreiheit darf ein Zulassungskriterium des Landesrechts für privatrechtliche Sen-

---

221 Nachw. dazu bei *Schulze-Fielitz,* a. a. O., Rn. 207.

222 Vgl. für viele *Kübler,* F., Verhandlungen des 49. Deutschen Juristentages 1972, I, D 13 ff.; *Papier,* H.-J., Pressefreiheit zwischen Konzentration und technischer Entwicklung, Staat 18 (1979), 422 ff.; *Scholz,* R., Pressefreiheit und Arbeitsverfassung, 1978, S. 184 ff.; *Bullinger,* M., Freiheit von Presse, Rundfunk, Film, in: HdbStR, Bd. 6, § 142 Rn. 62.

223 BVerfGE 20, 162 (175); 66, 116 (133).

224 Vgl. m. Nachw. die Ausführungen von *Starck,* Chr., in: von Mangoldt, H. / Klein, F. / Starck, Chr., GG, Art. 5 Abs. 1, 2, Rn. 89.

225 Vgl. *Wendt,* R., in: v. Münch, I. / Kunig, Ph., GG, Art. 5 Rn. 35, 39.

226 BVerfGE 83, 238 (318 ff.).

deveranstalter sein. Und wenn „unter mehreren Anbietern von Vollprogrammen derjenige vorrangig zuzulassen (ist), der die größere Meinungsvielfalt erwarten lässt“[227], so eröffnet bereits dies den Entfaltungsraum innerer Rundfunkfreiheit. Wo dies geschieht, wird Vielfalt nicht nur ermöglicht, sondern gewünscht, gefördert.

- Binnenpluralismus auf der Angebotsseite der Sender kommt aber auch in „sonst der Meinungsvielfalt dienenden organisatorischen Regelungen“ zum Ausdruck[228], und zwar gerade in jenem Rundfunkbereich, in welchem der sendetechnische Außenpluralismus in besonders wirksamer Weise durch Binnenpluralismus ergänzt werden muss: im Wirken der *öffentlich-rechtlichen Rundfunkräte,* die ebenso wie die *Programmbeiräte* privater Anbieter[229] dafür zu sorgen haben, dass wenigstens ein *Grundstandard publizistischer Vielfalt* gewährt wird[230], so dass nicht nur ein Meinungsmonopol, sondern bereits jede vorherrschende Meinungsmacht in einem Sender verhindert werden kann[231].

Hier statuiert also das Verfassungsgericht einen rechtlichen Zwang zur Gewährleistung einer Meinungsvielfalt, wie er in anderen Rechtsbereichen nicht vergleichbar festzustellen ist. In anderen „öffentlichen“, ja staatlichen Gremien, bei der Zusammensetzung von Expertenkommissionen mit beratender oder (vor)entscheidender Kompetenz mag solche Vielfalt jeweils wünschbar sein und in der Regel auch angestrebt, wenn nicht unterstellt werden. Im Rundfunkbereich muss einer verfassungsrechtlichen Vielfaltsvorgabe entsprochen werden, und daher lohnt es sich, sie als Vielfaltsmodell noch näher zu betrachten.

5. Insbesondere: Die Kontrolle durch die „gesellschaftlich relevanten Kräfte“

a) Das Bundesverfassungsgericht hat dies in grundsätzlichen Ausführungen verdeutlicht und näher präzisiert: Die Aufsichtsgremien sind nicht selbst Foren oder gar Träger von Meinungsvielfalt; sie sollen kontrollieren und sicherstellen, dass diese im jeweiligen Sendebereich einer Institution – vor allem im öffentlich-rechtlichen Rundfunk – zum Ausdruck kommen kann, dass also alle „bedeutsamen politischen, weltanschaulichen und gesellschaftlichen Kräfte im Gesamtprogramm angemessen zu Worte kommen können“[232]. Früher wurden sie als „gesellschaftlich

---

227 BVerfG, a. a. O., S. 320; und dies muss sinngemäß auch bei der Auswahl zwischen Anbietern vergleichbarer Spartenprogramme gelten.

228 BVerfGE, a. a. O.

229 Vgl. *Janik* (Fn. 147), S. 112.

230 BVerfGE 83, 238 (332 ff.).

231 BVerfGE 73, 118 (160), so bereits BVerfGE 12, 205 (262 f.); vgl. dazu *Janik* (Fn. 147), S. 105, 109.

232 BVerfGE 83, 238 (333).

relevante Kräfte" bezeichnet[233], dazwischen als „maßgebliche gesellschaftliche Gruppen und Richtungen"[234]. In diesen verbalen Spielarten dürfte jeweils dasselbe angesprochen sein: Kontrollieren sollen jene „Kräfte", welche ihren Einfluss und ihre Legitimation nicht aus einer Hoheitsmacht gewinnen, die ihrerseits die geborene Gegenspielerin der Meinungsfreiheit und ihrer Ausdrucksvielfalt ist. Deshalb sind dies eben die „gesellschaftlichen Kräfte" im Gegensatz zu „staatlichen Mächten", eine *Gegenüberstellung von „Staat und Gesellschaft"* liegt dem deutlich zugrunde, selbst wenn beide Bereiche, gerade in der Demokratie, über die „politischen Kräfte" verzahnt sind.

Unterschiede zwischen „bedeutsamen" und „maßgeblichen" Kräften wird man dagegen kaum definieren können. Hier zeigt sich, dass sich (organisations-)rechtliche Vielfaltsgebote einem Perfektionismus versagen müssen, der alle Schattierungen erfassen wollte – „unbedeutende" Kräfte, wie etwa Minderheiten, gibt es eben auch in der Volksherrschaft; sie können nur individual-abwehrenden, nicht systematisch-organisatorischen Freiheitsschutz beanspruchen.

b) Die Verfassungsjudikatur betont, dass es dabei um *Garantie „bestehender" Vielfalt"* geht, der „im wesentlichen" entsprochen werden muss[235]; es darf also keine relevante Gruppe „übergangen" werden[236]; dies gebietet schon die Gleichheit. Abgebildete Vielfalt ist zu wahren, nicht durch staatliche oder private Kontrolle – die beide im öffentlichen Interesse wirken – zu schaffen. Dass diese Realität ihrerseits durch den Staat, durch seine „Meinungen" (vgl. oben 2.), ja durch seine Hoheitsgewalt beeinflusst sein kann, steht dem nicht entgegen. Diese Effekte sind Teil der „Realität" geworden, sind in der „Gesellschaft mediatisiert" und werden so im Rundfunk „abgebildet". Ein Beispiel dafür sind die *Schulformen:* Sie sind organisationsrechtlich wesentlich vom Staat (mit)gestaltet, stellen aber jene plurale Realität dar, welche für Eltern und Lehrer Ausgangspunkt ihrer Meinungsbildung in Erziehungsfragen bietet[237].

Die so im Rundfunk abzubildende *Realität ist potenziell eine grenzenlose, unüberschaubare;* die hier gewünschte Vielfalt kann also auch nur als eine potenziell unendliche vorgestellt werden – die aber zu jeder Zeit in gewissen Strömungslagen hervortritt. Sie sollen sich zu mainstreams zusammenschließen, aber auch immer wieder in neue Vielfalten auflösen können. Dieser rundfunkrechtliche Vielfaltsbegriff ist also zugleich potenziell unendlich und dynamisch-integrationsgeneigt, er wird aber darin – das ist nun entscheidend – nur in einer begrenzten Vielfalt der real bedeutsamen Kräfte fassbar, organisationsrechtlich bestimmbar.

---

233 BVerfGE 12, 205 (262).

234 BVerfGE 57, 295 (324).

235 BVerfGE 73, 118 (152 f.); 83, 238 (334 ff.).

236 BVerfGE 83, 238 (337).

237 Vgl. dazu *Ladeur,* K.-H., Elternrecht, kulturstaatliches Vielfaltgebot und gesetzliche Regelung der Schulschließung, DÖV 1990, 945 (951 ff.).

c) Auf diese rechtliche Bestimmung ist die Kontrollfunktion der Rundfunkräte gerichtet. Sie kann dabei, wie das Bundesverfassungsgericht in für den Vielfaltsbegriff grundlegenden Ausführungen dargelegt hat[238], über *verschiedene Modelle* organisatorischer Zusammensetzung erfüllt werden: über Verbände als Interessenvertreter, mit oder ohne Weisungsgebundenheit dieser Repräsentanten, unter Umständen ergänzt durch Vertreter weniger organisierter Interessen. Eine *„Kulturbank“* ist für letzteres eine zulässige Gestaltungsform; sie kann wohl auch bis zu „Vertretern des öffentlichen Lebens“ erweitert werden. Grenzen setzt hier nur noch der Gleichheitssatz des Art. 3 GG, der es verbietet, „eine relevante Kraft oder eine dafür offensichtlich repräsentative Gruppe bei der Zusammensetzung der Kontrollgremien des Rundfunks zu übergehen“[239].

6. Ergebnisse der medialen Vielfaltsbetrachtung

Dies bedeutet: Verbands- und/oder Repräsentantenvielfalt „ist“ nicht Meinungsvielfalt, doch sie garantiert diese. Meinungsvielfalt wird so organisationsrechtlich „verengt“ (Bundesverfassungsgericht) und damit im Ergebnis – wie hinzuzufügen ist: durch Verbändevielfalt – jedenfalls praktisch zwar nicht ersetzt, wohl aber „mediatisiert“. Man kann insoweit von einem *einheitlichen Modell verbandsorganisatorisch mediatisierter gesellschaftlicher Meinungsvielfalt sprechen.* Es wird in diesen Betrachtungen noch andernorts begegnet, in einer eigenartigen Form „zweistufiger“ Vielfalt (Gesellschaft – Verbände/Institutionen), in welcher die erste Stufe, die „reine (materielle) Bürger-Vielfalt“ auf der zweiten Stufe erst organisatorisch und damit rechtlich fassbar wird.

Dies ist das Ergebnis der Untersuchung zur „medialen Meinungsvielfalt“: Sie wird vom Staat nicht inhaltlich „geschaffen“, sondern als gesellschaftliche Realität, als Ergebnis der Meinungsfreiheit, abgebildet. Doch dies kann nur in einer gewissen „sende-räumlichen Verengung auf das Gesamtprogramm“ erfolgen und in einer vorsichtigen, wiederum nur realitätsspiegelnden Selektion der Vielfalt-Kontrolleure; diese werden damit allerdings eben doch zu Vielfaltsakteuren – dem ist wiederum durch die freiheitsrechtliche Vielfalt der inneren Rundfunkfreiheit entgegenzuwirken.

Dies ist gewiss ein kompliziertes, in sich aber doch einigermaßen ausgewogenes und zugleich den Vielfaltsbegriff normativ bestimmendes System. Entscheidend sind nicht die einzelnen organisatorischen Ausprägungen, sondern *drei verfassungsbegründete Grundthesen:*

- *Mediale Vielfalt muss es geben,* in einem aus maximaler Vielzahl der Akteure zu erwartenden qualitativen Inhaltsreichtum der Meinungen;

---

238 BVerfGE 83, 238 (334 ff.).

239 BVerfG, a. a. O., S. 337.

- *Wettbewerb begünstigt diese Vielfalt;* doch der Staat hat ihre Gewährleistung darin vor allem – entscheidend – zu ergänzen, dass er diesen *Wettbewerb aus reiner Ökonomisierung löst,* ihn um die Dimension gesellschaftlicher Vielfalt erweitert.
- Diese *Vielfalts-Selektion* darf nie inhaltlich, sondern *nur über weite organisationsrechtliche Rahmensetzung* erfolgen, und selbst dies muss stets in primärer Abbildung, nicht Veränderung außerstaatlicher Realität vom Staat geleistet werden.

Für die Beantwortung der (oben A. a. E.) gestellten Ausgangsfrage bedeutet dies vor allem: Rechtliches Vertrauen in die *Wirksamkeit einer Meinungsträgervielfalt* auf die inhaltliche Vielfalt der Meinungslandschaft; Wünschbarkeit *quantitativer Ausgewogenheit* als generierende Vorstufe qualitativer Vielfalt; *keine rechtlichen Verengungsbemühungen* qualitativer Unterschiede in dieser Diversität; grundsätzliches *Zurücktreten einer Bereichsspezifik* in dieser gesellschaftlichen Vielfaltslage; *Primat einer Rezeptionsstaatlichkeit* vor einer Kreationsstaatlichkeit.

Die Rezeptionsstaatlichkeit zeigt sich besonders deutlich im Medienrecht, in typischen, dogmatisch fassbaren Intensitätsabstufungen: von der „reinen Realitätsabbildung" über die Eröffnung und Förderung neuer wirklichkeitsgenerierender Freiheitsräume bis zur wirklichkeitsreflektierenden Ordnung; sie endet im Versuchen, staatsgewollte Vielfalt zu generieren. Diese letztere Stufe ist dem Staat der Medienvielfalt grundsätzlich versperrt, auf den ersten mag er sich bewegen – in immer größerer Vorsicht, wenn er die erste verlässt.

IV. Parteienvielfalt

Die Parteienvielfalt ist eine der kaum vertieften Selbstverständlichkeiten in der Demokratie. Mit der Meinungsfreiheit verbindet die Parteienfreiheit die potenziell unendliche Vielfalt möglicher Informationen und Beurteilungen; doch im Parteienrecht erfährt dies eine staatsorganisatorisch-selbstständige Ausprägung.

1. Die fundamentale Bedeutung der Parteienstruktur für das Rechtssystem

Alle parteienrechtlichen Begriffe und Ordnungsinstrumentarien sind von grundsätzlichem und zugleich bis in Einzellösungen hinein wirksamem Gewicht für die gesamte Rechtsordnung. Diese machtpolitische Bedeutung der Parteien im Staat als Vertreter von Gruppeninteressen[240] ist seit langem erkannt[241], sie sind Einrich-

240 Dazu für viele *Truman* (Fn. 88), S. 262 ff.; zur Unterscheidung von Parteien und Pressure Groups *Kaiser,* J. H., Repräsentation organisierter Interessen, 1956, S. 232 ff.

tungen der Vorformung des politischen Gesamtvolkes im Staat[242]: Dieses Gesamtvolk tritt nicht als Einheit der „politischen Willensbildung“ auf, sondern „in Gruppen gegliedert und mediatisiert“[243] – eben in der Mehr-, ja Vielzahl der politischen Parteien. Damit aber stellt sich hier von Verfassungs wegen ein staatsgrundsätzliches Vielfaltsproblem. Mit der *Institutionalisierung der politischen Parteien*[244] wirkt all dies in sämtliche organisatorische Verästelungen des Staates hinein, und dies nun mit rasch zunehmender Intensität. Damit wird eine wie immer gesehene *Parteienvielfalt zum allgemeinen staatsorganisatorischen Begriff*, das Maß ihrer Wünschbarkeit wird vor dem Hintergrund der Einheit des Staates und seiner Willensäußerungen[245] zum Rechtsproblem.

In die entscheidenden Staatsorgane – Parlament wie Regierung – fließt parteipolitische Vielfalt ein, so dass geradezu von einer *Einheit von Parteienstaat und Parlamentarismus* die Rede sein kann[246]. In der Volksvertretung mag dann diese Vielfalt durch Mehrheitsentscheidungen, in der Exekutive durch Regierungsdisziplin überhöht, verengt, ja aufgehoben werden; ihre Wirkkraft bleibt latent bestehen und bricht im periodischen Wahlakt immer wieder auf.

Diese Parteienvielfalt ist ein derart Staatsgewalt generierender Begriff, dass er mit seinen Strukturen das gesamte Öffentliche Recht durchwirkt, sie gilt es daher in ihren Grundprinzipien offen zu legen.

2. Mehrparteiensystem und Parteienvielfalt – (Aus-)Wahlfreiheit

a) Da es nicht so viele Parteien geben kann wie Bürger, schließen die Parteien die Vielzahl der Wähler zu politischen Aktionsgruppen zusammen[247], darin gerade wandeln sie diese Vielzahl zur Vielfalt. So vermag der Parteienstaat die unmittelbare Demokratie im modernen Flächenstaat repräsentativ zu ersetzen, zugleich hält er jedoch auch Formen direkter Demokratie lebensfähig[248], im Sinne einer partizipatorischen Demokratie[249]. Denn Volksbegehren und Volksentscheide mögen sich häufig auch gegen bestimmte Parteien, durch sie vermittelte Mehrheiten richten – ohne den Anstoß oppositioneller Gruppierungen haben sie nur selten eine Chance.

---

241 Zum pluralistischen Parteienstaat bei *Carl Schmitt* vgl. *Quaritsch* (Fn. 53), S. 48 ff.

242 *Maunz,* Th., in: Maunz, Th. / Dürig, G., GG, Art. 21 Rn. 5 m. Nachw.

243 *Maunz,* a. a. O.

244 Dazu grundsätzlich *Loewenstein* (Fn. 54), S. 390 ff.

245 Siehe dazu *Depenheuer* (Fn. 38).

246 Dazu etwa *Achterberg* (Fn. 120), S. 1994.

247 *Leibholz,* G., in: Kluxen, K. (Hrsg.), Parlamentarismus, 1976, S. 352 ff.

248 Dazu *Hohm* (Fn. 120), S. 406 ff.; *Mayer,* Th., Direkte Demokratie als Chance für die politische Kultur, ZRP 1993, 330 (332).

249 *Maihofer,* W., Abschließende Äußerungen, in: HdbVerfR, 1983, S. 1411.

b) Die politischen Parteien als Institutionen der Meinungssammlung und *Meinungsverengung*[250] wirken jedoch zugleich vielfaltsverengend auf das Meinungsspektrum ein, bis hin zu einer nur zu oft vielfaltsverfälschenden Polarisierung im durchgehenden Zweiparteiensystem. Ein *„Mehrparteiensystem"* wird zwar nicht selten kurzerhand als demokratienotwendig bezeichnet[251]; doch dies gilt nur im Sinne einer grundsätzlichen Möglichkeit des Bestehens mehrerer Parteien, ist als Demokratiepostulat aber auch erfüllt in der Tatsächlichkeit von nur zwei derartigen Gruppierungen. Dann aber kann eine „Parteienvielfalt" doch nicht zwingend *verfassungsrechtlich* gewollt oder gar vorausgesetzt sein. Darin unterscheidet sich also eine Parteienordnung im Sinne von Art. 21 GG vom grundgesetzlichen Regime der Meinungsfreiheit, ja des Medienrechts, dass dieser jedenfalls eine große, wenn nicht unübersehbare Vielfalt wünscht, dass Parteienvielfalt aber auf zwei einander gegenüberstehende Gruppierungen als Träger des politischen Willens beschränkt sein kann, allerdings nicht durch Staatsgewalt verengt werden darf. Insoweit *unterscheiden sich also auch Meinungsvielfalt und Parteienvielfalt* verfassungsbegrifflich.

c) Einer unüberschreitbaren Schranke begegnet allerdings diese Vielfaltsverengung im Parteienrecht: Sie muss noch immer, in Pluralität oder Dualität, eine *echte Auswahl* ermöglichen[252], soll nicht die Wahl zur Farce verkommen. Dazu genügt jedoch *eine* Alternative zu einer Position; das politische Vielfaltsgebot wird nicht verletzt, wenn dem Bürger nur diese Wahl offen steht, wenn er eines von zwei Lagern vorziehen kann. Die Diskussion um die Vorzüge des Zwei- oder Mehrparteienregimes braucht aus der Sicht der Vielfalt nicht fortgeführt zu werden. Abgesehen davon, dass in großen Volksparteien parteiinterne Strömungen eine schwer übersehbare Vielfalt repräsentieren können – selbst harte Lagerwahlkämpfe sind demokratisch legitim, auch wenn nur zwei Lösungen anstatt von zahlreichen, vielfältigen zur Auswahl stehen. Dann waren eben diese letzteren nicht hinreichend starke „gesellschaftliche Kräfte", um sich zu „wählbaren Polen" zu verdichten. Der Bürger, welcher dann „niemanden sieht, den er wählen könnte", hat sich dies letztlich selbst zuzuschreiben: Er hat nicht kraftvoll genug seine Vielfaltsvariante politisch zum Tragen gebracht.

d) Diese Orientierung aller Parteienvielfalt auf (Aus-)Wahl bedeutet nun aber das demokratische rechtliche Gebot, dass letztere „eine echte Wahl"[253] ermögliche. Daher muss der auch eine Vielfalt konstituierende Abstand zwischen den zur Wahl stehenden Alternativen ein beachtlicher, und das heißt doch wohl: ein qualitativ ins Gewicht fallender sein. Die verengte Vielfalt wird also auch – wenn auch in einem anderen Sinn als im Bereich Meinungsfreiheit – kompensiert durch größeren, die Vielfalt qualitativ konstituierenden Abstand.

---

250 *Hohm* (Fn. 120), S. 410.

251 Etwa bei *Schwan* (Fn. 67), Sp. 428; *Stern,* K., StaatsR, Bd. 1, S. 620 m. Nachw.; siehe auch *Loewenstein* (Fn. 54).

252 *Stern,* a. a. O., S. 621.

253 Siehe *Stern* (Fn. 251), S. 621.

Dann aber mag sich doch die Frage aufdrängen, ob grundgesetzliche Parteienvielfalt überhaupt ein Verfassungsbegriff sein kann. Geht es hier nicht nur um eine auf zwei Pole beschränkbare Wahlalternativität, welche eben grundsätzlich zur Machtalternierung führen kann? Eine inhaltliche Vielfalt von Meinungen muss diese Parteienvielfalt nicht tragen, eine hinter ihr stehende, sie generierende Meinungsfreiheit kann genügen.

3. Parteien zwischen Programm- und Personalvielfalt

Dass Parteien als Organe der Integration vielfacher Willen – anders als Verbände –ein „möglichst breites Meinungs- und Interessenspektrum abdecken“ müssen, mag für „Volksparteien“[254] und damit generell in einem Zweiparteiensystem nahe liegen; Meinungsvielfalt wandelt sich dann zu innerer Parteien(strömungs)vielfalt (im Folgenden 4.). Eine verfassungsrechtlich begründete Notwendigkeit ist dies jedoch nicht. Ein Gegenüber generell einförmig, streng kaderförmig durchgestalteter und im Wesentlichen gleichartiger Personalstrukturen ist ebenso vorstellbar – und nicht selten politische Wirklichkeit – wie eine Angleichung der Parteienprogramme. Für eine Konzeption zur Parteienvielfalt ist dazu folgendes zu bemerken:

a) *„Personalvielfalt“* bringen vor allem größere Parteien deutlich zum Tragen. Je größer ihre Organisation, desto eher sind hier die Möglichkeiten einer Gleichschaltung beschränkt. Und man mag es als eine stillschweigende Verfassungsvoraussetzung des Parteienrechts ansehen, dass hier Vielfalt bereits durch ein Nebeneinander des Wirkens von doch notwendig in ihrem menschlichen Individualismus unterschiedlichen Persönlichkeiten gewährleistet sei. Doch dies sind eben nur Hypothesen, nicht verfassungsrechtliche Thesen, und für das Grundgesetz lassen sie sich rechtlich allenfalls im Gebot der innerparteilichen Demokratie verorten (im Folgenden 4.).

b) *Programmvielfalt* ist als Problem der Parteienvielfalt schon früh behandelt worden[255]. Seinerzeit bereits wurde eine laufende Angleichung der Programminhalte, vor allem zwischen den großen Volksparteien, festgestellt, oder die Programminhalte zeigten sich als derart ausgeschliffen, dass identitätsstiftende Konturen kaum noch erkennbar waren. Dennoch konnte Parteienvielfalt jedenfalls allein schon auf das Gegenüber oder die Mehrheit um die Macht konkurrierender, wesentlich gleich organisierter Einheiten gestützt werden[256] – in Wahrheit ist dies allerdings nicht mehr Legitimation einer Vielfalt im hier behandelten Sinn, sondern nur eine Antithese, die durch eine gewisse organisatorische Vielheit hergestellt wird. Dass die Organisationen untereinander Vielfalt zeigen, dass sich eine

---

254 *Schmitt Glaeser* (Fn. 61).

255 *Leisner,* W., Parteienvielfalt bei gleichem Parteiprogramm?, DÖV 1971, 649 ff. = *ders.*, Staat 33 (1994), 729.

256 *Leisner,* a. a. O., S. 735 f.

solche aus den in ihnen tätigen Personen ableiten lässt, ist weder eindeutig belegbar, noch als Rechtsgebot in der Verfassung zu verorten.

4. Innerparteiliche Demokratie als parteienrechtliches Vielfaltsgebot?

Die innere Ordnung der Parteien muss demokratischen Grundsätzen entsprechen (Art. 21 Abs. 1 S. 3 GG). Daraus könnte ein rechtliches Vielfaltsgebot abgeleitet werden, für Personalstruktur wie Programmatik der Parteien. Doch dies ist, soweit ersichtlich, noch nie auch nur versucht worden: Dahin trägt denn auch nicht, was aus diesem Gebot innerer Demokratie abgeleitet wird:

Es verbietet eine grundsätzliche Präponderanz der Mitglieder über Apparat und Funktionäre[257] wie das Prinzip prinzipieller Mehrheitsentscheidung. Dies aber sind organisatorische Mechanismen der Willensbildung, die für sich betrachtet vielfaltsneutral bleiben. Allenfalls kommt in ihnen die Hoffnung auf ausgewogene Willensbildung zum Ausdruck, welche Meinungsvielfalt berücksichtigt – sie muss sich aber nicht erfüllen. Dem Gewicht einer inhaltlichen Sachprogrammatik, in der sich ja Vielfalt ausdrücken könnte, steht dieser Entscheidungsmechanismus in seinen plebisizitären Wirkungen eher entgegen[258]. Allenfalls kann rechtlich noch gefordert werden, dass Gegensätze verschiedener Meinungen nicht im Keim erstickt[259], und dass Auseinandersetzungen mit geistigen Waffen ausgetragen werden[260]. Doch all dies sind eher Mechanismen zur Einebnung der Vielfalt als Instrumentarien zu deren Gewährleistung; eine innerparteiliche Opposition dagegen muss es nicht geben[261].

Die innere Demokratisierung der Parteien erschließt also der Meinungsfreiheit einen innerparteilichen Aktionsraum; insoweit es sie geben muss (vgl. oben I.) gehört auch dieser Grundsatz zu ihren Gewährleistungen. Und es lässt sich noch hinzufügen, dass auch innerparteilich das Wirken dieser „Vielfalt aus Freiheit" unterstellt und dass, soweit vorhanden, sein Schutz zum Rechtsgebot wird. Festzuhalten bleibt aber: Auch innerparteiliche Demokratie verlangt weder organisationsrechtlich noch programmatisch eine Parteienvielfalt.

5. Ergebnis: Parteienvielfalt – lediglich freiheitssichernde Folge der Meinungsvielfalt

Ein Verfassungsbegriff der „Parteienvielfalt" lässt sich kaum entwickeln; zu fordern sind nur einander gegenüberstehende Parteien, zwischen denen frei gewählt

---

257 *Maunz* (Fn. 242), Rn. 60.

258 Vgl. dazu *Leisner* (Fn. 255), S. 734 ff.

259 *Maunz* (Fn. 242), Rn. 89.

260 A. a. O., Rn. 58.

261 A. a. O.

werden kann. Dies verlangt allerdings eine gewisse, möglicherweise vielfaltsbegründende, qualitative Distanz zwischen den Parteipolen, damit eine echte Entscheidung möglich wird. Weder ist aber Personalvielfalt stets gegeben, rechtlich unterstellt oder gefordert, noch eine inhaltliche Vielfalt von Programmaussagen. Gewollt ist nur ein Gegenüber von Organisationen in Machtrivalität. Innerparteiliche Demokratie soll allerdings darin Meinungsvielfalt gewährleisten. Von einem parteienrechtsspezifischen Vielfaltsbegriff kann also lediglich in diesem Rahmen gesprochen werden, von einem Vielfaltsgebot nur als gewährleistender Fortsetzung des Gebots einer Meinungsvielfalt. Dass allerdings hier ein beachtlicher Raum möglicher Vielfaltsentwicklung in politicis rechtlich bereitgestellt wird, ist ebenso wenig zu bestreiten, wie eine fundamentale Hoffnung der Demokratie auf eine Parteienvielfalt.

Zusammengefasst: Rechtsgebot ist nicht der Bestand von Parteienvielfalt, wohl aber ihre Möglichkeit. Zum Inhalt des Vielfaltsbegriffs ergibt sich nur: Parteien als Alternativträger müssen sich deutlich – wahlfähig – unterscheiden. Vielfalt ist also etwas wie ein verfassungsrechtlicher Reservebegriff, in seiner Realisierung der Bürgerfreiheit überlassen. Mit solcher normativer Wirkkraft ist dies aber doch ein oberstes Rechtsgebot in der Staatsform der Demokratie.

V. Kulturelle Vielfalt

Mit dem Raum „Kultur“ erreicht die Untersuchung erstmals einen – wenn auch nicht leicht abgrenzbaren – Teilbereich staatlicher Gewährleistung und Ordnung; bisher ging es ja immer, im Meinungs-, Medien-, Parteienrecht, um Vielfalt in ganz weiten, potenziell sogar unbegrenzten Räumen. Wenn sich auch „Kultur“ wohl nicht soweit begrifflich eingrenzen lässt, dass hier klare Bereichsspezifik des Vielfaltsbegriffs sichtbar würde – konkretere Ansätze dazu können vielleicht doch erwartet werden.

1. „Kultur“ – ein Vielfaltsbegriff

a) *Kultur* ist in seinen etymologischen Ursprüngen ein *vielschichtiger* Begriff[262]. Ausgangspunkt ist die offenbar traditionelle Verwendung von *cultura* in der römischen Landwirtschaftssprache[263], wo es die *„Pflege“* des Angebauten bezeichnet. Im weiteren, eher übertragenen Verständnis benennt es die körperliche und geistige Pflege des Menschen, im letzteren Sinn wird es bereits bei *Cicero* gebraucht[264].

---

262 Zur Begriffsentwicklung vgl. *Niedermann,* J., Kultur, Werden und Wandlungen des Begriffs und seiner Ersatzbegriffe von Cicero bis Herder, 1941.

263 Vgl. *Georges,* K. E., Ausführliches lateinisch-deutsches Handwörterbuch, 1913, „cultura“.

264 Tŭreŭlanae disputationes, 2, 13.

Bei *Horaz* begegnet es im Sinne eines „sich zivilisatorisch Kultivierens"[265]. Von der Linderung von Krankheiten bis zu Überwindung von Leidenschaften und Fehlern – alles ist „cultura". Im Sinne des pfleglichen Behandelns kommt der religiös-kultische Begriffsinhalt hinzu – der Götterkult, aus der alten Wortnähe von *cultura* und *cultus*.

b) Aus der Sicht der rechtlichen Vielfalt bedeutsam ist, dass „Kultur" offensichtlich von Anfang an ein Vielfaltsbegriff war, in dem ganz unterschiedliche und durchaus nicht nur „geistige" Bereiche zu pfleglicher Behandlung zusammengeordnet wurden; ein einheitlicher oder gar einförmiger Begriffsinhalt ist diesem Wort fremd, stets sprach es Heterogenes, nicht nur eine Mehrheit von Gleichartigem an. Immerhin hat sich in der Neuzeit eine gewisse Begriffsakzentuierung in Richtung auf einen geistigen Bereich vollzogen, der sich jedenfalls von dem der materiellen Daseinsvorsorge, wenn nicht gar von dem des Ökonomischen[266] abschichten lässt[267].

Dies wurde sodann aufgenommen und vor allem in Verfassungsbestimmungen der deutschen Länder verfestigt[268]. Eine gewisse Erweiterung in Richtung auf einen *„offenen Kulturbegriff"* mag sich hier anbieten, wenn nicht aufdrängen, vor allem für den künstlerischen Bereich[269] – dann wird Kultur erst recht eine gewisse Vielfalt bezeichnen, wenn auch nicht in der vollen Breite des Meinungsbegriffs. Und die neuere tagespolitische Diskussion um *„Multi-Kulti"* verlagert eine kaum näher zu bestimmende Vielfalt gerade in den Kulturbegriff.

Entscheidend ist nun aber: Nicht nur umfasst „Kultur" Vielfältiges, sie kann allein aus solcher Vielfalt erwachsen.

2. Kulturstaat als Vielfaltsstaat

a) Kultur ist ein Rechtsbegriff geworden. Im Wort „Rechtskultur" ist nicht primär eine Vielfalt von Inhalten aus der erwähnten höheren, geistigen oder vergeistigten Dimension angesprochen[270] – er bezieht ebenso, wenigstens virtuell, vielfältige Ordnungsentwicklungen ein wie bereits „Kultur" als solche. Diese kann als

---

265 Nemo adeo ferus est, ut non mitescere possit, si modo culturae patientem commodet aurem, Epist. I, 1, 39 ff.

266 Diese allenfalls auch auf etwas „Höheres", „Geistiges" hin ordnet, vgl. etwa „Wohnkultur", „Essenskultur".

267 Dazu m. Nachw. *Häberle,* P., Kulturhoheit im Bundesstaat – Entwicklungen und Perspektiven, AöR 124 (1999), 549 (561 ff.).

268 *Häberle,* a. a. O., S. 562 f.

269 *Häberle,* a. a. O.

270 Zum Begriff „Rechtskultur" vgl. *Castendyk,* O., Recht und Rechtskultur, ZRP 1992, 63 ff.; *Münch,* I., Rechtskultur, NJW 1993, 1673 ff.; *Wannagat,* G., Die Rechtskultur in unserer Mediengesellschaft, in: Ruland, F. (Hrsg.), Verfassung, Theorie und Praxis des Sozialstaates, FS für Hans Zacher zum 70. Geburtstag, 1998, S. 1187 ff.

staatsbildende, jedenfalls als staatsfortsetzende Kraft anerkannt werden – im Begriff etwa der *„Kulturnation“*[271], und dies erwächst ihr als Vielfalt und Potenzial ihrer Gegenstände, der notwendigen Grundlagen und Quelle der „Kultur“.

b) Das Bundesverfassungsgericht spricht in nicht wenigen Entscheidungen von der Ordnung des Grundgesetzes im Sinne eines *„Kulturstaates“*[272], und zwar sowohl im Sinne eines Staatsgrundprinzips wie der Sozialstaatlichkeit, als auch in dem einer Staatszielbestimmung[273]. Als Pendant zur Sozialstaatlichkeit bedeutet dann Kulturstaatlichkeit jedenfalls einen Auftrag an alle Staatsgewalten, das Geeignete, wenn nicht sogar alles Nötige zutun, um jene „vielfältige Kulturlandschaft“ zu erhalten, wenn nötig zu schaffen, in der allein Kultur wachsen kann. Auch hier mag alles Wesentliche dafür nur der (einfache) Gesetzgeber leisten können[274]; doch dieser kulturelle Vielfaltsauftrag muss auch als eine rechtlich relevante Leitlinie aufgefasst werden, die jedenfalls Vielfaltsentscheidungen anderen Verfassungswertungen – etwa der Gleichheit – gegenüber legitimiert und darüber hinaus als rechtlicher Sinngehalt der Verfassung in sämtliche Auslegungs- und Sinnerfüllungsentscheidungen des Kulturbereiches einfließt.

Für einen nicht geringen Teil der Erfüllung von Staatsaufgaben gilt also der Verfassungsgrundsatz *in dubio pro varietate – non pro uniformitate,* als ein allgemeines Rechtsgebot.

3. Grundgesetzliche Vielfaltsverbürgungen im Kulturbereich

An verschiedenen Stellen bestätigt und verdeutlicht der Grundrechtskatalog der Verfassung diese Kulturentscheidung für eine (jedenfalls optimierend-annähernde) Grundentscheidung zur Vielfalt.

a) Die *Menschenwürde* (Art. 1 Abs. 1 GG) ist ein höchster Verfassungswert, auf den die Kultur „als ein Selbstwert bezogen ist“, weil „der Mensch und seine Würde ist und lebt aus Kultur“[275]; dies gilt gerade, wenn „Kultur“ zentral in der höheren Sphäre einer gewissen verfeinernden Vergeistigung gesehen wird (vgl. oben 1.). Dort aber ist dann – im Rahmen dieser Menschenwürde – jene kulturelle Vielfalt zu beachten, welche aus der *unverwechselbaren, einmaligen Persönlichkeit des Menschen*[276] erwächst und von ihm in gleicher Einmaligkeit auch immer wieder

---

271 So betonte *Peter Häberle* die „Identität von uns Deutschen als Kulturnation“, über die Teilungen Deutschlands hinweg, VVDStRL 38 (1980), S. 115 (Aussprache); vgl. auch Art. 35 Abs. 1 S. 1 Einigungsvertrag.

272 So etwa in BVerfGE 35, 79 (114); 36, 320 (331); 39, 1 (46); 44, 103 (104).

273 BVerfGE 36, 320 (331); ebenso etwa *Bischoff,* F., Neuer Stellenwert der Kultur in der Politik des Bundes, ZRP 1999, 240 – „ungeschriebenes, Staatsziel Kultur“.

274 So wie dies das Bundesverfassungsgericht für das Sozialstaatsprinzip ausgesprochen hat, BVerfGE 1, 97 (100); 43, 213 (226); 50, 57 (108); 53, 164 (184); 65, 182 (193); 69, 272 (314); 70, 278 (288).

275 *Häberle* (Fn. 267), S. 565.

aufgenommen wird. In Vielfalt, nicht nur in Vielzahl, erscheinen Menschen, in der Vielfalt allein kann ihre Würde liegen – zu allererst in ihrer wenn nicht nützlichsten, so doch schönsten Ausprägung der kulturellen Diversität: Menschenwürde entfaltet sich zu allererst im kulturstaatlichen Vielfaltsgebot.

b) Ebenso wenig übersehbar ist die *Verbindung von Freiheit und Kultur*[277], vor allem, weil erstere allein das Vielfaltsgebot der letzteren erfüllen kann. Nachdem es kein einheitliches Grundrecht „kultureller Freiheit" gibt, muss die kulturelle Betätigung in den Schutzbereichen der einzelnen Grundrechte gesichert werden, und dies in besonderem Maß. Soweit sie auf kulturelle Vielfalt gerichtet sind, ist hier besonders entschieden jede Gleichschaltung zu vermeiden: Kultur ist Vielfalt, geschaffen im Namen, in Ausnutzung von Freiheit(en). Jenseits spezieller kulturorientierter Freiheiten (im Folgenden d), e)) wird daher Kulturvielfalt etwa auch durch Religions-, eben durch „Kultusfreiheit" geschützt[278] – in dubio pro fide – in dubio pro varietate. Und als Freiheitsreserve greift, jenseits aller spezifisch kulturbezogenen Grundrechte, die allgemeine Handlungsfreiheit des Art. 2 Abs. 1 GG jedenfalls dort ein, wo kulturelle Vielfalt „unbenannt" bedroht werden könnte, etwa zum Schutz von Kulturgenuss – Kulturkonsum in Vielfalt.

c) Die Verbürgung von *Meinungsfreiheit* (Art. 5 Abs. 1 GG) in Vielfalt weist eine bereits deutliche Kulturorientierung auf. Im Namen der Kulturstaatlichkeit und ihres Vielfaltsgebots ist ihr Schutz besonders in Bereichen zu intensivieren, in denen es um Schaffung, Vermittlung und Aufnahme kultureller Leistungen und Werte geht. Dies gilt etwa für die Freiheit der literarischen Produktion und ihrer Aufnahme im Namen der Informations-, insbesondere der „Lesefreiheit". Diese kulturelle Akzentuierung der Meinungsfreiheit in Richtung auf Vielfalt zeigt sich aber auch besonders dort, wo Kategorien der Verfassungsrechtsprechung zum Medienrecht auch im *Erziehungsrecht* angewendet werden; so wird schulische Vielfalt zutreffend dem medienrechtlichen Vielfaltsgebot zugeordnet, als Forderung aus ihm begründet[279]. Im Medienbereich, dem zentralen Bereich der Meinungskommunikation, kann denn auch eine „Kulturbank" in der Kontrolle der Vielfalt institutionalisiert werden[280]. Kulturelle Meinungsvielfalt stellt damit einen Kernbegriff der Meinungsfreiheit dar.

d) Die *Schutzbereiche der Freiheit der Wissenschaft und Forschung sowie derjenigen der Kunst* (Art. 5 Abs. 3 GG) sind zugleich Kernbereiche einer wie immer

---

276 *Herdegen,* M., in: Maunz, Th. / Dürig, G., GG, Art. 1 Abs. 1 Rn. 30 ff.; *Starck,* Chr., in: v. Mangoldt, H. / Klein, F. / Starck, Chr., GG, Bd. 1, Art. 1 Abs. 1 Rn. 30 ff.; *Häberle,* P., Die Menschenwürde als Grundlage der staatlichen Gemeinschaft, in: HdbStR, Bd. 1, § 20 Rn. 56 ff. m. Nachw.

277 Vgl. für viele *Häberle* (Fn. 267), S. 566.

278 Vgl. dazu etwa jüngst BVerfGE 104, 337 (Schächtentscheidung), BVerfG NJW 2003, 3111 ff. sowie NJW 2003, 2815 (Kopftuchproblematik).

279 *Ladeur* (Fn. 237), S. 946; *Reuter,* L.-R., Schulaufsicht und Schulvielfalt, RdJB 1992, 378 ff.

280 BVerfGE 83, 238 (336).

zu bestimmenden Kultur. Vielfalt ist dort, wie wohl in keiner anderen freiheitsrechtlichen Schutzzone, Wesenselement einer Gesamtlage, in der allein diese Freiheiten zur Entfaltung gelangen. Für die *Forschung* ist dies Gemeingut[281]: Sie kann nur aus und in Vielfalt wachsen, lediglich eine gleichgerichtete Vielzahl von Anstrengungen in ihr darf konvergierend orientiert, Methodenvielfalt muss stets in Freiheit erhalten und gefördert werden. Forschung ist ein Vielfaltsbegriff.

Wissenschaft ist ohne die Basis einer solchen Forschung in Vielfalt nicht vorstellbar[282]; für ihren Verfassungsbegriff ist dabei ein Vielfaltsgebot konstitutiv, werde sie nun als individuelles Freiheitsrecht oder als institutionelle Sicherung verstanden. Für *„ihre Lehre“* muss dies dann, in der untrennbaren Verbindung von Inhalten und deren Kommunikation, ebenso, wenn nicht erst recht gelten[283]. Selbst wenn es zu Methoden –, ja inhaltliche Ergebniskonzentration in der Forschung kommt – in der wissenschaftlichen Lehre muss ihre Kommunikation variieren, schon damit unter denen, die all dies aufnehmen, neue Vielfalt wachse, in ihr neue Wissenschaft und Forschung entstehe.

Kunst ist wohl noch viel weiterreichend vielfältig, aus Vielfalt erwächst sie und in ihr allein, zu immer neuer Vielfalt setzt sie sich fort. Deutlich zeigt dies jene Offenheit des Kunstbegriffs, die gegenwärtig im Schrifttum[284] wie in der Rechtsprechung[285] vorherrscht. Wenn sie den Begriffsinhalt immer mehr verschwimmen lässt, oft bis zur Konturenlosigkeit, so ist dies ein – in Grenzen wohl notwendiges – Zugeständnis gerade an jene eben unübersehbare und immer wieder überraschend neu sich formierende Vielfalt der Formen, der Inhalte und auch der Ziele, welche „Kunst“ zu allen Zeiten geboten und verfolgt hat. Hier fehlt sogar die Orientierung auf ein letztlich doch einheitliches Ziel, welches der Wissenschaft immerhin stets gewiesen ist: auf die Erkenntnis der Wahrheit; ihr gegenüber sind „Ziele der Kunst“, wenn es sie denn überhaupt gibt, etwa „Schönheit“ oder „Ausdruck von Persönlichkeit“, jedenfalls und wesentlich vielfältiger. Kunstfreiheit ist also ein Vielfaltsbegriff par exellence. Mit der Verarmung der Kunstvielfalt beginnt der Untergang der Kultur, der Kulturstaatlichkeit. Kunstfreiheit ist rechtliches Vielfaltsgebot.

---

281 Grundlegend *Zacher,* H., Forschung in Deutschland – Strukturen in Vielfalt – Strukturen der Ganzheit, in: Kästner, K.-H. (Hrsg.), FS für Martin Heckel zum 70. Geburtstag, 1999, S. 941 ff.

282 *Scholz,* R., in: Maunz, Th. / Dürig, G., GG, Art. 5 Abs. 3 Rn. 103 ff. m. Nachw.

283 Zum Begriff der Lehre *Scholz,* R., in: Maunz, Th. / Dürig, G., GG, Art. 5 Abs. 3 Rn. 105 ff.; *Oppermann,* Th., Freiheit von Forschung und Lehre, in: HdbStR, Bd. 6, § 145 Rn. 30 ff. m. Nachw.

284 *Geis,* M.-E., Zum Kunstbegriff in der Rechtsprechung des BVerwG und zur Reichweite der Einschätzungsprärogative der Bundesprüfstelle für jugendgefährdende Schriften, JZ 1993, 792 ff.; *Dierksmeier,* C., Die Würde der Kunst, Überlegungen zu Schutzbereich und Schranken eines schrankenlosen Grundrechts, JZ 2000, 883 ff.; *Korte,* S., Die Kunst – ein unbekanntes Wesen?, JA 2003, 225 ff.

285 BVerfGE 30, 173 (188); 67, 213 (224 ff.); 75, 369 (376); 81, 298 (292).

e) Eine spezielle Ausprägung findet die kulturelle Vielfaltsproblematik in der *Erziehung,* die sowohl grundrechtlich als Freiheit wie institutionell gesichert ist. Hier wirken vor allem die Eltern im Namen eines „natürlichen Rechts“ und einer ihnen zuförderst obliegenden Pflicht“ (Art. 6 Abs. 2 GG) mit einem Staat zusammen, unter dessen „Aufsicht das gesamte Schulwesen steht“ (Art. 7 Abs. 1 GG), in dem sich wiederum Erziehung entscheidend fortsetzt. Folgerichtig wird ein grundrechtlich geschütztes Elternrecht auch als Teilhaberecht an Entscheidungen über Schulorganisationen gefordert, in seinem Namen das Recht der Eltern auf „Gewährleistung gesellschaftlich relevanter Schulformen“– (in Anlehnung an das Medienrecht)[286] – und als Voraussetzung dafür wieder ein Recht auf Erhaltung schulischer Vielfalt[287]. Da Bildung in der Spannung steht zwischen Einheit und Vielfalt[288], muss das kulturstaatliche Vielfaltsangebot den Eltern die *Wahlfreiheit zwischen Schulformen* gewährleisten; eine Auflösung des Gymnasiums als Schulangebot wäre daher mit dem Grundgesetz nach dieser Auffassung nicht vereinbar[289]. Ihr ist mit der Maßgabe zuzustimmen, dass hier eine rechtlich durch Kulturstaatlichkeit bestimmte Aufgabe des Gesetzgebers liegt, der die Vielfalt der Schulformen jedenfalls nicht ohne gewichtigen Grund einschränken darf; denn nur diese Vielfalt bildet das bereits Bestehende, von der pädagogischen Fachwelt wie von der Elternschaft akzeptierte, sachgerecht ab und sichert zugleich den notwendigen Wettbewerb von Erziehungsträgern und Erziehungssystem[290].

Daraus ergeben sich dann nicht nur grundrechtliche Ansprüche der Eltern, sondern ein rechtlich bindender institutionell umfassender Auftrag an den Staat, durch seine Schulaufsicht Schulvielfalt zu verwirklichen[291]. Man mag nun Bedenken tragen, dieses Pluralitätsgebot, das letztlich auf eine para-privaterzieherische Autonomisierung des Schulwesens hinausläuft, sogar noch den anderen schulorganistorischen Zielen qualifikatorischer, politischer, ökonomischer Art überzuordnen[292]. „Plurale Neutralität“ im Sinne der vermittelnden und toleranten Verwirklichung der Grundrechte der Schüler und Eltern, damit verstärkt Binnenpluralität im Schulwesen[293], ist sicher ein Verfassungsauftrag an die staatliche Schulaufsicht.

f) So zeigt also die grundrechtliche Ordnung immer wieder allgemeine, aber auch bereits deutlich bereichsspezifische Akzentuierungen einer *Kulturstaatlich-*

---

286 Ausdrücklich ist von „Außenpluralismus“ die Rede bei *Ladeur* (Fn. 237), S. 948 f.

287 *Ladeur* (Fn. 237).

288 *Ladeur,* a. a. O., S. 946.

289 *Ladeur,* a. a. O., S. 948.

290 A. a. O., S. 953 f.

291 In diesem Sinn *Jach,* F.-R., Schulvielfalt als Verfassungsgebot, 1991, vgl. insb. S. 47 ff., 78 ff.

292 Zurückhaltend gegenüber einer derartigen Bedeutungsverstärkung der Vielfalt im Schulwesen *Reuter* (Fn. 279), 380 f.

293 *Reuter,* a. a. O., 382, unter Hinweis auf *Richter,* in: Alternativkommentar zum GG, 1984, Art. 7 Rn. 7.

keit im Sinne eines Vielfaltsgebots. Aus ihm ergeben sich konkrete individuelle Ansprüche – etwa von Künstlern, Wissenschaftlern, Eltern – aber auch organisationsrechtliche Aufträge an den Staat zur Erhaltung und Förderung von Vielfalt, vom Kunstmäzenatentum bis zur Schulaufsicht. Allenthalben ist als Maß die Abbildung einer Wirklichkeit anzulegen. Wo sie aber, in Verarmung, ein kulturelles Vielfaltsdefizit erkennen lässt, ist dies im Recht und auch durch Staatsveranstaltungen aufzufüllen. Konkrete Folgerungen daraus können nur im Einzelfall, mit Blick auf mögliche Gegenbelange, grundrechtlicher (Rechte anderer), institutioneller (andere Erziehungsziele) oder finanzieller Art (Mittelknappheit) gezogen werden. Der „Belang Vielfalt als solcher“ hat aber, in allen kulturstaatlichen Bereichen, Eigengewicht bei sämtlichen hier vorzunehmenden Abwägungen und Sinnerfüllungen. Schon und vor allem insoweit ist Vielfalt im Kulturstaat ein Rechtsgebot.

4. Vielfalt als Staatsorganisationsprinzip im Kulturstaat: Der Kulturföderalismus

Kulturstaatlichkeit ist ein Verfassungsprinzip, das seine Ausprägung nicht nur im Grundrechtsbereich findet, sondern auch in der Staatsorganisation, die zugleich als organisatorischer Freiheitsschutz zu verstehen ist. Wenn also ein rechtliches Gebot der Vielfalt, wie sich ergeben hat, aus der Kulturstaatlichkeit abzuleiten ist, so wird sich seine Ausformung auch im Staatsorganisationsrecht zeigen, allerdings nicht notwendig allgemein, sondern eben in einer inhaltlich auf Kulturmaterien verengten Form. Daraus können sich dann auch Folgerungen für die Wirkungen, ja für die Inhalte kulturstaatlicher Vielfalt ergeben. Im Mittelpunkt des Interesses steht hier der *Kulturföderalismus.*

a) In der *„Gesellschaft“* – wie immer vom Staat abgegrenzt – herrscht ein auch als solcher behandelter *kultureller Trägerpluralismus*[294]. In den (auch) gesellschaftlichen Forschungseinrichtungen wird er besonders deutlich[295]; die ihn tragenden Autonomien[296] sind zu achten, allenfalls zu koordinieren[297]. Dieselben Aufgaben übernimmt und verteilt von jeher der *Kulturföderalismus im staatlichen Bereich*[298]. Er ist geradezu typusprägend für den Bundesstaat[299], der in seiner allgemeineren Trägervielfalt noch näher (unten D. II.) zu betrachten sein

---

294 *Häberle* (Fn. 267), S. 568, 573 f.; *Hense,* A., Bundeskulturpolitik als verfassungs- und verwaltungsrechtliches Problem, DVBl. 2000, 376 (379).

295 Vgl. *Zacher* (Fn. 281), S. 953 ff.

296 *Zacher,* a. a. O., S. 954.

297 Dazu *Zacher,* a. a. O., S. 958.

298 Zur geschichtlichen Entwicklung *Geis,* M.-E., Die „Kulturhoheit der Länder“, DÖV 1992, 522 f.

299 Vgl. dazu für viele *Dörr,* D., Rundfunkföderalismus auf dem Prüfstand, ZUM 1996, 617 (623); *Schumann,* E., Der föderale Aufbau der Bundesrepublik Deutschland und die Rolle des Freistaates Bayern, BayVBl. 1991, 737 (741).

wird. Föderalismus erscheint weithin sogar als primär kultur-, nicht als ökonomiebezogen[300].

b) Die *Kulturhoheit der Länder* ist der organisatorisch bestimmte Zuständigkeitsraum, in dem sich diese der Kultur wesentliche Vielfalt in materiellen Ordnungsinhalten entfaltet. Die Länder stellen nicht nur in ihrer Vielzahl, sondern vor allem in ihrer Vielfalt die organisatorische Diversität dar, aus der sich in der föderalen Ordnung bereits notwendig eine gewisse auch inhaltliche Vielfalt ergeben wird; andernfalls wäre da nichts als nutzlos vervielfältigte Bürokratie.

Die Trägervielfalt im Kulturbereich prägt sich aber noch in weiteren Organisationsformen aus: auf der *„Dritten Ebene"*, auf welcher gerade hier besonders bedeutsam die Ländervielfalt der Lösungen, wenn auch nur in Grenzen, koordiniert wird[301], vor allem aber auch durch die *Kulturpolitik des Bundes*[302]. Allein schon diese *Organisationsstruktur der drei Ebenen* bringt Vielfalt der Träger, über sie solche der Lösungen der Kulturordnung hervor, vielfältiger verzahnt als in den meisten anderen Bereichen staatlicher Aufgabenerfüllung. Die *Bundeskompetenz* ist dabei zwar eng und speziell begründungsbedürftig, aber doch nicht nur punktuell eröffnet; in einem Bundesbeauftragten für die Kulturpolitik hat sie einen organisatorischen Träger gefunden, bei dem die verschiedenen Aufgabenerfüllungen zusammenlaufen, in ihrer Vielfalt aber erhalten bleiben[303].

Diese vertikal gegliederte Trägervielfalt des Kulturföderalismus, der also über Länderföderalismus hinausreicht, führt zu *breit angelegter Kooperation*[304]; auch der Einigungsvertrag hat keinen „Freibrief für eine vereinheitlichende Bundeskulturpolitik" ausgestellt[305]. Das so erzwungene Zusammenwirken bringt vielmehr laufend Lösungen in neuer Vielfalt hervor, in der Verschränkung zahlreicher Entscheidungskompetenzen auf mehreren Entscheidungsebenen. Dass dies alles in einer besonderen Achtung der Vielfalt, ja in einem deutlichen Zug zu ihr geschieht, weit mehr als in allen anderen föderalen Beziehungen, hat einen doppelten, einen organisatorischen wie einen materiell-inhaltlichen Grund: Einerseits sind die Länder in einer Maßgeblichkeit beteiligt, die eben doch „die" Kulturhoheit bei ihnen ansiedelt; zum anderen wirkt die aller Kultur wesentliche Vielfalt gerade hier: Vielfalt ist nicht nur (in) Organisation und Verfahren, Vielfalt ist (End-)Ziel, selbst bei Koordination.

300 *Häberle* (Fn. 267), S. 556 f.

301 Zur Kulturministerkonferenz in diesem Zusammenhang *Hense* (Fn. 294); *Zehetmair,* H., 50 Jahre KMK – Neue Entwicklungen im Kulturföderalismus, RdJB 1998, 133 ff.

302 Dazu *Mahrenholz,* E. G., Die Kultur und der Bund, DVBl. 2002, 857 ff.; vgl. auch *Hense* (Fn. 294), S. 377 ff.

303 Vgl. dazu *Bischoff* (Fn. 273), S. 240 (241); *Hense,* a. a. O., S. 381 f.

304 *Häberle* (Fn. 267),S. 570; *Hense,* a. a. O., S. 383 f.

305 *Schulze-Fielitz,* H., Art. 35 EinigungsV – Freibrief für eine Bundeskulturpolitik?, NJW 1991, 2456 ff.

So ist der innerstaatliche *Kulturföderalismus ein gezielt auf inhaltliche Lösungsvielfalt ausgerichtetes staatliches Organisationsschema,* welches den inhaltlichen Gestaltungsreichtum verfestigen soll. Und wenn irgendwo der heute so reformbedürftig erscheinende Föderalismus in dieser organisatorischen Vielfalt doch wohl erhalten bleiben wird, so ist es der Raum der wesentlich vielfältigen Kultur.

c) Mit dem *Gemeinschaftsrecht* wächst kulturelle Vielfalt als ein Rechtsgebot in eine höhere Dimension hinauf, in der sich diese innerstaatlichen – inhaltlichen wie organisatorischen – Vielfaltsakzentuierungen verstärken. Das vereinigte Europa muss sich, so heißt es, gerade kulturstaatlich verstehen und bewahren[306]. Die europäische Verfassung sollte ein „Grundrecht auf Zugang zu Kultur“ bringen, das zugleich eine Grundpflicht zur Kultur einschließt und zu einem Auftrag der Kulturförderung durch den Staat führt[307]. Kultur ist ein Hauptthema, ihre Vielfalt Legitimation, ein zentrales Argument in der Diskussion um den europäischen Regionalismus[308]. Die Versammlung der Regionen Europas betont in ihrer „Europäischen Grundordnung“ denn auch besonders, dass diese Regionen „die kulturelle Vielfalt in Europa unterstützen“[309].

Diese gemeinschaftsrechtlichen Erörterungen und Hinweise ergeben zwar bisher keine näheren, rechtlich fassbaren Konkretisierungen vielfaltssichernder oder -fördernder Organisation in der Union, noch weniger zeigen sie Grundlinien entsprechender inhaltlicher Lösungen; beim gegenwärtigen Stand der Integration ist derartiges auch nicht zu erwarten. Sicher ist aber, dass die materielle Kulturvielfalt durch diesen Zusammenschluss nicht nur zunehmen, sondern geradezu qualitativ potenziert werden wird; denn gerade hier unterscheiden sich Realitäten und rechtliche Ordnungen der Mitgliedstaaten in besonderem Maß. Überdies fügt die höhere gemeinschaftsrechtliche Ebene auch organisatorisch der bereits bisherigen föderalen Trägervielfalt in Deutschland noch eine weitere, eine sehr weite Vielfalt hinzu.

Kulturelle Vielfalt wird also bald und rasch zunehmend zu einem vor allem organisatorischen Zentralbegriff und damit zu einem Rechtsgebot des Gemeinschaftsrechts werden.

---

306 *Häberle* (Fn. 267), S. 559.

307 *Saladin,* P. auf einem Seminar zur multikulturellen Gesellschaft in Europa, vgl. auch den Bericht von *Schulze-Fielitz,* H., Auf dem Wege zu einer offenen Gesellschaft europäischer Staatsrechtslehrer, DVBl. 1994, 991 (992); zur europäischen Kulturförderung *Zehetmair* (Fn. 301), S. 431.

308 Grundlegend *Häberle,* P., Der Regionalismus als werdendes Strukturprinzip des Verfassungsstaates und als europarechtspolitische Maxime, AöR 118 (1993), S. 1 (11 ff.).

309 Verabschiedet von der Plenarsitzung der Kommission A am 22. 11. 2001 in Stuttgart a. E.

5. Ergebnis: Kulturhoheit in Vielfalt – Konkretisierungen des Vielfaltsbegriffs

a) In der Kulturstaatlichkeit wird der sie prägende Vielfaltsbegriff auf einen, wenn auch weiten Bereich der Gemeinschaftsbelange und deren staatlicher Ordnungsaufgaben bezogen, wenn man dies auch wohl kaum Einengung nennen kann. Dieser Kulturbereich wird durch eine staatliche *Kulturhoheit* erfasst, die wiederum eine inhaltliche Begriffsvielfalt aufweist. Sie zeigt sich in einem *„additiven Kulturbegriff“*[310], der (zunächst) die traditionell gewachsenen Gebiete Kunst, Wissenschaft und Bildung zusammenfasst, aber auch in den Sport – vor allem aber in den Medienbereich ausgreift. Hier gelingt es jedoch, die kulturelle Vielfalt in der Ordnung vor allem des Föderalismus, morgen vielleicht des europarechtlichen Regionalismus, zu erfassen und rechtlich zu ordnen. Die rechtlich bestimmte Kulturhoheit definiert so „Kultur im Rechtssinn“, deren Ordnung sie schwerpunktmäßig den Ländern überlässt. Sie zeigt sich als Addition vielfältiger, teilweise völlig heterogener Bereiche, die nur in der (eingangs 1.) erwähnten bildenden „Pflege“ des Menschen auf einer höheren, „geistigen“ Ebene verwandt sind. Diese Bereichsvielfalt der Kultur muss aber ebenso von Verfassungs wegen erhalten werden wie die Vielfalt der Kompetenzträger, die sie im föderalen System sicherstellt. Sie ist ein erweiterungsoffener Begriff, und für all seine Inhalte gilt ein *besonders intensives rechtliches Vielfaltsgebot,* das über in dubio-Lösungen weit hinausreicht. Kulturelle Vielfalt muss unbedingt erhalten, soweit nur irgend faktisch möglich, gesteigert werden, als ein verfassungsrechtlicher Selbstwert.

b) Eine deutliche *Akzentuierung des Vielfaltsbegriffs* lässt sich aus den rechtlichen Rahmenbedingungen der Kulturstaatlichkeit in doppelter Hinsicht ablesen.

- Es geht zwar primär um variierende inhaltliche Lösungen von Rechtsproblemen dieser Materien, und sie werden über mehrere grundrechtliche Schutzbereiche gefunden, die untereinander wiederum eine „Sicherungsvielfalt“ aufweisen (oben 3.). Abgesichert wird dies zugleich über eine organisationsrechtliche *Trägervielfalt,* was zeigt, dass eine Vielfaltsdogmatik schon im Ansatz gleichermaßen auf inhaltlich-materielle wie auf organisationsrechtliche Gestaltungen setzen muss.
- *Realitätsabbildung* ist Ausgangspunkt einer rechtlichen Vielfaltserfassung. Hier muss sich die öffentliche Gewalt in gleicher Weise darauf konzentrieren, bestehendes, bereits durch gesellschaftliches Verhalten und seine Traditionen Hervorgebrachtes zu sichern, aber auch fördernd zu entwickeln. Kulturvielfalt herzustellen ist nicht Staatszweck; sie in Realitätsrezeption aufzunehmen, ist aber wesentliche Staatsaufgabe.

---

310 *Geis* (Fn. 298), S. 524, unter Hinweis auf Hufen und Steiner zur Problematik des Kulturbereichs vgl. bereits *Liebrecht,* H., Zur Rechtfertigung des Föderalismus heute und zu den Grenzen zulässiger Länderkooperationen, DVBl. 1969, 97 (98).

c) Weitere, eingangs (A. a.E.) gestellte Fragen zu einer Vielfaltsdogmatik lassen sich hier ebenfalls im Ansatz beantworten: Vielfalt ist ein rechtlicher Selbstzweck, nicht nur ein Aktionsfeld rechtlichen Ordnens, ein mögliches Ergebnis eines solchen. Quantitative Vielfaltsaspekte spielen gerade hier kaum eine Rolle. Tiefe qualitative Unterschiede, welche Wahlentscheidungen ermöglichen könnten, sind nicht gefordert; Vielfalt wird sich hier durchaus in spektralen Übergängen – kulturbereichsweise – zeigen.

In all dem mag man, sieht man es zusammen, sogar einen Ansatz für eine „kulturelle Bereichsspezifik des Vielfaltsbegriffs“ sehen. Sie bedarf jedoch, wie sich auch in anderen Kapiteln zeigen wird, noch der Vertiefung.

VI. Wirtschaftliche Vielfalt als staatliches Ordnungsziel

1. Vielfaltsgebot und staatsferne, privatautonom agierende Wirtschaft

a) Staatliches Ordnen kann als rechtliches Vielfaltsgebot gegenüber nichtstaatlichen Rechtsträgern wirken. Unter diesem Gesichtspunkt wurden vorstehend die Bereiche der Meinungsfreiheit, des Parteien- und Medienrechts sowie der Kulturvielfalt untersucht. Vor allem in den beiden letzteren Zusammenhängen zeigte sich Vielfalt als materielles Ordnungsziel. Zugleich wurde sie jedoch auch dadurch zu einer Form staatlichen Ordnens, dass sie gerade durch die Existenz einer Vielfalt staatlicher Entscheidungsträger gewährleistet und gefördert wurde (Medienpluralismus, Kulturföderalismus). Vielfalt war also zugleich inhaltlicher und organisatorisch-instrumentaler Rechtswert; dabei lag der Schwerpunkt deutlich bei dem verfassungsrechtlich angestrebten, jedenfalls zu bewahrenden oder herzustellenden Vielfaltszustand, also bei den Wirkungen eines materiellen Rechtsgebots.

b) Bei der Betrachtung von *Vielfalt als einem (möglichen) Rechtsgebot im wirtschaftlichen Bereich* verschieben sich die Gewichte nicht unwesentlich – und zwar in inhaltlicher wie in organisatorischer Hinsicht – vor allem in drei Richtungen:

– Was an Vielfalt ökonomisch hergestellt wird und erhalten bleibt, wird im wesentlichen außerstaatlich geschaffen. Privatautonomie, im Rahmen der Freiheit der wirtschaftlichen Betätigung[311], beinhaltet vor allem Vertragsfreiheit[312]. Sie

---

311 Dazu für viele *Starck,* Chr., in: von Mangoldt, H. / Klein, F. / Starck, Chr., GG, Bd. 1, Art. 2 Abs. 1 Rn. 136, mit Überblick über die Judikatur des BVerfG.

312 Grundlegend *Höfling,* W., Vertragsfreiheit. Eine grundrechtsdogmatische Studie, 1991; s. ferner die Nachw. bei *Starck,* a. a. O. sowie noch *Huber,* E. R., Der Streit um das Wirtschaftsverfassungsrecht, DÖV 1956, 135 (138 ff.); *Di Fabio,* U., in: Maunz, Th. / Dürig, G., GG, Bd. 1, Art. 2 Abs. 1 Rn. 101; *Tsiliotis,* Ch., Der verfassungsrechtliche Schutz der Wettbewerbsfreiheit, 2000, S. 85.

ist das zentrale Instrument der Selbstbestimmung des Einzelnen. Die Verschiedenheit der Rechtsträger – durchaus auch in qualitativer Hinsicht – wird dabei in der Regel zu überaus vielfältigen Gestaltungen ihrer Rechtsbeziehungen führen, angesichts der „unübersehbaren Vielfalt möglicher Verhaltensweisen im geschäftlichen Wettbewerb“[313]. Die staatlichen Eingriffe, vor allem im Rahmen der traditionell zulässigen Wirtschaftslenkung[314], werden sich dabei sehr oft, wenn nicht in der Regel, in vielfaltsbeschränkendem Ordnen auswirken, soweit nicht Wettbewerbsintensivierung oder -erweiterung angestrebt ist (dazu näher unter 5.). Vielfaltseinengung erfolgt hier nicht zuletzt durch die Beschränkung der vom Staat zur Verfügung gestellten Rechtsformen wirtschaftlichen Handelns, vor allem im numerus clausus der sachenrechtlichen oder gesellschaftsrechtlichen Gestaltungsformen[315].

Laufende Herstellung rechtlicher Vielfalt ist jedenfalls nicht primäre Aufgabe des Staates, der sich vielmehr meist auf die Festlegung eines Rahmens für die Ausübung der Privatautonomie beschränkt.

- Die *Schaffung und Erhaltung inhaltlich vielfältiger Zustände* ist ein staatliches Anliegen etwa im Medien- oder im Parteienbereich, und insoweit konnte von Vielfaltsgeboten gesprochen werden, welche sogar aus der demokratischen Staatsform erwachsen. Auch kulturelle Vielfalt ist jedenfalls im Föderalstaat ein erkennbares Staatsziel. Wirtschaftslenkende Maßnahmen des Staates dagegen mögen darauf gerichtet sein, „einen wirtschafts-, sozial- oder gesellschaftspolitisch erwünschten Zustand herzustellen oder zu erhalten“[316]. Dass dies aber ein Zustand wie immer gearteter Vielfalt sein soll oder gar von Rechts wegen sein muss, ist jedenfalls allgemein vom Verfassungsrecht nicht gefordert. Deshalb ist auch „Vielfalt“, soweit ersichtlich, kein Thema des Wirtschaftsverfassungs- und Verwaltungsrechts[317]. Gerade hier wird dem Staat auch die Ermöglichung bedeutsamer Vielfaltseinschränkungen durch Vertrag geradezu zur Pflicht gemacht, wenn kartellierende Tarifvertraglichkeit grundrechtlich abgesichert ist (Art. 9 Abs. 3 GG), oder wenn er für einen Zustand „gleichwertiger Lebensverhältnisse“ im Föderalstaat zu sorgen hat (Art. 72 Abs. 2 GG; siehe dazu unten D. III.). „Vielfalt“ ist also in der Ordnung der Wirtschaft – in welchem Verständnis auch immer – jedenfalls kein durchgehend zu achtender oder gar herzustellender Rechtswert.
- Die *Staatsorganisation im Wirtschaftsbereich* ist nicht grundsätzlich an einer Vielfalt der von den Kompetenzträgern zu treffenden Entscheidungen ausgerich-

313 BVerfGE 32, 311 (317).

314 Für viele *Huber* (Fn. 312), S. 138.

315 Vgl. *Baur,* J. F. / *Stürner,* R., Sachenrecht, 17. Aufl. 1999, § 1 Rn. 7; *Wolf,* M., Sachenrecht, 19. Aufl. 2003, § 2 Rn. 22; *Schmidt,* K., Gesellschaftsrecht, 4. Aufl. 2002, § 5 II 1 c), S. 96.

316 BVerwGE 71, 183 (190), unter Hinweis auf Peter *Badura.*

317 Sieht man wiederum von der unten 5. näher zu behandelnden Problematik des Wettbewerbs ab.

tet. Nach der Wirtschaftsverfassung und in der Wirtschaftsverwaltung lässt sich nicht erkennen, dass von organisatorischen Strukturen mehr erwartet würde als eine Aufnahme außerstaatlich geschaffener Vielfalt und ihre rezeptive Kanalisierung in solcher Staatsorganisation. Keinesfalls wird ein Weg zur Vielfalt in der Wirtschaftsordnung in einer Zweigleisigkeit inhaltlicher Vorgaben und organisatorischer Vorkehrungen beschritten, wie dies etwa im Medien- oder Kulturbereich festzustellen war. „Plurale Wirtschaftsordnung“ ist kein Selbstwert für den Staat.

c) In all diesen Gewichtungen zeigt sich eigenständig die *wesentliche Staatsferne* der Wirtschaft, die dem Staat kein Vielfaltsziel setzen kann. Damit aber kommt es hier noch zu einer weiteren, bedeutsamen Akzentverschiebung gegenüber den bisher betrachteten Bereichen. Auch dort war „Rezeption von außerstaatlich-faktischer Vielfalt“ immer wieder als staatliche Ordnungsaufgabe erkennbar. In oeconomicis liegt hier nun aber ein deutliches Schwergewicht: Außerrechtliche Vorgaben sind entscheidende Ordnungsvoraussetzungen, wie etwa die tatsächlichen Wettbewerbslagen in der Konkurrenzordnung[318]; sie liefern sogar nicht nur die Ordnungsmaterien, sondern sogar einzelne Ordnungsbegriffe, wie etwa in den außerrechtlich entstandenen, im Recht sodann geschützten Berufsbildern[319]. Und eben hier fließt Vielfalt ein ins Wirtschaftsrecht – aber eben „von außen“, nicht aus Staatsentscheidung, nicht als vom Staat gesetzter Wert des Ordnens. Vielfalt wird damit in weit höherem Maß als in anderen Bereichen zum Rezeptivbegriff.

Selbst wenn dadurch der Gegenstand dieser Betrachtung nicht schlechthin zum soziologischen Begriff wird[320] – schon die weiten Korrekturfelder staatlicher Wirtschaftspolitik schließen dies aus – so ist doch hier in besonderem Maße Zurückhaltung geboten bei Versuchen, gesellschaftliche und als solche rezipierte Vielfalt als technischen Rechtsbegriff zu erfassen und als einen solchen zu dogmatisieren. Insoweit geht es also im Folgenden um eine besondere Fragestellung.

2. Marktwirtschaft als „Wirtschaft in Vielfalt“

a) Ein Vielfaltsbegriff, der die öffentlich-rechtliche Ordnung der Wirtschaft prägen sollte, könnte nur als Konzeption einer *Wirtschaftsverfassung* begriffen wer-

---

318 Betont etwa bereits von *Scholz,* R., Wettbewerbsrecht und öffentliche Hand, ZHR 132 (1969), 97 (119); allgemein zu Realitätsbezug und Realitätsabstand im Wirtschaftsrecht *Leisner,* W., Die verfassungsrechtliche Belastungsgrenze der Unternehmen, 1995, S. 83 ff., m. Nachw.

319 Dazu *Wieland,* J., in: Dreier, H. (Hrsg.), GG, Bd. 1, Art. 12 Rn. 45; *Fröhler,* L./*Mörtel,* G., Die „Berufsbildlehre“ des Bundesverfassungsgerichts, GewArch. 1978, 249 (252 f.); *Scholz, R.,* in: Maunz, Th./Dürig, G., GG, Bd. 1, Art. 12 Rn. 263 f.

320 So für die berufliche Vielfalt etwa *Fröhler,* L./*Mörtel,* G., Der Berufsbegriff des Art. 12 Abs. 1 Grundgesetz in der Rechtsprechung des Bundesverfassungsgerichts, GewArch. 1979, 105.

den, mit übrigens weitreichenden Folgen, sollte er im Sinne einer allgemeineren Forderung eines „in dubio pro varietate" verstanden werden. In solcher Grundsätzlichkeit stehen dem Bedenken entgegen, die allerdings Vielfalt als Rechtswert für gewisse Bereiche des Wirtschaftslebens (im Folgenden 3. ff.) nicht ausschließen.

Voraussetzung für eine so allgemeine Bedeutung des Begriffs als eines wirtschaftlichen Gebots wäre eine *verfassungsbegründete Wirtschaftsverfassung* wie die Marktwirtschaft als Grundlage dieses Vielfaltsgebots. Gerade dem hat aber das Bundesverfassungsgericht eine Absage erteilt[321]. Nun ist zwar dennoch jene „soziale Marktwirtschaft", der seinerzeit Verfassungsrelevanz versagt blieb, über Art. 1 Abs. 3 des Vertrages über die Währungs-, Wirtschafts- und Sozialunion mit der DDR Grundlage der deutschen Wirtschaftseinheit geworden[322]. Auch wird seit längerem überzeugend vorgebracht, der grundrechtlichen Garantie der Wettbewerbsfreiheit komme marktwirtschaftliche Systemrelevanz zu[323], Berufsfreiheit, Privateigentum, Freizügigkeit, Koalitionsfreiheit dürften nicht nur als „zusammenhangloses Bündel isolierter Individualrechte" verstanden werden[324], aus der Eigentumsgarantie insbesondere folge doch im Ergebnis eine Garantie der Marktwirtschaft[325].

Selbst wenn man nun aber Systemstrukturen einer freiheitlichen Wirtschaftsverfassung erkennt – wofür vieles spricht – so kann „Vielfalt" allenfalls mit dem Begriff der Marktwirtschaft in Verbindung gebracht werden (im Folgenden b)). Vor allem aber müssen dann die erwähnten einzelnen Säulen dieser Wirtschaftsordnungskonstruktion, insbesondere Eigentums-, Berufs-, Wettbewerbsfreiheit, speziell darauf untersucht werden, wie weit sich aus ihnen Elemente eines Vielfaltsgebotes für die Wirtschaftsordnung ableiten lassen; darauf ist im Folgenden (unter 3. f.) zurückzukommen.

b) *„Marktwirtschaft"* mag man nun durchaus als einen ökonomischen Mechanismus, wenn nicht gar als ein Wirtschaftssystem verstehen, das aus Vielfalt erwächst, in dem diese allenthalben vorausgesetzt und so zum systemkonstituierenden Rechtsgebot wird. Deshalb wird auch die Öffnung des Wirtschaftsrechts zum Markt in der Verfassungsrechtsprechung zunehmend betont[326]. Zum zentralen Begriff des Wirtschaftsrechts wurde der Markt durch *das Gesetz gegen Wettbewerbsbeschränkungen*[327] sowie das Gesetz gegen den unlauteren Wettbe-

---

321 BVerfGE 4, 7 (17 f.); 50, 290 (338).

322 BGBl. 1990 II, S. 537 f.

323 *Breuer,* R., Die staatliche Berufsregelung und Wirtschaftslenkung, HdbStR, Bd. 4, 2. Aufl. 2001, § 148 Rn. 25; *Leisner* (Fn. 318), S. 57 ff.; vgl. dazu auch *Scholz,* R., in: Maunz, Th. / Dürig, G., GG, Bd. 1, Art. 12 Rn. 86.

324 *Rupp,* M. H., Handwörterbuch der Wirtschaftswissenschaft, Bd. 9, 1988, S. 144.

325 *Depenheuer,* O., in: von Mangoldt, H. / Klein, F. / Starck, Chr., GG, Bd. 1, Art. 14 Rn. 10.

326 Dazu *Leisner* (Fn. 318), m. Nachw.

327 Zur Entstehung und Grundtendenzen für viele *Tsiliotis* (Fn. 312), S. 54 ff.

werb[328], das ebenfalls Markt und Marktberührungen voraussetzt. Vor allem das GWB beruht in seiner gesamten Systematik[329] nicht nur auf dem Begriff des Marktes, sondern enthält Begriffsausprägungen wie etwa „Marktverhältnisse“ (§ 1 Abs. 1 S. 1 GWB), „marktbeherrschende Unternehmen“ (3. Abschnitt, §§ 22 ff. GWB), „Marktstellung“ (§ 22 Abs. 1 Nr. 2 GWB), und vor allem den Schlüsselbegriff der Marktbeherrschung (§§ 22 Abs. 2 ff. GWB). Es ergibt sich daraus auch eine notwendige Vielfaltsorientierung all dieser Begriffe: Wirksam werden können sie praktisch nur als Teilmärkte innerhalb der größeren Gesamt-Marktwirtschaft. Dies schließt ihre zunehmende Verflechtung nicht aus, setzt aber doch eine gewisse Unterschiedlichkeit voraus, die notwendig zu einer *qualitativeren Vielfalt von Märkten* führen muss.

„Marktwirtschaft“ ist also heute nur vorstellbar als eine „Erscheinung in Vielfalt“, die *als solche* Ordnungsbereich des staatlichen Wirtschaftsrechts ist, nach ökonomischer Erfahrung bringt gerade der technische Fortschritt dabei immer neue Vielfalt und ständig wechselnde Qualitätsunterschiede hervor. Insoweit ist Marktwirtschaft Wirtschaftsvielfalt.

c) Damit aber steht noch nicht fest, dass sich dies alles im Namen eines rechtlichen Vielfaltsgebots vollzieht. Zunächst sind da nur wirtschaftliche Vorgänge, die in einer freiheitlichen Ordnung in optimaler Staatsferne ablaufen sollen. Die vielberufene „wirtschaftspolitische Neutralität des Grundgesetzes“ (vgl. oben 2. a)) kann durchaus in dem Sinn gedeutet werden, dass der Staat, insbesondere in seiner Gesetzgebung, solche Vielfalt – in ganz offener Entfaltung und Intensität – zwar räumlich-rahmenmäßig stets ermöglichen muss, dass sich dies aber nicht zu einem rechtlichen Vielfaltsgebot steigern darf. „Marktwirtschaft“ ist zunächst (nur) auf Güter- und Leistungsaustausch gerichtet; über gegenständliche Inhalte dieser Begriffe ist damit noch nichts ausgesagt. Einzelne Orientierungen dahin können sich allenfalls aus den Rechtsbegriffen ergeben, die als „Säulen“ dieser Ordnung begriffen werden (vgl. oben 2. a) sowie näher 3. ff.). *Zu kurz gegriffen wäre die Ableitung eines Vielfaltsgebotes aus dem Begriff der Marktwirtschaft selbst.* Dies gilt es zu betonen, weil gängige Begriffsverwendung, vor allem im politischen Bereich, allzu leichthin bereits aus diesem publikumswirksamen Begriff rechtlich-normative Folgerungen ziehen will. Nur eine vorsichtig differenzierende Betrachtung vor allem der Wettbewerbsfreiheit kann hier weiterführen (im Folgenden 5.).

d) Anzumerken bleibt allerdings noch zum allgemeinen Thema „Marktwirtschaft und Vielfalt“: Jene *„soziale“ Marktwirtschaft,* welche seinerzeit das Bundesverfassungsgericht als Systemgrundlage nicht anerkannt hat[330], ist kaum geeignet, der „Marktwirtschaft“ einen speziellen Vielfaltsbezug zu verleihen oder auch

---

[328] Zum Wettbewerb hier, unter ausdrücklicher Erwähnung der Vielfalt, BVerfGE 32, 311 (317).

[329] Zu deren grundrechtlichen Bedeutung, vor allem im Wettbewerbsrecht, vgl. *Scholz,* R., Konzentrationskontrolle und Grundgesetz, 1971, insb. S. 38 ff.

[330] Siehe Nachw. Fn. 321.

nur hinzuzufügen. Wie immer man dieses „Soziale“, mit Blick vor allem auf die Sozialstaatlichkeit, verstehen mag[331] – hier geht es immer um Formeln eines „Schwächerenschutzes“[332]. Dies aber ist wesentlich ein Ausgleichungs-, damit ein Gleichheitsbegriff. Er ist im Bereich jener „materieller Gleichheit“ zu verorten, welche begrifflich, über Gleichbehandlungs- und Chancengleichheit, die Höchststufe der Egalität im Sinne eines Rechtsgebots darstellt. Sozialstaatliche Veranstaltungen mögen in Vielfalt von Lösungen und Organisationen erfolgen, damit effizienter wirken können – darin liegt aber keinerlei rechtliche Notwendigkeit; dem erwähnten Zug zur Gleichheit solcher Sozialgestaltung entspricht eher eine gegenläufige Tendenz zu einer Vereinheitlichung, die oft genug als drohende Einförmigkeit kritisiert worden ist.

Wenn sich im Wirtschaftsleben wie auch in anderen Bereichen, Vielfalt als Spannungsbegriff zur Gleichheit zeigt (dazu im Folgenden E.), so bedeutet „soziale Marktwirtschaft“ eher eine, auch durchaus rechtlich wirksame[333], Vielfaltsverengung als eine normative Stütze für ein rechtliches Vielfaltsgebot.

3. Eigentum als Vielfaltsgebot

a) Gegenstand der Eigentumsgarantie des Art. 14 Abs. 1 S. 1 GG sind die Rechtsbeziehungen natürlicher und juristischer Personen zu allen vermögenswerten Rechtsgütern, die ihnen von der Rechtsordnung als Eigentum zugeordnet werden[334]. Diese Einheit des Eigentums im Begriff des „vermögenswerten Rechts“ übergreift begrifflich eine *Vielzahl von Eigentumsgegenständen*[335], von dem hier modellhaft besonders bedeutsamen Sacheigentum[336] mit seinem Zentrum im Grundeigentum, über Anteilseigentum, Eigentum an Immaterialgüterrechten und obligatorischen Rechten bis zum (eingeschränkten) Eigentumsschutz öffentlich-rechtlicher Berechtigungen[337].

Darin könnte bereits eine begriffliche Vielfaltsstruktur des Eigentumsschutzes gesehen werden. Denn im Anschluss an diese gegenständliche Vielfalt hat sich

---

331 Vgl. *Sommermann*, K.-P., in: von Mangoldt, H. / Klein, F. / Starck, Chr., GG, Bd. 2, Art. 20 Abs. 1 Rn. 126, 128 m. Nachw.; *Benda*, E., Der soziale Rechtsstaat, in: HdbVerfR, § 17 Rn. 106.

332 BVerfGE 5, 85 (198); 35, 202 (236); 40, 121 (133); 44, 353 (375).

333 *Gröschner*, R., in: Dreier, H. (Hrsg.) GG, Bd. 2, Art. 20 (Sozialstaat) Rn. 53 (eingeschränkt); *Nipperdey*, H. C., Soziale Marktwirtschaft und Grundgesetz, 3. Aufl. 1965, S. 21 ff.; *Schmidt-Preuß*, M., Soziale Marktwirtschaft und Grundgesetz vor dem Hintergrund des Staatsvertrages zur Währungs-, Wirtschafts- und Sozialunion, DVBl. 1993, 236 (240 ff.); *Scholz*, R., Paritätische Mitbestimmung und Grundgesetz, 1974, S. 32 f. (Abwandlung der Position Nipperdeys – Absage im Mitbestimmungs-Urteil, BVerfGE 50, 290 [336 ff.]).

334 Für viele BVerfGE 58, 300 (336).

335 Überblick bei *Depenheuer* (Fn. 325), Rn. 113 ff.

336 Siehe etwa BVerfGE 78, 58 (71); 83, 201 (208).

337 *Depenheuer* (Fn. 325), Rn. 174 ff.

eine überaus *vielschichtige Schutzordnung des Eigentums entwickelt*[338]. Ausgangspunkt ist die jeweilige rechtliche Wirksamkeit jener Sozialbindung, die nach ihrer Intensität – und wie hinzuzufügen ist, nach ihrer Art – Eigentumsrechte umso weiter einschränken lässt, je mehr das Eigentum in „sozialen Bezügen“ steht[339]. Dies hat ein Spektrum von Eigentumsbegrenzungen hervorgebracht, in dem sich die qualitative Vielfalt der Eigentumsgegenstände spiegelt und damit noch deutlicher in ihrer Diversität fassbar wird.

Diese verfassungsrechtliche Lage könnte nun dahin verstanden werden, als müsse es geradezu eine derartige Vielfalt von Eigentumsobjekten und eines ihnen entsprechenden Schutzes geben. Der Gesetzgeber wäre dann, im Namen seiner gegenständlichen Konkretisierungsaufgabe[340] wie der Notwendigkeit zu einer Sozialbindung, durch ein Vielfaltsgebot verpflichtet, eine entsprechend reiche „Eigentumslandschaft“ zu pflegen, vielleicht gar zu schaffen. Wenn schließlich Eigentum Freiheit ist[341], so muss seine Garantie einen Raum eröffnen, in dem sich die Freiheit voll, das heißt auch in aller Vielfalt ihrer Ergebnisse, entfalten kann. In dieser Sicht ist dann Eigentumsgarantie wesentlich Gewährleistung eines Vielfaltsraumes. Der Ausschluss der Eigentumsfähigkeit gewisser Güter könnte zum Verstoß gegen ein Vielfaltsgebot führen, das sich aus der Freiheit ergibt[342].

b) Dies darf jedoch nicht zum Versuch der Ableitung eines ganz allgemeinen Vielfaltsgebots „aus der Freiheit“ führen, das dann jedenfalls unter ebenso allgemeinem Gesetzesvorbehalt stünde und nicht deutlicher fassbar würde als die „allgemeine Handlungsfreiheit“. Mehr als ein gewisser Zug der Freiheit zur Vielfalt, auf den abschließend noch zurückzukommen ist, wäre damit kaum gewonnen.

Vor allem aber bliebe zweifelhaft, ob dieser Eigentums-Freiheits-Raum *gerade unter einem rechtlichen Gesichtspunkt der Vielfalt* vom Staat eröffnet und offen gehalten werden müsste. Es lässt sich schwer nachweisen, dass „Eigentum nur in einer bestimmten Vielfalt“ ein Verfassungswert der Freiheit sein kann; und noch schwieriger wäre die auch nur ansatzweise Bestimmung des notwendigen Grades einer solchen Vielfalt.

Schließlich ist hier die *Einheit des Eigentumsbegriffs* zu betonen[343], die auch zu einer letzten Einheit des Eigentumsschutzes führen muss. Die Garantie „des Eigentums Privater“ darf nicht in eine Vielzahl heterogener Eigentumsberechtigungen zerfallen, die überdies in qualitativer Vielfalt differenziert, durch qualita-

338 Siehe den Überblick bei *Depenheuer* (Fn. 325), Rn. 299 ff.

339 BVerfGE 37, 132 (139 ff.); 68, 361 (367 ff.); 71, 230 (246 ff.); 79, 292 (303 ff.); 87, 114 (138 f.).

340 *Depenheuer* (Fn. 325), Rn. 56 ff.

341 Zu dieser engen Bezeichnung vgl. u. a. BVerfGE 24, 367 (389); 78, 58 (73); 79, 292 (303 f.).

342 Immerhin war dies die Grundproblematik des Nassauskiesungsurteils, BVerfGE 58, 300.

343 Dazu näher *Wendt*, R., in: Sachs, M., GG, 3. Aufl. 2003, Art. 14 Rn. 89 ff.; *Leisner*, W., Eigentum, HdbStR, Bd. 6, § 149 Rn. 4 ff.

tive Abstände auch in „Schutzvielfalt“ aufgelöst würde. Art. 14 Abs. 1 S. 1 GG kann also nicht ein allgemeines Vielfaltsgebot der Schutzrelativierung im Sinn der Aufforderung zu einer Einschränkungsvielfalt entnommen werden. Wenn der Staat Eigentum ordnet, so geschieht dies in der jeweiligen Abwägung von privaten und gesellschaftlichen Belangen, nicht, wie etwa im Medien- oder Kultur-, aber auch im Parteienrecht, mit dem Anspruch auf Gewährleistung einer gewissen, oder gar einer besonders weitreichenden faktischen oder rechtlichen Eigentumsvielfalt.

c) Dennoch ist die Eigentumsgarantie des Art. 14 Abs. 1 S. 1 GG nicht als eine rechtlich vielfaltsneutrale Gewährleistung zu verstehen. Sie ist vielmehr *ein Institut des Schutzes und der rechtlichen Verfestigung einer außerrechtlich entstandenen Vielfalt der Güterverteilung,* einschließlich ihrer staatsdirigistischen Elemente und Korrekturen, mögen diese letzteren auch nicht unter einem Vielfaltsgebot stehen. Eigentumsgüter werden laufend und in unübersehbarer Vielfalt auf diesen Wegen hervorgebracht und vom Markt in ihrer Wertigkeit bestimmt. Aufgabe des Staates ist hier die Rezeption der eigentumsrechtlich geschützten Güter in seine rechtliche Ordnung. Auf zwei Wegen vor allem wirkt hier das Eigentumsrecht:

- *Eigentumsfähigkeit* muss in einer Weise rechtlich geschaffen und aufrechterhalten werden, die der realen Güterentwicklung in ihrem wirtschaftlichen Gewicht und eben auch in ihrer Vielfalt entspricht. Dies verlangt einen „Eigentumsschutz in vielfältiger Eigentumsfähigkeit“, welche jeweils rechtzeitig Rechtsgestaltungen als „Auffanggefäße dieser Vielfalt“ zur Verfügung stellt. Dem hat der Gesetzgeber weithin entsprochen, vom Anteilseigentum[344] über Immaterialgüterrechte[345] bis zum Verfassungsschutz sozialversicherungsrechtlicher Positionen[346]. Dabei brauchte er sich nicht an ein Vielfaltsgebot gebunden zu sehen, das ihn zur Herstellung eines bestimmten Zustandes aus einem eigenständigen öffentlichen Vielfaltsinteresse heraus gezwungen hätte. Doch im Namen des Eigentums musste er entstandener Vielfalt rezeptiv und ratifizierend grundrechtlichen Schutz bieten. Versagen durfte er ihn dagegen dem Recht am Grundwasser, für das der Eigentumsschutz nie in solcher Weise gegolten hatte[347].
- Praktisch noch weit bedeutsamer ist der zweite Vielfaltsaspekt aus Art. 14 Abs. 1 S. 1 GG: *Vielfaltsverfestigung im Schutz durch Eigentum und Erbrecht.* Die Eigentumsgewährleistung sichert einerseits als Bestandsgarantie das „Eigentum in der Hand des Eigentümers“ gegen Entzug, zum anderen als Wertgarantie für den Fall zulässiger Entziehung oder übermäßiger Einschränkung

344 Zum verfassungsrechtlichen Schutz etwa BVerfGE 14, 263 (276 ff.); 25, 271 (407); 50, 290 (341 ff.).

345 BVerfGE 31, 229 (238 ff.); 31, 275 (287); 49, 382 (392); 51, 193 (211 ff.); 79, 29 (41).

346 *Depenheuer* (Fn. 325), Rn. 78 ff.

347 BVerfGE 58, 300 – mit dieser jedenfalls grundsätzlich plausiblen, wenn auch in der konkreten Sache nicht unbedenklichen Begründung.

durch Entschädigungs- und Ausgleichsverpflichtungen[348]. Beiden Garantieformen ist ein Grundgedanke gemeinsam: Die Eigentumsverteilung soll nach Größenordnung wie Art möglichst weitgehend erhalten bleiben. Dem dient insbesondere auch die grundsätzliche Gewährung einer Geldentschädigung im Enteignungsfall, damit sich der Berechtigte zeitnah ein gleichartiges Gut wiederbeschaffen kann[349]. Ziel ist also die Erhaltung einer Verteilungssituation, in der sich zugleich die Vielfalt der Güter und ihrer sich daraus ergebenden Wertigkeiten ausdrückt.

Das gerade darin das Eigentumsrecht fortsetzende *Erbrecht* gewährleistet die Verfestigung einer Vielfalt der Güterverteilung sowohl als subjektives Recht[350] wie institutionell über den Tod hinaus, ohne Erbrecht liefe das Eigentum am Ende stets leer[351]. Das Erbrecht wirkt als Perpetuierung privatautonomer Verteilung der Güter und ihrer Vielfalt, in der Testierfreiheit wiederum privatautonom. Über faktische, oftmals durch schwer belastende Erbschaftsbesteuerung ausgelöste Verkaufszwänge mag der Staat auch eine Vielfaltsumschichtung erzwingen; doch dies erfolgt nicht gewollt oder gar gezielt[352].

d) Insgesamt erweist sich also die Eigentumsgarantie als eine für die Vielfalt in der Wirtschaft bedeutsame, diese Vielfalt aber nicht konstituierende Säule der Wirtschaftsordnung. Nach Inhalt wie Bedeutung wirkt sie im Wesentlichen rezeptiv, Vielfalt aufnehmend, verfestigend, fortsetzend – so wie sie außerrechtlich, jedenfalls aber ohne die Absicht, Vielfalt zu schaffen, hervorgebracht worden ist.

Denn im Namen und im Rahmen seiner Wirtschaftspolitik darf der Staat weithin zwar auch seinerseits Güter und deren Eigentumsfähigkeit hervorbringen, dies fördern und ihre Verteilung beeinflussen. Doch all dies geschieht nicht primär in der Intention, eine bestimmte Vielfalt zu schaffen.

Als rechtliche Folgerung aus der Vielfalt steht die Eigentumsgarantie unter deren Rechtsgebot: Einmal entstanden darf sie nur unter den erschwerenden Bedingungen des Eigentumsschutzes verändert werden. Doch eine eigenständige staatliche Vielfaltszielsetzung ist in ihr nicht wirksam; insoweit kann sie auch eine Vielfaltsdogmatik nicht bereichern, vor allem nichts über die Bedeutung institutioneller Trägervielfalt oder über notwendige Qualitätsabstände innerhalb der Vielfalt aussagen.

---

348 Vgl. zur Bestandsgarantie z. B. BVerfGE 24, 367 (389); 42, 263 (293); 74, 264 (281); zur Wertgarantie s. BVerfGE 24, 367 (397); 35, 348 (361); 56, 249 (261 f.).

349 Dazu *Leisner,* W., Degressive Ersatzleistungen? Ansätze zu einer „Sozialisierung“ von Entschädigung und Schadensersatz, NJW 1993, 353 ff.; *ders.*, Eigentum, 1996, S. 597 (602 f.).

350 Besonders betont von BVerfGE 44, 1 (17); 67, 329 (349).

351 *Leisner,* W., Erbrecht, HdbStR, Bd. 6, § 150, S. 1100; *ders.* (Fn. 349), S. 165.

352 Der Gesetzgeber muss sogar eine so drohende „Zerschlagung“ der Erbschaft jedenfalls bei Familienbetrieben vermeiden, BVerfGE 93, 165 (176).

4. Berufsvielfalt

a) In der sozio-ökonomischen Realität hat Vielfalt in der Berufsordnung einen deutlich höheren Stellenwert als in der Eigentumsordnung. Vielartigkeit der Güter mag für letztere ein wirtschaftlich wünschenswertes Ergebnis darstellen; ihr muss rechtlich eine Schutzvielfalt nicht vollständig entsprechen, sie ist ebensowenig ein rechtlicher Eigenwert des Ordnens wie die Vielfalt der Ordnungsgegenstände des Eigentums. Hier herrscht, wie dargestellt, weitgehend „rechtliche Vielfaltsrezeptivität des Tatsächlichen", und diese kann, muss sich aber nicht auf Diversität hin orientiert entwickeln.

Nicht unwesentlich anders sind die Akzente der rechtlichen Berufsordnung gesetzt. Seit Jahrhunderten nimmt die faktische Berufsvielfalt in der Entfaltung der Arbeitsteilung in vielen Sektoren und auch insgesamt zu[353]. So ist denn auch „berufliche Vielfalt" durchaus ein Topos der gegenwärtigen berufspolitischen Diskussion, damit wird ein wirtschaftspolitischer Eigenwert angesprochen; auf diesem Wege soll mehr technischer Fortschritt entstehen, mehr Beschäftigung. Dies wirkt über die Ordnungsformen des Rechts, und so ist dort die Vielfalt vorgegebener sowie rechtlich ausgestalteter Berufstypen Grundlage des rechtlichen Berufsbegriffs[354]. Damit wird Vielfalt hier zum Rechtsbegriff. Näher fassbar werden dessen Konturen im Begriff des „Berufes" (im Folgenden b), c)) wie vor allem in dem der Berufsbilder (im Folgenden d)), „Vielfalt" ist dort noch nicht Betrachtungsgegenstand; gewisse rechtliche Orientierungen zu ihr lassen sich jedoch bereits erschließen.

b) Der *Berufsbegriff* umfasst einen Raum möglicher Tätigkeiten, der deren Vielfalt nicht nur ermöglicht, sondern deutlich vielfaltsorientiert ist. Betont wird seine *Weite* in der Rechtsprechung des Bundesverfassungsgerichts[355]. Auch Teile von Berufen können ergriffen, mehrere Berufe nebeneinander ausgeübt werden[356].

Damit bereits ist die Berufsbegrifflichkeit deutlich auf eine auch rechtlich relevante Vielfalt angelegt. Unterstrichen wird die enge Beziehung der Berufstätigkeit zur Persönlichkeit[357]; so prägt deren grundgesetzlich geschützte Vielfalt in besonderer Weise auch den Berufsbegriff. Der Begriff des „Berufsfeldes" über den ein-

---

353 Die zunehmende Länge der Anlagen A und B zur Handwerksordnung sind dafür (nur) ein Beleg.

354 *Scholz,* R., in: Maunz, Th. / Dürig, G., GG, Bd. 1, Art. 12 Rn. 267; selbst wenn dort die vorgegebenen Berufsbilder als Ausprägungen eines „zunächst soziologischen" Begriffs erschienen, so wird damit (im Folgenden Rn. 270), nur ihre „autonome" Bildung angesprochen, im Gegensatz zur „heteronomen" der gesetzlich fixierten Berufsbilder. All dies ist aber bereits rechtlich kategorisiert.

355 Dazu näher bereits m. Nachw. *Fröhler / Mörtel* (Fn. 320), S. 105 (106 f.); sowie *Manssen,* G., in: von Mangoldt, H. / Klein, F. / Starck, Chr., GG, Bd. 1, Art. 12 Rn. 33 ff.; *Scholz,* R., in: Maunz, Th. / Dürig, G., GG, Bd. 2, Art. 12 Abs. 1 Rn. 17 f.

356 Siehe schon *Fröhler / Mörtel,* a. a. O., S. 146 ff.

357 *Wieland,* J., in: Dreier, H., GG, Bd. 1, 6. Aufl. 2002, Art. 12 Rn. 43.

zelnen Berufsbildern ist entwickelt worden[358], um gerade die Vielfalt der Berufsbilder in weiterer Rahmenbegrifflichkeit übergreifend zu ordnen. In all dem zeigt sich ein rechtliches Annäherungsbemühen an eine als Ordnungsproblem, nicht nur als selbstverständliche Ordnungsmaterie gesehene Vielfalt.

c) Diese Vielfaltsorientierung des *Berufsbegriffs* setzt sich fort in seiner *Offenheit,* in der Zurückhaltung bei der Fixierung speziellerer rechtlicher Berufsordnungsbegriffe[359]. Sie sind wesentlich „zukunftsgerichtet“[360] und zugleich traditionsbezogen[361]: In der Zusammenschau dieser beiden Vielfaltsräume wie ihrem Nebeneinander erschließt sich eine besondere zeitliche Vielfaltsdynamik des Berufsbegriffs. Zum Ausdruck kommt dies nicht nur im Recht der Berufserweiterung[362], sondern sogar in einem Recht des Einzelnen auf *Berufserfindung.* Das Bundesverfassungsgericht stand dem zwar zunächst zurückhaltend gegenüber[363], hat aber „untypische“ Tätigkeiten, vom Bürger entwickelte Aktivitäten, als „Berufe“ anerkannt[364]. Berufsschöpfung in Autonomie[365] ist damit nicht nur als eine Vielfaltsquelle in der Berufstätigkeit, sondern als Begriff der rechtlichen Berufsordnung in Vielfalt anerkannt.

Sinn der *Lehre von den Berufsbildern* ist die Auffaltung des rechtlichen Berufsbegriffs in eine Vielfalt von durch Berufsträger bestimmte, rechtlich relevante Berufskategorien. Sie werden nicht nur einfachgesetzlich ins Recht rezipiert; dieses öffnet sich ihnen von vorneherein und grundsätzlich, anerkennt sie in einer gewissen präzisierenden Begrifflichkeit, die aber nicht nur Verfestigung bedeutet, muss doch dem „offenen Berufsbegriff“ seine Vielfaltsdynamik erhalten bleiben.

d) Eine gewisse Verfestigung durch staatliche Berufsordnung ist allerdings unausweichlich. Sie darf aber nur als rechtliche Präzisierung autonomer Vielfalt wirken, als ihre Verdeutlichung in Recht, nicht als hoheitliche Schaffung von Vielfalt im Sinne eines Selbstwertes in der staatlichen Gemeinschaft. Daher steht dem Staat das Recht der Fixierung *gesetzlicher Berufsbilder*[366] zu, und zwar in einem so breiten Gestaltungsspielraum[367], dass die Gefahr einer Einengung der Berufs-

---

358 Vgl. *Scholz,* R., in: Maunz, Th. / Dürig, G., GG, Bd. 1, Art. 12 Rn. 254, 271 f.; BVerfGE 54, 301 (314 ff.); 59, 302 (317); 78, 179 (193 f.).

359 *Scholz,* R., a. a. O., Rn. 18, ein „Begriff des Berufs, der sich wesentlich aus den gegebenen Funktionszusammenhängen des wirtschaftlichen und kulturellen Lebens bestimmt.“

360 BVerfGE 30, 292 (334).

361 *Scholz* (Fn. 355), Rn. 270.

362 *Scholz,* a. a. O., Rn. 264.

363 BVerfGE 17, 231 (241 f.).

364 Vgl. etwa BVerfGE 31, 8 (27 f.); siehe schon BVerfGE 9, 39 (48); BVerwGE 94, 269 (277).

365 *Scholz* (Fn. 355), Rn. 263.

366 *Fröhler / Mörtel* (Fn. 319), S. 249 ff.; *Gubelt,* M., in: v. Münch, I. / Kunig, P., GG, Bd. 1, Art. 12 Rn. 13 f.; *Höfling,* W., Beruf – Berufsbild – Berufsfeld. Heilpraktikerrecht und Psychotherapie aus berufsgrundrechtlicher Perspektive, DÖV 1989, 110 ff.

367 *Scholz,* R., in: Maunz, Th. / Dürig, G., GG, Bd. 1, Art. 12 Rn. 271.

wahlfreiheit nicht auszuschließen ist[368]. Dem kann nicht durch eine Schranke der Verhältnismäßigkeit entgegengewirkt werden[369], und schon gar nicht dadurch, dass man im Berufsbild einen lediglich soziologischen Begriff sieht[370]. Gewiss muss das vom Gesetzgeber fixierte Berufsbild nicht bereits gesellschaftlich vorgeprägt sein, der Gesetzgeber kann auch untypisch Entfaltetes übernehmen[371]. Vorliegen muß jedoch ein gesetzlich normierbar vorgegebener Tätigkeitssachverhalt[372] – die *Fixierung gesetzlicher Berufsbilder muss diese Realität abbilden,*[373] also das rechtlich festlegen, was sich aus einem ohnehin klar zusammenhängenden, von anderen Tätigkeiten deutlich abgegrenzten Sachverhalt von selbst ergibt[374].

Diese notwendige und wie es scheinen könnte, ausschließliche Realitätsrezeption durch gesetzliche Berufsbildfixierung darf zwar ordnendes Einwirken des Staates nicht ausschließen. Dennoch bleibt es dabei, dass der Staat die gesellschaftliche Wirklichkeit und damit möglichst vollständig deren Vielfalt ratifiziert. Zutreffend sollte dann auch (nur) von staatlicher Berufsbildfixierung die Rede sein, nicht von Berufsbildgestaltung. Nicht zuletzt trägt die Staatsgewalt dieser Vielfalt der Berufe auch organisatorisch Rechnung: Aufgabe von in entsprechender Vielfalt zusammengesetzten berufsübergreifenden *Kammern* ist es, die Vielfalt der Berufe widerzuspiegeln und ihre staatliche Fixierung vorzubereiten oder im Einzelnen umzusetzen. Berufliche Vielfalt wird also auch organisatorisch gewahrt, in der Vielfalt der Entscheidungsinstanzen, welche in die ihrer Entscheidungen einfließt. Berufliche Vielfalt muss daher rechtliches Ziel und Leitlinie der Kammertätigkeit sein.

e) Für einen Vielfaltsbegriff in der staatlichen Ordnung der Wirtschaft ergibt sich daraus, vor allem im Vergleich zur Eigentumsordnung: Ebenso wie bei dieser ist auch Berufsordnung grundsätzlich realitätsrezeptiv angelegt, insbesondere in der rechtlichen Abbildung der außerrechtlichen Vielfalt. An sie schließt sich das Berufsrecht eher noch enger an als das Eigentumsrecht, das immerhin dem Staat in der Sozialbindung weitgehende Güter(um)verteilung und damit tiefgreifend gestaltenden Einfluss auf die Eigentumsordnung gestattet. Anders als beim Eigentum erscheint in der Berufsordnung die hier zu wahrende Vielfalt auch weit deutlicher als ein Selbstwert staatlichen Ordnens, werden doch gerade hier aus einer Freiheitsbetätigung zu kreativer Vielfalt bedeutsame wirtschaftspolitische Impulse erwartet. Der freiheitlich-außerrechtliche Vielfaltsraum ist also für berufsschöpferische Tätigkeit als ein besonders weiter und wirksam geschützter abzugrenzen. Be-

368 *Papier,* H.-J., Art. 12 GG – Freiheit des Berufs und Grundrecht der Arbeit, DVBl. 1984, 801 (803).

369 Zu solchen Tendenzen in der Rspr. des BVerfG krit. *Gubelt* (Fn. 366), Rn. 4.

370 Zu diesen *Fröhler / Mörtel* (Fn. 319), S. 253.

371 *Tettinger,* P. J., in: Sachs, M., GG, Art. 12 Rn. 27.

372 *Wieland,* J., in: Dreier, H., GG, Bd. 1, Art. 12 Rn. 45.

373 *Scholz,* R., in: Maunz, Th. / Dürig, G., GG, Bd. 1, Art. 12 Rn. 264.

374 BVerfGE 75, 246 (266).

rufliche Vielfalt erscheint ferner als staatliches Ordnungsziel in der organisatorischen Ausprägung vor allem der berufsautonomen Kammerinstanzen. Schließlich entfällt – trotz mancher berufskonvergierender Tendenzen – in der Berufsordnung die wesentlich auf Dauer verfestigende Wirkung der Eigentumsgarantie.

Berufliche Vielfalt erscheint also insgesamt – ebenso wie bei der Eigentumsordnung – als eine bereichsspezifische Ausprägung rechtlich gewollter, vom Staat aber wesentlich rezipierter Vielfalt; dabei ist eine normative Festlegung notwendiger qualitativer Abstände zwischen den einzelnen Vielfaltserscheinungen rechtlich nur insoweit ersichtlich, als sich jede Berufstätigkeit auf einen sachlich abgegrenzten Bereich beziehen muss.

5. Wettbewerbsordnung als geordnete Vielfalt

a) „Wettbewerb und Vielfalt“ sind hier, in ihrem rechtlichen Verhältnis zueinander, unter einem doppelten Gesichtspunkt zu betrachten: Ist vom *Wettbewerb eine (bestimmte) Vielfältigkeit von Produkten und Dienstleistungen zu erwarten,* ist dieser Zustand (sodann jeweils) in staatlicher Wirtschaftsordnung rechtlich zu verfestigen, und: ist eine *Vielfalt* – und nicht nur Vielzahl – *von Teilnehmern an dieser Konkurrenz* bei rechtlicher Wirtschaftsordnung erwünscht, damit – oder gar weil – dies zu jenem Vielfaltszustand der Wirtschaftsgüter wird?

Das Grundgesetz schreibt hier für die staatliche Wirtschaftspolitik und die sie verwirklichenden einfach-gesetzlichen Regelungen zwar nicht die Rezeption einer allgemeinen Wirtschaftstheorie und eines auf sie gegründeten Wirtschaftssystems, etwa der „sozialen Marktwirtschaft“, vor[375], verbietet dies jedoch auch nicht, solange es sich im grundgesetzlichen Rahmen hält, der wie (oben 2.) dargelegt, immerhin bedeutsame Orientierungen für ein „Wirtschaften in Freiheit“ gibt. Dabei gewinnt „Vielfalt“ eine gewisse, wenn auch durchaus differenzierte, rechtliche Bedeutung noch, über die Eigentums- und die Berufsfreiheit hinaus.

Was nun schließlich die Fragestellung „Wettbewerb und Vielfalt“ und ihre mögliche (freiheits-)rechtliche Orientierung in der Wirtschaftsordnung anlangt, so ist, schon nach allgemeinem Begriffsverständnis, wiederum eine vorsichtig differenzierende Betrachtung geboten:

b) Auszugehen ist von den bekannten allgemein-ökonomischen Wirkungen eines nach seiner Intensität wirtschaftsordnenden Wettbewerbs und sie zeigen, *möglichen Vielfaltszuständen gegenüber, deutliche Ambivalenz:* Einerseits wird solche Konkurrenz regelmäßig auch als *Qualitätswettbewerb* stattfinden, neuartige Produkte und Leistungen hervorbringen, Teilmärkte qualitativ schaffen und abschotten; andererseits wird solche Qualitätsvielfalt gerade im Wettbewerb dadurch eingeengt, dass sie um *gleichartige Produkte in Preiskonkurrenz* abläuft. Immerhin

---

375 BVerfGE 4, 7 (17) – st. Rspr.

erwächst aber auch diese meist aus einer organisatorischen Konkurrentenvielfalt, vor allem aus einer *Vielartigkeit von Unternehmen*[376] als Wettbewerbsteilnehmer. In diesem Sinn ist also „Vielfalt überall durch Wettbewerb und in Konkurrenz“, doch kann Zustandsvielfalt der Ergebnisse durchaus in der Wirkung von Teilnehmervielfalt, bei engerem Preiswettbewerb, den Konsumenten gegenüber, sich abschwächen. Dies verbietet zwar eine pauschalierende Beurteilung des Gewichts von „Vielfalt im Wettbewerb“, zeigt aber jedenfalls, dass dieser ohne eine solche, selbst in ihren gegenläufigen, sich aber doch auch ergänzenden Wirkungen nicht vorstellbar ist. Wettbewerb ist „vielfältiger Vielfaltsraum“:

c) *„Wettbewerbsfreiheit“* ist ein allgemeiner verfassungsrechtlicher Begriff, der alle Formen und Wirkungen einer Konkurrenz grundsätzlich erfasst. Sie richtet sich gegen staatliche Divergismen wie gegen „interprivate Verhaltensweisen der Werbung, der Vertriebe und des Absatzes“[377]. Sie wurde früher als Ausprägung der allgemeinen wirtschaftlichen Handlungsfreiheit, also der Persönlichkeitsfreiheit, gesehen[378], während eine neuere Auffassung sie der Berufsfreiheit zuordnet[379]. Beide Begründungsbezüge lassen dabei Vielfalt als Motor und Ziel des Wettbewerbs erkennen: der Persönlichkeitsbezug in der wesentlichen Vielartigkeit der unterschiedlichen Individuen, bei der Ableitung der Wettbewerbsfreiheit aus der Berufsfreiheit die (oben 4.) dargestellte Bedeutung der Vielfalt gerade im Bereich der Berufstätigkeit. Insoweit jedenfalls lässt sich Grundlegung des Wettbewerbs in einer Vielfalt feststellen, ohne die freie Konkurrenz nicht vorstellbar ist.

d) *Wettbewerbsfreiheit* ist Ausfluss vertraglicher Autonomie, kann durch diese gesteuert, insbesondere auch eingeschränkt werden[380]. Es gibt eben auch eine *negative Wettbewerbsfreiheit*[381], aber keine Pflicht zum Wettbewerb[382]. Diese grundsätzliche Freiheit der Vielfaltseinschränkung bedeutet aber keine Absage an „Konkurrenz in Vielfalt“; sie stellt diese letztere nur in immer neuen Formen her, und anders ist ja Vielfalt ohnehin nicht als dynamischer Begriff vorstellbar. Entscheidend ist die Erkenntnis, dass mögliche Vielfaltsbegrenzungen nicht schon begriff-

---

376 Zu diesem wirtschaftsordnungsrechtlich so wichtigen Unternehmensbegriff vgl. grdl. *Papier,* H. J., Unternehmen und Unternehmer in der verfassungsrechtlichen Ordnung der Wirtschaft, VVDStRL 35 (1977), S. 56 (66 ff.) m. Nachw.

377 *Breuer,* R., Freiheit des Berufs, in: HdbStR, Bd. 6, § 147 Rn. 63.

378 Grundlegend *Dürig,* G., in: Maunz, Th. / Dürig, G., GG, Bd. 1, Art. 2 Abs. 1 Rn. 48 ff. m. Nachw.; Nachweise auch bei *Manssen,* G., in: von Mangoldt, H. / Klein, F. / Starck, Chr., GG, Bd. 1, Art. 12 Abs. 1 Rn. 67; siehe ferner etwa *Tsiliotis* (Fn. 312), S. 61 ff.

379 Darstellung dieser vor allem auf Untersuchungen von Rupert *Scholz* zurückgehenden Entwicklung bei *Huber,* P. H., Konkurrenzschutz im Verwaltungsrecht, 1991, S. 319 ff.; siehe auch *Manssen,* a. a. O.; umfangr. Nachw. zu dieser „tendenziell“ h.L. bei *Tsiliotis* (Fn. 312), S. 65 f.; vgl. auch *Schulte,* M., Informales Verwaltungshandeln als Mittel staatlicher Umwelt- und Gesundheitspflege, DVBl. 1988, 512 (515 f.).

380 Vgl. dazu für viele *Dürig* (Fn. 378); *Tsiliotis* (Fn. 312), S. 86 m. Nachw.

381 *Dürig,* a. a. O., Rn. 50.

382 *Dürig,* a. a. O., Rn. 49.

lich als ein Verstoß gegen ein grundsätzliches rechtliches Vielfaltsgebot aufgefasst werden dürfen; auch Nichtteilnahme möglicher Akteure am Wettbewerb kann Vielfalt desselben hervorbringen. Allerdings muss Wettbewerb in einem potenziellen Raum und in virtueller Vielfalt stets möglich bleiben.

e) Darauf gründet die verfassungsrechtliche Zulässigkeit staatlichen *Ordnungswirkens gegen Wettbewerbsbeschränkungen,* insbesondere durch die Kartell- und Monopolaufsicht nach dem GWB, neuerdings überhöht durch Europarecht[383]. Sie sollen Märkte – und damit Wettbewerb – erhalten, wenn nötig (wieder) herstellen[384]. Darin liegt – geht man davon aus, dass Wettbewerb Vielfalt in einem gewissen Sinn fordert und zugleich hervorbringt (oben a)) – eine *grundsätzliche rechtliche Entscheidung auch für ein Vielfaltsminimum,* das jedenfalls zu wahren ist. Für funktionierenden Wettbewerb ist ein Zustand unabdingbar, in dem jedenfalls soviel an Vielfalt besteht, dass von einer Produktkonkurrenz der Qualitäten und/oder (doch noch) von einer Trägerkonkurrenz über Preise die Rede sein kann. Dieses Vielfaltsminimum als Konkurrenzbasis wird seinerseits wieder bereichsspezifisch zu bestimmen sein, woraus sich eine gewisse *„Vielfalt der Vielfalten"* ergeben wird, in einer Weite etwa vom Energie- bis zum Gastronomiemarkt. Die begriffliche Grenze ist die Verhinderung der „marktbeherrschenden Stellung" (§§ 22 ff. GWB).

Wirtschaftssystematisch wird auch das *Oligopol*[385] zum Grundbegriff, gerade in Verbindung mit Vielfalt: Solange sie noch gewährleistet ist, werden sogar oligolpolitische Strukturen hingenommen, wenn damit auch ein Weiteres garantiert werden kann: jederzeitige Herstellung neuer Vielfalt, durch Eintritt anderer Konkurrenten in den Markt. Hier wird also die zeitliche Dimension deutlich – „Vielfalt in der Zeit", Vielfalt als zeitlich geöffnete Dynamik[386].

Zugleich ergibt sich hier, aus diesem „Wettbewerb in doch noch gewisser Vielfalt", eine Grundentscheidung für diese letztere *„in nicht unbedeutenden Qualitätsabständen",* zwischen Produkten wie Organisationen der Wettbewerber. Nur wenn sie gewahrt sind, kann sich eine Konkurrenz mit der gebotenen Basisintensität[387] entwickeln. Andererseits könnte eine übermäßige Ausdehnung dieser Qualitätsabstände zwar vielleicht (neue) Märkte eröffnen, bestehende würde sie aber oft verarmen lassen. Auch für Qualitätsabstände der Vielfalt kann also staatliches Wirtschaftsordnen nur Basisanforderungen aufstellen.

---

383 Siehe dazu die Ausführungen oben 2., a) m. Nachw.

384 Siehe in diesem Sinn bereits *Huber* (Fn. 312), S. 135 (138) – zur Zeit der Grundsatzdiskussion um ein GWB.

385 Zu diesem Begriff vgl. z. B. *Weimar,* R./*Schimikowski,* P. Grundzüge des Wirtschaftsrechts, 2. Aufl. 1993, Rn. 208.

386 Zu einer anderen, in vielem aber vergleichbaren Bedeutung der Zeitschiene im Recht siehe die „Gleichheit in der Zeit", welche das Kontinuitätsgebot der Verfassung begründet, *Leisner* (Fn. 143), S. 204 ff.

387 Die allerdings nicht die des „scharfen Wettbewerbs" erreichen muss, den das BVerfG auch (noch) zulässt, vgl. BVerfGE 34, 252 (256); 55, 261 (269).

So erweist sich das (unabdingbare) Recht der staatlichen Wettbewerbsordnung als eine zwar vielschichtige, insgesamt aber doch deutliche Grundentscheidung für markt-, d. h. enger bereichsspezifische Vielfaltszustände, die unbedingt aufrechtzuerhalten sind. Diese Wettbewerbslenkung zu nicht nur jederzeit möglicher, sondern jederzeit aktueller Konkurrenz überall dort, wo außerrechtlich Markträume entstehen, setzt sich fort bis in eine Herstellungsverpflichtung von *Transparenz.* Dies ist im vorliegenden Zusammenhang insofern bedeutsam, als das mit ihr verfolgte wirtschaftslenkende „Wettbewerbsziel Vielfalt" sogar noch Vorrang hat vor dem doch grundsätzlich hohen Verfassungsgut der Vielfalt in der Meinungsfreiheit[388].

f) *Staatliche Eigenbetätigung im wirtschaftlichen Bereich,* unter Einwirkung auf die Wettbewerbslage, könnte verstanden und sogar legitimiert werden als Bestrebung zur Herstellung oder von Intensivierung der Konkurrenz. Dabei geht es hier nicht um die Frage, ob dem Bürger dagegen ein grundrechtlicher Abwehranspruch aus der Berufs- / Wettbewerbsfreiheit zusteht[389]. Auch ist die grundsätzliche Bindung der öffentlichen Hand an die gesetzlichen Wettbewerbsregelungen dort, wo sie zu Privaten in Konkurrenz treten darf, unbestritten[390]. Fraglich ist vielmehr, wie weit dies zulässig ist und ob etwa gerade eine Berufung auf Förderung der wettbewerblichen Vielfalt erfolgen könnte. Solchen Versuchen muss jedoch eine grundsätzliche Absage erteilt werden. „Der Grundrechtsinterpret muss einmal mit Entschiedenheit betonen, dass grundsätzlich das staatsgerichtete Grundrecht der Wettbewerbsfreiheit den Staat auch hindert, seinerseits in Wirtschaftskonkurrenz zur Privatwirtschaft zu treten"[391]. Dies gilt jedenfalls, soweit Einrichtungen der Privatwirtschaft vorhanden und ausreichend sind[392]. Auf die vielschichtige Problematik, inwieweit dies, vor allem im Bereich einer staatlichen Trägern etwa obliegenden *Daseinsvorsorge,* durch Staatsbetätigung ergänzt werden darf oder gar werden muss, kann in diesem Zusammenhang nicht vertiefend eingegangen werden. Festzuhalten ist aber, dass sich konkurrenzielle staatliche Eigenbetätigung grundsätzlich stets aus sachlichen Notwendigkeiten der Leistungserbringung, aus der Ausfüllung ihrer privaten Defizite, rechtfertigen muss. Die einfache Legitimation aus einem Bestreben, mit solchen Veranstaltungen Wettbewerbsvielfalt herzustellen, kann nicht genügen.

Der Staat hat Vielfalt in der privaten Wirtschaft zu fördern, nicht durch eigene Veranstaltungen zu ersetzen, oder gar zu verdrängen. Als solcher ist er nicht Vielfaltsakteur, sondern Vielfaltsgarant.

g) Das *Ergebnis der Untersuchung staatlichen Wettbewerbsordnens für den Vielfaltsbegriff* lässt sich wie folgt zusammenfassen: Wettbewerb begünstigt Vielfalt in

388 Siehe dazu die Transparenzlistenentscheidung des BVerwG, E 71, 183 (196).

389 Krit. dazu *Gusy,* Chr., Die wirtschaftliche Betätigung des Staates (Teil 2), JA 1995, 253 ff.

390 Grundlegend schon *Scholz* (Fn. 318), S. 97 (131 ff.).

391 *Dürig,* G., in: Maunz, Th. / Dürig, G., GG, Bd. 1, Art. 2 Abs. 1 Rn. 52.

392 *Dürig,* a. a. O.

den Ergebnissen des Wirtschaftens wie aus der Vielfalt der Wettbewerbsteilnehmer. Insoweit ist jede Wettbewerbsordnung Entscheidung für Vielfalt. Wettbewerb vollzieht sich aber wesentlich in einer privatautonomen Wirtschaft, deren Staatsferne stets zu achten ist. Eigens im Wettbewerb wirkende Veranstaltungen darf der Staat nicht (nur) damit begründen, dass er auf diese Weise Wettbewerbsvielfalt fördere.

Herstellung von Vielfalt durch Schaffung von Wettbewerb ist nicht Staatsaufgabe. Ermöglichung von Wettbewerb in potentiellen Räumen virtueller Vielfalt, die aber zunächst privatwirtschaftlich abgesteckt werden, darf sich der Staat als Aufgabe stellen, und es trifft ihn sogar eine Pflicht der Gewährleistung einer minimalen Wettbewerbsintensität und damit auch einer „Basisvielfalt“. Dabei kann eine quantitative (Mindest-)Zahl von Wettbewerbern als Vorstufe zu erwartender, Konkurrenz konstituierender Qualitätsvielfalt angestrebt werden. Weiterreichende Qualitätsvielfalt oder gar spezielle Qualitätsabstände zu schaffen oder aufrecht zu erhalten, ist aber nicht Staatsaufgabe, ihre Notwendigkeit lässt sich aus einem wettbewerblichen Vielfaltsgebot nicht ableiten.

Wettbewerb ist auf dynamische Vielfalt gerichtet, nicht auf Vielfaltsverfestigung. Auch hier erfolgt staatliches Ordnen weithin rezeptiv, aus dem Bereich der staatsfernen Privatwirtschaft. Mehr als bei Eigentums- und Berufsordnung ist es jedoch Staatsaufgabe, ein Vielfaltsminimum zu gewährleisten, ohne das Wettbewerbsfreiheit leerläuft. Insoweit ist Wettbewerb ein ordnungspolitisches, rechtlich geordnetes Vielfaltsgebot, das sich vor allem im staatlichen Basisschutz von Vielfaltszuständen bewährt.

Wirtschaftsordnung hat also weithin einer Grundentscheidung für Vielfalt zu folgen. Sie prägt sich jedoch deutlicher bereichsspezifisch aus als in anderen Vielfaltsräumen. Nach Sektoren, aber auch nach den Ordnungsinstrumenten des Eigentums, der Berufe und des Wettbewerbs, findet das „Vielfaltsgebot vielfältige Ausprägungen“, die immerhin als solche rechtlich fassbar sind. Gerade in der Wirtschaft gilt eine allgemeine Grundentscheidung der Rechtsordnung für varietas varietatum.

VII. Umweltvielfalt – Naturschutz

1. Umweltschutz – ein Vielfaltsbegriff

a) Das Umweltrecht ist als konstitutionalisierte Materie des Bundes- und Landesverfassungsrechts[393] die wichtigste normative Neuentwicklung des Öffentli-

393 Art. 20 a GG, auch in den Landesverfassungen findet sich durchgehend das Staatsziel Umweltschutz, vgl. z. B. die Landesverfassungen von Baden-Württemberg (Art. 86), Bayern (Art. 3 Abs. 2, 141), Sachsen (Art. 10), Thüringen (Art. 31); vgl. im übrigen *Scholz,* R., in: Maunz, Th. / Dürig, G., GG, Bd. 2, Art. 20 a Rn. 3.

chen Rechts. Es beeinflusst alle seine bedeutsamen einfachgesetzlichen Regelungswerke[394], hat im Naturschutzrecht seine Zentralmaterie gefunden – weshalb die Betrachtungen im Folgenden auch von ihm ausgehen – und findet seine kodifikationsähnliche Zusammenfassung in einem Umweltgesetzbuch[395]. Begriffe, Grundsätze und Lösungen des Umweltrechts sind nicht nur von kaum mehr einschätzbarem politischem Gewicht auf zahlreichen Rechtsgebieten, sie beeinflussen auch deren Dogmatik.

b) *Im besonderen Maße gilt dies für den Begriff der Vielfalt;* er bezeichnet eine zentrale Kategorie umweltrechtlichen Denkens. Mit seiner politischen Schubkraft vor allem trat die Orientierung an der Natur industriell-technologischen Verödungsentwicklungen entgegen. Dies zeigt sich nicht nur in den im Folgenden näher betrachteten Begriffselementen und Lösungsansätzen des Naturschutzrechts. Vielfalt *kennzeichnet bereits das gesamte Umweltrecht.* Dieses kann ebenso wenig mit eindeutig-griffigen Formulierungen in Lehrbüchern definiert werden[396], wie es sich als unmöglich erwiesen hat, den verfassungsrechtlichen Ordnungsbegriff der „natürlichen Lebensgrundlagen" in solcher Präzision zu bestimmen[397].

Das Umweltrecht bringt also nicht nur allenthalben Vielfalts-Kategorien zum Einsatz, ist im wesentlichen auf Vielfaltslösungen gerichtet – es ist als solches eine vielfältige und damit unter jedem Gesichtspunkt eine „Vielfaltsmaterie" des Öffentlichen Rechts. Dies wird sich, aller Voraussicht nach, mit der weiter zunehmenden Bedeutung des Umweltrechts noch verstärken, sein Vielfaltsbegriff wird sich damit konkretisieren. Wenn in einem Bereich, so kann hier Konsens darüber erwartet werden, dass Vielfalt sich vom Rechtsbegriff zum klaren Rechtsgebot verdich-

394 Vor allem das Baurecht, vgl. § 1 a BauGB; unten VI. 5.

395 Nach Einsetzung einer Unabhängigen Sachverständigenkommission vom Bundesumweltministerium mit dem Auftrag der Erarbeitung eines einheitlichen Umweltgesetzbuches im Jahr 1992 und der Vorlage des Kommissionsentwurfs im September 1997 erfolgte im April 1999 die Vorlage eines Entwurfs für ein Erstes Buch zum Umweltgesetzbuch (UWG I) (Zulassungs- und Überwachungsrecht für umweltrelevante Vorhaben) durch das Bundesumweltministerium. Jedoch wurde wegen der Problematik der ausreichenden verfassungsrechtlichen Grundlage (Kompetenzvorschriften) die Arbeit am UWG I zunächst ausgesetzt; sie wird vom Bundesumweltministerium fortgesetzt, sobald eine gesicherte verfassungsrechtliche Grundlage besteht. Vgl. dazu insgesamt *Sparwasser,* R. / *Engel,* R. / *Vosskuhle,* A., Umweltrecht, 5. Aufl. 2003, § 1 Rn. 31 ff. Der Einwand der nicht ausreichenden Kompetenz wird allerdings von der h.M. als unzutreffend bewertet, vgl. *Rengeling,* H.-W., Die Bundeskompetenzen für ein Umweltgesetzbuch I, DVBl. 1998, 997 ff. Siehe auch *Gramm,* Chr., Zur Gesetzgebungskompetenz des Bundes für ein Umweltgesetzbuch – Zugleich ein Beitrag zur Auslegung von Art. 75 Abs. 2 GG, DÖV 1999, 540 ff.; *Storm,* P.-Chr., Umweltgesetzbuch (UGB-KomE) – Einsichten in ein Jahrhundertwerk, NVwZ 1999, 35 ff.; *Schink,* A., Kodifikation des Umweltrechts. Zum Entwurf der Sachverständigenkommission Umweltgesetzbuch (UGB-KomE), DÖV 1999, 1 ff.

396 Vgl. z. B. *Hoppe,* W. / *Beckmann,* M. / *Kauch,* P., Umweltrecht, 2. Aufl. 2000, § 1 Rn. 102; *Kloepfer,* M., Umweltrecht, 2. Aufl. 1998, § 1 Rn. 27.

397 Vgl. zu Art. 20 a GG z. B. *Scholz,* R., in: Maunz, Th. / Dürig, G., GG, Bd. 3, Art. 20 a Rn. 36; *Epiney,* A., in: von Mangoldt, H. / Klein, F. / Starck, Chr., GG, Bd. 2, Art. 20 a Rn. 21.

tet. Gerade dies ist vertiefungsbedürftig; hier müssen Versuche genügen, es als tragende Säule einer Rechtsanalogie zu einem allgemeineren Vielfaltsbegriff zu erweisen.

2. Vielfalt – Begriffsentfaltung im neuen Naturschutzrecht

a) Das neu gefasste Naturschutzgesetz des Bundes ist durch kaum irgendeine andere Intensivierung normativer Begriffe stärker geprägt als durch die der „Vielfalt" – in (nun wirklich) vielfältigen Zusammenhängen. Im Bundesnaturschutzgesetz alter Fassung war Vielfalt bereits ein nicht unwichtiger Rechtsbegriff. So begegnete sie in einigen Normen über die Bewahrung von „Vielfalt, Eigenart und Schönheit von Natur und Landschaft" (§ 1 Abs. 1 S. 4 BNatSchG a.F.) und des Landschaftsbildes (§ 15 Abs. 1 S. 2 BNatSchG a.F.) sowie als Schutzgebot der Artenvielfalt (§ 2 Abs. 1 S. 10, § 20 Abs. 1 S. 1 BNatSchG a.F.). Näher konkretisiert wurde dies bereits in den Landesnaturschutzgesetzen[398]. Im neuen Bundesnaturschutzgesetz ist dieses Vielfaltsgebot noch *erheblich präzisiert und erweitert worden.* Nun geht es nicht nur um die öfter erwähnte und stärker betonte (herkömmliche) Erhaltung von „Vielfalt, Eigenart und Schönheit der Landschaft" (§ 1 Abs. 4 BNatSchG n.F., vgl. auch § 2 Abs. 1 Nr. 13; 14 Abs. 1 Nr. 4 f.; 26 Abs. 1 S. 2 BNatSchG n.F.) und allgemein um Artenschutz (§ 2 Abs. 9 BNatSchG n.F.; vgl. auch § 39 Abs. 1 S. 1BNatSchG n.F.); der Erholungswert eines vielfältigen Erlebnisraumes für den Menschen wird besonders betont (§ 1 Nr. 2, 4 Abs. 1 Nr. 13; 14 Abs. 1 Nr. 4 f. BNatSchG n.F.) ebenso wie die durch vielfältige Nutzung geprägte Landschaft mit ihrer Arten- und Biotopenvielfalt (§ 25 Abs. 1 S. 3; § 27 Abs. 1 S. 5 BNatSchG n.F.). Der Artenschutz soll sich an der „natürlich und historisch gewachsenen Vielfalt" orientieren (§ 39 Abs. 1 S. 1 BNatSchG n.F.). Schließlich wurde ein allgemeinerer Begriff der „biologischen Vielfalt" eingeführt, welche „die Vielfalt an Lebensräumen und Lebensgemeinschaften, an Arten sowie die genetische Vielfalt innerhalb der Arten umfasst" (§ 2 Abs. 1 Ziff. 8 BNatSchG n.F.)[399].

---

398 So fordert etwa das ThürNatG „nachhaltige Sicherung von Vielfalt, Eigenart und Schönheit von Natur und Landschaft" (§ 1 Abs. 2 Nr. 4) sowie für eine „biologisch und strukturell möglichst vielfältige Landschaft" (§ 1 Abs. 3 Nr. 1) „Sicherung der Vielfalt, Eigenart und Schönheit der Natur" (a. a. O., Nr. 2) sowie deren „Erhaltung und Entwicklung" (§ 3 Abs. 2 S. 4 f.). Landschaftsschutzgebiete werden vor allem festgesetzt „wegen der Vielfalt, Eigenart oder Schönheit des Landschaftsbildes oder wegen ihrer besonderen Bedeutung für die Erholung" (§ 13 Abs. 1 Nr. 2, 3).

399 Vgl. dazu den Überblick bei *Gellermann,* M., Das modernisierte Naturschutzrecht. Anmerkungen zur Novelle des Bundesnaturschutzgesetzes, NVwZ 2002, 1025 ff. und *Stich,* R., Das neue Bundesnaturschutzgesetz. Bedeutsame Änderungen und Ergänzungen des Bundesnaturschutzrechts, UPR 2002, 161 ff.; siehe auch *Rehbinder,* E., Wege zu einem wirksamen Naturschutz – Aufgaben, Ziele und Instrumente des Naturschutzes – unter besonderer Berücksichtigung des Entwurfs zur Neuregelung des Naturschutzrechts, NuR 2001, 361 ff.; *Rohlf,* D., Die Novellierung des Bundesnaturschutzgesetzes aus Sicht der Länder. Eine unendliche Geschichte, ZuR 1996, 1 f.

b) Schon früher hatte Deutschland die *Konvention von Rio über die „biologische Vielfalt“* vom 5. 6. 1992 unterzeichnet und sie im Jahre 1993 ratifiziert[400]. Dieses Übereinkommen erhebt eine sehr allgemein umschriebene[401] „biologische Vielfalt“ als obersten Begriff über das gesamte vertragliche Normenwerk[402]. Dabei werden einige besondere Akzente gesetzt: Diese biologische Vielfalt wird ausdrücklich als „Eigenwert“ genannt, vor ihrer Werthaftigkeit in ökologischer, genetischer, sozialer, wirtschaftlicher, wissenschaftlicher, erzieherischer, kultureller und ästhetischer Hinsicht[403], in deutlicher Abwehr von bisheriger anthropozentrischer Betrachtungsweise. Die folgende, umfangreiche Aufzählung der Bereiche verdeutlicht die grundsätzliche Bedeutung dieses biologischen Vielfaltsbegriffs für die gesamte Rechtsordnung. Die herkömmliche Vielfaltserhaltung wird durch spezielle Betonung der „nachhaltigen Nutzung“ (Art. 10) – hier wieder voll anthropozentrisch (vgl. unter 4.) – intensiviert. Biologische Vielfalt erscheint als spezieller Gegenstand technischer und wissenschaftlicher Zusammenarbeit (Art. 18), finanzieller Ordnung der Mittelaufbringung und der Finanzierungsmechanismen (Art. 20, 21) sowie einer eingehend geregelten Organisation (Art. 23 ff.), in der die Vielfalt der Vertragsparteien und ihrer biologischen Vielfaltslagen offenbar dem Konventionsziel dienstbar gemacht werden soll.

Nimmt man die Konvention ernst, so müsste biologische Vielfalt im Sinne einer „Variabilität unter lebenden Organismen jeglicher Herkunft“ (Art. 2) – die Menschen eingeschlossen – zu einem Schlüsselbegriff der Rechtsordnung aller Vertragsstaaten werden. Doch der Begriffsinhalt wird nicht näher aufgehellt, und dies zeigt erneut, mit welch unkritischer Leichtigkeit jene Worte gebraucht werden, obwohl es an Ansätzen einer Vielfaltsdogmatik fehlt[404]. Daran hat auch die Novellierung des Bundesnaturschutzgesetzes (oben a)) wenig geändert, welche der Konvention wie auch der *Europäischen Flora-Fauna-Habitat-Richtlinie*[405] Rechnung tragen wollte. Instrumentale Verbesserungen führen eben nicht notwendig zur Zielklärung.

---

400 Mit Gesetz vom 30. 8. 1993, BGBl. II 1993, S. 1741.

401 Vgl. die Begriffsbestimmung in Art. 2.

402 Im einzelnen dazu *Kolodziejcock,* Kl.- G. / *Recken,* J., Naturschutz, Landschaftspflege, BNatSchG- Kommentar, Bd. 1, Stand: September 2003, 1105, Rn. 97 ff.; insbes. 99; *Messerschmidt,* K., Bundesnaturschutzrecht, Komm., Bd. 1, Stand: 02.2002, Rn. 53 ff.; *Fisahn,* A., Internationale Anforderungen an den deutschen Naturschutz. Die Konvention über die biologische Vielfalt und die Flora-Fauna-Habitat-Richtlinie der EU, ZUR 1996, 3 ff.

403 Präambel, a.A.

404 Vgl. dazu auch *Rodi,* K., Ist die biologische Vielfalt zu retten? Dritter Warnemünder Naturschutzrechtstag der Universität Rostock (Tagungsbericht), NuR 1998, 536 ff., auf dem auch der Europäische Naturschutz behandelt wurde (S. 537).

405 Richtlinie des Rates der EG 92 / 43 – EWG vom 21. 5. 1992.

3. Begriff der Vielfalt im Naturschutzrecht

a) Zum Begriff der Vielfalt selbst ist für das Naturschutzrecht, in dem er doch prägende Bedeutung haben soll, bisher nicht allzu viel Erhellendes ausgesagt worden. Auf die „individuelle Unterscheidbarkeit der Naturgüter“ wird hingewiesen[406], sie wird als „landschafts- bzw. naturraumtypische Gestaltvielfalt“ bezeichnet[407].

Das Kriterium der Vielfalt habe „eher dienende als eigenständige Bedeutung“. Zwischen Monotonie und Chaos müsse ein Optimum gefunden werden[408], womit Vielfalt zum Abwägungsergebnis, vielleicht gar zum Abwägungsvorgang wird. Wie groß die Vielfalt sein muss, quantitativ wie qualitativ, und wie tiefe Unterschiede vor allem das Letztere voraussetzt, bleibt im Dunkel. Herausgestellt wird nur – zutreffend – eine *weitgehende Bereichsspezifik des Inhaltsbegriffs.* Unterschieden werden muss eben doch vor allem die Vielfalt von Landschaft(steil)en – hier wieder zwischen Mikrosystemen von Landschaften – und der Vielfalt an Formen biotischer und abiotischer Strukturen oder gar der Vielfalt an kulturgeprägten Landschaftstypen, wozu noch eine Gestaltvielfalt kommt, welche auf naturgebundene Erholung bezogen ist[409].

b) Hier zeigt sich bereits, dass es einen *einheitlichen Vielfaltsbegriff* im Naturschutzrecht bisher *nicht gibt,* vielleicht auch gar nicht geben kann. Der Schutz der *Artenvielfalt* etwa[410], gewiss eines der traditionellen Vielfaltsanliegen dieses Rechtsgebietes, ist anders zu sehen als Vielfalt bei der Erhaltung von *Ökosystemen*[411], und diese mag wieder abzuschichten sein von jener Diversität, welche auf *Leistungsfähigkeit* des *Naturhaushalts* bezogen ist[412]. *Nutzungsfähigkeit der Natur* wird eine weitere spezifische Vielfalt insoweit voraussetzen[413] als sie ein Optimum von Erholungswert verlangt[414]. Die Festlegung dieser Vielfaltsräume wie auch der Auffächerung und der Intensität der Vielfalt in ihnen obliegt fachspezifischer, insbesondere naturwissenschaftlicher Erkenntnis und ihr folgenden Entscheidungen.

---

406 *Kolodziejcok / Recken* (Fn. 402), Rn. 25.

407 *Messerschmidt* (Fn. 402), Rn. 56 m. Nachw.

408 *Gassner,* E., / *Bendomir-Kahlo,* G., / *Schmidt-Räntsch,* A., Bundesnaturschutzgesetz, Komm., § 1, Rn. 61.

409 *Gassner* u. a., a. a. O.

410 Dazu näher *Gassner* u. a., a. a. O., Rn. 46; *Louis,* W., BNatSchG, Komm., Bd. 1, Stand: Okt. 2002, S. 174 ff.; *Messerschmidt* (Fn. 402), Rn. 45.; zu biologischer Vielfalt vgl. *Fisahn* (Fn. 402).

411 *Landmann,* R. v. / *Rohmer,* G., Umweltrecht, Komm. Bd. 4, Stand: Aug. 2002, § 1 BNatSchG, Rn. 26 (Bewahrung charakteristischer Erscheinungen, nicht nur Sicherungen der Vielzahl).

412 *Gassner* u. a. (Fn. 408), § 15 Rn. 14; krit. *Louis* (Fn. 410), S. 189.

413 *Gassner* u. a., a. a. O., Rn. 15; *Louis,* a. a. O.

414 *Gassner* u. a., a. a. O., Rn. 17; *Landmann / Rohmer* (Fn. 411), Rn. 27; *Messerschmidt* (Fn. 402), Rn. 59.

Sie werden dann als solche ins Recht rezipiert. Wesentlich ist aber, dass in ihnen allen ein Vielfaltsgebot mit einer auf zahlenmäßige Maximierung und qualitative Optimierung gewichteten Intensität wirksam ist. Hier ist einerseits *Bereichsspezifik des Vielfaltsbegriffs* festzustellen, wobei diese „Bereiche" aufgestaffelt in „innere und weitere" – etwa Artenvielfalt innerhalb von Ökosystemen – vorstellbar sind. Zum anderen konvergieren wiederum so bestimmte Bereiche wie z. B. Leistungsfähigkeit des Naturhaushalts und Nutzungsfähigkeit der Natur. Daraus können bereichsspezifische Vielfaltskombinationen entstehen.

c) Im Naturschutzrecht haben sich Begriffe entwickelt, welche eine *besondere Vielfaltsoffenheit* zeigen, in gewissen Bereichen wie auch bereits übergreifend. Zu nennen ist hier etwa das *„Landschaftsbild". Es erfüllt eine „Bündelungsfunktion"*[415] von Vielfaltsbereichen, wie Beurteilungskriterien derselben, verbindet also Diversitäten von Gegenständen und Anschauungen zu einer größeren *varietas,* die in sich eine weiter vervielfältigende Dynamik hervorbringt. Ähnliches gilt für die *„wertvollen Teile der Landschaft"*[416] oder die *„Kulturlandschaft"*[417] – beides spezialisierende Akzentuierungen des Begriffs des Landschaftsbildes, mit eigenartiger Offenheit und Dynamik zu spezifischen Vielfaltsinhalten; der letztere Begriff bringt in der *„historischen Kulturlandschaft"*[418] noch den besonderen Rezeptionsgegenstand der geschichtlich gewachsenen Vielfalt in dem Begriff dieser Offenheit zum Tragen.

Dieses Begriffsreservoire der Naturschutzrechte weist auf einen Grundzug jeder möglichen Vielfaltsdogmatik hin, der über dieses Rechtsgebiet weit hinauswirkt: Es ist dies die Erfüllung des Vielfaltsbegriffs des Rechts in pluridisziplinärer Einbeziehung von Methoden, Begriffen und Ergebnissen anderer Fachgebiete. Der rechtliche Vielfaltsbegriff kann eben letztlich nicht anders mit Inhalten erfüllt werden als in einer auch pluridisziplinären Vielfalt[419].

d) „Eigenart" ist in diesem Zusammenhang besonders zu nennen[420]. Dieser typisch naturschutzrechtliche Begriff darf weder auf „Einzigartigkeit" noch auf „Seltenheit" oder „Repräsentativität" verengt werden[421], mögen dies auch besonders deutliche Indizien für das Vorliegen eigenartiger Schutzgegenstände sein. *Eigenart*

---

415 Vgl. dazu *Gassner* u. a., a. a. O., Rn. 55 f. unter Hinweis auf *Krause,* Chr. L. / *Hoegen,* D., Landschaftsbild in der Eingriffsregelung: Hinweise zur Berücksichtigung von Landschaftsbildelementen, Schriftenreihe des Bundesamtes für Naturschutz. Angewandte Landschaftsökologie, Heft 8, 1996.

416 Siehe dazu *Gellermann* (Fn. 399), S. 1025 (1026).

417 *Kolodziejcock / Recken* (Fn. 402), Rn. 151.

418 A. a. O., siehe dazu ein Beispiel bei *Hönes,* E.-R., Zum Schutz bestehender Alleen, LKV 2003, 7 ff.

419 Nur so kann insbesondere die tatsächliche Belastungssituation der Umwelt in deren verschiedenen Räumen festgestellt werden, siehe dazu *Koch,* H.-J., Umweltrecht, 2002, S. 299 ff.

420 Dazu näher mit Nachw. *Messerschmidt* (Fn. 402), Rn. 57.

421 *Messerschmidt* a. a. O.

ist vielmehr ein typischer und geradezu konstitutiver Begriff jeder Vielfalt. Hier werden jene Qualitätsunterschiede angesprochen, welche die unterschiedlichen Vielfaltsbedingungen überhaupt erst unterscheidbar werden lassen. Gerade im Naturschutzrecht kommt, in den eben erwähnten Aspekten, jene *Unverwechselbarkeit* der Eigenart zum Ausdruck, welche ja auch der verfassungszentralen Begrifflichkeit der Menschenwürde in ihrer „Einmaligkeit des Einzelmenschen“[422] zugrunde liegt.

Auf die „Tiefe“ der Unterschiede kommt es hier ebenso an wie auf ihre Werthaftigkeit bei der Beurteilung eines Gesamtphänomens – und natürlich in erster Linie auf die Wahrnehmbarkeit dieser Unterschiede. Dabei soll nach der Rechtsprechung – wie übrigens auch beim „Landschaftsbild“ und bei der „Schönheit der Landschaft“ – auf das Empfinden des gebildeten, für die Gedanken des Natur- und Landschaftsschutzes aufgeschlossenen Durchschnittsbetrachters abgestellt werden[423], in einer gewissen Rezeption außerrechtlicher Subjektivierungen. Jede vertiefende Dogmatisierung des Vielfaltsbegriffs wird also von einem Begriff der Eigenart ausgehen müssen. Mehr als andere Rechtsgebiete zeigt das Naturschutzrecht die Entwicklungen von Kategorien, ja von Inhalten, welche einer rechtlichen Erfassung des Vielfaltsbegriffs den Weg bereiten können.

4. „Anthropozentrik“, Ästhetik und Vielfalt

a) In neuester Zeit wurde, vor allem auch außerhalb rechtlicher Erörterungen, die Frage diskutiert, ob der Naturschutz nicht aus seiner herkömmlichen Menschen-Bezogenheit[424] gelöst, ob darin nicht gerade seine neue Orientierung gefunden werden soll.

Die Annahme eines Eigenwerts der „biologischen Vielfalt“ (vgl. oben 2. b)) schien in diese Richtung zu weisen, ohne dass damit allerdings Nutzbarkeitsaspekte einer Naturvielfalt für den Menschen schlechthin vernachlässigt werden müssten. Immerhin wurde der traditionellen Anthropozentrik eine strikt utilitaristische und materialistische Deutung des Naturschutzes vielfach unterstellt – zu Unrecht[425] und in einem weithin unfruchtbaren Streit[426], der hier denn auch nicht fortgeführt werden soll. Materialistische Verengung ist nämlich gerade den Kritikern der Anthropozentrik vorzuhalten: Sie verwechseln *Menschenbezug mit (aus-*

---

422 *Starck,* Chr., in: von Mangoldt, H. / Klein, F. / Starck, Chr., GG, Bd. 1, Art. 1 Abs. 1 Rn. 10; *Höfling,* W., in: Sachs, M., GG, Art. 1 Rn. 42 und die dort in Fn. 183 dargestellte Umschreibung des Schweizer Bundesgerichts, EuGRZ 2001, 235 (237 f.).

423 BVerwGE 67, 84 (90); BVerwG, NVwZ-RR 1994, 77; siehe auch BVerwGE 85, 348.

424 *Mitschang,* St., Die Aufgaben und Instrumente des Naturschutzes und der Landschaftspflege nach dem neuesten Stand des Bundes- und Landesrechts, UPR 1994, 206 (207).

425 Krit. auch *Messerschmidt* (Fn. 402), Rn. 50.

426 *Fisahn* (Fn. 402).

schließlicher) Ökonomisierung des Naturschutzes, was diesen nie als solchen geprägt hat, wie etwa schon der herkömmliche Pflanzenschutz zeigt, von dem er seinen Ausgang genommen hat. Stets wird, andererseits, anzuerkennen sein, dass Naturvielfalt nur insoweit geschützt zu werden vermag, als sie von Menschen wahrgenommen werden kann. Dabei ist in der Rechtsprechung nie die verengte Vorstellungswelt eines auf wirtschaftliche Interessenwahrung fixierten, sondern stets die eines für die Belange des Naturschutzes aufgeschlossenen Durchschnittsbetrachters zugrunde gelegt worden[427]. Diese beiden Begriffsverdeutlichungen zeigen, dass es um „Beziehungen des Naturschutzes als solchen" geht, in seiner ganzen, auch eigenwertigen Weite, zum „Menschen als solchen", nicht zum profitorientierten Interessenträger. Dass „menschliche Interessen", insbesondere auch im kulturell-geistigen Sinn, Naturschutz immer tragen müssen, ist eine Selbstverständlichkeit. Wer dies leugnet, widerspricht sich selbst, will er doch gerade eine Rechtsetzung durch Menschen zugunsten nichtmenschenbezogener Vielfalt erreichen; ohne ein menschliches, und sei es ein religiöses Interesse, wird sie nie stattfinden. „Bewahrung der Schöpfung" ist für den Gläubigen ein Gebot Gottes, das er in höchst gewichtigem eigenem Interesse erfüllt – an einem seligen Jenseits.

Naturvielfalt wird also immer von „vielfältigen Menschen" getragen sein, aus der ganzen Vielfalt ihrer menschlichen Wahrnehmungsmöglichkeiten und Interessen heraus.

b) Hier eröffnet sich ein weiterer, bedeutsamer Vielfaltsraum, der in dem Begriff des *Ästhetischen*[428] einen großen Bereich des Naturschutzes entscheidend prägt. Weit noch über den Erholungswert im modernen Sinn hinaus ist etwa die *„Schönheit der Landschaft",* die Schönheit vor allem der Flora, ja der Fauna, in ihr und an sich, ein Wert des Naturschutzes[429]. Dass der Schönheitsbegriff stets einen gewissen subjektivierten Inhalt aufweisen wird, ist unter dem Aspekt seiner Vielfaltsoffenheit gerade positiv zu sehen: Wenn sich über Geschmack nicht und über geschmacksorientierte Schönheitsbetrachtung schwer streiten lässt, so sind, wenn nicht schon die Betrachtungsgegenstände, so doch jedenfalls die Urteile über sie, ja bereits ihre Wahrnehmungen vielfältig, und diese Diversität bleibt auch im (Naturschutz-)Recht erhalten, muss in ihm rezipiert, in Ordnung bewältigt, vor allem aber in Schutz fruchtbar gemacht werden. Schönheit ist also, wie Ästhetik überhaupt, ein Vielfaltsbegriff. Schon im allgemeinen Begriffsverständnis schließt er jedenfalls Einförmigkeit aus, öffnet damit wiederum die Regelungsmaterie einer Vielfaltsbetrachtung, wie sie bereits einer anthropozentrischen Sicht aus der Vielfalt der Menschen vorgegeben ist.

---

427 Vgl. oben 3. c) sowie Nachw. Fn. 423.

428 Dazu etwa *Gassner* u. a. (Fn. 408), Rn. 54; *Landmann / Rohmer* (Fn. 411), Rn. 26; *Louis* (Fn. 410); *Messerschmidt* (Fn. 402), Rn. 55.

429 Siehe vor allem *Messerschmidt,* a. a. O., Rn. 58 unter Hinweis auf *Gassner,* siehe auch Rn. 45.

5. Exkurs: Raumordnung, Baurecht

a) Das Umweltrecht, vor allem das Naturschutzrecht, gewinnt gegenwärtig rasch zunehmend an Bedeutung insbesondere für Raumordnung und Landesplanung, in ihren Konkretisierungen wiederum vor allem für das Baurecht. Hier wird allerdings weithin auf die im Naturschutzrecht definierten Belange zurückgegriffen. Deshalb war die Vielfaltsfrage dort und nicht für die Raumordnungsgesetzgebung vertiefend zu behandeln. Immerhin liegt bereits in den Begriffen Landesplanung und Raumordnung die Aufgabe einer legislativ und administrativ zu wahrenden Zusammenschau und Fortentwicklung nicht nur von vielem Vielfältigen, sondern auch von Vielfalt an sich, hier deutlich verstanden als ein Selbstwert des Rechts. Vielfältigkeit findet dabei sogar in einem besonders umfassenden Sinn Berücksichtigung, da nicht nur verstärkt ihre aktuellen Schutzbelange, sondern (diese) auch (als) dynamische Entwicklungsbelange die Vielfalt prägen.

b) Für das Baurecht ist Vielfalt kein ausdrücklicher Regelungsgegenstand, kein eingeführter Rechtsbegriff. § 1 Abs. 5 BauGB bringt jedoch eine – nicht einmal abschließende – Aufzählung von zu koordinierenden überaus vielfältigen Belangen, weit hinaus über die des „Umweltschutzes“, des „Naturschutzes“ und der „Landschaftspflege“ (Nr. 7). Hier zeigt sich das Bauplanungsrecht vor allem als eine „Koordinationsmaterie weitreichender gegenständlicher Vielfalt“. Im Abwägungsgebot des § 5 Abs. 6 BauGB setzt sich dies noch zwischen öffentlichen und privaten Interessen fort. Bestimmte Vielfaltszustände aufrecht zu erhalten wird zwar nicht zur Pflicht gemacht, und eine gewisse Vereinheitlichungsaufgabe muss gewiss in planerischen Entscheidungen erfüllt werden. Es bleibt aber beim grundsätzlichen, aus der Aufzählung ersichtlichen Koordinationsgebot, hinter dem als „Hintergrundgebot“ das der Berücksichtigung, wenn nicht Beachtung der Vielfalt der Belange und ihrer inneren Vielfältigkeit steht.

6. Ergebnisse aus dem Naturschutzrecht für den Vielfaltsbegriff

Das Naturschutzrecht trägt zu einer dogmatischen Erfassung der Vielfalt bedeutsam bei.

Der Begriff wird hier als eindeutiger Ausdruck eines Rechtsgebots in den Mittelpunkt einer Rechtsmaterie gestellt. Verstanden wird er als ein Optimierungsgebot im Sinne der Erhaltung „möglichster Vielfalt“, die sich durchaus auch auf einer Vorstufe der quantitativen Vielzahl aufbaut. Diese Vielfalt wird zunehmend als ein auch rechtfertigender Eigenwert begriffen, der bei allen möglichen Abwägungen eigengewichtig Vereinheitlichungsbelangen gegenübertritt.

Zur qualitativen Unterschiedlichkeit finden sich ebenfalls bemerkenswerte Ansätze, etwa in der Forderung einer gewissen Unverwechselbarkeit, aber auch in ganz unterschiedlichen Belangen, von der Erholung bis zur Artenvielfalt, die in ihrem Nebeneinander wie in ihrem Zusammenklang den Natur- und Landschaftsschutz als solchen tragen. In diesem Zusammenhang kommt vor allem auch dem Begriff der „Eigenart“ vertiefungswürdige Bedeutung zu.

Rezeptionsoffenheit charakterisiert den Vielfaltsbegriff dieser Rechtsmaterie in besonderer Weise dadurch, dass hier die Erfassung außerrechtlicher, vor allem naturwissenschaftlich erfassbarer Vielfaltslagen zum Rechtsgebot wird; dies muss zu einer gewissen „pluridisziplinären Vielfaltsbetrachtung“ auch im Recht führen; der Begriff verlangt nicht nur ein Ausgreifen auf außerrechtliche Sachlagen, sondern auch auf außerrechtliche, oft erst noch zu entwickelnde Vielfaltsvorstellungen.

Schließlich ist im Naturrecht „Vielfalt als Rechtsbegriff“ in einer besonders deutlichen Bereichsspezifik festzustellen. Dies gilt für die Schutzgegenstände, von der Landschaft bis zu den Arten, aber auch für die Intensität der Sicherungsnotwendigkeiten. Einen einheitlichen Vielfaltsbegriff gibt es hier inhaltlich nicht, wohl aber werden gemeinsame, insbesondere methodische Grundlinien zu seiner Erfassung deutlich. Und nicht zuletzt gilt es zu betonen, dass das Naturschutzrecht nicht nur ein Gebot der Vielfaltsbewahrung, sondern auch von deren (Wieder-)Herstellung kennt. Organisatorische Vielfaltsbemühungen folgen dieser differenzierten inhaltlichen Vielfaltsbedeutung, stehen aber im Naturschutzrecht nicht im Vordergrund.

VIII. Zusammenfassende Schlussbemerkungen zu „Vielfalt als Rechtsgebot“

Betrachtungen verschiedener Rechtsgebiete, in denen Vielfalt ein als solcher bekannter, bedeutsamer Rechtsbegriff ist, haben Vielfalt als ein Rechtsgebot erwiesen. Diese induktive Betrachtung hat zwar eine Bereichsspezifik in dessen einzelnen Ausprägungen ergeben, in der etwa organisatorische Bemühungen – deutlich im Medien-, als solche zurücktretend im Naturschutzrecht – unterschiedliches Gewicht haben. Auch jene Rezeption außerrechtlicher Vielfaltslagen ins Recht, welche allenthalben aufgegeben ist, hat in unterschiedlicher Intensität zu erfolgen, „öffnet“ aber inhaltlich doch allenthalben den rechtlichen Vielfaltsbegriff. Damit wird dieser jedoch nicht zu einem soziologischen Begriff, mag er auch vom Recht in pluridisziplinärer Öffnung auszugestalten sein. Die Gestaltungsaufgaben der Rechtsordnung orientieren sich vielmehr an den Zielen, welche die Verfassung, insbesondere in ihrer Grundrechtlichkeit, setzt: Ein Gebot, Vielfalt zu optimieren zeigt etwa die Kulturstaatlichkeit, rahmenmäßig und immerhin in Grenzen das Medien- wie auch das Naturschutzrecht, im Parteienrecht ist dies auf das Auswahlminimum der Zweiparteilichkeit beschränkt.

Einheitliche inhaltliche Strukturen der Vielfalt sind bisher, soweit ersichtlich, nirgends näher verdeutlicht worden. Nur gewisse Ansätze finden sich, etwa in der Betonung von „Eigenheiten“ und „Abgrenzbarkeiten“ von Vielfaltsphänomenen.

Hier harren noch viele Aufgaben öffentlich-rechtlicher Bewältigung, und es mag zweifelhaft sein, ob sich je mehr wird aufzeigen lassen als einige inhaltliche Grundlinien eines allgemeinen Vielfaltsbegriffs.

Klar wurde aber schon im bisher Untersuchten die allenthalben festzustellende Bereichsspezifik des Vielfaltsbegriffs. Sie wird in Einzeluntersuchungen noch vertieft und damit die Chance einer Induktion verstärkt werden müssen. Immerhin konnten aber auch nicht grundsätzlich unterschiedliche Vielfaltsbegriffe aufgefunden werden, und darin liegt doch wohl ein bedeutsames Ergebnis: Vielfalt ist „als solche“ ein Rechtswert, der also einfließen muss in vielfache Abwägungen, jeweils mit dem Gewicht in den einzelnen Materien, das ihm dort zukommt. Dabei wird es auf Gegengewichte ankommen, welche eine gewisse Vereinheitlichung fordern, und sie gibt es von der Kulturstaatlichkeit bis zum Naturschutzrecht; im föderalen Verhältnis werden sie wieder begegnen. Einen „absoluten Rechtswert“ stellt Vielfalt nirgends dar; dies würde das Ende der Ordnungsaufgabe des Rechts in einem Vielfaltschaos bedeuten. Doch der bisher weithin vernachlässigte „Selbstwert einer Vielfalt als solcher“ muss stärker hervorgehoben werden, in allen Zusammenhängen, welche sich in der Praxis zeigen.

Schließlich hat sich Vielfalt immer wieder als ein dynamisch wirksames Rechtsgebot gezeigt, aus Entwicklungen kommend, zu weiteren solchen führend. Auch dazu hat die Rechtsordnung ihren Beitrag zu leisten, von der einfachen Übernahme des Bestehenden über dessen gestaltende Ordnung bis zur Eröffnung weiterer Vielfalt oder deren (Wieder-)Herstellung.

In all dem ist eine – vorsichtig zu entfaltende – Vielfaltsdogmatik gefordert, welche sich nach diesen Betrachtungen in weiterer Induktion als möglich erweist. Sie muss dann die Praxis befruchten, für die bisher Vielfalt meist nur ein Buch mit vielen Siegeln – oder ein leeres Wort – geblieben ist und darf nicht zum Argumentationsreservoir für alle möglichen politischen Tendenzen verkommen. Vielfalt ist ein vielfältiger – aber als solcher, schon als Vielfaltsgebot, ein – Kernbegriff des Öffentlichen Rechts.

D. Vielfalt rechtlicher Organisationsformen

I. Die Fragestellung: Von der Organisationsvielfalt zur materiellen Lösungsvielfalt

Auf den bisher (C.) exemplarisch betrachteten Rechtsgebieten konnte Vielfalt als Rechtsbegriff und als Rechtsgebot festgestellt werden. Es ergaben sich auch gewisse inhaltliche Grundlinien des Begriffs.

Deutlich wurde jedoch auch die Bedeutung organisationsrechtlicher Strukturen für die Gewährleistung einer Vielfalt materieller Lösungen. Wie es einen „organisatorischen Freiheitsschutz" gibt[430], so eben auch eine organisatorische Sicherung der Beachtung einer Vielfalt als Rechtsgebot; dies zeigte sich vor allem im Kapitel über „Medienvielfalt" (C. III.), in einer staatlich überwachten, teilweise geschaffenen Rundfunkorganisation – von der Vielfalt der Sender und Programme zur Vielfalt der Meinungen, ja als Diversität der Lösungsansätze. Darauf liegt nun der Akzent in diesem zweiten zentralen Teil der Betrachtungen: Untersucht werden die wichtigsten Formen einer bewusst auf Vielfalt angelegten Staatsorganisation: Föderalismus, Kommunalisierung und Organisation der staatlichen Verwaltung (im Folgenden II. – IV., V., VI.). Beim Föderalismus erweist sich die Überwirkung der Organisationsvielfalt in die der materiellen Ordnungsergebnisse besonders deutlich, nicht zuletzt in der Problematik der „einheitlichen (gleichwertigen) Lebensverhältnisse" im Bundesstaat (III.).

Organisationsvielfalt ist dabei im Folgenden grundsätzlich in einer Verbindung zweier Legitimationen zu erfassen: Einerseits wird sie selbst als aus einer Vielfalt von Sachverhalten erwachsen angesehen, die sich in ihr widerspiegeln – zum anderen steht hinter dieser Organisationsstruktur die Sicherheit, Erwartung oder auch nur Hoffnung, dass daraus Vielfalt materiell entstehen, bestehende bewahrt werden kann. Beide Akzente mögen in ihrer Wirkung unterschiedlich zum Ausdruck kommen oder beurteilt werden[431]. Eine Untersuchung des Vielfaltsbegriffes im Öffentlichen Recht ließe eine entscheidende Lücke, ginge sie nicht näher ein auf organisatorische Grundstrukturen der Staatlichkeit. Diese mögen vielleicht nur schmale Pfade zu materiellen „Lösungen in Vielfalt" zeigen, die als solche schwer begehbar

---

430 Thematisiert etwa bereits bei *Leisner,* W., Grundrechte und Privatrecht, 1960, S. 5 ff.

431 So meinte etwa Herbert *Krüger* schon in VVDStRL 19 (1961), S. 158 (Aussprache), die ratio essendi des Bundesstaates bestehe nicht in materiellen Verschiedenheiten, sondern in der „Selbstständigkeit der Vielfalt der Initiativen" – dann aber stellt er doch fest, es erschöpfe sich dies nicht in einer „perfekteren Lösung von Organisationsfragen" (VVDStRL 21 [1964], S. 114 – Aussprache).

scheinen – potenziell liegt materielle Vielfalt stets bereits in den organisatorischen Erscheinungsformen, und oft wird dies dabei unter dem Gesichtspunkt der Diversität gar nicht mehr wahrgenommen.

Für das öffentliche Recht vor allem ist diese organisatorische Vielfaltsbetrachtung aber unumgänglich. Im Föderalismus zeigt es den Prototyp einer Ordnung, die kein Einheitsstaat ist – eigentlich müsste sie „Vielheitsstaat", wenn nicht „Vielfaltsstaat" genannt werden. Den Begriff gibt es nicht; ist dies aber nicht ein staatsrechtliches Defizit, das es aufzufüllen gilt?

II. Der Föderalismus als Ordnungsprinzip eines „Vielfaltsstaates"

1. Föderalismus – nur ein philosophischer, soziologischer, historischer oder politischer Begriff?

a) Der Föderalismus zeigt sich bereits in seinen geistigen Erfassungsversuchen als ein vielfältiges Phänomen. Dies charakterisiert seine Theorien[432], vor allem in ihren geschichtlichen Entwicklungsstufen. Eine übergreifende Föderalismus-Ideologie ist nicht festzustellen[433]. Die Rede ist von einem philosophischen Begriff[434], der sogar deutliche theologische Wurzeln aufweist[435], ja von einem „sozialphilosophischen System"[436]. Schon von seinen geistigen Ursprüngen her ist Föderalismus mehr als Föderalstaatlichkeit[437], der Begriff präsentiert sich von vornherein in pluridisziplinärer Vielfalt. In diesem Sinn unterscheidet *Hans Nawiasky* vier Bereiche des Föderalismus, darunter am Ende erst den „rechtlich-staatlichen Bezirk"[438].

b) In seiner eigenen Geschichte[439] bereits weist der Föderalismus eine kaum zu übersehende Vielfalt von Erscheinungen in ganz unterschiedlichen Perioden

---

432 Siehe *Kimminich,* O., Der Bundesstaat, HdbStR, Bd. 1, § 26 – Vielgestaltigkeit des Föderalismusbegriffs in der staatsphilosophischen Literatur als Problem und Chance.

433 *Herzog,* R., EvStL, Bd. 1, Sp. 915; *Kisker,* G., Zur Rechtfertigung des Föderalismus, in: Benda, E. (Hrsg.), Probleme des Föderalismus. Referate auf dem Symposium „Föderalismus in der SFR Jugoslawien und in der Bundesrepublik Deutschland – ein Vergleich" vom 19.–21. März 1984, 1985, S. 27.

434 *Deuerlein,* E., Föderalismus, 1972.

435 *Maier,* H., Der Föderalismus – Ursprünge und Wandlungen (Kongressvortrag), AöR 115 (1990), S. 213 (218 ff.).

436 *Süsterhenn,* A., in: ders. (Hrsg.), Föderalisierte Ordnung, 1961, S. 43 ff.

437 So sah es schon Constantin *Frantz,* Der Föderalismus als universale Idee, 1879; siehe in diesem Sinn *Münch,* F., VVDStRL 21 (1964), S. 135 f. (Aussprache).

438 *Nawiasky,* H., Zum Begriff des Föderalismus, Schweizer Rundschau 45 (1946), 798 (802).

439 Vgl. *Oberreuter,* H., StL, II., Sp. 633 ff.; *Jerusalem,* F. W., Die Staatsidee des Föderalismus, 1949, S. 9 ff.; *Maier* (Fn. 435), S. 213 ff., 220 ff.; *Bülck,* H., Föderalismus als internationales Ordnungsprinzip, VVDStRL 21 (1964), S. 1 ff.

auf[440]. „Zum deutschen Schicksal geworden" legitimiert sich der deutsche Föderalismus *geradezu aus dieser Geschichte,* aus der *Vielfalt in der Zeit,* wie sie die Historie darbietet. Nur aus dieser „Vielfalt der Tradition und in der Tradition" ist er letztlich in diesem Land akzeptiert worden[441], in dem es ihn eben „von jeher gegeben hat", in dem er insgesamt mit guten Erinnerungen verbunden ist, seine Aufhebung in nationalsozialistischer Gleichschaltung eher mit ungünstigen. So mag denn der Föderalismus immer wieder unter Rechtfertigungsdruck geraten[442] – doch gerade seine gesetzliche Vielfalt hilft ihm darüber hinweg, vielleicht wegen der nicht leichten Erfassbarkeit seines Wesens in seiner Formen.

c) Wird Föderalismus als ein „sozialphilosophisches System" gedeutet[443], so liegt dem die Erkenntnis zugrunde, dass er seine Ausprägung nicht nur in der staatlichen Organisation findet, und nicht nur als „Spiegelung", sondern „originär", wenn nicht im Schwerpunkt[444], in der *Gesellschaft*[445]. So stellte ihn bereits *Constantin Frantz* dar, „als das leitende Prinzip für die soziale, staatliche und internationale Organisation"[446]: Föderalismus als Föderalprozess der Gesellschaft[447], in der dann etwa auch die (deutschen) „Stämme als naturhafte Sozialgebilde" in einem „organisch gedachten Staat zur Anerkennung kommen müssen"[448]. Alles soziale Leben ist dann föderalistisch vorzustellen[449], als föderal erscheint die soziale Ordnung schlechthin[450]. In den Verbänden der „Gesellschaft", von den Kirchen bis zu den Koalitionen, „wiederholt" sich diese Föderalstruktur[451].

Dennoch wird Föderalismus nicht als ein primär soziologischer Begriff gesehen, als ein Organisationsprinzip der Gesellschaft, das auf die Staatlichkeit nur übertragen wurde. Sein Prototyp, seine rechtlich am klarsten, wenn nicht allein fassbare Erscheinung bleibt der bundesstaatliche Aufbau. Doch die eben angesprochene

---

440 *Deuerlein* (Fn. 434); *Lerche,* P., Prinzipien des deutschen Föderalismus, in: Kirchhof, P. / Kammers, D. P. (Hrsg.), Deutschland und sein Grundgesetz, 1993, S. 79 ff.; *Schambeck,* H., Vom Wesen und Wert des Föderalismus, in: Marten, D. (Hrsg.), Föderalismus und Europäische Gemeinschaften, 2. Aufl. 1993, S. 27 ff.

441 *Weber,* W., Die Gegenwartslage des deutschen Föderalismus, 1966, S. 7 f.

442 So sieht *Isensee,* J., Der Föderalismus und der Verfassungsstaat der Gegenwart, AöR 115 (1990), 248, die literarischen Bemühungen als „durchwegs apologetisch".

443 Vgl. oben a), insbesondere Fn. 436.

444 „zuvörderst" – *Stern* (Fn. 251), S. 660.

445 *Oberreuter* (Fn. 439), Sp. 635; *Kimminich* (Fn. 432), S. 116.

446 Fn. 437.

447 *Friedrich,* C.J., Politische Zeitschrift, S. 116.

448 *Beyerle,* K., Föderalismus, in: Görres-Gesellschaft (Hrsg.), Festschrift für Felix Porsch zum 70. Geburtstag, 1923, S. 132.

449 *Jerusalem* (Fn. 439), S. 6; *Kisker* (Fn. 433), S. 27.

450 *Geiger,* W., Bedeutung und Funktion des Föderalismus in der Bundesrepublik Deutschland, BayVBl. 1964, 65 (66).

451 *Herzog* (Fn. 433), Sp. 915; für die Gewerkschaft vgl. *Kafka,* VVDStRL 21 (1964), S. 108 f. (Aussprache).

„Föderalisierung der Gesellschaft“ verleiht dem Begriff einen *zusätzlichen Vielfaltsbezug, eben den einer Gesellschaft;* wenn sie nicht an sich schon wesentlich „föderal“ zu begreifen ist, so lässt sie sich jedenfalls „föderalisieren“, so wie sie immer wieder „demokratisiert“ werden soll. All diese Staatsstrukturprinzipien sind einer wie immer definierten „Gesellschaft“ gegenüber „offen“, aus ihr strömt beim Föderalismus aber vor allem eines in die staatliche Ordnung: Vielfalt, als solche legitimierend – zu bewahren.

Deshalb ist auch der Föderalismus in den oben (B.) dargestellten Erörterungen[452] immer wieder mit *Pluralität, mit Pluralismus,* in Zusammenhang gebracht worden. Er muss in der Tat als deren wichtigste Organisationsform verstanden werden, in der „Vielfalt“ nicht sogleich in Über- / Unterordnung gewichtet und damit ihres ursprünglichen Charakters wenigstens teilweise entkleidet wird[453].

d) Die zahlreichen, hier zunächst nur als Rahmen angesprochenen Vielfaltsbezüge des Föderalismus sollten in diesem aber keinen soziologischen, noch weniger *einen „politischen“ Begriff* sehen lassen. Die Bezeichnung als „politisches Gestaltungsprinzip von durchgängiger Bedeutung“[454] fügt der Erkenntnis der gesellschaftlichen Dimension des Föderalismus (oben c)) nichts hinzu; „politischer Handlungsstil“[455] bleibt vage. Dass Föderalismus kein rechtliches, sondern ein allgemeines, insbesondere ein politisches Gestaltungsprinzip und als solches das „Gegenbild zum Unitarismus“ sei[456], in dem das Bündische als undifferenzierte Vielheitskategorie erscheine, geht an ihm als einem staatsrechtlichen Phänomen (vgl. im Folgenden 2.) völlig vorbei.

Die Kennzeichnung als „politisch“ ist nur ein anderer Ausdruck für die unbestreitbare Allgemeinheit eines Begriffs des Föderalen, der zwar zugleich von außerrechtlicher Bedeutung sein mag, dort aber doch weit mehr als Spiegelbild staatsrechtlicher Organisation erscheint, als dass er diese nicht-rechtlicher Vielfalt öffnete, sie gar nur als Rezeption derselben erscheinen ließe. Dass das Politische ein Vielfaltsbegriff wäre, der dem des Föderalismus Wesentliches hinzufügen könnte, ist bisher nicht dargetan und angesichts der Allgemeinheit dieser Bezeichnung auch nicht zu erwarten.

---

452 Vgl. etwa *Stern* (Fn. 251), S. 657 f.

453 Und deshalb darf Föderalismus auch, aber nicht nur, betrachtet werden als ein vertikal wirkendes Ordnungsprinzip; vgl. zu letzterem *Dürig,* G., in: Maunz, Th. / Dürig, G., GG, Art. 3 Abs. 1 Rn. 243.

454 *Kimminich* (Fn. 432); vgl. auch *Schambeck* (Fn. 440), S. 27.

455 Kimminich, a. a. O.; *Schreckenberger,* W., Föderalismus als politischer Handlungsstil, VerwArch. 69 (1978), 341 ff.

456 Föderalismus mag kein „geschlossenes System“ sein, ist deshalb aber nicht ein politisches Grundprinzip“, wie *Niebler,* E., Der Föderalismus in der Bundesrepublik Deutschland. Dargestellt anhand der Rechtsprechung des Bundesverfassungsgerichts, ThürVBl. 1992, 104, meint.

2. Föderalismus als Staatsgrund(satz)norm: Legitimation aus Vielfalt

a) Der *Föderalismus ist eine Staatsgrund(satz)norm*[457] der deutschen Rechtsordnung. Das Grundgesetz nennt ihn als Zentralbegriff bei der Charakterisierung der Staatsform mit dem Wort Bundesstaat, dem es zur näheren Bestimmung Beiworte, insbesondere „sozial“, hinzufügt. In der Ewigkeitsgarantie des Art. 79 Abs. 3 GG wird dies, wenn auch in einem sehr weiten Rahmen, aber noch immer mit normativem Gewicht, als unabänderlich bestätigt[458]. Methodisch jedenfalls zutreffend werden denn auch ein *„staatstheoretischer“ und ein „staatsrechtlicher“ Föderalismusbegriff* unterschieden[459], und für letzteren gilt die Feststellung, dass es sich um eine „Staatsform gemeindeutscher Prägung“ handelt[460], die gerade hier wesentlich durch die Tradition geprägt ist, mit all deren Vielfalt in der Zeit[461]. Im Kontext des Grundgesetzes gewinnt Föderalismus eindeutige, feste Konturen[462] im positiven öffentlichen Recht.

b) Seine *staatsrechtliche Legitimation* findet der Föderalismus vor allem darin, dass er *Demokratie verbreitert und intensiviert;* das Schweizer Beispiel belegt, dass Volksherrschaft aus dieser Form sich ständig erneuernder Zustimmung des Volkes rechtfertigende Kraft gewinnt[463]. Wenn *Bürgernähe* diese Staatsform legitimiert, so wird in den kleineren Einheiten Entscheidungsfindung näher zum Volkssouverän gebracht[464].

Die Kritik beobachtet demgegenüber eine *Spannung des Föderalismus zum Prinzip der Demokratie,* dessen Ausdrucksform in einem möglichst kompakten Allgemeinen Willen im Sinne *Rousseau*s gesehen wird[465]. Damit wird ein für die Vielfaltsbetrachtung wichtiger Gesichtspunkt angesprochen: Wie (oben I.) dargelegt, geht es hier vor allem darum, ob *aus der Vielzahl von Entscheidungsträgern auch vielfältige,* jedenfalls differenzierte *Lösungen zu erwarten sind.* Wer den Föderalismus als mit dem Demokratieprinzip vereinbar auffasst, vielleicht sogar als dessen intensivierte, qualitativ verbesserte Form, darf in einer Uneinheitlichkeit von Lösungen, die aus der Vielfalt der Entscheidungsträger erwachsen, nichts Un-

---

457 Wobei die Begrifflichkeit „Prinzip“ dem Normcharakter nicht entgegensteht, noch ihn auch nur abschwächt, vgl. allg. *Leisner* (Fn. 143), insb. S. 165 ff.

458 Dazu *Leisner,* a. a. O., S. 367 ff.

459 *Isensee,* J., Idee und Gestalt des Föderalismus im Grundgesetz, HdbStR, Bd. 4, § 98 Rn. 8.

460 *Isensee,* a. a. O., Rn. 1 ff.

461 *Isensee,* a. a. O., Rn. 10; siehe auch oben 1. b).

462 *Niebler* (Fn. 456).

463 *Maunz,* Th. / *Zippelius,* R., StaatR, § 15 Rn. 3; vgl. auch *Schambeck* (Fn. 440), S. 33 ff.; *Laufer,* S., Das föderative System der BRD, 5. Aufl. 1985, S. 59 f.; so auch bereits *Beyerle* (Fn. 448), S. 133 f.; *Schreckenberger* (Fn. 455), S. 344 f.

464 *Isensee* (Fn. 459), Rn. 240; *Oberreuter* (Fn. 439), Sp. 632.

465 Vgl. etwa *Friedrich* (Fn. 447), S. 174 f.; vgl. auch *Liebrecht* (Fn. 310), S. 97 (100).

demokratisches sehen. Wer demgegenüber die Willenseinheit des Volkes höher stellt, geht von einem unitarischen, nicht von einem vielfältigen Volksbegriff aus.

Die grundgesetzliche Kombination von demokratischer und bündischer Staatsform zeigt demgegenüber eine *staatsrechtliche Grundentscheidung für die Volksherrschaft in völkischer Vielfalt.* Sie bezieht auch *Minderheiten* ein[466], welche innerhalb des „Volkes" qualitative Andersartigkeit abbilden. Indem der Föderalismus der *Opposition* neue und in sich vielfältige Wirkungsmöglichkeiten eröffnet[467] – auch als Regierung auf Länderebene – schafft er organisatorische Formen der Meinungsvielfalt.

Insgesamt erscheint also der Bundesstaat als eine *organisatorische Grundentscheidung zur Vielfalt an der demokratischen Basis.* Diese Vielfalt gewinnt damit grundsätzlich legitimierendes Gewicht, in allen Abwägungen gegenüber Belangen des Unitarismus (vgl. im Folgenden 5.).

c) Föderalismus legitimiert sich nach ganz herrschender Lehre[468] nicht nur aus dem Demokratieprinzip, sondern zugleich aus der verfassungsrechtlichen *Grundentscheidung zur Freiheit.* Die föderale Organisationsvielfalt sichert eine und dieselbe Freiheit in ihren durchaus vielfältigen Ausprägungen. Darüber hinaus zeigt sich hier auch die personalistische Grundlage des Föderalismus[469]. Der Freiheitsschutz ermöglicht gerade jene Entfaltung der Vielfalt aus personaler Unterschiedlichkeit, die sich in diesem Raum eigenständiger Entscheidung verwirklichen kann.

d) Eine weitere Grundentscheidung heutiger Staatlichkeit ist schließlich die *Subsidiarität*[470], die mit dem Föderalismus zu Recht in Zusammenhang gebracht wird[471]. Wird in ihr ein Kompetenzverteilungsprinzip oder gar eine Vermutung zugunsten der „kleineren Einheiten" gesehen, so ist es in erster Linie das Bundesstaatsprinzip, das diese organisatorisch konstituiert. Sind sie nur kleiner und zahlreicher, so lässt sich kaum begründen, dass ihre Zuständigkeit der der höheren, größeren, unitarischen Einheit vorgehen soll. Unterscheiden sie sich jedoch von dieser und untereinander (auch) qualitativ, so ist es plausibel, dass sie zu „besserer Aufgabenerfüllung" – einem qualitativen Begriff – befähigt sein sollen, damit aber in ihrer Vielfalt. Wiederum ist es also diese, die als ein Wesenselement des Föderalismus auf eine heute bereits als eine Staatsorganisationsentscheidung anzusehende normative Grundentscheidung einwirkt. Hier wird Subsidiarität in Bundesstaatlichkeit zum Vielfaltsbegriff.

---

466 *Isensee* (Fn. 459), Rn. 240.

467 *Laufer* (Fn. 463), S. 59.

468 *Kimminich* (Fn. 432), Rn. 22 ff.; *Isensee* (Fn. 459), Rn. 239 f.; *Kisker* (Fn. 433), S. 25 ff. m. Nachw.

469 Dazu m. Nachw. zum Schweizer Schrifttum *Kimminich,* a. a. O., Rn. 24.

470 Grdl. *Isensee,* J., Subsidiaritätsprinzip und Verfassungsrecht: eine Studie über das Regulativ des Verhältnisses von Staat und Gesellschaft, 2. Aufl. 2001.

471 Für viele *Stern* (Fn. 251), S. 660 m. Nachw.; *Kisker* (Fn. 433), S. 25; *Schambeck* (Fn. 440), S. 28; *Geiger* (Fn. 450), S. 66.

Zentrale Legitimationsprinzipien des Föderalismus erweisen also diese Grundform organisatorischer Staatsordnung als einen Vielfaltsbegriff von normativem Gewicht gegenüber anderen, unitarisierenden Organisationsentscheidungen. Föderalismus legitimiert sich als Norm aus Vielfalt.

3. Föderalismus als Garantie von Vielfalt

a) Im Zusammenhang des Staatscharakters von Bund und Ländern bedeutet Föderalismus nach ganz herrschender Lehre „Vielfalt in der Einheit" oder „Einheit in der Vielfalt"[472]. Hier aber offenbart sich nun das schwerwiegende Defizit bisheriger öffentlich-rechtlicher Dogmatik: Die Autoren bleiben durchgehend bei dieser vollmundigen Verbalität stehen, ohne vertiefend nach dem Verhältnis dieser Vielfalt zu dieser Einheit zu fragen. Dies müsste denn auch voraussetzen, dass zuerst der Begriff „Vielfalt" näher bestimmt würde, in seinem Inhalt wie, vor allem und daraus resultierend, in seinem verfassungsrechtlichen normativen Gewicht. Wenig ist noch gewonnen mit der allgemeinen Feststellung, der Föderalismus erlaube „Vielfalt und Unterschiedlichkeit bei der Erfüllung staatlicher Aufgaben"[473]. Entscheidend wäre die Erkenntnis, welche Art von Vielfalt, welche und wie tiefe Unterschiede damit verfassungsrechtlich legitimiert oder gar gefordert sind; die Feststellung, dass dies eine „gewisse Einheit" und „eine gewisse Vielfalt"[474] darstellt, führt hier kaum weiter; vielmehr droht damit nicht nur der Begriff der Vielfalt, sondern auch noch der des Föderalismus zum rein deskriptiven Begriff zu verkommen.

Dem ist entgegenzuhalten, dass es mit dem bündischen Prinzip nicht nur darum gehen kann, irgendein Nebeneinander oder eine unklare Verbindung von Einheit und Vielfalt zu postulieren. Vielmehr ist hier von der Vielfältigkeit als dem Hauptmerkmal des Föderalismus auszugehen[475]; wenn Vielgestaltigkeit ein „Wert an sich" ist[476], und zwar ein Rechts-, ein Verfassungswert, so muss ihm, im Namen des Föderalismus und im Rahmen von dessen Organisationsentscheidungen, recht-

472 Grdl. *Isensee,* J., Einheit in Ungleichheit: Der Bundesstaat – Vielfalt der Länder als Legitimationsbasis des deutschen Föderalismus, in: Bohr, K. (Hrsg.), Föderalismus, 1992, S. 139 ff.; *Sommermann,* K.-P., in: von Mangoldt, H. / Klein, F. / Starck, Chr., GG, Bd. 2, Art. 20 Abs. 1 Rn. 29 m. Nachw.; siehe darüber hinaus noch in demselben Sinne *Oberreuter* (Fn. 439), Sp. 632; *Kimminich* (Fn. 432), Rn. 23; *Benda,* E., Föderalismus in der Rechtsprechung des Bundesverfassungsgerichts, in: ders. (Hrsg.), Probleme des Föderalismus. Referate auf dem Symposium „Föderalismus in der SFR Jugoslawien und in der Bundesrepublik Deutschland – ein Vergleich" vom 19. – 21. März 1984, 1985, S. 71 (74); *Bülck* (Fn. 439), S. 2; *Schambeck* (Fn. 440), S. 42; *Friedrich* (Fn. 447), S. 187; *Liebrecht* (Fn. 310), S. 101; *Krüger* (Fn. 431), S. 114 (Aussprache).

473 *Stern* (Fn. 251).

474 *Kimminich* (Fn. 432).

475 *Kimminich,* a. a. O., Rn. 3.

476 *Herzog* (Fn. 433).

liches Eigengewicht zukommen. Dies kann nicht bedeuten, dass Einheitsentscheidungen – inhaltlicher und staatsorganisatorischer Art – grundsätzlich oder im Zweifel zurückzudrängen wären. Wohl aber sichert Föderalismus von Verfassungs wegen *„organisatorische Vielfalt von Gewicht"*; sie muss immer als *eigenständiger, rechtlicher Abwägungsgesichtspunkt* nicht nur berücksichtigt, sondern beachtet werden.

Konkret bedeutet dies: Zu fragen ist nicht nur nach „der besten Form der Aufgabenerfüllung", „sachlich", „an sich", sondern nach einer solchen, welche die *föderale Vielfalt ausreichend zum Tragen bringt.* Nur dann stellt Vielfalt einen staatsrechtlichen Selbstwert dar. Und welche Vielfalt damit zu bewahren, zu entwickeln ist, das zeigt das Grundmodell der „Gliederung des Bundes in Länder" (im Folgenden 4.). Damit ist rechtlich schon weit mehr ausgesagt als mit „Vielheit in Einheit".

b) Der Föderalismus ist ein bedeutsamer Verfassungsvorbehalt gegenüber dem Gleichheitssatz, und zwar im Namen einer föderalen Vielfalt als Rechtsbegriff.

Eine Verpflichtung, in ihrem Verhältnis zueinander gleich zu handeln, trifft die Länder nicht[477]. Rechtlich ungleiche Lösungen sind als begriffliche Folgen des Föderalismus legitim[478]. Vielfalt wird im Föderalismus zur „offenen Flanke" der Gleichheit[479]. „Ungleiche Gesetzgebung" ist die notwendige Folge der föderalen Verteilung der Zuständigkeiten[480]. Das Gleichbehandlungsgebot des Art. 3 Abs. 1 GG wird durch die föderale Struktur überlagert[481]. Auch im finanzpolitischen Verhältnis der Länder untereinander darf es nicht zu einer Nivellierung kommen[482]. Das Verfassungsrecht setzt sich hier darüber hinweg, dass die Bürger oft nicht verstehen, weshalb in nahe liegenden Ländern offensichtlich ungleiche Rechtslagen bestehen[483]. Und diese Ungleichheit generierenden Rechtswirkungen des Föderalismus beschränken sich auch nicht auf einzelne gesetzgeberische „Gefällesituationen"[484]; hier *stehen Vielfalt und Gleichheit einander strukturell gegenüber.* Nicht der Föderalismus selbst ist es, welcher der Gleichheit als „unversöhnliches" Gegenprinzip gegenüberstünde[485], sondern eine sich in ihm ausprägende *organisato-*

---

477 *Isensee* (Fn. 459), Rn. 247; *Stern* (Fn. 251), S. 661.

478 *Dürig,* G., in: Maunz, Th. / Dürig, G., GG, Bd. 1, Art. 3 Abs. 1 Rn. 237 f.; siehe auch *Arndt,* H.-W., Forum – Zur verfassungsrechtlichen Problematik der Herstellung einheitlicher Lebensverhältnisse in der Bundesrepublik Deutschland, JuS 1993, 360 (361).

479 *Dürig,* a. a. O., Rn. 233.

480 *Dürig,* a. a. O., Rn. 235 f. m. Nachw.; siehe neuerdings BVerwGE 106, 62 (146).

481 BVerwG Buchholz, 418.00 Ärzte Nr. 73.

482 *Sommermann,* K.-P., in: von Mangoldt, H. / Klein, F. / Starck, Chr., GG, Bd. 2, Art. 20 Abs. 1 Rn. 41.

483 Zur rechtspsychologischen Schwächung des Föderalismus in diesem Zusammenhang *Dürig* (Fn. 478), Rn. 239 ff.

484 *Dürig,* a. a. O., Rn. 241.

485 *Dürig,* a. a. O., Rn. 239.

rische Vielfalt, die sich hier unmittelbar in einer Vielfalt von Lösungen ausdrücken darf. *Vielfalt wird zum Bündelungsbegriff von Ungleichheiten,* zu ihrer Rechtfertigung.

c) Aus dem Föderalismus ergeben sich *zwei wichtige Folgerungen* für eine Erfassung der Vielfalt im öffentlichen Recht:

- Vielfalt ist ein *Rechtsbegriff*; andernfalls könnte er nicht die Wirkungen eines unbestrittenen Rechtsgebotes zurückdrängen: diejenigen des Gleichheitssatzes. Und die Rechtsqualität dieser Vielfalt als einer föderalen Rechtserwartung muss normativ hoch angesiedelt werden, kann sie sich doch sogar gegen die höchstrangige Norm des Art. 3 Abs. 1 GG durchsetzen[486].
- Im Föderalismus wird besonders deutlich, dass die *organisationsrechtliche Vielfalt sogleich zu materiell vielfältigen Rechtsgestaltungen führt,* dass diese aus jener erwartet werden dürfen, ja müssen.

Föderalismus als Vielfaltsbegriff beschreibt nicht, er schafft rechtliche Räume, insoweit wird auch er zum Rechtsgebot.

4. Rechtliche Ausprägungen föderaler Vielfalt: Territorialgliederung und Staatsqualität der Länder

Föderalismus mag heute in Einheitsstaaten dezentralisierend wirken[487], von manchen überhaupt als Dezentralisierung verstanden werden[488]. Obgleich sich Vielfalt auch darin organisatorisch ausprägen kann (siehe dazu unten VI.), ist Föderalismus doch mehr als dezentral, er ist „Staaten-Vielfalt“; dies zeigt sich in seinen Ausdrucksformen, in den rechtlichen Voraussetzungen seiner Wirksamkeit. Er schließt hier an die Drei-Elementen-Lehre der Staatlichkeit an[489], vor allem an deren territoriale und herrschaftliche Aspekte:

a) Föderalismus bedeutet in erster Linie eine *territoriale Aufgliederung der Rechtsordnung,* nicht deren funktionale Vielfalt[490]; er erscheint als „durch die Landschaft geprägte, historisch gewachsene Konstante“[491], ist vielfältig wie jene (vgl. dazu oben C. VI.). Sein zentrales Anliegen ist geographische Regierbar-

486 die nach dem BVerfG sogar als ungeschriebene, höchste Norm gelten würde, BVerfGE 106, 62 (145).

487 *Maier* (Fn. 435), S. 228 f.

488 Darüber berichtete seinerzeit *Liebrecht* (Fn. 310), S. 100, unter Hinweis auf Kölble; krit. dazu *Badura,* P., Die „Kunst der föderalen Form“ – der Bundesstaat in Europa und die europäische Föderation, in: Badura, P. / Scholz, R. (Hrsg.), Wege und Verfahren des Verfassungslebens, Festschrift für Peter Lerche zum 65. Geburtstag, 1993, S. 369 (372).

489 *Jellinek,* G., Staatslehre, S. 13 ff.

490 *Scheuner,* U., VVDStRL 21 (1964), 122 f. (Aussprache); *Badura* (Fn. 488) m. Nachw.; vgl. ferner zu dieser h.L. etwa *Isensee* (Fn. 459), Rn. 3, 246; *ders.* (Fn. 442), S. 248 (252).

491 *Kimminich* (Fn. 432), unter Hinweis auf D. Lasserre.

keit[492]. Hier wirkt das Territorium als Grundlage einer sich in ethnischen Aspekten zeigenden[493] Vielgestaltigkeit, welche wiederum ein „Staatsvolk" anspricht, das eben auf diesem Gebiet lebt, aus diesem seine Eigenart bezieht und sie dort entwickelt.

Dem Föderalismus geht es also vornehmlich um einen *territorial geprägten Vielfaltsbegriff,* wie er in den bisherigen Betrachtungen noch nicht vergleichbar hervortrat. Die gesellschaftlichen wie die personenbezogenen Vielfaltsaspekte treten hier demgegenüber zurück, ebenso aber auch die bereichsspezifischen Inhalte des Begriffs, wie sie sich etwa in der kulturellen Vielfalt zeigten, ja sogar in derjenigen des Naturschutzrechts. Das Territorium wird zur Plattform, auf der sich die von der Verfassung wenn nicht gewünschten, so doch zu planenden Diversitäten entfalten dürfen.

Für einen rechtlichen Vielfaltsbegriff folgt daraus, dass ihn im Zweifel die territoriale Unterschiedlichkeit trägt – allerdings meist in Verbindung mit einer Geschichtlichkeit (vgl. dazu auch oben 1. b)), die zur Abgrenzung des Territoriums geführt hat[494]. Immerhin geht aber die Verfassungsordnung von der *besonderen Bedeutung räumlich bedingter Unterschiede für den Vielfaltsbegriff* aus.

b) Zum Problem und zugleich zum Testfall in der seit langem[495] und immer wieder neu geführten[496] Debatte um die *Neugliederung des Bundesgebietes* wird die Vielfalt der Länder, die „Ländervielfalt". Ihre Befürworter stellen vor allem heraus, dass die einzelnen Länder lebensfähig sein müssen, damit staatliche Aufgaben effizient erfüllt werden können[497]. Seit langem schon wird gefordert, „unhistorische Kunstkonglomerate" zu beseitigen[498]. Zutreffend wird andererseits aber gewarnt, eine einfache Lösung in gleicher Größe und damit gleicher wirtschaftlicher Leistungsfähigkeit zu sehen[499]. Unterschiede zwischen den Ländern sind Voraussetzung des Föderalismus; und dies bezieht sich auch auf ihre Größe und ihre Leistungsfähigkeit, die dann in Kooperation, in Wettbewerb und letztlich durch föderales Finanzverfassungsrecht ausgeglichen werden muss[500].

---

492 *Laufer* (Fn. 463), S. 58.

493 *Laufer,* a. a. O.

494 Vgl. dazu auch die Zitate Fn. 492, 493.

495 Schon zur Weimarer Zeit konnte *Beyerle* (Fn. 448), S. 135 ff. feststellen, der „Reichsgliederungsgedanke" sei seit einem Jahrhundert aus der Diskussion nicht verschwunden.

496 Vgl. etwa die Debatte um Bremens Eigenständigkeit: *Häberle,* P., Die Zukunft der Landesverfassung der Hansestadt Bremen, JZ 1998, 57 ff.; zum „Fall Brandenburg-Berlin" siehe *Leonardy,* U., Deutscher Föderalismus jenseits 2000 – Reformiert oder deformiert, ZParl. 1999, 135 (137 ff.).

497 Dazu grundsätzlich *Isensee* (Fn. 472), S. 142 ff.; für die Neuen Länder vgl. *Haedrich,* M., Föderalismusprobleme im deutsch-europäischen Kontext und die fünf neuen Bundesländer, ThürVBl. 1992, 97 (99 f.).

498 Z. B. von *Lemke,* H., Föderalismus, ein verfassungsrechtliches Relikt?, DÖV 1972, 657, unter Hinweis auf Löwenstein.

499 *Kopp,* R., in: Bohr, K. (Hrsg.), Föderalismus, 1992, S. 163 (165 f.).

In dieser Grundsatzdebatte kommt der *Vielfalt als eigenständigem Rechtswert eine bisher weithin vernachlässigte Bedeutung zu*[501], die bis zu Lösungen im Länderfinanzausgleich trägt. Ländervielfalt, auf der Grundlage unterschiedlich ausgestalteter territorialer Gliederung, ist ein *selbstständiger Abwägungsgesichtspunkt,* nicht nur bei einer Neugliederung des Bundesgebiets, sondern bereits bei den dieser vorgeschalteten *finanzverfassungsrechtlichen Entscheidungen*[502]. Ländervielfalt ist teuer, als schwer zu gewichtender Belang droht sie gerade in Haushaltsnöten zurückzutreten. Umso deutlicher ist es dem Föderalismus dann aufgegeben, sich seiner Grundlagen in vielfältiger Staatlichkeit stets bewusst zu sein.

c) Neben der territorialen Gliederung (vorstehend a), b)) ist die *Staatsqualität der Gliedstaaten* die zweite zentrale Ausdrucksform des *Föderalismus in seiner ihm wesentlichen Vielfalt.* Als Gesetzes- und Rechtsvielfältigkeit[503] kann sie nur aus einer *„Vielfalt von Staatlichkeiten“* entstehen; Gliedstaaten unterscheiden sich von „Regionen“[504] gerade durch die „Staatsqualität der Länder“[505]. Mag ihnen auch nicht jene Staatlichkeit zukommen, in der sich Staatenbund und Bundesstaat nach Völkerrecht unterscheiden[506] – wenn diese Abgrenzung überhaupt noch mehr als theoretische Bedeutung hat[507] – so muss doch diese *Staatsqualität gerade im Sinne der Vielfalt ernst genommen werden.* Wenn mit ihr der „Staat als Person“ anerkannt wird, so kommt ihm eben auch gerade darin jene unverwechselbare Identität zu, wie sie für das Individuum anerkannt ist und seine Würde begründet (Art. 1 Abs. 1 GG) – es gibt sie auch als „Würde des Staates“[508]. Dann aber darf „Staatlichkeit“ im Föderalismus nicht als ein reiner Nivellierungsbegriff der Ländervielfalt verstanden werden. Die Homogenitätsklausel (Art. 28 GG) zieht dieser vielmehr nur äußerste und eher koordinierende als einebnende Schranken[509].

---

500 Dazu BVerfGE 86, 148 (270 ff.); grds. neuerdings BVerfGE 101, 158 (214 ff.).

501 Obwohl die Problematik bereits vor mehr als einem Jahrzehnt grundsätzlich erkannt worden ist, vgl. *Isensee* (Fn. 472) und *Kopp* (Fn. 499).

502 Vgl. *Leonardy* (Fn. 496), S. 147 ff.

503 BVerfGE 106, 62 (146).

504 Zu den Unterschieden für viele *Isensee* (Fn. 459), Rn. 308 f. m. Nachw.; *Badura* (Fn. 488), S. 369 ff.

505 Vgl. *Sommermann,* K.-P., in: von Mangoldt, H. / Klein, F. / Starck, Chr., GG, Bd. 1, Art. 20 Abs. 1 Rn. 26 m. Nachw.; *Isensee,* a. a. O., Rn. 14.

506 Dazu *Kimminich* (Fn. 432), Rn. 6.

507 Skeptisch schon *Jerusalem* (Fn. 439), S. 5, unter Hinweis auf Anschütz.

508 *Partsch,* K.-J., Die Würde des Staates, 1967.

509 Zur Sicherung nur eines Minimums an Homogenität siehe BVerfGE 36, 142 (361); 90, 60 (85); *Dreier,* H., in: Dreier, H., GG, Bd. 2, Art. 28 Rn. 53; *Maunz,* Th. / *Scholz,* R. , in: Maunz, Th. / Dürig, G., GG, Bd. 3, Art. 28 Rn. 1 f.; *Tettinger,* P. J., in: von Mangoldt, H. / Klein, F. / Starck, Chr., GG, Bd. 2, Art. 28 Abs. 1 Rn. 4 f., 12 und 29. Zu Regelungen im Landesrecht, die nicht aufgrund der Homogenitätsklausel des Art. 28 GG vereinheitlicht werden müssen, vgl. z. B. *Maunz,* Th., in: Maunz, Th. / Dürig, G., GG, Bd. 2, Art. 28 Rn. 29, 31 ff.; *Tettinger,* P. J., in: von Mangoldt, H. / Klein, F. / Starck, Chr., GG, Bd. 2, Art. 20 Abs. 1 Rn. 22, 24, 42, 48.

Den Ländern steht nicht nur das Recht zu, ihre Aufgabenerfüllung intern in Organisationsvielfalt zu regeln; diese letztere darf zugleich in einer Vielfalt der Lösungen erfolgen, die nur die Kompetenzen des Bundes achten muss – und sie sind nicht zu vermuten. *Die föderale Grundsatznorm des Art. 30 GG wird damit zur Vermutung für den Vielfaltsstaat.* Denn ihre tiefere Legitimation kann nur darin liegen, dass hier nicht eine Vielzahl, sondern eine Vielfalt von Länder-Staatlichkeit wirken soll. „Der Föderalismus verlangt (...), dass der Staat als äußere Daseinsordnung einer Nation sich deren innerer naturhafter und darum organisch wertvoller Gliederung anpasse, dass er die darin angelegten Kräfte ausnutze“[510]. Sinn der Eigenstaatlichkeit der Länder ist es also, dass sie in ihrer inneren Organisation wie in den Lösungen ihrer Aufgabenerfüllung nicht Gleichheit anstreben, sondern Vielfalt – entfalten, nicht nur bewahren. In dubio ist dies nicht ihr Verfassungsrecht, sondern ihre Verfassungspflicht.

5. Vielfalt als Schranke der Unitarisierung

a) Diese föderale Vielfaltskonzeption, die heute im Grundsatz unbestritten ist, errichtet eine unüberwindbare Schranke für eine „Unitarisierung“ der Staats- und Rechtsordnung; darin ist sie eine Staatsgrundentscheidung. Die Rede vom „unitarischen Bundesstaat“[511] sollte Verfassungsgeschichte bleiben; in einem Föderalstaat ist kein Raum für dogmatische Begrifflichkeiten des Einheitsstaats, der wesentlich die Leugnung von Ländervielfalt bedeutet. „Föderalismus und Unitarismus“ ringen um die Seele des Bundesstaates“[512] – das darf sich nicht fortsetzen. „Spannungen“ festzustellen, „gegenwirksame Gewichte auszubalancieren“, bleibt gewiss föderale Aufgabe[513], doch die *klare Vorzugsentscheidung hat für die Bundesstaatlichkeit zu fallen,* und zwar aus ihrer grundlegenden Legitimation durch die Vielfalt der Staatlichkeiten[514].

b) Andere Grundsatzentscheidungen des Grundgesetzes zur Staatsform stehen der Wirksamkeit dieser Diversität nicht entgegen. Das *Demokratieprinzip* wird auch in den Ländern verwirklicht – eben in eigenständiger Vielfalt[515]. Die Beschränkung unmittelbarer Demokratie in den Ländern[516] ist lediglich eine Folge

---

510 *Beyerle* (Fn. 448), S. 132.

511 *Hesse,* K., Der unitarische Bundesstaat, 1962; dazu *Scheuner,* U., Struktur und Aufgabe des Bundesstaats in der Gegenwart, DÖV 1962, 641 (645).

512 *Beyerle* (Fn. 448), S. 128.

513 *Isensee* (Fn. 472), S. 147.

514 Deutlich *Benda* (Fn. 472), S. 73 f.

515 Unzutreffend ist daher die (frühere) Behauptung des BVerfG von der Notwendigkeit eines „Ausgleichs“ zwischen Demokratie und Föderalismus (BVerfGE 1, 14 [50]); *Benda,* a. a. O.

516 Vgl. *Löwer,* W., in: v. Münch, J. / Kunig, Ph., GG, Bd. 2, Art. 28, Rn. 20 m. Nachw.; *Isensee* (Fn. 459), Rn. 246.

der Kompetenzverteilung zwischen Bund und Ländern, nicht etwa eine normative Wirkung bestimmter Demokratievorstellungen auf Bundesebene, die auch für die Gliedstaaten verbindlich wäre. *Rechtsstaatlichkeit* ist nicht ein „normativer Bundeswert", sondern eine Grundentscheidung moderner Staatlichkeit, die für die Länder ebenso gilt und auch in ihren Verfassungen verankert ist[517]. Gefahren einer Unitarisierung drohen möglicherweise aus einem Verständnis der *Sozialstaatlichkeit,* in deren Namen Vielfalt in den Ländern unter Einebnungsdruck gerät[518]. Doch eine „Bundeskompetenz für das Soziale" gibt es nicht[519]; das Wesentliche zur Realisierung des Sozialstaats zu leisten, ist ebenso Aufgabe des Bundes- wie des Landesgesetzgebers. Und dass dies in Vielfalt geschehen könne, vielleicht erfolgen müsse, verbietet gerade eine Sozialstaatlichkeit nicht, der es auf einen gewissen Ausgleich sozialer Unterschiede ankommt; sie ist vor allem auch unter Berücksichtigung landesbedingter Vielfalt zu leisten. Dem sollte allerdings weit mehr als bisher durch sozialrechtliche Öffnungsklauseln für Landesgesetzgebungskompetenzen Rechnung getragen werden (vgl. auch im Folgenden III. 5.). Wenn schon heute die ebenfalls unitarisierend übernommenen Flächentarifverträge auf den Prüfstand gestellt werden, damit die vielartigen Wirtschaftslagen der Unternehmen besser berücksichtigt werden können, so sollte dies erst recht auch gegenüber einer deutlich unitarisierenden Sozialgesetzgebung geschehen. Und dass *Freizügigkeit* herrscht, begründet weder hier noch allgemein unitarisierende Tendenzen[520] – im Gegenteil: Freizügigkeit erfordert gerade die Möglichkeit einer Auswahl zwischen Wohn- und Aufenthaltsorten von unterschiedlicher Qualität. *Freizügigkeit legitimiert sich aus Vielfalt.*

c) Von den Ländern ist zudem *bundesfreundliches Verhalten, Bundestreue*[521], gefordert, wie sich andererseits der Bund „ländertreu" verhalten muss. Doch daraus ergibt sich keine einseitige, unitarisierende Verpflichtung für die Länder, ihre Gesetzgebung der des Bundes anzupassen[522]. Auf ihre Vielfalt müssen sie also nicht im Namen des Verfassungsprinzips verzichten – im Gegenteil: Bundestreue hat überhaupt nur Sinn als zentripetales Gegengewicht in prinzipiell zentrifugal angelegten Strukturen. Weil es Vielfalt föderaler Organisation voraussetzt, wie auch aus diesen sich ergebende Lösungen, verlangt es, diese letzteren in bundesnaher Konvergenz auszugestalten, aber nur soweit dies unter Wahrung der Länder-

---

517 Vgl. zur Problematik *Löwer,* a. a. O., Rn. 21.

518 *Isensee* (Fn. 459), Rn. 249 ff.; *Kimminich,* O., Historische Grundlagen und Entwicklung des Föderalismus in Deutschland, in: Benda, E. (Hrsg.), Probleme des Föderalismus. Referate auf dem Symposium „Föderalismus in der SFR Jugoslawien und in der Bundesrepublik Deutschland – ein Vergleich" vom 19. – 21. März 1984, 1985, S. 1 (15).

519 *Isensee,* a. a. O., Rn. 250.

520 Siehe dazu *Isensee* (Fn. 459), Rn. 246; ob ihre übermäßige Einschränkung den Grundsatz des „bundesfreundlichen Verhaltens" verletzen kann (dazu *Sommermann* [Fn. 505], Rn. 42), ist demgegenüber eine andere Frage.

521 Grdl. *Bauer,* H., Bundestreue, 1992; *Benda* (Fn. 472), S. 79 ff.; *Weber* (Fn. 441), S. 32 ff.; *Scheuner* (Fn. 511), S. 646.

522 BVerfGE 26, 116 (137).

vielfalt möglich ist; andernfalls würde hier die föderale Durchbrechung der Gleichheit (vgl. oben 3. b)) wieder aufgehoben. Die *Bundestreue* hat also die Ländervielfalt zur Voraussetzung; insoweit ist sie *selbst ein Vielfaltsbegriff.*

Nichts anderes gilt für die *„Bundesstaatlichkeit als Verfahren"*[523]. „Homogenität im Verfahren der Konfliktlösung" setzt nicht nur eine Einheit und Kraft voraus, welche solche Homogenität erst begründen kann[524]; sie ist auch weit eher Ausdruck der Vielfalt als Rechtsfigur des Unitarismus: Das föderale „Verfahren" soll ja gerade koordinierend wirken, was wiederum voraussetzt, dass Vielfalt besteht, in dieser aber doch Elemente einer Gemeinsamkeit, welche in diesem Prozess ermittelt werden.

d) Eine besonders bedeutsame Form dieses Verfahrensföderalismus ist das Wirken des *Bundesrates.* In seinen Entscheidungen finden die vielfältigen Interessen ihren gemeinsamen Nenner; damit ist er zugleich Forum der Ländervielfalt und Organ von deren gleichschaltender Bündelung[525]. Aus der Sicht der föderalen Vielfalt ist es gewiss auch legitim, wenn er mögliche Entscheidungen des Bundes als dessen Organ „blockiert", und hierbei kann sich auch (neuerdings) parteipolitische Vielfalt zu Frontstellungen verdichten. Andererseits ist es aber föderal gesehen durchaus systemkonform, dieser Vielfalt der Länder durch Stärkung von deren Entscheidungskompetenzen Rechnung zu tragen, nicht über einen Mehrheitsmechanismus im Bundesrat solche zu kompensieren; er mag gleichschaltend oder polarisierend, er wird aber kaum je „vervielfältigend" wirken, Unterschiede zwischen den Ländern systematisch ausdrücken oder gar verstärken. Unter diesem Gesichtspunkt sind die neuesten Reformüberlegungen des Föderalismus im Namen der Vielfalt zu begrüßen[526].

Insgesamt folgt also aus dem Verfassungsrecht ein deutlicher Vorrang föderaler gegenüber unitarisierenden Gestaltungen; diese stellen nicht nur begründungspflichtige Ausnahmen dar, sie beruhen auch ihrerseits weithin auf einer Ländervielfalt, deren gemeinsame Ebenen hier aufgesucht und konvergierend zum Ausdruck gebracht werden sollen.

---

523 Grdl. Lerche (Fn. 24), S. 66 (85 ff.), krit. *Scheuner* (Fn. 490), S. 123 f.

524 *Badura* (Fn. 488), S. 377.

525 Vgl. die Erörterung zu seinen Aufgaben bei *Sachs,* M., Das Parlamentarische Regierungssystem und der Bundesrat – Entwicklungsstand und Reformbedarf, VVDStRL 58 (1999), 39 (47 f.).

526 Einsetzung einer gemeinsamen „Kommission von Bundestag und Bundesrat zur Modernisierung der bundesstaatlichen Ordnung" (Föderalismuskommission) im Oktober 2003 – Vorschläge und Bericht sollen Mitte 2004 vorgelegt werden. Vgl. zur neuesten Föderalismusdebatte z. B. DIW Berlin (Hrsg.), Föderalismusreform aus ökonomischer Sicht, Vierteljahreshefte zur Wirtschaftsforschung, Bd. 72 (2003); *Margedant,* U., Die Föderalismusdiskussion in Deutschland, Politik und Zeitgeschichte, Bd. 53 (2003), 29–30, S. 6 ff.; *Geske,* O.-E., Erwartungen an eine Neuordnung des deutschen Föderalismus, Wirtschaftsdienst, Bd. 83 (2003), S. 721 ff.

6. Ländervielfalt zwischen Konkurrenz und Kooperation

Föderalismus ist eine Staatsform des Wettbewerbs zwischen den Ländern. Nicht nur im Kulturbereich[527], sondern ganz allgemein ist der *„kompetitive Föderalismus“*[528] bereits ein Begriff der bundesstaatlichen Dogmatik. Was immer man im Einzelnen darunter verstehen, welche Räumen man ihm eröffnen mag – in ihm wirkt „Wettbewerb“ als Ordnung von Vielfalt (vgl. oben C. VI. 5.), er setzt eine solche voraus. Allerdings kann es dabei, in einer gewissen Ambivalenz, sowohl zu Angleichungs- wie zu Diversifizierungsentwicklungen bei den „Produkten“ kommen (oben C. VI. 1.), hier also in der staatlichen Aufgabenerfüllung durch die Länder. Anders als beim ökonomischen Wettbewerb zwischen Privaten wirkt Konkurrenz zwischen Gliedstaaten wie zwischen ihnen und dem Bund nur in einer eingeschränkten Dimension: Wettbewerber verschwinden hier nicht als solche vom Markt, es werden sich nur ihre Leistungssysteme angleichen oder in Vielfalt weiter auffächern. Stets ist es aber diese letztere, welche den Wettbewerb um die beste Lösung trägt, organisatorisch oder inhaltlich. Insoweit wird im „kompetitiven Föderalismus“ Vielfalt auf diesen beiden Ebenen gefördert; dies sollte in der Entwicklung dieser Rechtsfigur noch deutlicher bewusst werden.

Im Namen des Föderalismus sind schon früh Reformüberlegungen zu einer Stärkung der *kooperativen Elemente der Bundesstaatlichkeit* angestellt worden, und dies hat dann zur verfassungsrechtlichen Verankerung von Kooperationspflichten und -möglichkeiten in Art. 91 a und b GG geführt[529]. Die Bedeutung von Kooperation im Bundesstaat war grundsätzlich stets anerkannt[530]. Zur Konkurrenz der Länder steht sie in einer Spannung, welche immer wieder für Einzelbereiche durch Bundesregelungen aufgelöst werden muss. Beiden Ausprägungen des Föderalismus ist aber ein übergreifender Gesichtspunkt gemeinsam: Vielfalt der Länder setzen sie beide voraus, wollen sie auf verschiedenen, ja konträr verlaufenden Wegen fruchtbar werden lassen.

Für Kooperation insbesondere ist nur dort Raum, wo jedenfalls organisationsrechtlich eine Verschiedenartigkeit der Träger besteht, wenn diese nicht sogar in materiellen Entscheidungsdifferenzen zum Ausdruck kommt. Reine Vielfalt wäre ja durch vereinheitlichende Zusammenfassung zu beseitigen. In dem Begriff liegt eine Ergänzungsvorstellung, in dem die Zusammenwirkenden jeweils aus ihrer

---

527 Dazu für viele *Häberle* (Fn. 267), S. 549 (556).

528 Vgl. dazu *Leisner,* A., Europa als Wettbewerbsgemeinschaft von Staaten – Kompetitiver Föderalismus und europäische Integration, in: Kirchhof, P. / Lehner, M. / Raupach, A. / Rodi, M. (Hrsg.), Staaten und Steuern. Festschrift für Klaus Vogel zum 70. Geburtstag, 2000, S. 593 ff. m. Nachw.; siehe auch noch *Leonardy* (Fn. 496), S. 135 (150 ff.).

529 Dazu m. Nachw. *Sommermann* (Fn. 505), Rn. 47.

530 Für viele *Badura* (Fn. 93), S. 288 f.; *Lemke* (Fn. 498), S. 657 (658); *Liebrecht* (Fn. 310), S. 99; *Scheuner,* U., Wandlungen im Föderalismus der Bundesrepublik, DÖV 1966, 513 (518); für den kulturellen Bereich vgl. *Häberle* (Fn. 267), S. 555; *Hense* (Fn. 294), S. 376 (383 f.); für Österreich *Schambeck* (Fn. 440), S. 32 f.

Vielfalt heraus Heterogenes zur gemeinsamen Zweckerreichung beitragen. Eine grundlegende Problematik des noch immer weitgehend ungeklärten Begriffs der Kooperation[531] liegt gerade darin, dass die Vielfalt der Kooperateure nicht hinreichend erfasst wird, so dass sich auch die Grenzen ihrer jeweiligen Leistungsfähigkeit nur schwer bestimmen lassen.

Kooperation ist ohne Vielfalt jedenfalls nicht denkbar: Läge diese nicht zugrunde, so bedürfte es jener nicht; also muss sie auch im Zusammenwirken erhalten werden. Und wo ein solches Grenzen findet, ist dies ein Signal, dass „Vielfalt überhand nimmt", nicht mehr in Kooperation konvergieren kann. Deshalb gerade werden – zu Recht – der Kooperation im Bundesstaat immer wieder enge Grenzen gezogen.

Die *Selbstkoordinierung der Länder* ist weithin Folge einer faktischen Notwendigkeit[532], sie funktioniert vor allem auf der „Dritten Ebene" nur schleppend[533] – ein föderalrechtlicher Zwang zu ihr besteht jedenfalls nicht, er kann auch nicht aus dem Gleichheitssatz abgeleitet werden[534]. Neuerdings ist sie vom Bundesverfassungsgericht föderal als eine reine Möglichkeit festgestellt worden, die eine Bundeskompetenz nicht ausschließt. Dabei hat das Gericht ausdrücklich betont: „Sinn der föderalen Verfassungssystematik ist es, den Ländern eigenständige Kompetenzräume für partikular differenzierte Regelungen zu eröffnen"[535].

Selbstkoordinierung der Länder ist also nur eine mögliche Kooperationsform, sie steht im Belieben der Länder und wird von der Verfassung nicht gewünscht. Diese verpflichtet vielmehr auch bei solchen Gestaltungen zur Achtung einer Ländervielfalt, in der vor allem gleichlautende Landesgesetze die Ausnahme bleiben müssen.

Im Folgenden sind nun noch zwei Erscheinungsformen föderaler Vielfalt gesondert zu untersuchen: Die konkretere Problematik der innerstaatlichen Bundesstaatlichkeit, welche Vielfalt als Gegenbegriff zu den Begriffen des Art. 72 Abs. 2 GG (gleichwertige Lebensverhältnisse, Wahrung der Rechts- oder Wirtschaftseinheit, III.) zeigt, sowie die Ausprägungen föderaler Vielfalt auf europäischer Ebene (IV.).

7. Ergebnisse zu „Vielfalt im Föderalismus"

a) Im Bundesstaat ist Vielfalt ein Rechtsbegriff, nicht ein Wort zur Beschreibung soziologischer oder politischer Lagen und Bestrebungen. Föderalismus ist hier ein wesentlicher Vielfaltsbegriff: in ihm findet er demokratische Legitimation. Geöff-

---

531 Vgl. zu seinen Ausprägungen im Verhältnis Bürger-Verwaltung neuerdings *Schuppert,* G. F., Die Einheit der Verwaltung als Rechtsproblem, DÖV 1987, 757 ff.

532 *Löwer* (Fn. 516), Rn. 21.

533 *Lemke* (Fn. 498), S. 657 (660).

534 Oben 3. b); *Isensee* (Fn. 459), Rn. 247.

535 BVerfGE 106, 62 (150 f.) m. Nachw.

net ist er zur Vielfalt einer Gesellschaft, die selbst überall Formen des Bündischen zeigt, die des Staates widerspiegelt. Subsidiarität setzt Vielfalt voraus, ihre „kleineren Einheiten" legitimieren sich aus ihr. Nur aus dem in ihr liegenden Vielfaltsgebot heraus wird Föderalismus zu einer Staatsgrundnorm.

b) Die Bundesstaatlichkeit zeigt die außerordentliche Bedeutung organisatorischer Gestaltungen für den Vielfaltsbegriff; aus ihnen erwächst materielle Diversität der Lösungen, sie „sind" bereits eine solche in potentia, da sie ihr organisatorisch den Raum und die Motoren bieten.

c) Föderalismus zeigt Vielfalt als grundsätzlichen rechtlichen Gegenbegriff zum fundamentalen Rechtsbegriff der Gleichheit. In ihm werden vielfältige Ungleichheiten gebündelt, in ihm finden sie staatsgrundsätzliche Legitimation. Homogenitätsklauseln ziehen dem nur einen letzten, sehr weiten Rahmen.

d) Vielfalt muss im bündisch verfassten Staat als Rechtsprinzip bewusst bleiben. Sie findet in seiner Organisation vielfache organisatorische Konkretisierungen: Deutlich wird hier die besondere Bedeutung des Territorialen als einer tatsächlichen Grundlage und zugleich rechtlichen Begründung des Vielfältigen; innerstaatliche Konkurrenzen („kompetitiver Föderalismus") setzen nicht nur Vielheit, sondern Vielfalt voraus, können sie einengen, vor allem aber auch fördern. Kooperation (zwischen den Ländern) ist nur auf solcher Basis vorstellbar; Selbstkoordinierung der Länder hat Vielfalt zum Ausgangspunkt, zieht ihr aber auch enge Grenzen. Eine Föderalkammer legitimiert sich aus ihr, darf sie aber nicht in der Gleichartigkeit von Mehrheitsentscheidungen einebnen.

In all diesen Richtungen muss Vielfalt als rechtliche Grundentscheidung mit ihrem noch deutlicher zu erfassenden Gewicht stets im Bewusstsein bleiben, in ihrer Bedeutung und ihren Ausgestaltungsformen vertiefend betrachtet werden.

III. Insbesondere Föderale Vielfalt und Lebensverhältnisse im Bundesstaat

1. „Einheitliche Lebensverhältnisse" (Art. 72 Abs. 2 a.F.) – organisationsrechtlicher Leerlauf eines materiellen Vielfaltsgebots

a) Stellt der Föderalismus den organisationsrechtlichen Prüfstand des Vielfaltsgebots dar, so gewinnt er seine materiellrechtliche Bedeutung vor allem bei der Abwägung von Vielfalts- und Einheitsbelangen der Gemeinschaft in der Gesetzgebung, insbesondere im Rahmen der konkurrierenden Normsetzung. Im Grundgesetz war hier die Bundeskompetenz auf die Konstellation beschränkt worden, dass „ein Bedürfnis nach bundesgesetzlicher Regelung besteht, weil (...) die Wahrung der Rechts- und Wirtschaftseinheit, insbesondere die Wahrung der Einheitlichkeit der Lebensverhältnisse über das Gebiet eines Landes hinaus sie erfordert" (Art. 72 Abs. 2 GG a.F.). Damit war diese „Einheitlichkeit" verfassungsnormativ eingeführt, als eindeutiger „Gegenbegriff" zu einer wie immer verstandenen Ländervielfalt, mehr noch: als ein Verfassungswert, der in all der „Unbestimmtheit, die ihm innewohnt"[536], über die föderale Verteilung der Gesetzgebungskompetenzen hinaus wirken konnte. Dem stand jedoch kein im Verfassungsrecht ausdrücklich verwendeter Vielfaltsbegriff gegenüber, der über eine ihn auch inhaltlich präzisierende Dogmatik diese „Einheitlichkeit" hätte einschränken können, die doch „die Verfassungsgeschichte der Bundesrepublik so sehr geprägt" hat[537]. In dieser Verfassungsrechtslage musste daher eine Landesgesetzgebung, die sich nicht auf eine „Vielfalt von Lebensbedingungen in den Ländern" berufen konnte, als von vornherein defizitär erscheinen[538].

Vor diesem Hintergrund erstaunt es nicht, dass in der Kommentarliteratur zum Grundgesetz bis 1994 sowie im übrigen Schrifttum dieser Zeit[539] der Vielfaltsbegriff nicht nur rechtlich dieser Einheitlichkeit nicht entgegensteht, ihr gegenüber nicht zur Abwägung gebracht wird, sondern dass er auch im Übrigen kaum eine Rolle spielt[540]. So konnte sich denn eine wahre „Einheitlichkeitsideologie" entwickeln[541]. Die Verpflichtung zur Herstellung dieser Einheitlichkeit erscheint geradezu als ein ungeschriebener Verfassungssatz[542]. Eine Stütze im geltenden Recht findet dies in Art. 106 Abs. 3 Ziff. 2 GG, der ein deutliches finanzverfassungsrechtliches Gebot ausspricht. Ihm steht aber kein ebenso formuliertes Vielfaltsgebot gegenüber.

b) Das Bundesverfassungsgericht ist bei der Auslegung des Art. 72 Abs. 2 GG zwar zutreffend von dem Begriff des *„Bedürfnisses" für eine bundeseinheitliche Regelung* ausgegangen, denn die „Einheitlichkeit der Lebensverhältnisse" wurde ja im Verfassungstext nur als ein – allerdings zentraler – Gesichtspunkt der Beur-

---

536 *Oeter,* St., in: von Mangoldt, H. / Klein, F. / Starck, Chr., GG, Bd. 2, Art. 72 Rn. 92.

537 *Oeter,* a. a. O., Rn. 91.

538 A. a. O. m. Nachw.

539 Insbesondere *Wimmer,* R., Abschied von „gleichwertigen" Lebensverhältnissen?, DVBl. 1982, 62 ff.; *Arndt* (Fn. 478), S. 360 ff.; *Fiedler,* W., Die Verteilung der Gesetzgebungskompetenzen. Zum Schlussbericht der Enquete-Kommission Verfassungsreform, DÖV 1977, 580 ff.; *Hohmann,* H., Der Verfassungsgrundsatz der Herstellung einheitlicher Lebensverhältnisse im Bundesgebiet. Erläutert anhand der fünf neuen Bundesländer, DÖV 1991, 191 ff.; *Krüger,* H., Zur Bedeutung des Art. 72 Abs. 2 GG für die Gesetzgebungskompetenz des Bundes, BayVBl. 1984, 545 ff.; *Morlok,* M., Staatsrechtslehrertagung 1992 in Bayreuth, NJW 1993, 906 ff.; *Rehbinder,* M., Gesetzgebung in pluralistischen Rechtsordnungen, ZG 1994, 125 ff.

540 Lediglich *Wimmer* (a. a. O.) thematisiert die Gleichheitsfrage und betont in diesem Zusammenhang auch die „vielfältigen Lebensbedingungen" im Bundesgebiet" (S. 65); *Krüger* (a. a. O., S. 549) erwähnt immerhin die „rechtlichen und tatsächlichen Ungleichheiten", die aber nicht beseitigt werden dürften, auch wenn damit keine formale Einheitlichkeit bestehe.

541 Krit. dazu *Wimmer* (Fn. 539), 62 ff.

542 Vgl. dazu *Kirchhof,* F., Grundsätze der Finanzverfassung des vereinten Deutschlands, VVDStRL 52 (1993), S. 71 (83 f.).

teilung dieses Bedürfnisses genannt. Dabei setzten sich dann aber alsbald Tendenzen einer „sachlichen Unitarisierung“[543] durch; sie erwuchsen insbesondere aus einer damals weithin kritischen Reaktion[544] gegen die vor allem von den Besatzungsmächten geforderten, aber nicht hinreichend klar formulierten Einschränkungen zentralstaatlicher Gesetzgebungsrechte[545]. Das Bundesverfassungsgericht gab ihnen alsbald in einer zwar viel kritisierten, aber ständig durchgehaltenen Judikatur[546] nach: „Die Frage, ob ein Bedürfnis nach bundesgesetzlicher Regelung besteht, ist eine Frage pflichtgemäßen Ermessens des Bundesgesetzgebers, die ihrer Natur nach nicht justitiabel und daher der Nachprüfung durch das Bundesverfassungsgericht grundsätzlich entzogen ist. Zwar sind – im Gegensatz zu Art. 9 WRV – die Voraussetzungen für die Ausübung des Rechts zur konkurrierenden Gesetzgebung durch den Bund (Art. 72 Abs. 2 GG) im Einzelnen bezeichnet. Hierdurch wird die Ermessensfreiheit des Gesetzgebers eingeschränkt, der Entscheidung der Bedürfnisfrage bleibt jedoch der Charakter einer echten Ermessensentscheidung“. In aller Regel wurde dann vom Gericht kein Anhaltspunkt für „die Feststellung einer Überschreitung oder missbräuchlichen Ausübung dieses Ermessens“ gesehen.

Hierin lag eine der staatspolitisch folgenreichsten Entscheidungen des Bundesverfassungsgerichts, und sie war zudem offensichtlich rechtsfehlerhaft: „Bedürfnis“ ist ein unbestimmter Rechtsbegriff; es räumt nicht etwa ein Ermessen ein, sondern sieht vielmehr eine gerichtlich voll überprüfbare Beurteilung (durch die Verwaltung) vor[547]. Erklären lässt sich die abweichende Begriffsverwendung durch das Bundesverfassungsgericht allenfalls damit, dass die außerordentliche Weite des Begriffs „Einheitlichkeit der Lebensverhältnisse“ nicht konkretisierend auf das „Bedürfnis“ einwirken konnte, das es doch näher bestimmen sollte.

c) Die Folgen jedenfalls waren fatal: Infolge der verfassungsgerichtlichen Überprüfungsabstinenz kam es zu einem faktischen Leerlauf dieser Verfassungsbestimmung[548]. Ein Vielfaltsbegriff als Gegenpol zur „Einheitlichkeit der Lebensverhältnisse“ war rechtlich nicht ersichtlich und, was praktisch weit schwerer wiegt: Gerade das Organ, dem ihre Wahrung anvertraut war, durfte souverän darüber entscheiden, was darunter zu verstehen und was zur Wahrung dieser Einheitlichkeit erforderlich war. Diese Kompetenz-Kompetenz wurde zu einer Art von „Föderalsouveränität des Bundesgesetzgebers“ – ein Widerspruch in sich. Dass ein einheits-

---

543 *Hohmann* (Fn. 539), S. 192.

544 Dazu *Oeter* (Fn. 536), Rn. 30 m. Nachw.

545 *Oeter,* a. a. O., Rn. 29 f.

546 BVerfGE 1, 264; vor allem in E 2, 213 (224 f.), st. Rspr.

547 Bedauerlich bleibt es, dass das Gericht auch nach der Verfassungsänderung von 1994 diesen Verstoß gegen allgemeine Rechtsbegrifflichkeiten des Öffentlichen Rechts (dazu krit. *Knorr,* Ph., Die Justitiabilität der Erforderlichkeitsklausel, 1998, S. 32 f.) nicht einmal angedeutet hat (BVerfGE 106, 62 [136]).

548 *Arndt* (Fn. 478), S. 360 ff.; *Krüger* (Fn. 539); *Kunig,* Ph., in: v. Münch, J. / Kunig, Ph., GG, Bd. 3, Art. 72 Rn. 22 m. w. N.; *Ipsen,* J., Staatsrecht I, 12. Aufl. 2000, Rn. 481 ff.

staatliches Organ Vielfalt nicht justiziabel machen würde, stand zu erwarten; schon organisationsrechtlich ist es dazu nicht berufen. Diese Rechtsprechung hat also vor allem dazu geführt, dass Vielfalt in einem zentralen Bereich des Öffentlichen Rechts praktisch kein „Definitionsorgan" finden konnte – und wie hätte sie da zu einer materiellen Lösungsgrundlage werden können?

d) Es verwundert nicht, dass Vielfalt damit auch im Bundesstaat in die Außenrechtlichkeit einer *„politischen Frage"* abgedrängt zu werden drohte[549]. Hier wurde sogar der kaum mehr nachvollziehbare Begriff des „politischen Ermessensspielraumes" eingesetzt[550] – bei der Bestimmung des Inhalts des Bedürfnisses zur Wahrung einheitlicher Lebensverhältnisse. Demgegenüber ist zu betonen, dass Verfassungsformulierungen grundsätzlich im Sinne rechtlicher Fassbarkeit, „nicht politischer Inhaltsbestimmungen" zu verstehen sind; dies gilt ja sogar dort, wo „Politik" im Begriff selbst verwandt wird, wie etwa für die „Richtlinien der Politik" (Art. 65 S. 1 GG)[551]; was in die Verfassung verbal Eingang gefunden hat, wird grundsätzlich zum Verfassungsrechtsbegriff. Dies gilt auch für die „Einheitlichkeit der Lebensverhältnisse" nach der früheren Fassung des Art. 72 Abs. 2 GG; andernfalls wäre das Wort dort fehl am Platze gewesen. Ihm hätte also, als geradezu begrifflich notwendiges Komplement ein Begriff der Uneinheitlichkeit entsprechen müssen – der Vielfalt; er wurde nicht entwickelt. Der Grund lag aber auf der Hand, in einer staatsorganisatorischen Grundentscheidung: Die rechtliche Beurteilung, die Sinnerfüllung des Begriffs der „einheitlichen Lebensverhältnisse", blieb den aus Einheitsvorstellungen heraus gebildeten, zur Einheitsstiftung ausschließlich berufenen Organen vorbehalten – den Trägern der Bundesgesetzgebung.

2. Die Verfassungsänderung von 1994

a) Im Jahre 1994 wurde Art. 72 Abs. 2 GG neu gefasst[552]. Die Bedürfnisprüfung entfiel, „Einheitlichkeit" wurde durch „Gleichwertigkeit der Lebensverhältnisse" ersetzt, und es wurde ein besonderes gerichtliches Verfahren für die Nachprüfung der Verfassungsmäßigkeit einer Bundesregelung an diesem Maßstab eingeführt (Art. 93 Abs. 1 Ziff. 2 a GG).

---

549 Vgl. etwa BVerfGE 13, 230 (233 f.); 26, 338 (382); 78, 249 (270).

550 Z. B. bei *Rybak,* H., / *Hofmann,* H., Verteilung der Gesetzgebungsrechte zwischen Bund und Ländern nach der Reform des Grundgesetzes, NVwZ 1995, 230 f.; vgl. auch *Sannwald,* R., Die Reform des Grundgesetzes, NJW 1994, 3313 (3316); *Müller,* D., Die Gesetzgebungskompetenz im Berufsbildungsrecht. Analyse der Beratungen der Gemeinsamen Verfassungskommission zur Neufassung des Art. 72 GG, RdJB 1994, 467 (487).

551 Zu Art. 65 S. 1 GG vgl. *Schröder,* M., in: von Mangoldt, H. / Klein, F. / Starck, Chr., GG, Bd. 2, Art. 65 Rn. 10 (Politik entsteht im politischen Prozess); *Hermes,* G., in: Dreier, H., GG, Bd. 2, Art. 65 Rn. 14, 20 f. und 24. Zu den Problemen mit den Begriffen „Politik" und „Richtlinien der Politik" siehe *Herzog,* R., in: Maunz, Th. / Dürig, G., GG, Bd. 4, Art. 65 Rn. 31.

552 42. Gesetz zur Änderung des GG vom 27. 10. 1994, BGBl. I, 3146.

Vorangegangen waren jahrzehntelange Bemühungen, der Bundesgesetzgebung hier justiziable Schranken zu ziehen[553]. Eine – zweimal eingesetzte – Enquetekommission[554] hatte nach sieben Jahren Vorschläge gemacht, die aber erst nach der Wiedervereinigung in der gemeinsamen Verfassungskommission von Bundestag und Bundesrat von einer „weit überwiegenden Mehrheit“ wieder aufgegriffen wurden[555]. Erklärtes Ziel war es, eine Änderung der Rechtsprechung des Bundesverfassungsgerichts zu erzwingen, den Leerlauf des Art. 72 Abs. 2 GG zu beenden und dessen Justiziabilität sicherzustellen[556]. Dies sollte durch eine andere rechtliche Qualität der bisher in der Verfassung enthaltenen Begriffe erreicht werden, die zwar unbestimmt bleiben, sich aber doch zu „voll nachprüfbaren Gesetzesbegriffen“ wandeln sollten[557]. Während der Entstehung des Art. 72 Abs. 2 n.F. GG bestand also Konsens darüber, dass die volle Justiziabilität – und damit erst die rechtliche Wirksamkeit – dieser Verfassungsvorschrift als einer Schranke unitarisierender Aushöhlung des Föderalismus, allein von einer materiellrechtlichen Konkretisierung der in der Vorschrift enthaltenen Maßstabsbegriffe abhängen konnte. Selbst die Bundesregierung, welche die Justiziabilität der Maßstäbe aus Art. 72 Abs. 2 GG ersichtlich in Grenzen zu halten bemüht war, erkannte die Notwendigkeit an, „hinreichend klar konturierte und berechenbare tatbestandliche Voraussetzungen zu normieren“[558].

b) Auch die Neufassung des Art. 72 Abs. 2 GG hat jedoch weit überwiegend Zweifel darüber geweckt, ob es mit ihr gelungen sei, Bundes- und Landesbereich in der Gesetzgebung auch nur einigermaßen trennscharf voneinander abzugrenzen.

Gescheitert ist der formale Versuch, *Bundesgesetze auf bundeseinheitliche Geltung zu beschränken*[559]; auch darf der Bundesgesetzgeber weiterhin regional differenzieren. Damit ist auch ihm und nicht nur den Landesgesetzgebern Recht und Pflicht geblieben, der Ländervielfalt unterscheidend Rechnung zu tragen. Aus der Sicht einer rechtlich verbindlichen föderalen Vielfaltsvorstellung muss dies negativ

553 Überblick in BVerfGE 106, 62 (136 ff.).

554 Schlussbericht BT-Drucks. 7/5924, 123 ff.; dazu *Majer,* D., Ist die verfassungsrechtliche Prüfung der Voraussetzungen der konkurrierenden Gesetzgebung des Bundes sinnvoll und möglich? Ein Beitrag zu den Vorschlägen der Enquete-Kommission Verfassungsreform über die Erweiterung der Kompetenzen des Bundesverfassungsgerichts, EuGRZ 1980, 98 ff.; *Fiedler* (Fn. 539), S. 580 ff.; *Krüger* (Fn. 539), S. 546; *Sannwald,* R., Die Reform der Gesetzgebungskompetenzen nach den Beschlüssen der Gemeinsamen Verfassungskommission von Bundestag und Bundesrat, DÖV 1994, 629 (630 f.); siehe auch *Wimmer* (Fn. 539).

555 Schlussbericht BT-Drucks. 12/2000, 16 ff.; dazu *Scholz,* R., Die Gemeinsame Verfassungskommission von Bundestag und Bundesrat. Auftrag, Verfahrensgang und Ergebnisse, ZG 1994, 1 (12 ff.); dazu u. a. *Oeter* (Fn. 536), Rn. 37 ff.; *Rybak,* H./*Hofmann* (Fn. 550), S. 230 ff.; *Sannwald,* a. a. O., S. 629 ff.; *Schmehl,* A., Die erneuerte Erforderlichkeitsklausel im Art. 72 Abs. 2 GG, DÖV 1996, 724 ff.; *Knorr* (Fn. 547), S. 173 ff.

556 BVerfGE 106, 62 (136).

557 Vgl. Schlussbericht (Fn. 555).

558 BT-Drucks. 12/109, S. 13.

559 Dazu näher *Knorr* (Fn. 547), S. 184 ff.

bewertet werden, wird damit doch selbst die Bundeslegislative in eine organisationsrechtliche Trägervielfalt eingebunden, aus welcher eine Vielfalt auch der materiellen Gestaltungen erwachsen kann. Damit wird aber die grundlegende bundesstaatliche Entscheidung relativiert, dass gerade die *vielfältigen Länder* (auch) organisationsrechtlich Träger der staatlichen Vielfalt sein sollen. Einheitsstaatliche Institutionen als Garanten föderaler Vielfalt – war und ist dies nicht ein Holzweg? (Vgl. dazu auch noch unten 4. e))

c) Eine weitverbreitete Skepsis an der föderalen Wirksamkeit der Verfassungsänderung weist vor allem auf die „vergleichsweise weich formulierten Zielvorgaben mit sehr begrenztem Regelungsgehalt"[560] hin, auf das Fehlen objektivierter Maßstäbe[561], auf die weiterhin bestehende inhaltliche Unklarheit der Regelung[562]. Übertriebene Hoffnungen dürfen auch nicht auf Art. 93 Abs. 1 Nr. 2 a GG n. F. gesetzt werden[563], der eben klare inhaltliche Vorgaben voraussetzt.

Hier muss auch die kritische Betrachtung dieser Entwicklung aus der Sicht einer rechtlichen Vielfaltsvorstellung ansetzen: Es genügt zu ihrer Gewährleistung offenbar nicht, lediglich eine „organisatorische Sicherung" in Gestalt einer Vielheit von Ländern vorzusehen. Deren Kompetenzen müssen in einem *auch materiellrechtlich ausfüllbaren Vielfaltsbegriff* abgegrenzt werden von der Zuständigkeit des einen, mächtigen Gegenparts solcher Diversität – vom stets unitarisierenden Bundesgesetzgeber.

Es stimmt allerdings nachdenklich, dass der *Vielfaltsbegriff* selbst, als ein die Verfassungsänderung begründendes Argument, im Verlauf ihrer Entwicklung ersichtlich keine Rolle gespielt hat – obwohl doch „Vielfalt als Rechtsbegriff", ja als klares Rechtsgebot, damals bereits verfassungsrechtlichen Bezügen fassbar war (vgl. oben C.). Hat sich denn etwas geändert, was wenigstens in zukünftiger föderaler (Rechtsprechungs-)Entwicklung zur Vielfalt fruchtbar werden könnte?

3. Von der „Einheitlichkeit" zur „Gleichwertigkeit der Lebensverhältnisse"

a) Zentraler materiellrechtlicher Inhalt der Verfassungsänderung war die Ersetzung der „Einheitlichkeit" durch die „Gleichwertigkeit der Lebensverhältnisse". Dass ein solcher Begriff erneut verwendet wird[564], sichert der Bestimmung weiter-

---

560 *Osterloh,* L., Der verfassungsrechtliche Gleichheitssatz – Entwicklungslinien der Rechtsprechung des Bundesverfassungsgerichts, EuGRZ 2002, 309 (312); vgl. auch *Schmehl* (Fn. 555), S. 731.

561 *Sannwald* (Fn. 554), S. 632; *ders.*, in: Schmidt-Bleibtreu, B./Klein, F., GG, Art. 72 Rn. 53.

562 Vgl. die Analyse von *Oeter* (Fn. 536), Rn. 92 ff.

563 Zurückhaltend *Oeter,* a. a. O., Rn. 90.

564 Dazu *Oeter* (Fn. 536), Rn. 92.

hin ihre föderale Bedeutung für die gesamte Gesetzgebung. Im Übrigen und vor allem müssen nun aber zwei Gesichtspunkte unterschieden werden:

- Ein Rückgang der wertenden Beurteilung ist mit dieser Änderung ersichtlich nicht erreicht worden, weder vom Gesetzgeber noch durch das Bundesverfassungsgericht[565]. Das Ziel einer näheren Determinierung ist damit klar verfehlt worden[566]. Wer Wertigkeit anspricht, fordert Bewertung. Die neue Verpflichtung sogar noch zur „Herstellung gleichwertiger Lebensverhältnisse“ verlangt eben noch weitere Dynamisierung der Begriffsinhalte[567]. So wird denn auch sogleich wieder vom „politischen Ermessensspielraum“ des Bundes gesprochen[568]. Justiziabilität und damit Normwirkung ist damit also nicht verstärkt, sondern noch weiter zurückgedrängt worden.
- Das zweite mit diesem Begriffsaustausch verfolgte Ziel einer *deutlicheren Maßstabbildung* bei solcher Bewertung erweist sich daher als umso gewichtiger, je „mehr an Bewertung“ nun doch noch, wie dargelegt, die Folge der Verfassungsänderung ist. Hierzu hat das Bundesverfassungsgericht bisher lediglich festgestellt[569]: „Der nunmehr gewählte Begriff nimmt das Niveau der kompetenziell legitimierten Vereinheitlichung (...) deutlich zurück“. Abgesehen von der problematischen Formulierung[570] – das Gericht kann offenbar einer derart aufwendig zustande gekommenen Verfassungsänderung nicht mehr entnehmen, als dass den Ländern mehr gesetzgeberischer Raum offen stehen soll, der offenbar bewertend zu ermitteln, also doch wohl qualitativ zu bestimmen ist.

Damit ist aber auch zur Maßstabsklarheit noch so gut wie nichts gewonnen. Das Gericht wird in weiterer Judikatur dieses – entscheidende – Kriterium inhaltlich vertiefen müssen.

b) Dafür bietet sich nun allerdings der Begriff der Vielfalt an. Er ist gerade in diesem Zusammenhang betont worden, von Autoren, auf die sich auch das Bundesverfassungsgericht beruft[571]. Dies nährt die Hoffnung, dass es hier zu einer inhaltlich-qualitativen Wende seiner Rechtsprechung bereit sein könnte. Der Blick wäre dann grundsätzlich nicht auf „gleiche Inhalte“ einer (möglichen) Landesgesetzgebung zu richten, sondern – umgekehrt – auf deren Vielfältigkeit. Diese wäre auf ihre Wertigkeit hin zu untersuchen, und dieser (inhaltlich bestimmte) „Vielfalts-

565 Vgl. die Skepsis von *Osterloh* (Fn. 560).

566 Vgl. die überzeugende Darstellung bei *Oeter* (Fn. 536), Rn. 95 ff. m. Nachw.

567 *Oeter,* a. a. O., Rn. 97.

568 *Rybak / Hofmann* (Fn. 550), S. 233.

569 BVerfGE 106, 62 (144).

570 Ein Niveau wird allenfalls „abgesenkt“, und nach der Formulierung soll offenbar auch noch Vereinheitlichung zu leisten sein – auf wiederum Niveau? Überdies kann sich das BVerfG dabei nicht auf den hier aber von ihm zitierten Rupert *Scholz* (ZG 1994, 1 [12]) berufen.

571 Von *Scholz* (a. a. O.); vgl. auch *Rybak / Hofmann* (Fn. 550), 233; *Sannwald,* G., in: Schmidt-Bleibtreu, B. / Klein, F., GG, Art. 72 Rn. 53; *Schmehl* (Fn. 555), S. 729.

wert“ müsste mit der Wertigkeit einer (formal) einheitlichen Gestaltung der Gesetzgebung verglichen werden.

Dies würde schon eine *grundsätzliche Wende* bedeuten. Es ginge nicht mehr – wie bisher jedenfalls stets unterschwellig – darum, zunächst ein Ideal einheitlicher, das kann eben doch nur heißen: gleicher Lebensverhältnisse aufzustellen, sodann die Landesgesetzgebung danach zu beurteilen, ob sie dem „nahe genug“ kommt, ein Eingreifen des Bundesgesetzgebers zu fordern, sollte dies nicht der Fall sein. Nun müsste, mit Blick auf die Vielfalt der Länder, der Wert von deren Bewahrung – und Herstellung – abgewogen werden gegenüber dem Wert vereinheitlichter Lebensverhältnisse. Es müsste zu einer ständigen und grundsätzlichen Abwägung von „Vielfalt gegenüber Einheit(lichkeit)“ im Bundesstaat kommen. Dies allein entspricht dem Bundesstaat, dazu ist nun das Bundesverfassungsgericht herausgefordert – im Namen einer *„Wende aus Vielfalt“*.

Dies verlangt mehr Raum für die Landesgesetzgebung, „über“ die „gleichwertige Lebensverhältnisse erreichbar“ sind[572]; denn die Wertigkeit einer Vielfalt nimmt mit den legislativen Räumen zu, in denen sie sich entfalten kann, wird sie einmal als „Wert an sich“ erkannt. Doch es kommt nicht darauf an, ob die Länder gleichwertige Lebensverhältnisse „viel eher erzielen“ können, als einheitliche[573]. Es geht ja nicht um Absenkung von Hürden für die Länder im Lauf zu einem Ideal der „Einheitlichkeit der Lebensverhältnisse“. Die – sicher leichtere – Herstellung von Vielfalt sagt nur dann etwas über die Wertigkeit des Gesetzgebungszustands aus, wenn Vielfalt an sich höher bewertet und für sie in den Ländern eine Chance durch weitreichende Länderkompetenzen eröffnet wird.

4. Wahrung der Rechts- und Wirtschaftseinheit

a) Die Verfassungsänderung des Art. 72 Abs. 2 GG erinnert in ihrem wahrhaft gewaltigen Aufwand (oben 2.) und den bereits festgestellten Zielverfehlungen (oben 3. a)) an die Geburt der Maus aus kreißenden Bergen[574]. Diesen Eindruck verstärken die anderen Zielvorgaben in der Formulierung der Reform. Gleichberechtigt neben den „gleichwertigen Lebensverhältnissen im Bundesgebiet“ ist nun alternativ genannt die „Wahrung der Rechts- oder Wirtschaftseinheit im gesamtstaatlichen Interesse“. Die Formulierung wurde am Ende des Gesetzgebungsverfahrens wieder aufgenommen, um gewissen unitarischen Bedenken im Bundestag entgegenzukommen[575]. Dabei erscheint nun aber das Interesse an der Rechts- oder (nicht mehr: und) Wirtschaftseinheit nicht mehr als Oberbegriff zu der „Einheit-

572 *Sannwald,* a. a. O., Rn. 52.

573 *Sannwald,* a. a. O.

574 Parturiunt montes, nascetur ridiculus mus, vgl. *Horaz,* De arte poetica, 139.

575 BVerfGE 106, 62 (141); es ging dabei wohl nicht nur um Grundsatzfragen, sondern vor allem um die Zuständigkeit für die berufliche Bildung.

lichkeit der Lebensverhältnisse", sondern als alternative Rechtfertigung einer Bundeskompetenz – wieder ein Beleg für die angesichts der Bedeutung des Reformwerks doch sehr mangelhafte Problemerfassung.

b) Das Bundesverfassungsgericht hat diese Alternativen erkannt, es spricht hier von „den anderen Zielen" des Art. 72 Abs. 2 GG und hat zu diesen eingehende Ausführungen in der Form eines dogmatischen Lehrbuchs gemacht[576]. Dabei sind prinzipielle Änderungen gegenüber der bisherigen Verfassungsrechtslage nicht ersichtlich[577].

Nach dem Gericht soll mit *„Rechtseinheit"* nur eine „Rechtszersplitterung mit problematischen Folgen" verhindert werden, eine unterschiedliche rechtliche Behandlung desselben Lebenssachverhalts, die „erhebliche Rechtsunsicherheiten und damit unzumutbare Behinderungen für den länderübergreifenden Rechtsverkehr erzeugen kann". Beispielhaft genannt werden differierende Scheidungsregelungen, gerichtsverfassungsrechtliche Unterschiede – beides Gestaltungen, die Rechtseinheit keineswegs per se ausschließen.

„Wirtschaftseinheit" verlangt nach dem Bundesverfassungsgericht – in teilweiser Überschneidung mit der „Rechtseinheit" – „Erhaltung der Funktionsfähigkeit des Wirtschaftsraumes", was über „Rechtseinheit" hinausgehen soll. Überzeugen mag noch, dass landesgesetzliche Schranken den wirtschaftlichen Verkehr im Bundesgebiet nicht behindern, insbesondere die Verteilung des wirtschaftlichen Potenzials nicht verzerren dürfen, dass auch tatsächliche Verschiedenheiten zwischen den Ländern der Gesamtwirtschaft nicht in erheblichem Umfang abträglich sein sollten; beispielhaft genannt werden unterschiedliche Ausbildungs- und Zulassungsvoraussetzungen. Doch auch hier handelt es sich wiederum um nahezu beliebig (über)dehnbare Begriffe, auf deren Grundlage kaum irgendein Bundesgesetz beanstandet werden kann. Und da die Voraussetzungen ein solches alternativ zur Wahrung der Gleichwertigkeit der Lebensverhältnisse legitimieren können, wird dadurch eine etwaige Konkretisierung von Schranken für die Bundeslegislative (vgl. oben 3.) aus diesem Begriff wieder aufgeweicht.

c) Dies alles spricht dafür, dass mit der Verfassungsänderung für eine materiellrechtliche Präzisierung der Maßstäbe wenig gewonnen wurde, dass aber immerhin das Gewicht landesgesetzlicher Vielfalt grundsätzlich anerkannt wurde. *„Rechts- oder Wirtschaftseinheit" sind nicht mehr Oberbegriffe,* die wie bisher „insbesondere" die „Einheitlichkeit" der Lebensverhältnisse erfassen. Diese ist zu einer „Gleichwertigkeit" geworden, welche Vielfalt als Abwägungsbegriff in grundsätzlicher Allgemeinheit eingeführt hat (oben 3. b)). Damit ist auch eine solche *„Einheitlichkeit der Lebensverhältnisse"* nicht mehr alleinige prinzipielle Zielvorstellung einer zu bewahrenden *Rechts- oder Wirtschaftseinheit; diese Begriffe sind vielmehr durchaus kompatibel mit einem bestimmten Maß an Vielfalt*

---

576 a. a. O. I. 5. b) aa), bb).

577 *Degenhart,* Chr., in: Sachs, M., GG, Art. 72 Rn. 12.

in und unter den Ländern. Dann aber muss der Bund die Voraussetzungen seines Gesetzgebungsrechts nicht nur in jedem Einzelfall als solche begründen, er kann sie nicht (allein) aus vorgeblichem Einheitlichkeitsstreben legitimieren[578]. Und dies hat nun *jeweils* in Abwägung zu einem ebenso jeweiligen Vielfaltsinteresse zu erfolgen.

Dies führt einerseits zu einer nunmehr *differenzierenden Interessengegenüberstellung* von Einheitlichkeit und Vielfalt möglicher Regelungen für konkrete Bereiche; vor allem aber wandelt sich damit die *„Rechts- oder Wirtschaftseinheit"* von grundsätzlich übergeordneten Staatsbelangen zu den Vielfaltsbelangen nur mehr gleichgeordneten Staatsinteressen, denen im Föderalverbund sogar *ein gewisser Ausnahmecharakter* (Art. 30 GG) zukommt: Er verlangt spezielle Begründung.

d) Hier wird auch die *Erforderlichkeit* endlich wieder in ihr Recht gesetzt, präzisiert und auch verschärft[579]. Die Bundesgesetzgebung erscheint nun als Eingriffsregelung in die Landeszuständigkeiten, denen grundsätzlich Vorrang zukommt. Sie steht dieser in einem Verhältnis gegenüber, das dem der grundsätzlich zu wahrenden Freiheit des Bürgers zum staatlichen Eingriff entspricht. Auf der letzten Stufe der Prüfung der Verhältnismäßigkeit im weiteren Sinne mündet dies in die Abwägung von Vielfalts- gegenüber Einheitlichkeitsbelangen. Die Pauschalaussage des Bundesverfassungsgerichts, der Grundsatz der Verhältnismäßigkeit könne nicht auf das Verhältnis zwischen Bund und Ländern angewendet werden[580], darf eine Abwägung von Vielfalt und Einheit nicht ausschließen; denn wenn dem Bund nunmehr nicht nur verfahrensrechtlich die Einschätzungsprärogative zustünde, er vielmehr auch inhaltlich den höherrangigen Belang (der Einheitlichkeit) verträte, so hätte die Verfassungsänderung nichts gebracht.

e) Das *„gesamtstaatliche Interesse"* – noch ein Wertungsbegriff[581] – ist auf die „Wirtschaftseinheit" zu beschränken[582] und soll nur eine Verdeutlichung darstellen, ohne eigenständigen Normgehalt[583]. Ein solcher könnte allerdings aus der Sicht einer Vielfalt festgestellt werden, welche als eigenständiger Verfassungswert durch die Verfassungsänderung subjektiv nach Intention des Gesetzgebers, objektiv in der vorstehend gefundenen Auslegung (3. b), 4. c), d)) hervorgehoben werden sollte: (Rechts- oder) Wirtschaftseinheit kann eben nur als

---

578 *Rybak / Hofmann* (Fn. 550), S. 231; zur Auslegungs- und Begründungslast auch *Schmehl* (Fn. 555), S. 728 f.; *Degenhart,* Chr., StaatsR I, Rn. 142; vgl. überdies *Knorr* (Fn. 547), S. 187 ff.

579 *Kunig,* Ph., in v. Münch, I. / Kunig, Ph., GG, Bd. 3, Art. 72, Rn. 24; a.A. *Degenhart* (Fn. 577), Rn. 10; zum Problem auch *Oeter* (Fn. 536), Rn. 89.

580 BVerfGE 81, 310 (338); ähnlich *Kunig,* a. a. O., Rn. 28.

581 *Kunig,* a. a. O., Rn. 27.

582 *Kunig,* a. a. O.; *Rybak / Hofmann* (Fn. 550), S. 232.

583 So *Kunig,* a. a. O.; *Sannwald* (Fn. 554), S. 633; wenn *Schmehl* (Fn. 555), S. 727 daraus schließen will, diese Voraussetzung verbiete eine Bundesgesetzgebung nur im Interesse einzelner Länder, so ergibt sich dies doch bereits aus den Begriffen der Rechts- oder Wirtschaftseinheit – ihre Bewahrung kann nie im Interesse nur eines Landes liegen.

ein Belang des Bundes gesehen werden, nicht zugleich als ein solcher der Länder, deren Gesetzgebung hier eingeschränkt werden darf. Klar steht daher der „Pol Vielfalt (der Länder)“ dem „Pol Einheit (im Bund)“ gegenüber, im Sinne eines zweigliedrigen Bundesstaatsbegriffs, nach dem der Bund (zugleich) die Interessen des Gesamtstaates wahrnimmt. „Vielfaltsinteressen“ hat also der Bund grundsätzlich nicht wahrzunehmen, dies ist Sache ihrer in Vielheit organisierten Träger, der Länder. *Damit wird die klare, abwägungsrelevante Bedeutung der Vielfalt als Rechtsbegriff betont.*[584]

f) Das Bundesverfassungsgericht hat schließlich in längeren Ausführungen die *Notwendigkeit prognostischer Entscheidungen* mit Blick auf Art. 72 Abs. 2 GG betont[585]. Diese nicht unwichtige Ergänzung seiner bisherigen Judikatur ist wohl vor allem Ausdruck der von ihm zunehmend unterstrichenen Bedeutung von „Prognosen“, welche vor allem dazu dienen, dem Gesetzgeber „Sorgfaltsaufgaben“ zu stellen – damit dann das Gericht vielleicht gar von (späterer) Entscheidungsnotwendigkeit entlastet werde. Hier kommt dem aber noch eine spezielle Bedeutung zu: *Je genauer der Sachverhalt ermittelt werden muss*[586], *desto mehr sind Einzelheiten zu erheben und zu berücksichtigen, aus denen sich Ländervielfalt aufbaut.* Damit wird die *Prognoseverpflichtung zur verfassungsrechtlichen Gewährleistung des Abwägungsgewichts der Vielfalt.*

5. Regelungsbereichsspezifische Bedeutung der Vielfalt

Ein Überblick über die Regelungsmaterien, für die im Licht der Neuregelung des Art. 72 Abs. 2 GG Einheitlichkeit gegenüber Vielfalt abzuwägen ist, kann hier nicht geboten werden. Herausragende Beispiele mögen genügen.

a) Schon vor Jahrzehnten wurden in grundsätzlichen Untersuchungen Vorstellungen zu einer „unterschiedlichen Begabung der Lebensräume“ entwickelt.[587] Aus einem territorial-föderalen Ansatz heraus wurde bereits damals gefordert, die Vielfalt der jeweiligen Standorte dürfe nicht eingeebnet, sie müsse durch die Entfaltung von Vorranggebieten genutzt werden. Die Diskussion, welche seinerzeit daran anschloss[588], sollte wieder aufgenommen und vertieft werden. Die „für den Bundesstaat selbstverständliche innerstaatliche Mobilität“[589] setzt gerade derartige Differenzierungen voraus, nicht unitarische Planung.

---

584 *Sommermann* (Fn. 505), Rn. 28; *Scheuner* (Fn. 511), S. 642; BVerfGE 13, 53 (77).

585 BVerfGE 106, 62 (150 f.).

586 was das BVerfG, a. a. O., allgemein betont.

587 Von der „Kommission für wirtschaftlichen und sozialen Wandel“, in: Wirtschaftlicher und sozialer Wandel in der Bundesrepublik Deutschland“, 1977.

588 Nachw. b. *Wimmer* (Fn. 539), S. 63.

589 *Rybak / Hofmann* (Fn. 550), S. 232.

Im *Ost-West-Verhältnis nach der Wiedervereinigung*[590] hätte gerade dies zur Leitlinie einer „deutschen Einheit in Vielfalt" werden müssen – ökonomische Interessen und Wahldemagogie haben in unitarischer Begehrlichkeit einen anderen Weg beschreiten lassen; doch zu einer Umkehr ist es noch nicht zu spät.

b) *Wirtschaftlich-soziale Bereiche von auch nur einiger Verflechtung oder gar Globalität* sind zwar häufig Ausgangspunkt unitarisierender Bestrebungen; doch immer wieder wird hier auch die Möglichkeit, ja die Notwendigkeit einer Entwicklung in Vielfalt und zu ihr gesehen. Dies wird im vorliegenden Zusammenhang etwa angesprochen für *„die Märkte"*, die sowohl überregional als auch lokal erfasst und rahmenmäßig – vor allem durch Wettbewerbsrecht – gesetzgeberisch geordnet werden müssen[591]. *Erhebliche Lohndifferenzen* stellen mit Blick auf Art. 72 Abs. 2 GG gewiss ein Problem dar, doch bei unterschiedlichem Preis- und Lebenshaltungsniveau können sie andererseits auch gerade als Ausdruck föderaler Vielfalt gerechtfertigt erscheinen[592]; diese Gesamtsituation mag in globalisiertem Wettbewerb sogar zur Standortchance werden.

Uneinheitliche Lebenshaltungskosten stellen für sich betrachtet durchaus ein Indiz für nicht gleichwertige Lebensverhältnisse dar[593]; sie lassen sich aber auch wiederum als Ausdruck einer Vielfalt positiv bewerten – und um Bewertung geht es hier doch (vgl. oben 3. a)) – als Ausdruck ökonomischer Vielfalt, aus der Mobilität und Dynamik entsteht. Der Vielfaltsbegriff tritt hier als abwägend-abgrenzendes Gegenprinzip in Erscheinung. Ähnliches ist mit guten Gründen für *ungleiche Erwerbs- und Arbeitschancen* betont worden.[594] Überhaupt dürfen nicht alle Gegebenheiten und Entwicklungen, die unter *sozialstaatlichen Gesichtspunkten* als Probleme gesehen werden könnten[595], sogleich als ausgleichsbedürftige föderale Defizite gewertet werden[596]. Im ökonomisch-sozialen Bereich ist also grundsätzlich von der Abwägungsnotwendigkeit zwischen Einheits- und Vielfaltsbelangen und dabei von einem grundsätzlich erheblichen Gewicht der letzteren auszugehen. Allenthalben zeigen sich hier auch Ambivalenzen, die positive wie negative Bewertung tragen.

c) Diese Überlegungen führen teilweise bereits in andere, nicht ökonomische Bereiche, so etwa, wenn ein gleicher Versorgungsstandard für Kindergärten und Schulen gefordert wird[597]. Bis hin zum *Hochschulrecht* ist dies ein Bereich, in

---

590 Vgl. dazu unter diesem Gesichtspunkt für viele: Abschlussbericht der Gemeinsamen Verfassungskommission, BT-Drucks. 12/6000, S. 33; *Knorr* (Fn. 547), S. 182 f.; *Arndt* (Fn. 478), S. 360.

591 *Rybak/Hofmann* (Fn. 550), S. 232.

592 *Oeter* (Fn. 536), Rn. 95 m. Nachw.

593 Ablehnend *Maunz,* Th., in: Maunz, Th./Dürig, G., GG, Bd. 2, Art. 72 Rn. 23.

594 *Arndt* (Fn. 478), S. 362.

595 Vgl. *Sannwald,* R., in: Schmidt-Bleibtreu, B./Klein, F., GG, Rn. 54.

596 Zu dieser Gefahr *Rengeling,* H.-W., Gesetzgebungszuständigkeit, HdbStR, Bd. 4, § 100 Rn. 124 m. Nachw.; vgl. demgegenüber oben II. 5. b).

597 *Arndt* (Fn. 478).

dem auch die Verfassungsrechtsprechung schwankt, zwischen unitarischen und föderal-vielfältigen Gestaltungsnotwendigkeiten[598]. Hier lassen sich allerdings befriedigende Lösungen wohl einerseits über dem Begriff eines gleichwertigen organisationsrechtlichen Angebots finden, das aber nicht zur Vereinheitlichung aller Inhalte führen muss; andererseits kann Einheitlichkeit gerade in diesem Bereich nur einen gewissen Mindeststandard erfordern. Jedenfalls wird für den Kulturbereich der Vielfalt deutlicher Vorrang zuzuerkennen sein, aus grundsätzlich verfassungsrechtlichen Gründen, die bereits (oben C. V.) näher materiellrechtlich dargelegt worden sind. Unstreitig ist, dass der Aufbau des Schulunterrichts, der Schularten und der Schulfächer unterschiedlich gestreut und vielgestaltig sein darf, auch nach Konzentration und Vertiefung[599].

Wenn für größere, auch ins Ökonomische reichende, Lebensbereiche, wie etwa *Landwirtschaft* und *Umweltschutz,* die Diskussion über das Gewicht einer Vielfalt noch keineswegs abgeschlossen ist[600], im Naturschutzrecht nach seinem Gegenstand vieles für die Annahme eines besonderen Rechtswerts der Vielfalt spricht, so wird deutlich, dass Vielfalt bereichsspezifisch zu verstehen ist.

6. Aufgabe und Chance für das Bundesverfassungsgericht: Entwicklung einer Vielfaltsdogmatik

In der Entfaltung einer solchen Bereichsspezifik liegt auch *die Aufgabe des Bundesverfassungsgerichts;* es sollte dafür die Chance der Neufassung des Art. 72 Abs. 2 GG nutzen. Hier ist auf einem Weg fortzufahren, den das Gericht im Jahre 2003 bereits beschritten hat[601]. Erkannt hat es hier, dass eine Grundsatzentscheidung nottat, weil sich eine staatsrechtliche Grundsatzproblematik stellt: Vielfalt nicht nur verbal zu preisen, sondern dogmatisch als Rechtsbegriff nutzbar zu machen, in laufender, abwägender Spannungsauflösung gegenüber einer Einheitlichkeit, welche die Gleichheit materiell übersteigert.

Es wird zwar kaum möglich sein, derartiges nur über weitere lehrbuchhafte Grundsatzerkenntnisse zu bewirken. Gefordert ist in erster Linie eine sorgfältig-induktive Aufbereitung der „vielfältigen Vielfalten“, in ihrem Regelungsgehalt wie ihrer Wertigkeit. In ihrem Konvergieren lassen sich dann die hier angedachten Grundlinien eines allgemeineren Vielfaltsbegriffs weiter verfolgen.

Der Verfassungsgesetzgeber von 1994 hat das Problem gesehen, es mit seinem politikorientierten Grundansatz aber nicht zu lösen vermocht. Eines aber hat er deutlich gezeigt, das Einzige vielleicht, was von ihm erwartet werden durfte: dass sich nämlich zum Problem der Vielfalt etwas bewegen muss. Hier hat er den Rich-

598 Dazu für viele *Hohmann* (Fn. 539), S. 193 m. Nachw.

599 *Maunz* (Fn. 593).

600 Dazu *Sannwald* (Fn. 595) m. Nachw.

601 BVerfGE 106, 62.

tern einen Entscheidungsraum von paralegislatorischer Bedeutung eröffnet. Er hat ihnen eine Aufgabe gestellt, wie kaum je so deutlich: Vielfalt zu entfalten. Nun – videant judices …

7. Ergebnis zu den „vielfältigen Lebensverhältnissen“ im Bundesstaat

a) Aus Anlass der neueren Verfassungsdiskussion und -änderung war dieser Föderalbereich näher zu betrachten. Dabei hat sich die Erkenntnis bestätigt, dass Vielfalt als verfassungsrechtlicher Selbstwert einen deutlichen Gegenpol zu unitarisierenden Kompetenzen darstellt. Die Grundtendenz der Entwicklung läuft hier in Richtung auf die Verstärkung einer Vielfalt, welche nicht weiter leerlaufen darf. Der vereinheitlichte Bundesvorrang in der Beurteilung ist gefallen, diese darf nicht in die Politik abgedrängt werden. Aufgabe des Bundesverfassungsgerichts ist es, die Chance der neu versuchten Justiziabilität des Art. 72 Abs. 2 GG mehr als bisher zu nutzen, zur Konkretisierung der Vielfalt.

b) Die Verfassungsreform hat inhaltlich zwar nicht viel gebracht, für die Stärkung der Bedeutung der Vielfalt als eines Rechtsbegriffs aber immerhin einiges. Zwar muss sie nach wie vor in Bewertung erschlossen werden. Die Gleichwertigkeit der Lebensverhältnisse hat aber, in grundsätzlicher Gegenüberstellung und Spannung zu einer „Einheitlichkeit“, zu einer durchgehenden und grundsätzlichen Abwägung zu führen. „Wahrung der Rechts- und Wirtschaftseinheit“ ist nicht mehr übergeordnetes Ziel, sondern nur mehr eine Vorgabe neben (einer) anderen; manches spricht für ihren Ausnahmecharakter. Die Beurteilung der Erforderlichkeit des Einheitlichen rückt die föderale Vielfalt in die Nähe der grundsätzlich vorrangigen Bürgerfreiheit. „Gesamtstaatliche Interessen“ sind – wiederum in deutlich abgrenzender Gegenüberstellung zur Ländervielfalt – allein vom Bund zu wahren. Die Betonung von Prognoseentscheidungen bei Inanspruchnahme einer Bundeskompetenz unterstreicht die Notwendigkeit vertiefender Untersuchung der Vielfalt im Gliedstaatenbereich und wirkt damit als deren verfassungsrechtliche Gewährleistung.

Schließlich zeigt sich auf diesem weiten Feld föderal geordneter Lebensverhältnisse die besondere Bedeutung einer Bereichsspezifik, in welcher Vielfalt stets zunächst inhaltlich zu bestimmen ist, sodann in ihrem Abwägungsgewicht gegenüber unitarischen Belangen.

IV. Europäischer Föderalismus und Regionalismus – Gemeinschaftsrecht und Vielfalt

1. Föderales Vielfaltsdenken und Gemeinschaftsrecht

Lange schon wird darüber diskutiert, ob die Europäische Gemeinschaft (noch) Staatenbund oder (bereits) Bundesstaat sei; dass sie sich auf dem Weg zu einem föderalen Gebilde bewegt, ist unstreitig[602]. Vor Jahrzehnten bereits konnte *Werner Weber* sogar die These aufstellen, Föderalismus sei nicht mehr eine Aufgabe im klein gewordenen Deutschland, sondern in einem größeren Europa[603]. Damit prägen föderale Vielfaltsvorstellungen, wie sie bereits festzustellen waren (II.), sämtliche europarechtliche Entwicklungen. Gerade das föderal verfasste Deutschland bietet dafür Anknüpfungspunkte, es trägt bündische Vielfaltsstrukturen in die Europäische Gemeinschaft[604], die auch aus den anderen „vielfältig ausgeprägten Formen des Föderalismus" dorthin konvergieren[605]. Hinzu kommen Lehren aus dem amerikanischen Föderalismus[606].

a) Konkreter noch wirken die Einflüsse der *Länder als Träger solcher Vielfalt in einzelnen Mitgliedstaaten*[607], gerade wenn ihre Vertreter als solche der Bundesrepublik Deutschland auftreten[608]. Diese Föderalgewichte sollen seit längerer Zeit schon verstärkt werden[609], doch war die Bilanz wohl lange eher negativ[610]. Immerhin öffnet sich hier das Europarecht institutionell einer föderalen Vielfalt; erweitern lässt sie sich auch durch eine stärkere Einbindung des Landesparlamentarismus in den Prozess der europäischen Einigung[611].

---

602 Für viele *Weber* (Fn. 441), S. 19 ff.; *Badura,* P., Bewahrung und Veränderung demokratischer und föderativer Verfassungsprinzipien durch Europa verbundene Staaten, ZSR N.F. 109, 1990 I, 115 ff.; *ders.* (Fn. 488), insb. S. 376 ff.; *Schambeck* (Fn. 440), S. 36 ff.; *Leonardy* (Fn. 496), S. 135 (156 ff.); Graf *Vitzthum,* W., Der Föderalismus in der europäischen und internationalen Einbindung der Staaten (Kongressvortrag), AöR 115 (1990), 281 ff.; *Wiedmann,* Th., Föderalismus als europäische Utopie. Die Rolle der Regionen aus rechtsvergleichender Sicht – Das Beispiel Deutschlands und Frankreichs, AöR 117 (1992), 46 ff.; *Wuermeling,* J., Föderalismus und Regionalismus in Europa (Kongressvortrag), BayVBl. 1990, 489 ff.

603 Spannungen und Kräfte im westdeutschen Verfassungssystem, 3. Auflage 1970, S. 83.

604 Vgl. dazu insb. Graf *Vitzthum* (Fn. 602), S. 291 ff.; *Wiedmann* (Fn. 602).

605 *Badura* (Fn. 488), S. 381.

606 *Fechtner,* D. / *Hannes,* M., „Lessons from american federalism" – Länder und Regionen in der Europäischen Gemeinschaft, ZParl 1993, 133 ff.

607 Vgl. f. viele *Mecking,* Chr., Das Europa der Zukunft – Subsidiarität, Föderalismus, Regionalismus (Tagungsbericht), BayVBl. 1991, 746 ff.; *Schweitzer,* M. / *Fixson,* O., Subsidiarität und Regionalismus in der Europäischen Gemeinschaft, Jura 1992, 579 (583 f.).

608 Dazu *Pollmann,* Chr., Der Vertreter der Länder in Angelegenheiten der Europäischen Union – Schutz des Föderalismus oder Beruhigungspille?, KJ 1999, 83.

609 Graf *Vitzthum* (Fn. 602), S. 293 ff.

610 A. a. O., S. 287 f.

b) Diese föderalen Vielfaltsströmungen werden aber immer wieder abgeschwächt durch Gegenentwicklungen, die der Entfaltung des Gemeinschaftsrechts geradezu immanent sind. Laufend stellt sich die Frage der *Rechtsangleichung,* und diese wird immer weitere Fortschritte machen[612]. Der Kampf um Gemeinschaftskompetenzen wird also vor allem mit dem *Ziel verstärkter Einheitlichkeit* geführt. Diese mag noch nicht die innerstaatlich-föderale Stufe der „Einheitlichkeit" oder auch (nur) Gleichwertigkeit der Lebensverhältnisse erreicht haben (oben III.). Insgesamt liegt die Aufgabe des Europarechts aber weit mehr darin, Vielfalt aufzulösen als zu stärken; besonders deutlich zeigt sich dies in der Entwicklung zu einer Europäischen Verfassung[613].

Eine Stärkung der Vielfalt ist in dieser Sicht zwar kein europarechtliches Primäranliegen. Dennoch muss sie als ein rechtlicher Schlüsselbegriff des Gemeinschaftsrechts stets bewusst und in allen seinen Gestaltungen wirksam bleiben, weil sonst die Spannung zwischen zentrifugalen und zentripetalen Kräften in Europa nicht gehalten werden kann.

c) Gerade wenn Vielfalt im Verhältnis der Union zu den Mitgliedstaaten immer mehr zum Gegenstand einer unaufhaltsam erscheinenden Erosion zu werden scheint, sind Anstrengungen dazu gefordert, wie sie auf anderer, niederer Ebene doch noch gehalten, vielleicht gar noch gestärkt werden kann, und sei es eines Tages im Sinne eines „föderalen Minimums".

So wurde denn schon vor einiger Zeit die Frage nach dem *Regionalismus* gestellt im Sinne einer „kompensatorischen Reaktion" gegen den „Föderalismus als föderales Relikt"[614]. Diese Problemstellung soll hier mit der Frage aufgenommen werden, was vom *Regionalismus an Vielfalt zu erwarten ist.* Wird sie europarechtlich hier nicht greifbarer als in föderaler Betrachtung?

---

611 *Volkert,* H. P., in: Merten, D. (Hrsg.), Föderalismus und Europäische Gemeinschaften, 2. Aufl. 1993, S. 251 ff.

612 Dazu *Oschatz,* G. B., EG-Rechtsetzung und deutscher Föderalismus, in: Merten, D. (Hrsg.) Föderalismus und Europäische Gemeinschaften, 2. Aufl. 1993, S. 63 (64 ff.); früher *Hauschka,* Chr., Der Stand der gemeinschaftlichen Rechtsangleichung im Recht der privaten Wirtschaft drei Jahre vor Vollendung des Binnenmarktes 1992, NJW 1989, 3048 ff.; neuerdings insb. *Rabe,* H.-J., Die Europäisierung der Rechtsordnung, NJW 1997, 2631 ff.; *Oppermann* (Fn. 29), Rn. 1206, 1235 ff., 1254 ff. und 1261 ff.

613 bis hin zu europäischen Grundrechten; dazu neuerdings *Große Wentrup,* A., Die Europäische Grundrechtecharta im Spannungsfeld der Kompetenzverteilung zwischen Europäischer Union und Mitgliedstaaten: eine Untersuchung am Beispiel von Art. 14 und Art. 16 EuGRC, 2003; jedenfalls wenn man dies unter dem historischen Gesichtspunkt deutscher Entwicklungen des 19. Jahrhunderts betrachtet (S. 19 ff.), die ja auch eher unitarisierend gewirkt haben.

614 *Mayntz,* R., Föderalismus und die Gesellschaft der Gegenwart (Kongressvortrag), AöR 115 (1990), 232 (233 ff.).

2. „Europa der Regionen“ – eine entwicklungsfähige Föderalform im Gemeinschaftsrecht

a) Regionalismus ist als „werdendes Strukturprinzip des Verfassungsstaates und als europarechtspolitische Maxime“ bezeichnet worden[615]. In der Tat finden sich nicht nur im Kulturbereich Erklärungen zur regionalen Vielfalt[616]; auch zu wirtschaftlich zentralen Regelungsmaterien nehmen „Regionalklauseln“ Unterschiede und Abstände zwischen regionalen Gebilden in den Blick[617]. „Regionalismus in Europa“, „Europa der Regionen“ ist zum Gegenstand systematischer gemeinschaftsrechtlicher Betrachtungen geworden[618].

Dieser Begriff wurde ersichtlich jenem „Europa der Vaterländer“ entgegengesetzt, der vielen als eine Überbetonung staatlicher Vielfalt und damit als Hemmschuh notwendiger Integration erschien. Euroskeptiker dagegen fanden hier zunächst noch ein Reservat, in welches die Angleichung nicht so leicht vordringen konnte.

b) Zwar konnte der Regionalismus nicht an eine ausgebaute, spezifische Lehre anknüpfen, hier war allenfalls auf Elemente des Föderalismus zurückzugreifen, wobei deren Abgrenzung zum Regionalismus problematisch blieb[619]. Immerhin ist ein ausgebauter Regionalismus aber bereits auf der iberischen Halbinsel entstanden und auch in Italien[620], ja sogar im traditionellen Einheitsstaat Frankreich[621].

Vieles spricht – gerade in der italienischen Entwicklung – dafür, dass sich die Regionen immer mehr zu „kleinen Ländern“ entwickeln[622], bis hin zu einer – wenn auch wesentlich abgeschwächten – Staatsqualität auf allen verfassungsrelevanten Tätigkeitsfeldern. Damit gewänne dann der Föderalismus im Regionalismus eine neue Chance vor allem darin, dass er dessen „Vielfalt als Staatsprinzip“ in die Europäische Union tragen könnte (vgl. dazu oben 1. c)).

---

615 *Häberle* (Fn. 308), S. 1 ff.

616 *Häberle,* a. a. O., S. 10 ff.

617 Vgl. etwa *Naß,* K. O., Das „Europa der Regionen“ – verfassungs-, struktur- und agrarpolitische Aspekte, Agrarrecht 1995, 289 (296).

618 Vgl. u. a. *Rengeling,* H.-W., Europa der Nationen, in: Becker, B. / Bull, H. P. / Seewald, O. (Hrsg.), Festschrift für Werner Thieme zum 70. Geburtstag, 1993, S. 445 ff.; v. *Unruh,* G.-Chr., Regionalismus in Europa – Realität und Probleme, BayVBl. 1993, 10 ff.; *Naß,* a. a. O.; *Leonardy,* U., Gegenwart und Zukunft der Arbeitsstrukturen des Föderalismus – Status quo – „Europa der Regionen“ und staatliche Einheit Deutschlands, ZParl 1990, 180 ff.

619 Vgl. dazu Graf *Vitzthum* (Fn. 602), S. 282 ff.; immerhin sieht *Häberle* (Fn. 308), S. 18 f., vgl. auch 25 f., bereits Konturen einer „allgemeinen Regionalismuslehre“.

620 Vgl. dazu *Häberle,* a. a. O., S. 44 ff. m. Nachw.; vgl. auch schon *Wuermeling* (Fn. 602) (Tagungsbericht).

621 *Wiedmann* (Fn. 602), S. 54 ff.

622 Die von *Häberle* (Fn. 308, S. 25 f.) entwickelten Kriterien des Regionalismus zeigen die Regionen denn auch als derartige Gestaltungen.

3. Regionalismus als Vielfalt fördernde Gestaltung

a) Die Diskussion um den Regionalismus zeigt, dass sich hier eine Form föderaler Gemeinschaftsrechtlichkeit entwickelt, welche die größere Systematik des traditionellen Föderalismus gewissermaßen herabstuft, sich aber gerade damit in die europarechtlichen Strukturen schiebt. Dies bedeutet zugleich eine Chance, um auch *Vielfalt als konstitutiven gemeinschaftsrechtlichen Begriff* über das Niveau politischer Deklarationen oder gar nur Deklamationen hinauszuheben, ihn rechtlich fassbar werden zu lassen.

Dies zeigt sich in den *Legitimationsgründen,* welche den Regionalismus tragen[623]. Hier spielt die Argumentation aus Vielfalt eine zwar nicht ausschließliche, aber doch wesentliche Rolle. Sie ist von zentraler Bedeutung, wenn auf „Europas Kultur als Vielfalt und Einheit" abgehoben wird (aber auch für wichtige grundrechtlich-kulturelle Bezüge[624]), davon war schon die Rede (oben C. V.); und es wird in einem Regionalismus besonders deutlich, der, noch stärker als der Föderalismus, „kulturzentriert" ist. Die Legitimation des Regionalismus aus einer *Demokratizität* dieser Gestaltung[625] zeigt ebenso einen Vielfaltsbezug, wie dies bereits (oben II. 2. b)) für den Föderalismus festzustellen war: Mehr noch als dieser konstituiert er „das Volk" in eher noch kleineren Gruppierungen, als staatlichen Entscheidungsträger; dadurch bringt er zugleich „den Staat" näher an seine Bürger, bindet diesen auch emotional in sie ein[626] – in ihre individuelle Vielfalt.

b) Als Ausdrucksform einer *geschichtlich gewordenen Vielfalt* legitimiert sich der Regionalismus daraus, dass er sich gerade in Europa zu einer Bürger-Vielfalt öffnet. Deshalb konnte schon im Jahre 1989 auf der *Münchener Konferenz „Europa der Regionen"* an die Spitze der Entschließungen die Aussage gestellt werden: „Europas Reichtum ist die Vielfalt seiner Völker und Volksgruppen, seiner Kulturen und Sprachen, Nationen, Geschichte und Traditionen, Ländern, Regionen und autonomen Gemeinschaften. Ziel unserer Politik ist es, diese Vielfalt zu erhalten und zu fördern (...)"[627]. Damit wird nicht nur der Regionalismus zum rechtlich übergreifenden föderalen Konstitutivprinzip des Gemeinschaftsrechts erklärt (oben 2.), sein Wesen wird gerade in dieser „europäisch vielfältigen Vielfalt" gesehen.

c) Zugleich erscheint *der Regionalismus gerade in seiner Vielfalt als ein Konstitutivprinzip der Subsidiarität.* Mit ihr wird er im Schrifttum laufend in Zusammen-

---

623 Vgl. die Auflistung bei *Häberle,* a. a. O., S. 27 ff.

624 *Häberle,* a. a. O., S. 28 f., S. 32 f.

625 Dazu *Veiter,* Th., Regionalismus und Selbstbestimmung in Europa, AVR 30 (1992), 482 ff., 489 ff.

626 Graf *Vitzthum* (Fn. 602), S. 302 ff.

627 Vgl. *Knemeyer,* F.-L., Subsidiarität – Föderalismus, Dezentralisation. Initiativen zu einem „Europa der Regionen", DVBl. 1990, 449 (453 f.).

hang gebracht[628] – mit Recht. Nur aus einer Vielfaltsvorstellung heraus lässt sich das Subsidiaritätsprinzip überhaupt näher bestimmen; denn die „kleinere Einheit“, deren kompetenzmäßigen Vorrang es fordert, kann ihre Legitimation nicht allein im Quantitativen sehen, sie muss auch in qualitativer Unterschiedlichkeit gefunden werden, die aber Vielfalt voraussetzt. Plausibel ist es zumindest, eine solche in erster Linie in den „regionalen Verschiedenheiten“ zu erblicken, einem Begriff, der weit lebensnaher erscheint als der einer vor allem auf politisch-historische Wurzeln zurückführenden „Länder-Vielfalt“[629].

d) Hier erweist sich allerdings der *Begriff der Region* als in sich nicht nur vielschichtig, sondern *vielfältig*. Konstitutiv sind zwar Geographie, Planung und Verwaltungsorganisation. Es gibt aber keinen einheitliche Typus der Region, vielmehr können Regionen ganz unterschiedlich verfasst sein[630]. Differenziert werden unter anderem im Europarecht normative und analytische, diese letzteren wieder unterschieden in funktionale und homogene, Regionen[631]. Unter dem Gesichtspunkt der Vielfalt kann keiner dieser rechtlich abgrenzenden Gestaltungen Präferenz zukommen. Im Einzelfall wird zu beurteilen sein, ob sie sich in ihrer Vielfaltsausprägung überzeugend legitimieren lassen; grundsätzlich kann sich diese Diversität aber aus ihnen allen ergeben und auch den Eigenwert einer regionalen Vielfalt in Europa tragen. Das Größenproblem spielt dabei kaum die entscheidende Rolle[632]; auch grenzüberschreitende Regionen können solche Vielfalt begründen[633]. In vielem mag der Begriff der Region in Europa noch schillernd bleiben[634] – *eine Struktur regionaler Vielheit ist ihrem Wesen nach aber auch Ausdruck einer qualitativen Vielfalt.*

4. Regionale Aufgabenfelder: zwischen Vielfalt und Angleichung

a) Ausprägung von Vielfalt, Ausgangspunkt ihrer näheren Präzisierung kann der Regionalismus nur dann sein, wenn er sie in der Diversität seiner Aufgabenfelder deutlich fassbar zum Ausdruck bringt. Auf europäischer Ebene ist er dabei noch mehr auf ein Konvergieren einzelstaatlicher Gestaltungen angewiesen als der

---

628 Siehe etwa *Rengeling* (Fn. 618), S. 454, 457 f.; *Häberle* (Fn. 308), S. 32; *Knemeyer,* a. a. O., S. 451; vgl. auch *Veiter* (Fn. 625), S. 483; *Schweitzer / Fixson* (Fn. 607), S. 579 ff.; *Oschatz* (Fn. 612), S. 67 ff.; *Volkert* (Fn. 611), S. 258. Durch den Maastricht-Vertrag wurde dieser Grundsatz in die EG-Verfassung aufgenommen (Art. 13 Abs. 2 EUV; Art. 3 b EGV).

629 Mögen diese zugleich auch für den Regionalismus bedeutsam sein, vgl. der Nachw. b. *Häberle* (Fn. 308), S. 15.

630 *Heberlein,* H., Der Ausschuß der Regionen, BWGZ 1994, 307 (308), unter Hinweis auf Knemeyer. Zum Begriff der Region vgl. auch *Häberle* (Fn. 308), S. 22 f.

631 *Rengeling* (Fn. 618), S. 457 f.

632 Dazu *Esterbauer,* F., Der europäische Regionalismus. Föderalistische Konzeption des Aufbaus eines vereinigten Europas, BayVBl. 1979, 328 (330).

633 Zu ihnen *Veiter* (Fn. 625), S. 486 ff.; *v. Unruh* (Fn. 618), S. 10 (13 f.).

634 *Mecking* (Fn. 607), S. 748.

Föderalismus, der sich hier immerhin auf traditionelle Kompetenzverteilung in Bundesstaaten stützen kann und eine solche auch in einer europäischen Charta vornehmen muss[635]. Auf regionaler Ebene ist dies aber in vergleichbarer rechtlicher Fassbarkeit kaum zu erwarten, selbst wenn es gelingen sollte, eine regionale Partizipation an einer „gemeinschaftsrechtlichen Gesamtstaatlichkeit" einzuführen (vgl. unten 5. b)). Hier muss also zunächst auf eine Art von induktiver Herausbildung von Regionalmaterien in den Rechten der Mitgliedstaaten gesetzt werden, insbesondere für den Bereich der Regionalgesetzgebung, die dann in längerer Entwicklung gemeinschaftsrechtliche Akzeptanz finden und zu rechtlicher Verfestigung führen kann. In diesem Prozess muss, wenn er denn ablaufen soll, ein Konvergieren mitgliedstaatlicher Vielfaltsvorstellungen der nationalen Rechtsordnungen zu einem europarechtlichen Vielfaltsbegriff angestrebt werden – ein sicher komplexer und langwieriger Vorgang. *Nur über nationale föderale Vielfalt kann der Weg zu regionaler gemeinschaftlicher Vielfalt führen.*

b) Die bisherigen Erfahrungen und Diskussionen wirken hier nicht eben ermutigend. Der *kulturelle* Bereich ist zwar als Aufgabenfeld der Regionen in einem vereinten Europa seit längerem erkannt[636], und zwar wohl auch in einer gewissen Exklusivität; gerade hier wird „Europas Kultur als Vielfalt und Einheit" beschworen[637]. Im Übrigen ist die Bilanz aber wenig aussagekräftig. Genannt werden etwa noch das Verkehrswesen[638], das Agrarrecht[639] sowie Umwelt- und Raumordnung. Doch auf all diesen Gebieten überlagert sich einer grundsätzlichen und meist nur verbalen Anerkennung einer Berücksichtigung oder gar Pflege regionaler Vielfalt eine andere und gerade auf dieser Ebene meist weit stärkere Tendenz: zum Ausgleich nicht nur föderaler, sondern vor allem regionaler Unterschiede.

c) Dieser *„Zug zur Angleichung der Regionen"*, der ihre Vielfalt einebnet, wird gerade dort (mit Sorge) gesehen, wo an sich die traditionelle Chance einer Pflege der Diversität besteht[640]. Er vollzieht sich in der großen Entwicklung der *Rechtsangleichung* der *Ordnungen der Mitgliedstaaten,* der auf die Regionen durchschlägt, sie nur selten als Reservate einer Vielfalt schont. Angesichts einer Disparität unter den Mitgliedstaaten[641], die sich in der Heterogenität von deren Strukturen mit weiteren Beitritten nur noch verstärken kann, tritt zunehmend die Aufgabe einer Angleichung vor allem über den *Finanzausgleich* in den Vordergrund, der über Finanzierungsauflagen Gleichschaltung erzwingt. Gerade weil die Gemeinschaft in ihren Regionen sehr weitreichende Disparitäten vorfindet, wird wohl versucht wer-

---

635 Wie dies auch bereits im Verfassungsentwurf des Konvents versucht wird, vgl. dazu f. viele *Oppermann,* Th., Eine Verfassung für die Europäische Union. Der Entwurf des Europäischen Konvents – 1.Teil, DVBl. 2003, 1165 (1169 ff.).

636 Siehe dazu vor allem *Häberle* (Fn. 308), S. 11 ff.; vgl. auch oben C. V.

637 *Häberle,* a. a. O., S. 32 f.

638 *Naß* (Fn. 617), S. 289 (290); *Häberle,* a. a. O., S. 17.

639 *Naß,* a. a. O.; vgl. auch unten 5. a), zur „Gemeinschaftscharta der Regionalisierung".

640 So etwa im Kulturbereich, vgl. *Mecking* (Fn. 607), S. 747.

641 Dazu *Naß* (Fn. 617).

den, den Regionalismus in seinen Ordnungskompetenzen eher einschränkend weiterzuentwickeln. Damit bahnt sich die Gefahr an, dass sich hier nicht so sehr eine Front der Vielfalt, als vielmehr eine solche der Einheitlichkeit aufbaut, was dann gar noch auf Vielfaltstendenzen aus den nationalen Föderalismen (oben II.) abschwächend durchschlagen könnte.

5. Die Organisation von Regionen in Europa: Chance oder Gefahr für die Vielfalt?

a) Organisation kann für sich betrachtet Vielfalt bringen, ihr Räume erschließen; sie kann aber auch in einer „Organisation von Vielfältigem" dessen Rechtsqualität präzisieren und deren Gewicht verstärken. Es fragt sich hier also, ob es in der „Organisation der Regionen" auf Gemeinschaftsebene dafür Ansätze gibt.

Die Regionen in Europa hatten schon seit längerem Versuche unternommen, sich in Zusammenschlüssen zu organisieren. 1985 wurde in Straßburg ein *„Rat der Regionen"* eingerichtet. Dabei handelte es sich aber nicht um ein spezifisch regional zusammengesetztes Gremium, da es mehrheitlich aus Vertretern dekonzentrierter Verwaltungseinheiten ohne eigene Autonomie bestand[642].

Im Jahre 1988 wurde vom Europäischen Parlament eine *„Gemeinschaftscharta der Regionalisierung"* beschlossen[643]. Darin wird Region nur sehr allgemein als „in sich geschlossenes Gefüge" beschrieben, in dem „daraus resultierende Eigenheiten" bewahrt und weiterentwickelt" werden sollen (Art. 1 Abs. 1). Als konstitutiv werden „gemeinsame Merkmale hinsichtlich der Sprache, der Kultur, der geschichtlichen Tradition und der Interessen im Bereich der Wirtschaft und des Verkehrswesens" angegeben (Art. 1 Abs. 2). Diese Regionen sollen nach nationalem Recht, in Orientierung am Subsidiaritätsprinzip, möglichst weitgehend Befugnisse an Kommunen (weiter) übertragen (Art. 14). Abgesehen von diesen mehr als vagen Formulierungen enthält die Charta jedoch keinen Ansatz für ein in solcher Organisation zu verfolgendes Vielfaltsgebot. Die Grundtendenz ihrer Aussagen zeigt im Übrigen wesentlich einen konservierenden Charakter.

Eine *„Versammlung der Regionen Europas"* mit Sitz in Straßburg, versucht neuerdings vor allem, auf die künftige Entwicklung einer europäischen Grundordnung Einfluss zu nehmen.

b) Am wirksamsten zeigt sich die Organisation der Regionen auf Gemeinschaftsebene im *Ausschuss der Regionen,* dessen Zusammensetzung, Organisation und Befugnisse in Art. 263 bis 265 EG geregelt sind,[644] und der seit 1994 tätig ist.

---

642 *Knemeyer* (Fn. 627), S. 449.

643 Entschließung zur Regionalpolitik der Gemeinschaft und zur Rolle der Regionen, Abl. Nr. C 326, S. 289 m. Anhang S. 296 ff.

644 Dazu näher *Heberlein* (Fn. 630), S. 307 ff.; *ders.*, Maastricht II – Einstieg in das „Europa der Kommunen"?, BayVBl. 1996, 1 ff.; *Johne,* R., Vertretung der Landtage im Aus-

Er hat den früheren „Beirat der regionalen und lokalen Gebietskörperschaften" bei der Kommission abgelöst. Damit hat die Organisation der Regionen Verfassungsrang erreicht.[645] Dennoch wurde auch damit an politischem Gewicht der Regionen nicht allzuviel, aus der Sicht einer „Vertretung von Vielfalt in Europa" wohl doch nur wenig gewonnen.

Der Ausschuss hat keine Mitentscheidungsrechte, er ist nur in begrenzten Bereichen anzuhören (Art. 265 Abs. 1 EG). Seine jeweils von den Mitgliedstaaten entsandten Mitglieder sind Vertreter der Regionen *und* der lokalen Gebietskörperschaften, was zu Kontroversen zwischen Ländern und Kommunen über die Besetzung geführt hat. Überdies beanspruchen die Landesparlamente hier Beteiligung – in Deutschland mit zunehmendem Erfolg[646]. So ist ein Gremium entstanden, das zwar in seiner Zusammensetzung vielfältig Vielfalten repräsentiert, dem aber gerade nicht die Aufgabe gestellt ist, diese in einem auch nur ansatzweise bestimmten Begriffsrahmen von Vielfalt zum Tragen zu bringen. Da die Interessen der institutionellen Vertreter von Gebietskörperschaften und Ländern meist ganz unterschiedlich sind, die Länderinteressen ihrerseits wieder von parlamentarischen – auch oppositionellen – Vertretern und solchen der Regierungen naturgemäß unterschiedlich gesehen werden, steht kaum zu erwarten, dass sich hier ein regionaler Vielfaltsbegriff entwickeln kann.

c) Im Gemeinschaftsrecht ist bereits eine gewisse, wenn auch sehr beschränkte, Öffnung zur *„kommunalen Vielfalt"* Rechtswirklichkeit geworden. Von Gewicht ist dies deshalb, weil von einer Verankerung kommunaler Selbstverwaltung im Unionsvertrag (noch) nicht die Rede sein konnte[647], während umgekehrt die innerstaatliche Selbstverwaltung als „europafest" erscheint, eine solche auch in einer künftigen Verfassung allenfalls in ganz allgemeinen Grundzügen zu erwarten steht[648]. Sogleich wurde denn auch vom *„Europa der Kommunen"* gesprochen[649]. In ihm könnten gewiss jene Vielfaltsaspekte des nationalen Rechts berücksichtigt, vielleicht ja verfestigt werden, welche im Folgenden (V.) noch näher zu betrachten sind. Doch dieser Weg sollte nicht in der Weise weiter verfolgt werden, dass föderale und kommunale Träger zusammengeordnet werden. Von einer derart kombinierten Vielfaltsorganisation ist, wohl noch für längere Zeit, keine rechtliche Orientierung des Vielfaltsbegriffs zu erwarten. Eher könnte es hier zu einem Interessensynkretismus kommen, in dem sich „Vielfalten wechselseitig abschleifen", so

---

schuß der Regionen – Zur parlamentarischen Komponente unmittelbarer Interessenvertretung der deutschen Bundesländer in der Europäischen Union, ZParl 2000, 103 m. zahlr. Nachw.

645 *Johne,* a. a. O., S. 104 f.

646 *Johne,* a. a. O., S. 111 ff. m. Nachw. im Einzelnen.

647 *Heberlein* (Fn. 644), S. 2 f.; *Hoffschulte,* H., Vier Wege einer Garantie kommunaler Selbstverwaltung in Europa, BWGZ 1994, 313 ff.

648 Vgl. v. *Hoerner,* H.-H., Von Rastede nach Goldenstedt – Bundesverfassungsgericht macht Art. 28 Abs. 2 „europafest", BGWZ 1994, 315 ff.

649 *Gensler,* F., Mit dem Ausschuß der Regionen ins Europa der Regionen?, BWGZ 1994, 311; *Heberlein* (Fn. 644).

dass am Ende nur noch „Gemeinsamkeiten des regional Vielfältigen" bleiben und dieses damit in Vereinheitlichung umschlägt.

d) Eine solche Entwicklung könnte sich noch verstärken durch eine *Regionalisierung auch der Verwaltung,* etwa in der Schaffung von Regionalämtern[650]. Hier würde sich möglicherweise der erwähnte Interessensynkretismus noch fortsetzen, in einer Verbindung kommunaler, regionaler und staatlicher Belange. Andererseits könnte damit die ebenfalls noch näher zu untersuchende „Verwaltungsvielfalt" (vgl. unter VI.) auch ihrerseits Grundlagen für eine fassbare Diversifizierung finden, vor allem aber eine politische Schubkraft aus Föderalismus *und* Regionalismus.

6. Ergebnis: Regionalismus als „entwicklungsfähige Vielfalt"

a) Die Bilanz des Gemeinschaftsrechts zum Vielfaltsbegriff ist bisher noch eher bescheiden, rechtlich vielleicht nur rudimentär. Politisch kann das „Vereinigte Europa" nur ein Vielfaltsbegriff sein, in der Entfaltung einer Einheit in der Vielfalt der Mitgliedsstaaten und ihrer Rechtsordnungen. Gerade wenn nicht (sogleich) ein Durchbruch zu europarechtlichem Föderalismus gelingt, bietet sich auf Gemeinschaftsebene der Regionalismus an, mit föderal-ähnlichen Tendenzen der Vielfalt. Das institutionelle Europarecht öffnet sich auch bereits gliedstaatlichem föderalen Denken. Wer Regionalismus sagt, muss in Vielfalt(en) denken.

b) „Europa der Regionen" ist eine als solche bereits erkannte, entwicklungsfähige Föderalform des Gemeinschaftsrechts. Der Regionalismus bringt vieles zum Tragen, was ein rechtliches Denken in Vielfalt(en) fördern kann: Er legitimiert sich aus dem Demokratieprinzip, aus geschichtlich gewordener Vielfalt. Sie ist für ihn, in „natürlichen" territorialen Verschiedenheiten vor allem, vielleicht noch deutlicher konstitutiv als für den Föderalismus.

c) Typische oder gar ausschließliche regionale Aufgabenfelder sind jedoch leider nur ansatzweise rechtlich erfasst worden. Selbst wo dies der Fall ist, entfaltet sich vor allem ein Zug zu regionaler Angleichung, in dem sich die größere gemeinschaftliche Rechtsangleichung fortsetzt.

d) Insgesamt ist es bisher kaum gelungen, Regionalismus als Organisationsform von Vielfalt(en) auszuprägen, diese so zu verfestigen. Immerhin haben sich im Gemeinschaftsrecht in diesem Sinn Ansätze gezeigt, welche weiterentwickelt werden könnten – diversifizierend.

Das Europarecht kann nur in Vielfalt wachsen, in ihr allein wird es auf Dauer akzeptiert werden, nicht allein oder auch nur primär als eine Form der Rechtsglobalisierung auf dem Kontinent. Bisher ist Vielfalt weithin nur innere Überzeugung,

---

650 Dazu *Miller,* M., Regionalisierung nur der Strukturpolitik? Chancen und Probleme der Errichtung von Regionalämtern, LKV 1996, 50 ff.

nach außen Verbalität. Institutionelle Ansätze können, mehr als Prinzipienabklärungen, hier wie auch sonst im Europarecht[651], Vielfalt rechtlich fassbar werden lassen.

V. Kommunalrecht – organisierte Vielfalt

Das deutsche Kommunalrecht ist ein Recht der Vielfalt, das sich in Vielfalt entwickelt hat; dies zeigt bereits seine Geschichte[652]. In ihr prägen sich die Diversitäten des deutschen Föderalismus nirgends stärker aus als in der Kommunalgesetzgebung der Länder – und auf nachgeordneter Ebene bringen sie weitere Vielfalten hervor (vgl. insbes. 3. c)).

Im Folgenden kann dies nicht in all seinen Verästelungen nachgezeichnet werden. Aufgabe einer grundsätzlichen Vielfaltsbetrachtung ist es vielmehr, Anknüpfungspunkte aufzuzeigen, an denen gemeinderechtliche Vielfalt als Rechtsbegriff bereits deutlich wird. Von ihnen aus können dann die hier stets gesuchten Grundlinien zu einem allgemeinen Vielfaltsbegriff weiter verfolgt werden. Vor allem aber werden sie damit als solche bewusst und auch im Einzelnen rechtlich präzisierbar. Insoweit darf also auf das kommunalrechtliche Schrifttum verwiesen werden, das sich neuerdings weitestgehend an der Grundsatzrechtsprechung des Bundesverfassungsgerichts[653] orientiert.

1. Allgemeine Bezüge des Kommunalrechts, insbesondere Öffnungen zur Vielfalt

a) Der *Pluralismus* wird als ein Grundkonzept des modernen öffentlichen Rechts durch die Selbstverwaltung nicht nur unterstützt, er findet in ihr einen klar fassbaren organisationsrechtlichen Ausdruck[654]. Gerade in seinen Kommunalordnungen regelt das Verwaltungsrecht eine kaum übersehbare Vielfalt materiell-rechtlicher Einzelbeziehungen; es wird als solches zur organisatorisch-allgemeinen Bewältigung des Vielfältigen[655]. Eines der Defizite der herkömmlichen Pluralismustheorie (vgl. oben B.) liegt gerade darin, dass dort in allgemeinerer, politologischer oder organisationstheoretischer Sicht die Rechtsrealitäten der Verwaltung nicht

---

651 Dazu grundsätzlich *Leisner,* W., Der europäische Einigungszwang. Einigung um Werte – oder Institutionen als Selbstläufer?, JZ 2002, 735 ff.

652 Vgl. dazu BVerfGE 79, 127 (144 ff.).

653 Im Fall Rastede, E 79, 127.

654 Allg. dazu *Frotscher,* W., Selbstverwaltung und Demokratie, in: v. *Mutius,* A., Selbstverwaltung im Staat der Industriegesellschaft: Festgabe zum 70. Geburtstag von Georg Christoph von Unruh, 1983, S. 127 (133).

655 Zu dieser Ordnung mannigfaltiger Sachbereiche vgl. etwa *Leibholz,* G., Das Prinzip der Selbstverwaltung und Art. 28 Abs. 2 Grundgesetz, DVBl. 1973, 715 ff.

hinreichend in den Blick genommen werden; dabei ist von den rechtlich greifbaren Gestaltungen des Kommunalrechts zu allgemeineren Überlegungen zur Vielfalt in der Verwaltung als solcher fortzuschreiten.

b) Rechtlich fassbar wird im Kommunalrecht der Pluralismus als Ausdrucksform *lokaler Demokratie*. Darauf hat früh schon *Ulrich Scheuner* hingewiesen[656]. Das Bundesverfassungsgericht hat dies in der vorsichtigen Formulierung aufgegriffen, hier werde der grundgesetzlich gewollten Teilnahme der Bürger an der öffentlichen Verwaltung ihr Betätigungsfeld in den örtlichen Angelegenheiten zugeordnet[657]. Das Gericht musste dabei seine Abgrenzung zu den „politischen Materien" wahren, welche nach ihm der kommunalen Kompetenz entzogen bleiben[658].

Diese Kompetenzverteilung lässt sich grundsätzlich rechtfertigen, aus dem Begriff der „übergeordneten Interessen", vor allem aber aus der traditionellen Staatsorganisation, die eben Kommunen auf etwas „irgendwie Lokales" beschränkt. Ob man dies mit dem Begriff des „Politischen" begründen darf, erscheint schon zweifelhaft, trägt doch so vieles, was auf kommunaler Ebene geschieht, den Charakter eines „Politicum", jedenfalls aus der Sicht jener Bürger, die in der Demokratie entscheiden. Keinesfalls kann aber deren „Fortsetzung nach unten", in die örtliche Verwaltung hinein, von der grundsätzlichen demokratischen Legitimation getrennt werden, wie sich auch in Art. 28 Abs. 1 und 2 GG zeigt. Damit wirkt diese Demokratie aber *in ihrer Öffnung zur Vielfalt der Bürgerschaft* als laufende Gestaltungskraft im Kommunalrecht. Hier kann – und das ist in solcher Sicht entscheidend – Bürgervielfalt noch weit unmittelbarer in weite Bereiche nicht nur der Verwaltung, sondern auch der lokalen Gesetzgebung durchschlagen als dies etwa auf Bundesebene möglich ist; denn in den Gemeinden müssen die einzelnen Interessen nicht vergleichbar gebündelt, darin auch mediatisiert „vereinheitlicht" werden wie in größeren Volksvertretungen. Eine Entropie, ein Energieverlust der Vielfalt, lässt sich also im kommunalen Raum viel weitergehend vermeiden. Kommunale Vielfalt wirkt vielleicht nicht als „direkte" Demokratie, wohl aber als „unmittelbare repräsentative Volksherrschaft".

c) Das Kommunalrecht ist als *eine Gestaltungsform des Föderalismus zu betrachten*. Über die Finanzverfassung wachsen die Kommunen als eine von deren zentralen Einrichtungen „in die Verfassung konkret hinein"[659]; sie werden dabei zwar den Ländern zugeordnet[660], erscheinen aber als bereits selbstständige föderale Aufgabenträger, nicht mehr (nur) als innerhalb der Länder zu gewährleistende Untergliederungen, als die sie herkömmlich in ihrer Selbstverwaltung garantiert

656 Siehe dazu *Badura* (Fn. 93), S. 311 m. Nachw.

657 BVerfGE 79, 127 (151 / 2).

658 Vgl. etwa BVerfGE 8, 122 (134).

659 Insbesondere durch ihren Anteil an der Einkommen- und Umsatzsteuer (Art. 106 Abs. 5 und 5 a GG); vgl. auch Art. 28 Abs. 2 S. 3 GG.

660 Über welche ihre Anteile am Aufkommen „weitergeleitet" und in die Beurteilung von deren Finanzkraft sie einbezogen werden (Art. 107 Abs. 2 S. 1 GG).

sind (im Folgenden 3.). Sie sind damit „unmittelbar zum Bund“ geworden, einbezogen in den Föderalismus – geradezu föderalisiert. In ihrer Vielfalt kommt nicht mehr nur eine „allgemeine Grundentscheidung der Bundesstaatlichkeit zur Selbstverwaltung“ zum Ausdruck[661]. „Kommunalisierung des Staates“ bedeutet nicht (mehr) eine weitere Strukturierung des Gemeinwesens neben dem Föderalismus, sie ist dessen Fortsetzung, weitere Konkretisierung „nach unten“. Damit gelten für sie alle Begründungen, wirken in ihr alle staatsorganisatorischen Kräfte, die (oben D. II. ff.) bei der Betrachtung des Föderalismus festzustellen waren, vor allem aber eines: die *föderale Vielfalt als Grundprinzip, als föderaler Selbstwert, als Vermutung für Diversität.* Damit wird dieses gesamte Rechtsgebiet geprägt durch in dubio pro varietate, stärker noch als die Ländervielfalt.

d) Der Begriff der *Dezentralisierung* hat im Kommunalrecht eine missverständliche, wenn nicht unglückliche Rolle gespielt. In der Sorge, den Gemeinden könnte durch Formulierungen wie die der „ursprünglichen Gebietskörperschaften“ (Art. 1 BayGO) ein staatsähnlicher, oder gar vorstaatlicher Charakter zuerkannt werden[662], wurde kommunale Selbstverwaltung nur mehr als eine „dezentralisierte Verwaltungsform“ gesehen[663].

Das Bundesverfassungsgericht spricht von einer „Stärkung der dezentralen Verwaltungsebene“[664]. Dabei richtet sich der Blick vor allem auf die Verflechtungen staatlicher und kommunaler Verwaltungstätigkeiten. Zur Erfassung der Vielfalt als Rechtsbegriff ist damit wenig gewonnen; denn es wird die Frage ausgeblendet, inwieweit diese Dezentralisierung einer Vereinheitlichung nicht gerade entgegenwirkt – also eben doch Vielfalt. Vielmehr kommt hier – unterschwellig – die Vorstellung von einer „Dezentralisierung als Einsatz von verlängerten Armen“ zum Ausdruck, die im Grunde nur fortsetzen, was zentral bereits entschieden oder doch vorgedacht ist; dies erfasst nicht einmal jenes Verhältnis von Gesetz und Verordnung, in dem es wohl eine seiner bedeutsamen Wurzeln findet. Aus der Sicht einer Vielfaltsbetrachtung kann es nur darüber hinwegtäuschen, dass die Kommunalisierung sich ebenso wenig in Dezentralisierung erschöpft wie die Regionalisierung (vgl. oben D. IV.); dies ist nun zu vertiefen.

---

661 Wie sie etwa dargestellt wird bei *Poetzsch-Heffter,* G., Selbstverwaltung und Bundesstaatlichkeit“, in: von Mutius, A. (Hrsg.), Selbstverwaltung im Staat der Industriegesellschaft, FG f. von Unruh, 1983, S. 111 ff.

662 Dazu *Maunz,* Th., in: Maunz, Th. / Dürig, G., GG, Art. 28 Rn. 50; von der Inkorporierung eines vorstaatlichen Befundes in die Verfassungsrechtsordnung spricht *Erichsen,* H.-U., Kommunalrecht der Länder NW, 1988, S. 327.

663 Enquete-Kommission Verfassungsreform, Schlussbericht, BT-Drucks. 7/5924, Kap. 13; vgl. auch *Scheuner,* U., Zur Neubestimmung der kommunalen Selbstverwaltung, AfK 12 (1973), 1 (15 ff.).

664 BVerfGE 79, 127 (149 f.).

2. „Gemeindlichkeit“ aus und in eigenständiger Vielfalt – Realitätsbezug

a) Die Eigenständigkeit der Gemeinden hat nicht nur ihre legitimierende Grundlage, sie findet auch ihre konkrete organisatorische Ausprägung in der *Tradition*. Hier ist jedoch zu unterscheiden zwischen dem, was in der einzelnen Kommune jeweils herkömmlich ihre Struktur und Tätigkeit prägt, und der Tradition der Gestaltungen der kommunalen Selbstverwaltung selbst. Schon das konkrete Einzelherkommen ist von Gewicht: Die „örtlichen Angelegenheiten“ sind – und waren – nicht immer und überall die gleichen[665]. Vor allem aber lässt sich das *Kommunalrecht nur aus seiner Tradition heraus begreifen;* darüber besteht breiter Konsens[666]. Dies führt dann zum Schutz kommunaler Selbstverwaltung in Anwendung einer *historischen Methode,* wie sie vor allem auch das Bundesverfassungsgericht praktiziert[667]. Diese hat allerdings vielfache Kritik erfahren[668] und darf gewiss nicht im Sinne einer Versteinerung historisch gewachsener Organisationsstrukturen, Aufgabenstellungen und Handlungsformen verstanden werden. Darum aber geht es auch nicht bei den vorliegenden Betrachtungen. Entscheidend ist hier vielmehr die Erkenntnis, dass eine *„Vielfalt aus der Zeit heraus“,* wie sie eben in geschichtlicher Entwicklung zum Ausdruck kommt, kommunalrechtliche Unterschiede aller Art legitimiert. Dies begründet eine „Vielfaltsneigung“ dieser Rechtsgebiete, führt aber auch zu konkreten Auswirkungen in Einzelfällen des Organisationsrechts und des Rechts der materiellen Problemlösungen: Allenthalben lässt sich eine vielfaltsbegründende Eigenständigkeit kommunaler Aufgabenträger gerade aus Tradition und damit geschichtlicher Vielfalt legitimieren; sie gewinnt hier das Gewicht eines abwägungsrelevanten Rechtswerts.

b) Dies alles ist aber nur Ausdruck einer weiterreichenden Vielfaltsbedeutung in diesem Bereich: Die kommunale Selbstverwaltung sieht sich – und dies in besonderer Weise – *„konfrontiert mit der Wirklichkeit“*[669], *Sozialwandlungen in der Gegenwart* muss gerade hier mehr noch Rechnung getragen werden[670] als in anderen organisationsrechtlichen Räumen; und dies relativiert sogar die Bedeutung einer Vielfalt in der Zeit durch eine solche in der jeweiligen Gegenwart.[671] Damit orien-

---

665 BVerfGE 79, 127 (151 f.); dazu noch näher unten 4.

666 Siehe etwa *Badura* (Fn. 93), S. 307; *Gern,* A., Deutsches Kommunalrecht, 2. Aufl. 1997, Rn. 60; *Schmidt-Eichstaedt,* G., Die Rechtsqualität der Kommunalaufgaben, in: Püttner, G. (Hrsg.), Handbuch der kommunalen Wissenschaft und Praxis, Bd. 3, 2. Aufl. 1983, S. 9 (25).

667 Vgl. dazu *Stern* (Fn. 251), S. 416 f.; *Blümel,* W., Wesensgehalt und Schranken des kommunalen Selbstverwaltungsrechts, in: v. Mutius, A. (Hrsg.), Selbstverwaltung im Staat der Industriegesellschaft, FG f. von Unruh, 1983, S. 265 (271 ff.) m. zahlr. Nachw.

668 *Blümel,* a. a. O., S. 276 ff. m. umfangr. Nachw.

669 *Leibholz* (Fn. 655), S. 715 f.

670 *Scheuner,* U., Zur kommunalen Verwaltungsreform in Deutschland, AfK 8 (1969), 209 (212 ff.).

671 *Leibholz* (Fn. 655).

tiert sich das Kommunalrecht an einem „sozialtypischen Erscheinungsbild“ der Gemeinde[672], das aus real-außerrechtlichen Gegebenheiten in wichtigen Zügen entsteht, sich aus ihnen weiterentwickelt.

In all dem kommt ein wesentlicher und grundlegender *Realitätsbezug des Kommunalrechts zum Ausdruck.* Angesichts der außerordentlichen Bürgernähe, in der seine Organisationseinheiten wirken, seine rechtlichen Entscheidungen fallen, nimmt es, weit mehr als fast alle anderen Rechtsbereiche, *außerrechtliche Entwicklungen in voller Breite in sich auf,* kulturell wie ökonomisch. Hier gibt es nicht nur eine Realitätsöffnung, über die es laufend zu einer „Abbildung der Wirklichkeit“ kommen muss; es findet ein wahrer Zusammenstoß des Rechts mit ihr statt, in all ihren wirkmächtigen, dauernden Veränderungen.

Das Kommunalrecht ist ein zur Realität hin offenes Recht, damit insbesondere geöffnet zu deren Vielfalt im Wandel. Diese muss hier daher zum grundlegenden Gestaltungs- und Entscheidungsprinzip werden.

c) Praktische Relevanz erlangt dies insbesondere bei *kommunalen Neugliederungen.* Nach zahlreichen Gebietsreformen in vielen Ländern sind hierzu von den (Verfassungs-)Gerichten „im Wesentlichen übereinstimmende Kontrollmaßstäbe“[673] entwickelt worden[674]. Gefordert wird eine sachliche Abwägung zwischen den Vor- und Nachteilen einer Regelung; wiederholt erwähnt, wenn auch in seinem Gewicht noch nicht gebührend beachtet worden, ist hierbei der Abwägungsgesichtspunkt der *kommunalen Vielfalt,* der unabhängig von einem Kriterium der Leistungskraft[675] sein soll. Zutreffend hat das Bundesverfassungsgericht der Bestimmung eines „einheitlichen kommunalen Leistungsniveaus“, das von den gemeindlichen Gebietskörperschaften zu erreichen sei[676], eine Absage erteilt. Ebenso wenig kann die Größe als (wiederum) quantitatives Kriterium bei Neugliederungen ein Zielbegriff sein[677], mögen sich auch „die örtlichen Aufgaben“ im Einzelfall an ihr zu orientieren haben[678]. Dies alles lässt Raum für eine verstärkt qualitative Betrachtung, in deren Zug bei kommunalen Gebietsreformen gemeindliche Vielfalt nicht nur zu bewahren, sondern sogar zu verstärken oder neu herzustellen ist. Die Einschätzungsprärogative, die hier zuzubilligen ist[679], muss sich auch auf dieses qualitativ differenzierende Kriterium beziehen.

---

672 *Schmidt-Eichstädt* (Fn. 666), S. 25 f. m. Nachw.

673 Vgl. die Darstellung bei *Stern* (Fn. 251), S. 410 f. m. umfangr. Nachw.

674 Als Beispiel aus den Ländern der Beitrittsgebiete sei erwähnt *Rusch,* R., in: Thüringer Kommunalhandbuch (Hrsg. Gemeinde- und Städtebund Thüringen), 3. Auflage 1999, S. 226 ff.

675 Vgl. *Erichsen* (Fn. 662), S. 328 f.

676 BVerfGE 79, 127 (152).

677 Krit. *Gern* (Fn. 666); vgl. auch *Waechter,* K., Kommunalrecht, 3. Aufl. 1997, Rn. 68.

678 BVerfGE 79, 127 (153 f.).

679 BVerfG, a. a. O.

Naturgemäß wird Vielfalt gerade bei kommunalen Neugliederungen nur unter sorgfältiger Erhebung und Beurteilung aller Umstände des Einzelfalles[680] als Abwägungsgewicht eingesetzt werden können; dass sie aber als solche (zunehmend) bewusst wird, gegenüber allem oft doch recht kurzsichtigem, ja vordergründigem Effizienzdenken, ist ein praktisches Anliegen, das sich schon aus den bisherigen Ergebnissen der vorliegenden Betrachtungen begründen lässt. Gerade über sie wirkt eine Nachhaltigkeit, wie sie heute mit Recht allenthalben, vor allem organisationsrechtlich, angestrebt wird. Die Gemeindereform muss in erster Linie aus einem Realitätswandel erwachsen; ihm daher auch in Vielfalt Rechnung tragen.

3. Die Selbstverwaltung als „wesentlicher Vielfaltsbegriff"

a) Die kommunale Selbstverwaltung, wie sie in Art. 28 Abs. 2 GG institutionell gewährleistet ist[681], versteinert keinen vorgegebenen Begriff; sie ist vielmehr durchaus dynamisch zu verstehen[682]. Dies ergibt sich bereits aus dem *Begriff der institutionellen Garantie,* der subjektive Bestandsansprüche der Kommunen nicht sichert[683]. In diesem Begriff liegt bereits die Möglichkeit einer vielfältigen Ausprägung der eigenständigen, eigenverantwortlichen Tätigkeit der Kommunen[684]. Der Begriff der Einrichtungsgewährleistung ist dogmatisch offen gerade für vielfältige Ausgestaltungen im Einzelnen. Mit der Betonung der „Selbst"-Verwaltung rückt eine Identität in seinen Mittelpunkt, welche Vielfalt nicht nur ermöglicht, sondern sogar fordert.

Hier geht es nicht nur um die Schaffung und Erhaltung eines Systems flächendeckender Verwaltungsträger, die im Wesentlichen Gleichartiges zu leisten haben und nur zur Gewährleistung geografischer Bürgernähe in Vielheit zerlegt werden. Selbstverwaltung ist mehr als solche „Klein-Verwaltung", sie fordert einen kommunalen Individualismus", der dem Individuum Bürger nahekommt, es in beschränkter Bündelung in typischen Zügen widerspiegelt. In diesem Sinn muss der

---

680 Zutr. betont b. *Stern* (Fn. 251).

681 Grundlegend noch immer *Knemeyer,* F.-L., Die verfassungsrechtliche Gewährleistung des Selbstverwaltungsrechts der Gemeinden und Landkreise, in: von Mutius, A. (Hrsg.), Selbstverwaltung im Staat der Industriegesellschaft, FG f. von Unruh, 1983, 209 ff.; *ders.,* Staat – Kommunen, Gemeinden – Landkreise. Die Rastede-Entscheidung des Bundesverfassungsgerichts vom 23. 11. 1988 – 2 BvR 1619/83 = BVerfGE 79, 127, Der Staat 29 (1990), 406 (408 ff.); vgl. im Übrigen *Tettinger,* P.J., in: von Mangoldt, H./Klein, F./Starck, Chr., GG, Art. 28 Abs. 2 Rn. 129; *Dreier,* H., in: ders., GG, Art. 28 Rn. 84; *Nierhaus,* M., in: Sachs, M., GG, Art. 28 Rn. 33 ff.

682 *Leibholz* (Fn. 655), S. 715 (717); *Blümel* (Fn. 667).

683 *Maunz,* Th., in: Maunz, Th./Dürig, G., GG, Art. 28 Rn. 45; *Badura* (Fn. 93), S. 306; *Stern* (Fn. 251), S. 409 f. m. Nachw.

684 Dazu f. viele *Schmidt-Aßmann,* E., in: ders. (Hrsg.), Besonderes Verwaltungsrecht, 10. Auflage 1995, Rn. 19; *Stern,* a. a. O., S. 416; *Blümel* (Fn. 667), S. 291; *Knemeyer* (Fn. 681), 222 f.

Begriff der Selbstverwaltung ernster genommen werden als bisher, in ihm ist keine Kommune wie die andere.

b) Die zentrale Diskussion um die *Selbstverwaltung* wird nach wie vor um die Frage geführt, ob hier von einem *„Kernbereich"* auszugehen ist, in welchem auch der „Wesensgehalt" dieser Garantie gesehen wird[685]. Manche sehen hier keinen klar konturierten Begriff und wollen daher gegenüber staatlichen Einschränkungen nur das Übermaßverbot gelten lassen[686]. Wie auch zum „Wesensgehalt der Grundrechte" (Art. 19 Abs. 2 GG) steht diese relativierend abwägende Lehre einer „absoluten" Konzeption gegenüber, die den Kern nach einer Subtraktionsmethode bestimmt, deren Anwendung einen festen Bereich sicherstellen soll, in den der Staat keinesfalls eindringen darf[687]. In beiden Fällen sprechen überwiegende Gründe für die *„Gewährleistung eines festen Kernbestandes;* andernfalls wird dieser schon als Begriff problematisch, Grenzen einer Relativierung lassen sich dann nicht mehr ziehen.

Im vorliegenden Zusammenhang kann die Frage jedoch offen bleiben: Selbstverwaltung als Vielfaltsbegriff lässt sich mit beiden Grundkonzeptionen vereinbaren, ja sich als deren Ausdruck erweisen: Bei relativierendem Verständnis ist er als ein – besonders bedeutsamer – Abwägungsbegriff einzusetzen, gegenüber einem einseitig vereinheitlichenden Effizienzstreben. Geht man jedoch von einem festen Schutzbereichskern der Garantie der Selbstverwaltung aus, so ist ein bestimmtes Maß an Vielfalt unbedingt festzulegen und sodann zu wahren. Dies wird insbesondere eine Bereichsbetrachtung und -bewertung verlangen, die das für eine Kernidentität Unabdingbare, das heißt aber auch das für eine noch aufrechtzuerhaltende Vielfalt Erforderliche an kommunalen Handlungs- und Organisationsspielräumen sichert.

Beide Betrachtungen des Kerns – die relative wie die absolute – haben dabei Vielfalt in globaler Beurteilung dessen zu garantieren, was kommunale Identität sichert, ohne ausschließlich auf die rechtlichen Besitzstände einer bestimmten Kommune zu blicken. Nachdem aber die Wirksamkeit der Selbstverwaltungsgarantie auf der Vielfalt aller Kommunen beruht, müssen auch Eingriffe in den Bereich einer jeden von ihnen stets daraufhin untersucht werden, ob sie nicht den Kernbereich der Selbstverwaltung verletzen, in Handlungsbereichen und Organisationsformen.

c) Während die Vielfalt in den Handlungsbereichen noch näher (i. Folg. 4.) zu betrachten ist – hier noch ein Wort zur notwendigen *Diversität der organisatorischen Formen.* Sie findet ihren Entfaltungsraum in der *Autonomie der Kommunen.*

---

685 Vgl. *Stern* (Fn. 251), S. 416 m. Nachw.; zur relativen Auffassung: *Badura* (Fn. 93), S. 307; dazu auch *Maunz* (Fn. 683), Rn. 57; neuerdings BVerfGE 79, 127 (146) m. Nachw.

686 Nachw. b. *Erichsen* (Fn. 662), S. 330, sowie *Blümel* (Fn. 667), insb. S. 269, 283 ff., 289 ff.

687 Vgl. *Stern* (Fn. 251), S. 416; BVerwG in ständiger Rspr. seit E 6, 19 (25); 342 (345); 18, 135 (142).

Dieser Begriff darf nicht in dem Sinn gebraucht werden, dass er (auch) einen Bestand von Handlungsbereichen der Kommune bezeichnet. Vielmehr geht es um die organisationsrechtlich verfestigten Handlungsformen der Aufgabenerledigung, zunächst um deren Voraussetzungen, die verschiedenen sog. „Hoheiten" der Gemeinden[688]. Diese dürfen sich eigene Organe schaffen und ihre innere Organisation ausgestalten; ihre Personalhoheit verleiht ihnen das Auswahl- und Beförderungsrecht sowie Dienstherreneigenschaft und damit Dienstaufsicht und Disziplinargewalt über ihre Bediensteten; im Namen der Finanzhoheit steht ihnen die Befugnis eigenverantwortlichen Wirtschaftens zu[689]. Diese sachlichen und persönlichen Verwaltungsmittel werden sodann in spezifisch kommunalautonome Handlungsformen eingereiht, insbesondere in Rechtsetzungs- und Planungshoheit.

All dies sind organisatorische und aus ihnen sich ergebende verfassungsrechtliche Wege, auf denen sich Autonomie in Vielfalt entfalten kann; darin allein findet sie ihre Rechtfertigung. Staatliche Gesetzgebung schafft dafür nur einen normativen Rahmen, der nicht etwa grundsätzlich gleichförmig, sondern verschiedenartig – eben vielfältig – von den einzelnen Trägern auszufüllen ist. Wäre diese einheitlich-einförmig, so wäre nicht einzusehen, weshalb der Staat nicht all dies selbst regeln, die Aufgabenerfüllung nur einer an Flächendeckung orientierten eigenen Verwaltungsorganisation überlassen sollte. Wenn demgegenüber eine Effizienz der Verwaltung gerade von der Autonomie erwartet wird – gewiss eine Grundentscheidung des geltenden Kommunalrechts – so muss dies noch weiter vertieft werden: Dahinter steht das Eingeständnis einer prinzipiellen Nichtnormierbarkeit all dieser organisatorischen und verfahrensrechtlichen Bezüge – eben weil sie sich in einer Vielfalt zeigen, welche auch vielfache Handlungsformen innerhalb der staatlich gesetzten Autonomierahmen erfordern.

Letztlich ist es also doch ein Vielfaltsbegriff, der alle kommunale Autonomie trägt. Dies aber muss zur Folge haben, dass jeder staatliche Eingriff sich auch, wenn nicht in erster Linie, an einem rechtlichen Vielfaltskriterium messen lassen muss: Wieviel von ihr muss bleiben? Und Quantität von Vielfalt ist ihrerseits ein Qualitätsbegriff. Aus der Verfassungsentscheidung zur Selbstverwaltung heraus kann die Antwort hier nur lauten: Im Zweifel für Kommunalautonomie – darin aber liegt die Anerkennung eines organisatorisch-verfahrensrechtlichen in dubio pro varietate.

So erweist sich denn die gemeindliche Selbstverwaltung in all ihren wichtigen Ausprägungen, in ihrer Institutionalität, ihrem Kernbereich und ihrer Autonomie als eine rechtliche Bewältigung von Vielfalt, in einem Denken, das alle Diskussionen um sie als ein beherrschender Gesichtspunkt begleiten muss. Damit ist gemeindliche Selbstverwaltung ein Vielfaltsbegriff.

---

688 Dazu näher *Stern* (Fn. 251), S. 113 ff.; *Schmidt-Aßmann* (Fn. 684), Rn. 21 ff.; u. a. auch BVerfGE 8, 122 (134); 52, 95 (117).

689 *Stern,* a. a. O. m. Nachw.

4. Die kommunalen Handlungsspielräume – örtliche Aufgaben und Vielfalt

a) Der *Begriff der „Angelegenheiten der örtlichen Gemeinschaft"* (Art. 28 Abs. 2 S. 1 GG), damit der „örtlichen Verhältnisse" – oder wie immer man dies umschreiben will – ist konstitutiv für den Gemeindebegriff, vor allem aber für die kommunalen Kompetenzen, für die rechtlichen Handlungsspielräume dieser Gebietskörperschaften[690].

Doch der Begriff ist Gegenstand einer seit langem anhaltenden, noch immer nicht überwundenen Diskussion. Kritisiert wird insbesondere, der Begriff sei vage[691], fließend[692], in beweglichen Grenzen[693] oder gar gänzlich überflüssig, weil es nur darauf ankomme, ob die Aufgabe erledigt werden könne[694]. Dahinter steht jedoch immer wieder der grundsätzliche Einwand, die „örtliche Radizierung", i.S. ihrer spezifischen Bedeutung für die lokale Gemeinschaft schließe ihre überörtliche Bedeutung nicht aus[695]. Damit aber kommt es doch, wie es scheint, zu einem „Entörtlichungsprozess"[696] der kommunalen Handlungsräume; bei „örtlich / überörtlichem Mischgewicht" kann der Staat gemeindliche Kompetenzen zurückdrängen – aber wie weit? Gibt es da noch etwas wie einen „kommunalen Grundbestand", begründet in den besonderen Bedürfnissen der örtlichen Verhältnisse und der örtlichen Aufgabenerfüllung[697]? Kommt es auf die örtliche Radizierung an oder auf die lokal optimale Möglichkeit, die Aufgabe zu erledigen?

b) Das Bundesverfassungsgericht hat dies früher[698] als Alternativen gesehen. Als „Angelegenheiten der örtlichen Gemeinschaft" sah es solche an, die „in der örtlichen Gemeinschaft wurzeln *oder* auf die örtliche Gemeinschaft einen spezi-

---

690 Vgl. dazu u. a. *v. Mutius,* A., Öffentliche Aufgabenerfüllung. Traditionelles, funktionales oder neues Selbstverwaltungsverständnis?, in: ders. (Hrsg.) Selbstverwaltung im Staat der Industriegesellschaft, FG f. von Unruh, 1983, S. 227 ff.; *Maunz,* Th., in: Maunz, Th. / Dürig, G., GG, Art. 28 Rn. 61 ff.; *Stern* (Fn. 251), S. 412 f.; *Burmeister,* J., Verfassungstheoretische Neukonzeptionen der kommunalen Selbstverwaltungsgarantie, 1977, insb. S. 70 ff.; *Knemeyer.* (Fn. 681), S. 222 ff.; *Scheuner* (Fn. 670), S. 239 ff.; *Badura* (Fn. 93), S. 306 ff.; *Erichsen* (Fn. 662), S. 325 f.; *Gern* (Fn. 666), Rn. 57 ff.; *Schmidt-Aßmann* (Fn. 684), Rn. 14; *Waechter* (Fn. 677), Rn. 065 ff.; *Schmidt-Jortzig,* E., Gemeinde- und Kreisaufgaben. Funktionsordnung des Kommunalbereiches nach „Rastede", DÖV 1993, 973; *Maurer,* H., Verfassungsrechtliche Grundlagen der kommunalen Selbstverwaltung, DVBl. 1995, 1037 (1043); *Schoch,* F., Zur Situation der kommunalen Selbstverwaltung nach der Rastede-Entscheidung des Bundesverfassungsgerichts, VerwArch. 1990, 18 (34 f.).

691 *Erichsen,* a. a. O.

692 *Schmidt-Eichstädt* (Fn. 666), S. 26.

693 *Scheuner* (Fn. 663), S. 23 ff..

694 *Erichsen* (Fn. 662), S. 329; i. Anschl. an das BVerfG, vgl. Nachw. S. 326.

695 Grds. vor allem *Burmeister* (Fn. 690).

696 BVerwGE 67, 321 (323).

697 *Badura* (Fn. 93), S. 310.

698 BVerfGE 8, 122 (134); 50, 195 (201); 52, 95 (120).

fischen Bezug haben und von dieser örtlichen Gemeinschaft eigenverantwortlich und selbstständig bewältigt werden können" (Herv. d. Verf.). Hier hat die *Rastede-Entscheidung*[699] eine deutliche Wende gebracht: Der gemeindlichen Leistungsfähigkeit kommt nun keine wesentliche Bedeutung mehr zu; sie darf nicht vom Staat, etwa gar nach einem „einheitlichen kommunalen Leistungsniveau", bestimmt werden[700]. Vielmehr wird nur mehr „Verwurzelung in der örtlichen Gemeinschaft", alternativ zu einem „spezifischen Bezug" auf sie, als jeweils entscheidendes Abgrenzungskriterium genannt.

Damit steht immerhin fest, dass die Gemeinden eine nicht entziehbare Kompetenz für die Erledigung von Ordnungsaufgaben haben, die in ihrem geografisch abgegrenzten Raum als Problem entstehen und über diesen nicht (wesentlich) hinauswirken – und für andere, überörtlich entstandene und bedeutsame Aufgaben, „*soweit* sie das Zusammenleben und -wohnen der Menschen in der politischen Gemeinde betreffen" (Herv. d. Verf.)[701]. Das Wort „soweit" ist dabei entscheidend: Kann die Regelung nur überörtlich erfolgen, nicht weil eine bestimmte Gemeinde dafür nicht leistungsfähig genug wäre, sondern weil die Lösung aus zwingenden sachlichen oder rechtlichen Gründen (Gleichheit) nur gemeindeübergreifend erfolgen kann, so darf die Kommunalkompetenz vom Staat eingeschränkt werden, zu seinen Gunsten oder zu Gunsten anderer „zentralerer" Aufgabenträger.

c) Für die Betrachtung der „kommunalen Vielfalt" bedeutet dies *einerseits eine Einschränkung von Vielfaltsräumen, andererseits aber auch ihre (Bedeutungs-) Erweiterung,* nachdem sich eine deutliche Gewichtsverstärkung der örtlichen Radizierung ergeben hat:

– Keine Bedeutung kommt nunmehr einer Diversität der Gemeinden nach Leistungsfähigkeit und Größe zu. Eine solche Vielfalt ist von der Verfassung jedenfalls nicht in dem Sinn gewünscht oder auch nur zugelassen, dass davon ihr Selbstverwaltungsrecht abhängig werden dürfte[702]. Verfassungsziel ist also nicht die finanzielle Leistungsfähigkeit, sondern eine gewisse Gleichmäßigkeit der Aufgabenerfüllung, welche damit allerdings auch eine Vereinheitlichung der kommunalen Leistungsfähigkeiten zur Folge haben muss.

– Diese letzteren werden jedoch sogleich dadurch diversifiziert, dass die *örtliche Vielfalt* eine stärkere Bedeutung erlangt; denn ihnen hat die jeweilige Leistungs-

---

699 BVerfGE 79, 127 (151 f.), wo auf die frühere Rechtsprechung deutlich abgrenzend (insoweit) nur verwiesen wurde; krit. dazu *Gern* (Fn. 666), Rn. 61.

700 A. a. O., S. 152.

701 Wie das Gericht, a. a. O., in Präzisierung des „spezifischen Bezugs auf die Gemeinde" ausdrücklich hinzufügt.

702 Krit. dazu bereits früher *Scheuner* (Fn. 670), S. 236 ff.; a.A. *Gern* (Fn. 666); demgegenüber ist aber zu betonen, dass der Hinweis darauf, die Aufgaben müssten erledigt werden, der Staat habe dazu den Kommunen vielleicht gar die erforderlichen Mittel zu gewährleisten, sich eben immer nur auf diese gemeindlichen Probleme bezieht, die in ihrer Radizierung allerdings konkretisierend umschrieben wurden.

fähigkeit zu folgen, sie muss also eine entsprechende Vielfalt aufweisen. Die schon früher betonte *Raumbezogenheit der kommunalen Selbstverwaltung*[703] ist durch die Rechtsprechung nicht nur konkretisiert, sondern in ihrer Bedeutung auch gesteigert worden. Darin aber *erweitern sich zugleich Gewicht und auch Struktur des Vielfaltsbegriffs im Bereich des Kommunalrechts.*

d) Eine *geografische Betrachtung* führt stets zu einer *Diversifizierung* von Problemerkenntnissen und Lösungsansätzen. So war bereits gerade im räumlich orientierten Naturschutzbereich eine besonders intensive Entfaltung des Vielfaltsbegriffs festzustellen (oben C. VI.). „Örtliche Angelegenheiten" beinhalten in erster Linie eine lokal radizierte Vielfalt; das Örtliche wird zu einem Bündelungsbegriff von Vielheiten, welche sich gerade in der Unauswechselbarkeit und Unverwechselbarkeit der jeweiligen räumlichen Grundlagen ausprägen. Kommunale Vielfalt spiegelt diese geografische Vielfalt in einer Intensität, Vollständigkeit und Ausschließlichkeit wider, wie das wohl sonst nirgends annähernd in der Staatsorganisation erreichbar oder auch nur anzustreben ist. Denn in den Kommunen hat sich übergreifende Herrschaftskraft nie vergleichbar entfalten können wie in jenem staatlichen Hoheitsraum, der sich wesentlich in Vereinheitlichung konstituiert.

Der Begriff der *„Angelegenheiten der örtlichen Gemeinschaft"* kommt als rechtlicher Eigenwert damit abwägend zum Einsatz insbesondere *bei der Erfassung der „spezifischen Bezüge" überörtlicher Probleme zur örtlichen Bürgerschaft.* Sie müssen stets danach beurteilt werden, ob sie vielfaltsrelevant sind und dann im Zweifel der Gemeinde eine Entscheidungszuständigkeit eröffnen. Dies wird bei überörtlichen Angelegenheiten nicht selten dann der Fall sein, wenn sich insbesondere Kommunen in ihrem Namen zur Abstimmung mit anderen (Trägern) oder gar zur Zusammenarbeit mit ihnen gezwungen sehen. Dass sie allgemein Gesetze des Landes oder des Bundes auszuführen haben, dass sich daraus ein gewisser einebnender Organisationszwang ergibt, rechtfertigt administrative Gleichschaltung noch nicht. Vielmehr muss die Notwendigkeit einer Vereinheitlichung, gerade umgekehrt, für jeden Fall von überörtlicher Problematik erneut und überzeugend begründet werden. Gemeindliche Vielfalt wird damit aus dem Begriff einer diversifizierenden Selbstverwaltung heraus, organisations- wie materiellrechtlich zu einem zentralen Rechtsbegriff des Kommunalrechts.

e) Diese Vielfalt verstärkt sich noch im *Prinzip der Allzuständigkeit der Gemeinde*[704]. Es unterstreicht materiellrechtlich die grundsätzlich unbeschränkte Weite jener ortsbezogenen Aufgaben, deren Erfüllung der Gemeinde vorbehalten ist. In dem Begriff der Allzuständigkeit selbst liegt damit die Eröffnung eines Vielfaltsraums, der nicht unter Berufung auf die Qualität bestimmter, sich ex defini-

---

703 Vgl. etwa *Maunz* (Fn. 690), Rn. 65; *Stern* (Fn. 251), S. 412 f.; *Burmeister* (Fn. 690), m. Nachw.

704 Zur geschichtlichen Entwicklung BVerfGE 79, 127 (143 ff.); siehe ferner u. a. *Badura* (Fn. 93), S. 308; *Gern* (Fn. 666), Rn. 63; *Stern* (Fn. 251), S. 416 m. Nachw.; *Waechter* (Fn. 677), Rn. 063 ff.

tione nicht zur Ordnung in gemeindlicher Vielfalt eignenden Materien verengt werden darf[705]. Die Allzuständigkeit mag den Gemeinden noch keinen Schutz gegenüber vordringendem staatlichem Ordnungsbemühen bieten[706]. Indem sie jedoch die örtliche Vielfalt zum generellen Kriterium der Selbstverwaltung erhebt, verlangt sie deren Beachtung in jedem einzelnen Fall einer übergeordneten, insbesondere staatlichen Regelungsbemühung.

f) Hier eröffnet sich dann das weite Problemfeld der Abgrenzung von *übertragenem und eigenem Wirkungskreis der Gemeinden,* wobei letzterer der eigentliche Entfaltungsraum der rechtlich relevanten Vielfalt ist. Zu jedem einzelnen Fall muss die Entscheidung darüber, was der Gemeinde zu eigenständiger Beurteilung und Entscheidung zu überlassen ist, auch, ja vor allem mit Blick auf die Notwendigkeit fallen, dass dies einerseits in örtlich bezogener Vielfalt erfolge, andererseits der Kommune so viel an eigenem Entscheidungsraum noch verbleibe, dass sie ihre qualitative Eigenständigkeit *insgesamt* wahren könne.

So wirkt denn *Vielfalt als rechtliches Beurteilungskriterium kommunaler Zuständigkeit auf drei unterschiedlichen Ebenen.* Zunächst ist sie mit Blick auf den zu ordnenden *Sachbereich* zu wahren, hier muss beurteilt werden, ob dies mehr vereinheitlichend oder diversifizierend geschehen soll; insoweit ist Vielfalt ein materiell sachgerechtes Kriterium. Sodann ist auf den *einzelnen kommunalen Aufgabenträger* zu sehen: In seinen global betrachteten Kompetenzen muss soweit Vielfalt herrschen, dass er (noch) als eine in ihrer eigenständigen Mischung und Erfüllung besondere Organisationseinheit erscheinen kann, von „seinem Selbstverwaltungsrecht ihm also noch genug bleibt". Und schließlich muss die *Gesamtordnung kommunaler Aufgabenerfüllung in der Gemeinschaft,* vor allem durch staatliche Gesetzgebung, so gestaltet sein, dass *„die Selbstverwaltung"* als etwas an sich und in sich Vielfältiges aufgefasst werden kann; insoweit ist die Kommunalisierung insgesamt ein Vielfaltsphänomen. Dies wird jeweils nach im wesentlichen abgegrenzten örtlichen Besonderheiten zu entscheiden sein.

Griffige Patentformeln lassen sich hier nicht finden, ein allgemeiner Vielfaltsbegriff kann nicht näher konkretisiert werden. Kritisch ist allerdings in dieser Sicht die häufig festgestellte *Abwanderung von Ordnungskompetenzen, von ganzen Materien,* von den Kommunen zu überörtlichen Normierungs- und Entscheidungsträgern zu werten[707]. Eine solche „Wanderung" stellt eine schwerwiegende Beeinträchtigung der für die Demokratie konstitutiven[708] Selbstverwaltung dar. Hier vor allem verläuft seit jeher eine entscheidende Frontlinie zwischen Einheitlichkeit und Vielfalt im Öffentlichen Recht.

---

705 Vgl. dazu *Gern,* a. a. O., Rn. 66.

706 BVerfGE 79, 127 (148).

707 Vgl. dazu etwa *Erichsen* (Fn. 662), S. 326; *Gern* (Fn. 666), Rn. 59; *Schmidt-Aßmann* (Fn. 684) Rn. 16; vgl. auch *Blümel* (Fn. 667), S. 273; *Maunz* (Fn. 690), Rn. 62; *v. Mutius* (Fn. 690), S. 231 ff.

708 Vgl. BVerfGE 79, 127 (151 f.).

5. Ergebnis: Kommunalrecht als Vielfaltsmaterie

a) In der Kommunalisierung findet eine (weitere) Form der Föderalisierung statt, sie bringt all deren diversifizierende Kräfte in tiefer reichender Verästelung zum Tragen. Deutlicher vielleicht noch als bei der Bundesstaatlichkeit ist Vielfalt hier zugleich Legitimation und Gestaltungsform eines auch staatsrechtlichen Pluralismus; sie legitimiert sich aus der Staatsform selbst als „lokale Demokratie". Als Dezentralisierung darf sie nicht verstanden werden; primär geht es ihr nicht um Effizienzsteigerung selbst, sondern nur um eine solche „aus Vielfalt" heraus.

b) Gemeindliche Selbstverwaltung ist schon aus ihrer institutionellen Gewährleistung heraus ein Vielfaltsbegriff. Kommunalisierung spiegelt organisationsrechtlich reale Vielfalt in der Gemeinschaft deutlicher noch wider als der Föderalismus. In ihr wird Organisationsvielfalt geradezu als eine Vorstufe materiellrechtlicher Lösungsvielfalt eingesetzt. Ein Wirklichkeitsbezug wirkt auch aus jener wesentlichen Traditionalität des Kommunalrechts heraus, welche „Vielfalt in der Zeit" bietet, verfestigt in Organisationsstrukturen. Praktisch muss dies vor allem bei Neugliederungen beachtet werden, welche nicht nur mit Blick auf eine Leistungssteigerung erfolgen dürfen.

c) Selbstverwaltung ist ein Vielfaltsbegriff. Wie immer ihr – überwiegend angenommener – Kernbereich zu bestimmen ist, Vielfalt spielt dabei in der Organisation wie in den zu erfüllenden Aufgaben eine wesentliche Rolle. Autonomie wird nur dort Rechtswirklichkeit, wo Diversitäten die Organisationsstrukturen wie das Verfahren der Kommunen prägen. Nur so können die Voraussetzungen für die von der Selbstverwaltung geforderte Eigenständigkeit der Aufgabenerfüllung geschaffen werden.

d) Die Handlungsräume schließlich, welche die institutionelle Garantie der Selbstverwaltung garantiert, die „Angelegenheiten der örtlichen Gemeinschaft", bestimmen sich nicht (mehr auch) nach der Erfüllbarkeit der Aufgaben durch Gemeinden, also nach deren Leistungsfähigkeit, sondern allein nach ihrer örtlichen Verwurzelung oder ihrem spezifisch lokalen Bezug. Damit ist die Bedeutung des „Örtlichen" und damit zugleich einer Vielfalt, welche vor allem in ihm ihre Grundlage findet, noch gesteigert.

Im Kommunalrecht muss also kommunale Vielfalt gegenüber staatlichem Vereinheitlichungsstreben gewahrt werden: mit Blick auf die im jeweiligen Sachbereich zu erwartenden Lösungen, auf die einzelne Kommune, der ein für die Eigenständigkeit ihrer Selbstverwaltung hinreichender Raum zu gewähren ist, und zur Gewährleistung der Selbstverwaltung in deren institutioneller Gesamtvielfalt. Auf kaum einem Rechtsgebiet ist Vielfalt so selbstverständlich gegenwärtig – und zugleich als rechtliches Kriterium bisher so wenig bewusst wie im Kommunalrecht.

VI. Verwaltungsvielfalt

1. Die Fragestellung: Administration zwischen Einheitlichkeit der Vollziehung und immanenten Vielfaltstendenzen

a) Im gängigen juristischen Sprachgebrauch erscheint „die Verwaltung“ als eine Organisation in Einheit und zur Vereinheitlichung des Rechts. Als solche untersteht sie der Leitung einer Exekutive, deren Einheit sich als diejenige einer Verfassungsgewalt gerade aus ihrer Einheitlichkeit ergeben soll.

Terminologie wie Begriffsinhalte stellen hier in verfassungshistorischer Sicht allerdings Übernahmen aus dem Rechtsdenken eines zentralisierten Einheitsstaates dar. Als einheitliches Phänomen ist die Verwaltung, „l'Administration“, zuerst in Frankreich entstanden – als machtpolitischer Faktor aus ihrer Einheitlichkeit heraus. Ihre größten Entfaltungsperioden waren dort diejenigen einer Staatsgewalt, welche mit absoluten Herrschern zu einer bisher unbekannten Einheit gefunden hatte – Ludwig XIV. und Napoleon I. Die République une et indivisible der französischen Revolutionäre hatte ihren Einheitsstaat auf dieses einheitliche Organ gegründet und beides über das Ende persönlich-monarchischer Gewalten bis in die Gegenwart getragen. Das deutsche Verwaltungsrecht hat sich dann unter prägendem französischem Einfluss entfaltet[709], materiell und formell; damit wurden zugleich Vorstellungen von der einheitlichen Administration über Vogesen und Rhein getragen. So manches wurde überdeckt, im juristischen Verständnis „der Verwaltung“, was, gerade im bündisch verfassten Deutschland, Verwaltung (auch) in Vielheit zeigt, ja in Vielfalt.

b) Die Vorstellung von einer solchen, organisatorisch einheitlichen und daher auch funktional die Staatstätigkeit, ja das Öffentliche Recht als solches, *vereinheitlichenden Verwaltung* ist neuerdings *in eine Grundsatzkritik* geraten[710]. Sie bemüht sich um den Nachweis, dass „die Verwaltung als solche“ sich gar nicht definieren lasse. Funktional seien etwa Gesetzesvollzug, Befassung mit „staatseigenem Verwaltungsgut“ oder verwaltendes Fördern heterogene Tätigkeitsformen im Öffentlichen Recht[711]. Überdies stelle sich „Verwaltung“ organisatorisch nicht als eine Einheit dar, sondern als eine „organisatorisch zersplitterte Gewalt“[712], weshalb es denn auch zu einem „Zerfall der vollziehenden Gewalt“ als solcher gekommen sei.

Wie immer man diese Thesen beurteilen mag – sie weisen jedenfalls auf eine Erscheinung hin, die sich im vergangenen Jahrhundert deutlich intensiviert hat: Selbst wenn man all diese Formen des Verwaltens unter einem einheitlichen Oberbegriff „der Verwaltung“ zusammenfassen kann, so zeigt sich dieser doch inhalt-

---

709 *Mayer,* Otto, Theorie des frz. Verwaltungsrechts, 1886, als Grundlage zum Deutschen Verwaltungsrecht, 2 Bde., 1895/6.

710 *Leisner,* W., Die undefinierbare Verwaltung: Zerfall der vollziehenden Gewalt, 2002.

711 *Leisner,* a. a. O., S. 57 ff. bzw. S. 110 ff., S. 170 ff.

712 A. a. O., S. 191.

lich, funktional wie organisatorisch gesehen, als Konglomerat ganz unterschiedlicher Aufgabenstellungen, Handlungs- und Organisationsformen. So muss sich also für die Verwaltung die Frage der Vielfalt stellen, grundsätzlich in Verhältnissen zwischen all diesen Ausprägungen und vielleicht gar noch innerhalb derselben. Die Vorstellung von einer Verwaltung als „rocher de bronze" ist nicht haltbar.

c) Solche Vielfaltsüberlegungen sind hier jedoch in *mehreren Richtungen* anzustellen: Einerseits ist zu fragen, inwieweit solche Verwaltungsvielfalt eine Realitätsvielfalt widerspiegeln und bewältigen muss, vielleicht gar noch in Formen administrativer Verfestigung. Zum anderen könnte es sein, dass darin sogar noch ein besonderes *Vielfaltsstreben administrativ* zum Ausdruck kommt. „Vielfalt als Realitätsöffnung oder als Realitätsgestaltung in Verwaltungen" – das ist die Grundfrage, welche in die nach administrativer Sachgerechtigkeit in Vielfalt oder durch mehr Vielfalt mündet: Ist Vielfalt ein Rezeptions- oder ein Kreationsbegriff?

In beiden Richtungen steht dahinter noch ein weiteres, das Wesen des Verwaltens betreffendes: Entfaltet sich in ihm nicht stets eine *„immanente Vielfalt"*, die gar nicht erst von außen an die Administration herangetragen werden muss? Vielfalt wäre dann als eine „notwendige Vorgabe aus dem Verwalten selbst" zu betrachten, nicht nur als ein Instrument zu an sich schon gewünschter Vielfaltsverfestigung und Vielfaltsverstärkung.

In all diesen Richtungen muss also die Fragestellung „Vielfalt und Verwaltung" vertieft werden. Hier kann nur einiges zu Verwaltungsvielfalt als „Vielfalt als administrationsimmanenter Vorgabe" (i. Folg. 2., 3.), Spiegel der Wirklichkeit (i. Folg. 4.) und als „Motor zu mehr Vielfalt" (i. Folg. 5.) beigetragen werden.

2. „Außenpluralisierung der Verwaltung", nach Aufgaben, Handlungsformen, Verfahren, Organisation

a) „Vielfache Vielfalten" zeigen sich als Vorgaben aus der Verwaltung und bereits in den *Gegenständen ihrer Tätigkeiten, in ihren Aufgaben.* Verwaltungstätigkeit ist keine rechtsbegriffliche Einheit, ob sie nun im Bau-, im Sicherheits-, im Gesundheits- oder im Kulturbereich erfolgt. Selbst wenn man dabei nur die Ordnungsaufgaben im Vollzug von Gesetzen oder gar noch in der Verengung auf hoheitliches Handeln in den Blick nimmt – allein schon die Vielfalt der Ordnungsgegenstände schlägt in einer Vielfalt der Verwaltungstätigkeit durch, jenseits sogar noch von Handlungsformen, Verfahren, Organisation (i. Folg. c.).

Die Vielfalt der Gesetzgebung wirkt hier ein auf die Verwaltungstätigkeiten, mit denen das normative Recht die Vielfalt der Realität einfangen und (weiter) gestalten will. Die Schwerpunkte müssen dabei ganz unterschiedlich gesetzt, eine Vielzahl von unterschiedlichen Methoden muss in differenzierter Vertiefung eingesetzt, die Realität differenzierend wahrgenommen und gewichtet werden. Zu differenzieren ist hier vor allem zwischen tatbestandsbezogener und schwerpunktmäßig rechtlich beurteilender Tätigkeit.

Die Wirklichkeit schlägt hier durch, sie sollte aber in der Verwaltung, jedenfalls materiellrechtlich, nicht weiter ausdifferenziert werden, sondern lediglich zur Wirksamkeit gelangen. Damit ist Aufgabenerledigung in der Verwaltung nicht etwa Abbildung der Realität als solcher in ihrer Vielfalt, sondern lediglich der Diversitäten, in denen diese bereits normativ ausgestaltet worden ist. Verwaltungsvielfalt fügt insoweit der normativen Regelungsvielfalt nichts hinzu, mit Blick auf die Aufgabenstellung ist dies auch nicht gewollt in einem Rechtsstaat, der von der strengen Gesetzesbindung der Verwaltung[713] ausgeht. Die Vielfalt der Verwaltungsaufgaben ist hier aber nur Rechtsfolge der Aufgabendiversität, nicht Rechtsgebot. Von einem eigenständigen, genuin administrativen staatlichen Vielfaltsstreben kann nicht die Rede sein.

b) Auch die *Handlungsformen* der Verwaltung werden aufgabenkonform entwickelt und näher ausgestaltet; die Vielfalt der Formen wird darin nicht als solche angestrebt, allenfalls ist sie Rechtsfolge der Aufgabendiversität.

aa) Dennoch kann es innerhalb der Handlungsformen zu vielfältiger Ausdifferenzierung der Instrumentarien kommen; als Beispiele seien hier genannt:

– *Verwaltungsplanungen*[714]*:* sie erfolgen in einer Vielfalt – und nicht nur Vielheit – nach ihrer rechtlichen *Wirkungsintensität;* imperativ, influenzierend, indikativ; nach den *Instrumenten,* welche hier eingesetzt werden: Raumplanung, Finanzplanung, Fachplanung, Entwicklungsplanung; nach den *Rechtsformen im Einzelnen,* in denen dies geschieht: Pläne in Gesetzes-, Verordnungs-, Satzungsform oder als Verwaltungsinternum.

– *Förderungsmaßnahmen*[715], differenziert nach *angestrebten Wirkungen:* Produktions-, Erhaltungs-, Anpassungssubventionen; *nach den Formen, in denen öffentliche Förderleistungen* erbracht werden: als Darlehen, Bürgschaften und Garantien, Bevorzugungen bei der Vergabe öffentlicher Aufträge, Beteiligung an Gesellschaften, Verschonungssubventionen (Steuerbefreiungen, Abgabenermäßigungen).

bb) Besonders deutlich lässt sich eine Vielfalt von Handlungsformen, wie sie deren Dynamik, zunehmend auch außerhalb ausdrücklicher gesetzlicher Grundlagen, hervorbringt, in Einzelausprägungen des „informellen Verwaltungshandelns"[716] beobachten. Hier ergreifen die Verwaltungen selbst kaum mehr übersehbare Initiativen zu einem Formenreichtum bei der Erfüllung ihrer Aufgaben, der überdies noch durch deren Vielfalt differenziert wird. Die Übergänge in die gesetzlich determinierte Vielfalt administrativer Handlungsformen sind hier weithin

---

713 Gesetzesbindung der Verwaltung als Vielfaltssperre in der Administration wäre grundsätzlicher Vertiefung wert, auch unter Gesichtspunkten der Verwaltungslehre.

714 Vgl. *Kirchhof,* P., Mittel staatlichen Handelns, HdbStR, Bd. 3, § 59 Rn. 103 ff.; *Maurer,* H., Allgemeines Verwaltungsrecht, 14. Aufl. 2002, § 16 Rn 1 ff.

715 Vgl. *Gern* (Fn. 666), Rn. 779; *Waechter* (Fn. 677), Rn. 650.

716 Vgl. *Maurer* (Fn. 714), § 15 Rn. 14 ff.

schon fließend, weil das informelle Handeln mitunter zugleich als Vorstufe formalisierter Entscheidungen erscheint. Hier machen sich Strömungen aus ganz anderen als politisch-gesetzlich bestimmten Quellen bemerkbar: Es wirkt die unübersehbare Vielfalt der Einzelfälle; und deshalb lässt sich informelles Verwaltungshandeln, geradezu ex definitione, allenfalls beschreiben, nicht definieren, in ihm wirkt „die Vielfalt par excellence", die der Verwaltungspraxis; virtuell gibt es so viele Handlungsformen wie Einzelfälle.

cc) Vor allem *zwei Erkenntnisse zu diesen Handlungsformen* sind im vorliegenden Zusammenhang von Gewicht.

- Differenzierungen mögen zwar immer wieder Diversifizierungen zur Folge haben – *Vielfalt wird hier aber nicht als solche angestrebt,* es sei denn in der Anerkennung des Erscheinungsreichtums der praktisch zu bewältigenden Fälle. In den Verwaltungen herrscht vielmehr – und dies wohl weithin – ein *schematisierendes Vereinheitlichungsstreben vor,* schon weil sich so Arbeit erleichtern, rascher erledigen lässt. Gängige Bürokratiekritik[717] wirft denn auch gerade dies „der Verwaltung" als solcher vor. Deshalb darf hier auch nicht ein rechtliches Vielfaltsgebot allgemein zum Tragen kommen. Inwieweit es sich doch, implizit, aus einem, meist wenig differenziert angenommenen, Effizienzgebot[718] gewinnen lässt – wenn insbesondere, in politischer Verschwommenheit, „unbürokratisches Vorgehen" gefordert wird – wäre einer rechtstatsächlichen Vertiefung wert.
- *Vielfalt* mag zwar für die Verwaltung nicht angestrebt werden – sie *zeigt sich jedoch allenthalben* in einem Reichtum von Rechtsformen des Verwaltungsverhaltens; unter Hinweis auf die *„Gestaltungsaufgaben* der Verwaltung" wird sie im Grundsatz, wenn auch meist unkritisch, anerkannt[719], ist sie wohl doch auch verwaltungspolitisch erwünscht. Hier erscheint die Verwaltung bereits als „faktische Gewalt"[720] in einer Wirklichkeitsnähe, auf die noch zurückzukommen ist (i. Folg. 4.). Damit tritt aber *Vielfalt wenn nicht als Rechtsgebot, so doch nicht nur als Rechtsphänomen, sondern als Rechtsfolge* in einer Breite in Erscheinung, wie sie bei der Bestimmung des allgemeinen Standorts dieses Rechtsbegriffs nicht übersehen werden kann.

c) Das *Verwaltungsverfahren* ist die Ausprägung der Handlungsformen einer Administration, die vorstehend in ihrer Vielfalt dargestellt werden konnten. Hier lassen sich jedoch unter dem Gesichtspunkt der Vielfalt *gegenläufige Tendenzen* feststellen:

Einerseits ist eine optimale, wenn nicht maximale *Vereinheitlichung der Verwaltungsverfahren* seit Generationen ein Ziel, dem mit der Uniformisierung des Ver-

---

[717] *Laux,* E., Vom Verwalten: Beiträge zur Staatsorganisation und zum Kommunalwesen, Bd. 27, 1. Aufl. 1993, S. 326 ff.

[718] Vgl. *Schuppert,* G. F., Verwaltungswissenschaft, 1. Aufl. 2000, S. 802.

[719] Vgl. f. viele *Wolff,* H.J. / *Bachof,* O. / *Stober,* R., VerwR I, § 31 Rn. 57 ff.

[720] Dazu grds. *Leisner* (Fn. 710), S. 243 ff.

waltungsverfahrensgesetzes sogar föderale Vielfalt in nicht unproblematischem Umfang geopfert wurde. In der Entwicklung bundeseinheitlicher Begrifflichkeiten des Allgemeinen Verwaltungsrechts setzen die Revisionskompetenzen des Bundesverwaltungsgerichts diese Entwicklung laufend fort. In diesen Rechtsphänomenen findet auch die (oben dargestellte) Diversifizierung der Handlungsformen der Verwaltung konkrete Schranken. So könnte die These vertreten werden, das Allgemeine Verwaltungsrecht stelle sich als systematische, ja flächendeckende rechtliche Anstrengung dar, Vielfalt aus der Administration zu eliminieren, soweit es deren Realitätsnähe zum Einzelfall auch nur irgendwie zulässt. Hier drängt die Vereinheitlichung sogar die Bereichsspezifik des Besonderen Verwaltungsrechts zurück; die Eigenarten beider traditionell und noch immer unterschiedlicher Rechtsgebiete werden gerade in dieser „Vereinheitlichung gegen Vielfalt" sichtbar, die im Allgemeinen Verwaltungsrecht abläuft.

Zum anderen aber ist es noch immer das Recht der *Länder, „das Verwaltungsverfahren zu regeln"* (Art. 84 Abs. 1 GG). Diese Bestimmung ist in der Gesetzgebungspraxis im Wege der „Paketlösung" so gehandhabt worden, dass auch nur eine Bestimmung in einem Gesetzgebungswerk ausreicht, dieses insgesamt zustimmungspflichtig werden zu lassen[721]. Grundsätzlich anerkannt ist damit das Recht der Länder, ihre föderale Vielfalt über das Verwaltungsverfahren auch bei der Bestimmung der Aufgabenstellungen durch den Bund zum Tragen zu bringen. Damit wird die Aufgabenvielfalt (vgl. oben a)) nicht nur mit der Verfahrensvielfalt untrennbar verbunden, erstere geradezu als eine Funktion der letzteren anerkannt. Föderale Vielfalt schlägt so grundsätzlich über das Verfahrensrecht gegen alle Einheitlichkeitsbemühungen der Bundesgesetzgebung durch. Damit ist nun zwar nicht anerkannt, dass sich im Verwaltungsverfahrensrecht stets eine eigenständige administrative Vielfalt der Länder entfalten müsste; wohl aber wird dieser letzteren als einem Rechtswert zumindest eine negative, eine Blockadewirkung gegenüber einer Vielfalt einebnenden Gesetzgebung des Bundes zuerkannt: Wann immer die Länder ihre administrative Verfahrenshoheit in Gefahr sehen, können sie im Bundesrat ihre Zustimmung verweigern, im Namen föderaler Vielfalt. *Verwaltungsverfahrensvielfalt* wird im Grundgesetz also als ein *hochrangiger föderaler Rechtswert* anerkannt und allen Rechtswerten zentralisierender Gesetzgebung gegenübergestellt.

Dies sollte bei *Verfassungsrevisionen bedacht werden, welche die Zustimmung des Bundesrates auf Verfahrensregelungen beschränken* wollten[722]. Damit müsste nämlich die föderale Vielfalt entscheidend an Gewicht verlieren, der Vielfalt würde ein wichtiger Wirkungsraum verloren gehen, selbst wenn sie in diesem bisher nur von negativem Gewicht war, in einer Verweigerung der Zustimmung

---

721 Dazu *Dittmann,* A., in: Sachs, M., GG. Art. 84 Rn. 15; *Lerche,* P., in: Maunz, Th. / Dürig, G., GG, Art. 84 Rn. 67 ff.

722 Wie dies gerade neuerdings im Gespräch ist, in der gemeinsamen Föderalismuskommission von Bundestag und Bundesrat.

durch den Bundesrat. Und eine solche Reform wird denn auch im Namen eines Effizienzstrebens betrieben, welches bereits innerhalb der Verwaltung als ein „Gewicht gegen Vielfalt" erkannt wurde (vgl. oben b) cc)). Ob ein solcher Verlust administrativer Vielfalt durch die Erweiterung von Gesetzgebungskompetenzen der Länder kompensiert werden könnte – immerhin ein rechtliches aliud – mag hier offen bleiben.

d) Die *Einrichtung der Verwaltungsbehörden* war bisher ein Ordnungsreservat der Länder (Art. 84 Abs. 1 GG), verbunden mit dem Länderrecht der Gestaltung der Verwaltungsverfahren. In der Tat lässt sich die Behördenorganisation nicht vollständig von einer Verfahrensgestaltung für die Verwaltung abgrenzen[723]. Diese letztere beinhaltet ja auch Zuständigkeitsregelungen, deren Grundlagen durch die Einrichtung von Behörden erst geschaffen werden.

Hier hält sich auch die erwähnte Vereinheitlichungswirkung der Verwaltungsverfahrensgesetze und der Revisionsrechtsprechung in weit engeren Grenzen: in beiden müssen die Organisationsentscheidungen der Länder hingenommen werden, in nur letzten Schranken. Mehr noch als im Verwaltungsverfahrensrecht ist also hier die Vielfalt der Landes-, ja der Kommunalorganisation, welche jene noch weiter auffaltet, als ein eigenständiger Rechtswert anerkannt, hier wirkt weit schwächer nur (vgl. oben b) cc)) einheitliches Einebnungsstreben; die Organisationshoheit der Länder ist, jedenfalls grundsätzlich, unbestritten. In ihren eben erwähnten Überwirkungen auf das Verwaltungsverfahren mag sich auch dort stets ein nicht unbeachtlicher, jedenfalls potenzieller Raum eigenständig und typisch administrativer Vielfalt erhalten.

Immerhin könnte es aber auch hier zu einer Reduktion der Vielfalt bei einer Föderalreform kommen, welche die Zustimmungsrechte des Bundesrates drastisch einschränkt. Zu beurteilen ist dies aber weniger mit Blick auf eine Vielfaltsproblematik der Verwaltung als solcher, als vielmehr unter föderalen Gesichtspunkten. Dass es hier aber allerdings ein Verwaltungs-Vielfaltsproblem als solches gibt, hat sich bereits gezeigt und ist nun noch weiter, jenseits bundesstaatlicher Besonderheiten, aufzuzeigen. Dabei mag der Hinweis auf einige vor allem zur Verwaltungslehre entwickelte Ansätze genügen.

3. Organisatorische „Innenpluralisierung" der Verwaltung

a) Bei der bisher betrachteten *„Außenpluralisierung"* der Verwaltung ging es vor allem darum, worin und in welchen Formen die Administration dem Bürger bei der Erfüllung ihrer Aufgaben gegenüber tritt; damit aber standen diese Aufgabenbestimmungen und daher die Verwaltungsträger im Vordergrund, die Aufgaben – insbesondere in föderaler Vielfalt – zu erfüllen haben. Nun ist das Augen-

723 Zu herkömmlichen Abgrenzungsversuchen vgl. *Lerche,* P., in: Maunz, Th. / Dürig, G., GG, Art. 84 Rn. 23 ff.; *Dittmann,* A., in: Sachs, M., GG. Art. 84 Rn. 7 ff.

merk auf eine *„Innenpluralisierung“* zu richten. Auch hier zeigen sich, zum Teil noch wenig beachtet, Räume und Instrumente einer „Verwaltungsvielfalt“.

b) Auszugehen ist von der Erkenntnis der neueren Organisationslehre über die *„Gestaltbarkeit von Verwaltungen“*[724] in ihren Anwendungen auf die Öffentliche Verwaltung. In diesem Begriff liegt bereits die Vorstellung von einem „Raum für Vielfalt“, denn nur in ihm kann „gestaltet werden“, und dies setzt notwendig Optionen von Vielfalt voraus, selbst wenn sie dann in Entscheidungen verengt werden. Die traditionelle Auffassung von Verwaltungsorganisationen sieht diese in staatlicher Anbindung an eine gesetzlich vorgegebene Aufgabenbestimmung; Vielfalt, Dynamik zu ihr, kann also allenfalls in der Aufgabendifferenzierung stattfinden, sie ist Aufgabe der Parlamente, nicht der Verwaltungen.

c) Demgegenüber wird nun für die Verwaltung eine *strukturelle Modernisierung* angestrebt[725], indem deren statischen Verkrustungen in den fließenden Kompetenzen postbürokratischer Entwicklungen aufgelöst werden sollen[726]. Schon im Begriff der Modernisierung liegt wohl eine Vielfaltsöffnung, gilt es doch, zunehmenden Diversitäten nach zeitlichem Ablauf ebenso zu entsprechen wie nach der rasch ansteigenden Spezialisierung der Aufgaben und Methoden. Vor allem aber setzen diese Bemühungen ein ganzes Repertoire von Verwaltungsinstrumenten ein, das, schon von seinen meist amerikanischen Ursprüngen in der Organisationslehre her[727] gesehen, einem Bereich entlehnt erscheint, in dem eine flächendeckend-grundsätzliche Vielfalt *Entfaltung* gefunden hat: *den wirtschaftlichen Aktivitäten der Privatsphäre* mit ihren betriebswirtschaftlichen Kriterien. Wenn nun in „Verwaltungsproduktion“ und „Verwaltungsentwicklung“[728] gedacht werden soll, so ergeben sich darin Öffnungen zu einer Privatwirtschaft und ihrem Wettbewerb, für den Vielfalt einen Zentralbegriff darstellt, ihre Entfaltung wenn nicht ein Ziel, so doch ein Instrument[729]. Dann lassen sich über diese Öffnungen insbesondere Formen eines *administrativen Gesellschaftsrechts* in den Bereich sogar der klassischen Verwaltung einführen[730], als Vorboten oder gar Instrumente einer Privatisierung, über welche die ganze private rechtliche Vielfalt autonomer Gestaltungen das Verwaltungsrecht erreicht (dazu noch unten 5.). So kommt es zu einer *Pluralisierung der Verwaltung nach innen.*[731] Jede Verwaltung weist eben eine *eigene institutio-*

724 *Grimmer,* K., Gestaltbarkeit von Verwaltungen, Verw 31 (1998), 481 ff.

725 *Grimmer,* a. a. O., S. 481: Modernisierung öffentlicher Verwaltungen – ein rationaler Prozess?

726 *König,* Klaus, Öffentliche Verwaltung – postindustriell, postmodern, postbürokratisch, in: Merten, D. / Schmidt, R. / Stettner, R. (Hrsg.), Der Verwaltungsstaat im Wandel, FS f. Knöpfle, 1996, S. 141 ff., insb. 146 ff.

727 *Grimmer* (Fn. 724), S. 485 m. Nachw.

728 *Grimmer,* a. a. O., S. 483 f.

729 Dies wurde bereits oben C. V. 1. 5. im Zusammenhang mit der Berufsordnung vertieft.

730 Dazu näher *Krebs,* W., Notwendigkeit und Struktur eines Verwaltungsgesellschaftsrechts, Verw 29 (1996), 309 ff.

731 *Krebs,* a. a. O.

nelle Prägung auf[732], und dies kann sich nur in einer internen Vielfalt der Verwaltungsorganisation äußern.

d) Diese Pluralisierung rezipiert immer mehr Formen in Verwaltungen und Verwaltungsrecht, die in der Spannung zwischen staatlicher Steuerung und *gesellschaftlicher Selbstregulierung* zu sehen sind[733]. Diese letztere bringt Vielfalt zum Tragen in den unterschiedlichen privat- und öffentlich-rechtlichen Steuerungsansätzen[734], ja bereits in den Formen staatlicher Überwachung und damit einer aus dem privaten Bereich beeinflussten öffentlichen Verwaltungstätigkeit[735]. Dies führt dann weiter bis hin zu nicht nur unterschiedlichen, sondern vielfältigen staatlichen und privaten Verfahrensanforderungen[736] und von dort zu ebenfalls notwendig vielfältigen, weil eben gesellschaftlich beeinflussten Vielfaltsformen in der Verwaltungsorganisation.

In all dem kommt eine corporate identity zum Ausdruck, wie sie in besonderem Maße dem Privatbereich eigen, ja dort geradezu Grundlage einer Organisationsvielfalt ist, wie sie aber auch im Öffentlichen Sektor durch politisch-hoheitliche Entscheidung geschaffen und bewahrt wird. Selbst in dieser Verwaltung wirkt noch viel von einer ursprünglichen Grundhaltung weiter, wie sie mit dem Behördenbegriff als einer „Verwaltungseinheit" von jeher verbunden war und von den dort Tätigen in beamtenrechtlicher Unabhängigkeit allen gesetzlichen Vereinheitlichungsbestrebungen gegenüber noch immer mit Erfolg verteidigt werden konnte[737].

So führen denn ganz allgemein die Entwicklungen im Bereich der öffentlichen Verwaltung zu Vielfaltserscheinungen, die sogar eine gewisse Traditionalität aufweisen. Fraglich bleibt allerdings, was hier an Vielfaltsstreben bewusst oder gar gewollt ist. Derartiges wird kaum aus der Gesetzgebung an die Administration herangetragen werden, sich aber doch nicht selten in deren Innenräumen entwickeln, in vielen Kryptovorgängen – und damit erst recht vielfaltsträchtig. Es reicht von Ansätzen eines behördlichen Selbstverständnisses über eine aus ihm sich entfaltende Solidarität der dort Tätigen bis zu Erscheinungen eines echten Corpsgeistes, mag dieser auch selten nach außen hervortreten. Verfestigt wird es in vielen Fällen, geradezu organisatorisch, durch das Wirken der *Personalvertretung,* welche weit mehr an auch praktisch wirksamer *Behördenvielfalt* herstellt und bewahrt als gemeinhin bewusst ist.

---

732 *Grimmer* (Fn. 724), S. 495 f.

733 *Trute,* H.-U., Die Verwaltung und das Verwaltungsrecht zwischen gesellschaftlicher Selbstregulierung und staatlicher Steuerung, DVBl. 1996, 950 ff.

734 *Trute,* a. a. O., S. 958 ff.

735 *Trute,* a. a. O., S. 952 ff.

736 A. a. O., S. 960 ff.

737 Diese Wirkung beamtlicher Unabhängigkeit, aus einem hergebrachten Grundsatz des Berufsbeamtentums (Art. 33 Abs. 5 GG) heraus, zur Bewahrung von Verwaltungsvielfalt, also in einem rein staatsorganisatorischen Zusammenhang, ist bisher, soweit ersichtlich, noch nicht gesehen worden.

Die nach außen oft als Block erscheinende „Verwaltung“, der gerade dieses Bild Macht sichert und Arbeit erleichtert, ist intern ein Organismus von nahezu unübersehbarer Vielschichtigkeit und einer Vielfalt, die nur deshalb so wenig bewusst ist, weil sie dort noch weniger verordnet werden kann als in vielen anderen Bereichen – ein dankbarer Gegenstand der Verwaltungslehre.

e) Vor kurzem ist auf ein Phänomen hingewiesen worden, welches zur Öffnung der Verwaltung zu vielfachen, Vielfalt generierenden, rezipierenden und organisierenden Faktoren führt, auf den *Interessenausgleich im Verwaltungsorganisationsrecht*[738]. Zu diesem Ziel werden ganz unterschiedliche organisatorische Gestaltungen eingesetzt: Ressortbildung und -koordination, Gremien pluraler Interessenrepräsentanz, Behördenbeteiligung, „Beauftragte“[739], ja sogar die interbehördliche kompetitive Selbstverwaltung[740].

Hier zeigt sich die Organisationsvielfalt in einer eigenartigen Doppelgesichtigkeit: einerseits rezipiert die Verwaltung auf solchen Wegen außerrechtliche, private „Bürgervielfalt“, wird geradezu zu ihrem Organ, zum anderen findet sie Kombinations- und Ausgleichsformen zwischen derart vielfältigen Interessen, die ihrerseits neue Verwaltungsvielfalt erzeugen. In beiden Vorgängen gewinnt das Verwaltungsorganisationsrecht grundsätzlich an demokratischer Legitimation[741] – als Spiegel einer Vielfalt, welche wiederum die Staatsform legitimiert.

f) Ein neuer Vielfaltsaspekt eröffnet sich schließlich mit der *Informatisierung* der öffentlichen Verwaltung.[742] Vordergründig betrachtet mag hier ein Einebnungs-, ja ein Gleichschaltungsprozess eingeleitet sein, der auch als solcher die verbreiteten Bürgersorgen vor einem Datenmissbrauch im administrativen Querverbund hervorruft. So manche Vielfalt im täglichen Verwaltungsablauf geht damit gewiss verloren, wenn Daten und Entscheidungskriterien anderer Entscheidungsträger abgerufen, meist einfach übernommen werden.

Doch es sollten auch vielfaltsgenerierende Effekte nicht übersehen werden, mögen sie auch noch nicht voll absehbar sein: Immerhin verbreitet sich so Verwaltungsvielfalt, insbesondere in der Beurteilung von sich oft ergänzenden, vergleichbaren Vorgängen allenthalben in der Verwaltung. Damit wird aber auch das kritische Selbstbewusstsein der jeweils eigenen Verwaltungsidentität gesteigert. Schließlich wird es nicht selten zur Erkenntnis kommen, dass eigene Programme erforderlich werden – die Informatisierung stellt nahezu unbegrenzt Vielfaltsinstru-

---

738 Vgl. *Ruffert,* M., Interessenausgleich im Verwaltungsorganisationsrecht, DÖV 1998, 897 ff.

739 Vgl. *Ruffert,* a. a. O., S. 900 ff. m. Nachw.

740 A. a. O., S. 903.

741 Vgl. *Ruffert,* a. a. O., S. 905; vgl. auch *Trute* (Fn. 732), S. 963.

742 Dazu f. viele *Mehlich,* H., Die Verwaltungsorganisation im Informatisierungsprozeß, Verw 29 (1996), 385 ff.; Nachw. zum kaum mehr übersehbaren kommunalen Schrifttum bei *Wolff/Bachof/Stober* (Fn. 719), § 3 Rn. 23.

mente zur Verfügung; vor allem aber lässt sie überall in der Verwaltung Vielfalt bewusst werden.

So führen denn viele administrationsinterne Entwicklungen dazu, dass Vielfalt in einer Administration bewusst wird, die bisher weithin als für sie undurchdringlich galt. Wieweit sich daraus *Verwaltungsziele* ergeben können, mag im Einzelnen noch schwer absehbar sein. Bisherige Erfahrungen lehren aber häufig, dass sich bewusste Vielfalt ihre (weiteren) Ziele ruft. Einige Hinweise nun noch zu Erscheinungen, die dies bereits nahe legen.

4. „Realitätsrezeption" und Vielfalt in der Verwaltung

a) Wenn die Verwaltung in einem zu einer Einheit findet, so ist es ihre *Wirklichkeitsnähe.* Nirgends tritt der Staat dem Bürger, jenem Repräsentanten des Außerstaatlichen, ja Außerrechtlichen, so nahe und so unmittelbar gegenüber wie mit seiner Administration. Sie leitet das Recht ein in die Realität, empfängt aber zugleich aus dieser Wirklichkeit Impulse für ihr Handeln (i. Folg. 5.) wie für ihre organisatorischen Strukturen. Letzteres ist bereits deutlich geworden; hier soll nochmals kurz auf die Realitätsöffnung einer Verwaltung eingegangen werden, die vor allem zu einer *rezipierenden Gestaltung der Administration aus der Vielfalt der Wirklichkeit führt.*

b) Grundsätzlich beginnt dies schon mit einer *Wirklichkeitswahrnehmung,* welche im Öffentlichen Recht im Rahmen eines „Methoden- und Richtungsstreits" erneuert werden soll[743]. Hier wird zutreffend die Problematik der *Interdisziplinarität* als Form einer solchen Wahrnehmung der Realität behandelt, welche deren Rezeption vorangehen muss[744]. Wer insbesondere soziologische Theorie und Methode im Öffentlichen Recht einsetzt, der fordert vor allem für den Verwaltungsbereich eine Orientierung an Wirklichkeitsmaßstäben[745]. Mit ihnen werden außerrechtliche Gesetzmäßigkeiten in Handlungsformen, auch bereits in die Organisation einer Administration transformiert, welche viel weitere Vielfalt zum Tragen bringt, als sie von rechtlichen Imperativen erwartet werden kann. Diese werden so gewissermaßen erweitert um eine „überschießende Vielfaltstendenz".

Wer für die Verwaltung einen *„Imperativ des Wandels"* feststellt[746], muss gerade dem rechtliche, allgemein-normative Bedeutung zuerkennen. *Eine Modernisierung der Verwaltung*[747] kann nur darauf abzielen, jener Realität verstärkt und in

---

743 *Möllers,* Chr., Braucht das öffentliche Recht einen neuen Methoden- und Richtungsstreit?, VerwArch 90 (1999), 187 ff.

744 *Möllers,* a. a. O., S. 203 ff.

745 Vgl. *Möllers,* a. a. O., S. 204 unter Hinweis vor allem auf Luhmann.

746 *König* (Fn. 726), S. 144 ff.

747 F. viele *Burgi,* M., Verwaltungsorganisation und Verwaltungsmodernisierung in Nordrhein-Westfalen, NWVBl. 2001, 1 ff.; grds. *Grimmer* (Fn. 724), S. 481 ff.; zu Verwirk-

ständiger Dynamik Rechnung zu tragen, die sich eben außerstaatlich vielfach rascher wandelt als die normativ verfestigte Administration, dieser immer um einiges voraus ist. Gerade deshalb muss dem die Verwaltung mit flexiblen Kompetenzgestaltungen Rechnung tragen[748], will sie vielleicht gar alle Modernisierung in Postmoderne gestaltend überholen[749].

Das verwaltungswissenschaftliche Bemühen um die Einbindung außerstaatlicher Rechtsträger bis hin zu der heute zurecht betonten *Bürgernähe* der Administration[750] gilt also in voller Breite dieser Realitätsöffnungen, vor allem dort, wo sich in der Routine der Praxis Abkapselung, ja Verkrustung, normativ in besonderem Maß zeigt: in der Verwaltungsorganisation. Flexibilität – heute bereits ein Modewort für solche Tendenzen, ja Ziele – ist aber nur ein anderer Ausdruck für die Bereitschaft, die Vielfalt außerrechtlicher Realitäten in Verwaltungsgestaltung widerzuspiegeln.

5. Ermessen und Beurteilungsspielraum – Vielfaltsrezeption im Verwaltungshandeln

Der Begriff des *„Wirklichkeits- oder auch Wahrscheinlichkeitsmaßstabs"* hat bereits Eingang ins Verwaltungsrecht gefunden – in dessen praktisch wichtigem Bereich der Gebührengestaltung[751]. Dies bedeutet nichts anderes als das normative Gebot eines Administrierens nach Maßstäben, welche außerrechtlichen Gegebenheiten in ihrer Vielfalt entnommen werden. Doch die Realitätsöffnung zeigt noch viel weiterreichende, grundsätzliche Ausprägungen. Zu nennen ist hier vor allem die *Ermessensverwaltung*. Ermessen werde der Verwaltung vor allem deshalb eingeräumt, damit sie die Unübersehbarkeit der weder vorhersehbaren noch normativ erfassbaren Lebenssachverhalte zu ordnen vermag[752]. Nur so können Verwaltungsentscheidungen den besonderen Gegebenheiten von Einzelfällen entsprechen. Dabei werden die *Maßstäbe der Ermessensentscheidungen unmittelbar der Realität und ihrer Vielfalt entnommen,* im Rahmen der äußeren und inneren Ermessensschranken. Die Dogmatik des Verwaltungsrechts hat sich verständlicherweise stets in erster Linie mit diesen letzteren beschäftigt[753]. Dabei darf aber nicht vernachlässigt werden, dass innerhalb der so dem Ermessen zu ziehenden Schranken ge-

---

lichungsanstrengungen in den neuen Ländern *Huber,* P. M., Vom Aufbau der Staats- und Verwaltungsorganisation in Thüringen, ThürVBl. 1997, 49 ff.

748 *König* (Fn. 726), S. 159 f.

749 was ihr *König,* a. a. O., als Programm vorstellt.

750 *Schuppert* (Fn. 718), S. 922.

751 Vgl. *Wolff / Bachof / Stober* (Fn. 719), § 42, R. 32 f. m. Nachw.

752 Vgl. dazu f. viele *Bullinger,* M., Das Ermessen der öffentlichen Verwaltung. Entwicklung, Funktionen, Gerichtskontrolle, JZ 1984, 1001 (1004); *v. Mutius,* A., Unbestimmter Rechtsbegriff und Ermessen im Verwaltungsrecht, Jura 1987, 92 (97) m. Nachw.

753 Vgl. *Maurer* (Fn. 714), § 7 Rn. 7 ff.; *Wolff / Bachof / Stober* (Fn. 719), § 31 Rn. 31 ff.

rade *ein allgemeines, realitätsorientiertes Vielfaltsgebot von rechtlichnormativer Qualität wirksam wird.* Versuche, dessen Wirkung im Namen des Rechtsstaatsgebots zu eliminieren oder zu minimieren, scheitern an eben dieser Wirklichkeit, es ist ihnen aber auch eine grundsätzliche Absage zu erteilen[754]: Hier würden die Grenzen normierender Vorhersehbarkeit prinzipiell verkannt, die Legalität würde in Übersteigerung zum Weg aus der Gerechtigkeit des Einzelfalles. Sie aber kann sich hier auf ein *Rechtsgebot der Vielfalt stützen;* es gilt solange und soweit, wie gerade das Recht der so realitätsnahen Verwaltung zu dieser Wirklichkeit geöffnet bleiben muss.

Auch bei den Beurteilungsspielräumen wird – zunächst einmal – die Verwaltung in vollem Realitätskontakt tätig, die *unbestimmten Rechtsbegriffe*[755], welche sie anzuwenden hat, sind meist begriffliche Reservoire und Reservate von außerrechtlichen Vielfaltsentscheidungen. Die Unterschiede zum Ermessen liegen vor allem in der rechtlichen Nachprüfbarkeit der Bewertung. Dabei wird aber zunehmend die Bedeutung der in diesem Rahmen noch verbleibenden Verwaltungsprärogativen erkannt. Einschätzungsbegriffe[756] sichern ein Bewertungsvorrecht[757] wie einen Entscheidungsvorrang[758]. Wertende Beurteilung in der Verwaltung bleibt vor allem dann ein Recht der Letztentscheidung, wenn diese unabhängigen sachverständigen Gremien mit gruppenpluraler bzw. gesellschaftlicher Repräsentanz überlassen bleiben soll[759]. Darin wirkt dann schon gesellschaftliche Vielfalt im Namen eines organisationsrechtlichen pluralisierenden Rechtsgebots.

Dies führt weiter zu der Erkenntnis, dass Aufstellung rechtlicher *Grenzen für die Beurteilungsspielräume ihrerseits stets rechtlichen Vielfaltsgeboten* Rechnung zu tragen haben. Dies gilt für deren materiellrechtliche wie organisationsrechtliche Ausformungen, von denen in den bisherigen Betrachtungen so viele begegneten; und es muss dabei jeweils die bereichsspezifische Ausformung dieser normativ verfestigten Vielfaltsanforderungen abwägend berücksichtigt werden. Die Verwaltung und ihr Recht wird damit zu einer Rezeptionsgestaltung nicht nur außerrechtlicher, in die Rechtsordnung zu transformierender Vielfalten, sondern auch von unterschiedlichen, bereichsspezifischen Vielfaltsentscheidungen, die bereits innerhalb dieser Rechtsordnung gefallen sind.

---

754 Zutr. *Wolff/Bachof/Stober,* a. a. O., Rn. 32.

755 Wolff/Bachof/Stober, § 31 Rn. 14 ff. m. Nachw.; *Schuppert* (Fn. 718), S. 526 ff.; *Maurer* (Fn. 714), § 7 Rn. 31 ff.

756 Dazu f. viele *Brohm,* W., Die staatliche Verwaltung als eigenständige Gewalt und die Grenzen der Verwaltungsgerichtsbarkeit, DVBl. 1986, 321 (329); *Schuppert,* G. F., Self-restrains der Rechtsprechung. Überlegungen zur Kontrolldichte in der Verfassungs- und Verwaltungsgerichtsbarkeit, DVBl. 1988, 1191 (1197); *Schulze-Fielitz,* H., Neue Kriterien für die verwaltungsgerichtliche Kontrolldichte bei der Anwendung unbestimmter Rechtsbegriffe, JZ 1993, 772 (779).

757 BVerfGE 75, 275 (279).

758 BVerwG JZ 1993, 794 (796).

759 *Wolff/Bachof/Stober* (Fn. 719), § 31, Rn. 23 m. Nachw.

Die Erkenntnis der Vielfalt in der Verwaltung und durch sie steht noch am Anfang. Vielleicht wird sie als deren wichtigster Garant erkannt werden.

6. Privatisierung – neue Vielfaltsformen aus der Verwaltung und in ihr

a) Privatisierung ist seit langem nicht nur als allgemeinstaats-, sondern auch als spezifisch verwaltungspolitisches Ziel anerkannt[760]. Sie entfaltet sich in den heute bereits klassischen Formen der Aufgaben- und der Organisationsprivatisierung. Ihre Entwicklungsräume scheinen, vor allem in neuester Zeit, materiellrechtlich kaum mehr eingrenzbar, sie reichen von der Abfallwirtschaft[761] bis zur Bundeswehr[762], von Volksfesten[763] bis zur Luftsicherheit[764], vom Bundessport[765] bis zum Strafvollzug[766]. In besonderer Weise stellt sich die Privatisierungsfrage im Bereich der *Daseinsvorsorge*[767], in deren bekannt weitem, schwer fassbarem Sinn und daher für kommunale Aufgabenstellung und Organisation[768].

Nicht Einzelfragen dieser Gebiete interessieren in diesem Zusammenhang[769], nicht ihre Formen[770], nicht einmal die Grundsatzproblematik, wie hier die Erfüllung des öffentlichen Auftrags gesichert werden kann[771]. Eine Betrachtung der Vielfalt als Rechtsbegriff hat vielmehr nach der Bedeutung dieser Entwicklung für die Erschließung neuer Formen der organisatorischen Diversität zu fragen, die dann auch zu materieller Lösungsvielfalt führen (können).

---

760 *Waechter* (Fn. 677), Rn. 647 ff.; *Maurer* (Fn. 714), § 21 Rn. 15 ff.

761 Etwa *Rehak,* H., Vergaberecht und kommunale Privatisierungen der Abfallentsorgung, LKV 2001, 185 ff.

762 *Lorse,* J., Ist die Bundeswehr privatisierbar?, RiA 2002, 16 ff.

763 *Gröpl,* Chr., Privatisierung von Messen, Märkten und Volksfesten, GewArch 1995, 367 ff.

764 *Baumann,* K., Luftsicherheit und materielle Privatisierung, ZLW 50 (2001), 304 ff.

765 *Badura,* P., Verwaltungskompetenz und Organisationsrecht des Bundes (Art. 87 Abs. 1 GG) im Hinblick auf eine Beteiligung an Unternehmen in einer Rechtsform des privaten Rechts, betrachtet am Beispiel der Postreform von 1989, in: Pfister, B. / Will, M. R. (Hrsg.), FS f. Lorenz, 1991, S. 3 (7 ff.).

766 *Bonk,* H. J., Rechtliche Rahmenbedingungen einer Privatisierung im Strafvollzug, JZ 2000, 435 ff.

767 *Stüer,* B. / *Hermanns,* C. D., Daseinsvorsorge durch Privatisierung – Wettbewerb oder staatliche Gewährleistung, DVBl. 2001, 1501 ff.

768 F. viele *Burgi,* M., Kommunales Privatisierungsfolgenrecht – Vergabe, Regulierung und Finanzierung, NVwZ 2001, 601 ff.; *Laux,* E., Die Privatisierung des Öffentlichen: Brauchen wir eine neue Kommunalverwaltung?, Gemeindehaushalt 1994, 169 ff.

769 Etwa Probleme der Teilprivatisierung der Daseinsvorsorge, dazu *Schmehl,* A., Teilprivatisierung der Daseinsvorsorge, Demokratieprinzip und Gewinnerzielungsmaxime – BerlVerfGH, NVwZ 2000, 794, JuS 2001, 233 ff.

770 z. B. vertraglicher Art, vgl. dazu z. B. *Burgi* (Fn. 768), S. 606.

771 Dazu etwa *Badura* (Fn. 765), S. 15 f.

b) Aufgabenprivatisierung bedeutet in dieser Sicht, dass die Erledigung von bisherigen Verwaltungsaufgaben einer Privatwirtschaft anvertraut wird, die nach Zahl, vor allem aber nach rechtlicher Verfassung und ökonomischer Leistungsfähigkeit eine Vielfalt aufweist, wie sie „der Administration", in all ihren Spielarten, fremd ist, ja ihr geradezu wesentlich unbekannt bleiben muss. Diese privatwirtschaftlich-gesellschaftliche Pluralität muss nun nicht zu einer Pluralisierung der Aufgabenwahrnehmung führen. Jedenfalls aber spielt Vielfalt im Auswahlprozess der neuen Träger eine entscheidende Rolle, soweit – weithin – *Vergaberecht* zur Anwendung gelangt[772].

Auch beim *Anteilsverkauf* kann dies von Bedeutung werden[773]. Bei der Übertragung von Aufgaben auf gemischtwirtschaftliche Unternehmen[774] werden nicht nur Vielfaltserwägungen bei der Auswahl der Partner angestellt; die Verwaltung überlässt sich hier, wenigstens teilweise, einer privatwirtschaftlichen Vielfaltsdynamik, welche im herkömmlichen Administrativbereich weder organisatorisch noch in den dadurch determinierten Entscheidungskriterien eine Entsprechung findet. Durch Aufgabenprivatisierung wächst die Verwaltung in eine neue, eine ganz andere Vielfaltsdimension hinein – eben in die des Privatrechts, dem die herrschaftlichen Vereinheitlichungsbestrebungen des Öffentlichen Rechts fremd sind.

c) In *Organisationsprivatisierung* entfaltet sich ein *Verwaltungsgesellschaftsrecht*[775], dessen besondere Vielfaltsneigung schon erwähnt wurde (oben 3. c)). Darüber hinaus fließen aber Kriterien, ja Denkformen der Betriebswirtschaft in die öffentliche Verwaltung ein, die nicht nur haushaltsrechtlich in diametralem Gegensatz zu herkömmlichen Konzeptionen des Administrativen stehen. Privatisiert werden soll ja gerade deshalb, damit betriebswirtschaftliche Flexibilität zu Effizienzsteigerung führe. Dies aber ist nur ein anderes Wort für die gesteigerte Fähigkeit, Vielfalt aufzunehmen, im Wettbewerb fruchtbar werden zu lassen, sich eben auf sie einzustellen, in Organisation und Handlungsformen.

7. Ergebnis: Die Verwaltung als vielfaltssichernde Gewalt

a) „Die Administration" wurde in ihrer historischen Entwicklung zunächst, nach französisch-einheitlichem Vorbild, als blockhaft-einheitliche, in Gesetzesanwendung vereinheitlichende Staatsgewalt aufgefasst. Neuerdings wird sie kritisch als ein Bündel weithin heterogener Aktivitäten und damit bereits in grundsätzlicher Vielfalt gesehen. Vielfalt könnte in ihr vor allem in Öffnungen zu außerrechtlichen Diversitäten, aber auch in administrationsimmanenten Vielfaltsentwicklungen rechtlich wirksam werden.

---

772 Vgl. dazu *Endler,* J., Privatisierung und Vergaberecht, NZBau, 2002, 125 ff.

773 A. a. O., S. 132 ff.; siehe auch *Frenz,* W., Liberalisierung und Privatisierung der Wasserwirtschaft, ZHR 2002, 307 (322 f.).

774 Dazu u. a. *Burgi* (Fn. 768), S. 604 f.; *Badura* (Fn. 765), S. 13 ff.

775 Vgl. *Krebs* (Fn. 730), S. 309 ff.

b) Die Verwaltung tritt dem Bürger in „außerpluraler Erscheinung“ gegenüber. Vielfach differenziert sie sich – wie sich vor allem in Planungen, Förderungen und informellem Verwaltungshandeln zeigt – in ihren allgemeinen Handlungsformen. Hier kommt Vereinheitlichungsstreben zum Ausdruck, aber auch „gestaltende Verwaltungstätigkeit“ als Raum der möglichen Vielfalt, in einer breiten Auffächerung möglicher rechtlicher Effekte. Im Verwaltungsverfahren wirken einerseits Vereinheitlichungsbemühungen, andererseits ist es als föderal relevante Vielfaltsmaterie verfassungsrechtlich (Art. 84 GG) anerkannt. Für die Verwaltungsorganisation ist Vielfalt als Gestaltungsprinzip noch eindeutiger von Konsens getragen.

c) Ausprägungen administrativer Innenpluralisierung werden erkennbar, wenn über die Gestaltbarkeit der Verwaltung in Interdisziplinarität nachgedacht wird, wenn ihre Modernisierung gefordert wird, vor allem unter dem Einfluss privatrechtlicher Denkformen, etwa in der Überwachung gesellschaftlicher Selbstregulierung. In der Verwaltung selbst entfaltet sich ein neues Vielfaltsbewusstsein einer behördlichen corporate identity. In ihre Organisationsstrukturen sollen ausgleichsbedürftige Interessen in ihrer Vielfalt einbezogen werden; Informatisierung bietet zu all dem neue Chancen.

d) Realitätsrezeption in die Verwaltung findet auf vielen Wegen statt, mit ihr fließen vor allem Vielfaltsvorstellungen außerrechtlicher Wirklichkeit ein in Handlungsformen der Administration, aber auch in ihren Organisationsstrukturen muss sie sich dem öffnen. „Wirklichkeitsmaßstäbe“ im Verwaltungsrecht zeigen dies.

e) Das Ermessen öffnet das Verwaltungsrecht zu einer Wirklichkeit, welcher hier unmittelbar Entscheidungsmaßstäbe entnommen werden – in ihrer ganzen, einzelfallgeprägten Vielfalt. Auch Beurteilungsspielräume belassen der Verwaltung Recht und Pflicht zu deren rechtsgestaltender Berücksichtigung, in ihrem Rahmen kommen überdies die vielfachen rechtlichen Vielfaltsbegriffe und -gebote zum Tragen.

f) Die Privatisierung öffnet die Verwaltung zu privatrechtlichen Vielfaltsformen und Auswahlkriterien. Organisationsprivatisierung übernimmt diese in Verwaltungsstrukturen aus ihnen sich ergebende Entscheidungsfindung. Insgesamt ist die Privatisierung daher ein Weg der Verwaltung zu mehr Vielfalt.

E. Gleichheitsgrundsatz und Vielfaltsgebote

I. Fragestellungen: Gleichheit als Vielfaltssperre, Vielfaltsraum, Vielfaltsgebot?

1. Vielfalt in der Abwägung zu Einheitlichkeit

a) Die Untersuchungen ganz unterschiedlicher, vielfältiger Rechtsbereiche haben gezeigt, dass es Rechtsgebote der Vielfalt gibt, unterschiedlich in Ausprägung und normativer Wirkungsintensität. Organisationsrechtliche Grundentscheidungen wie Föderalismus und Kommunalisierung des Gemeinwesens sollen Räume eröffnen und bewahren, in denen sich Vielfalt schon in den Strukturen der Entscheidungsträger zeigt. Materielle Diversität der Lösungen ist hier mehr als eine rechtliche Erwartung, sie wird zur notwendigen Rechtsfolge, damit aber zum Inhalt eines Rechtsgebots, dessen Voraussetzungen nur in eigenartiger, organisationsrechtlicher Weite umschrieben sind.

b) In zahlreichen Zusammenhängen konnten auch bereits rechtliche Effekte festgestellt werden, die sich aus dem Einsatz des Kriteriums einer rechtlichen Vielfalt ergeben, mögen sie auch bisher noch nicht allenthalben klar erfasst, oft noch nicht einmal als solche bewusst sein. Vor allem zeigt sich *Vielfalt als Abwägungsgesichtspunkt gegenüber einer Vereinheitlichung,* welche ebenfalls in ganz unterschiedlichen Bereichen angestrebt wird, normativ, administrativ, judikativ. Der Ordnungsfunktion des Rechts entsprechen Bemühungen um derartige Zusammenfassungen, wie sie vor allem in der Bildung von Tatbeständen durch Gesetz und der Zuordnung gleichartiger Rechtsfolgen zu ihnen in Erscheinung treten.

2. Gleichheit – als „Grundnorm der Vereinheitlichung" in Spannung zur Vielfalt

a) Damit ist Vielfalt in einer *grundsätzlichen Spannung* zu sehen vor allem zu dem Prinzip, in dessen Namen rechtliche Vereinheitlichungsanstrengungen stattfinden: zur Gleichheit. In einer unübersehbaren verfassungs- und instanzgerichtlichen Judikatur ist diese Norm, wenn nicht inhaltlich präzisiert, so doch zu konkreter Rechtswirksamkeit gebracht worden; fast mag es scheinen, als sei damit dem Einzelfall die Funktion einer dogmatischen Verdeutlichung zugewachsen. Die geradezu vorstaatliche Höhe dieser Gleichheit könnte im Sinn einer imperativen Durchschlagskraft gedeutet werden. Dann erschiene diese als ein höchstes Rechtsprinzip; ihm gegenüber könnte allenfalls die Freiheit einen Gegenpol bilden, nicht ohne weiteres aber die Vielfalt. Muss sie nicht überall der Gleichheit nach-, ja untergeordnet werden, kann sie nicht nur in deren normativem Rahmen wirken? Ist nicht immer zu allererst die Gleichheitsfrage zu stellen, bevor über Inhalte der Vielfalt rechtlich auch nur nachgedacht werden darf? Und kann dann überhaupt noch die Rede sein von einer Spannung zwischen beiden Rechtsbegriffen, die sich von vorneherein, in der normativen Höherrangigkeit der Gleichheit auflöst, zu deren Gunsten?

b) Dies muss denn auch die *Fragestellung nach der Bedeutung der Vielfalt als Rechtsbegriff* am Ende einer Untersuchung, die deren vielfältige Formen gezeigt hat, orientieren: Vielfalt nur als harten Gegenbegriff zur Gleichheit zu behaupten – das würde das Ende aller Bemühungen um sie bedeuten.

Die Gleichheit hat ein derartiges, nicht nur machtpolitisches[776], sondern auch rechtsdogmatisches Gewicht gewonnen, dass Vielfalt als Rechtsphänomen, verstanden nur als Gegenbegriff, als Schranke, keine Chance einer wie immer gearteten Wirksamkeit hätte. Immer erneute und gerade neuerdings intensivierte Diskussionen um den Föderalismus, in dessen Namen vor allem bisher der Gleichheit grundsätzliche Schranken gezogen werden konnten (vgl. oben D. II. 3. b)), zeigt machtpolitische Schwächen der Vielfalt gegenüber dem Gleichheitsdenken, dem weithin die Besetzung gerade des Öffentlichen Rechts gelungen ist.

II. Die Chance der Vielfalt: in den weiten Räumen der Gleichheit

So bleibt denn nur der Weg, Vielfalt in einer Spannung zur Gleichheit im rechtlichen Bewusstsein zu halten: Sie muss als ein *grundsätzliches Gestaltungsprinzip in den weiten Räumen der Gleichheit* untersucht werden.

Dies bedeutet nun aber nicht, dass nach einer weit ausgreifenden Vielfaltssuche hier nun eine ebensolche zu dem Thema *„Vielfaltsräume der Gleichheit"* folgen soll. Im vorliegenden Zusammenhang mögen aber einige allgemeine Grundlinien aufgezeigt werden. Sie sollten zumindest zu der Erkenntnis führen, dass Gleichheit nicht nur als Vereinheitlichungsbegriff gedacht werden kann, dass sie vielmehr durchaus auch zu verstehen ist im Sinne einer *„Egalität als Vielfaltsbegriff" in den weiten Räumen der Gleichheit.*

---

776 Selbst wenn man nicht allen Folgerungen zustimmt, welche von *Leisner,* W., Der Gleichheitsstaat – Macht durch Nivellierung, bereits 1980 gezogen wurden (vgl. die 2. Auflage in: ders., Demokratie, 1998, S. 199 ff.).

III. „Gleiches gleich – Ungleiches ungleich behandeln" als grundsätzliches Gebot der Achtung von Vielfalt

1. Die frühere Formel

a) Die frühere, klassische Formel des Bundesverfassungsgerichts[777] verbot es dem Gesetzgeber im Namen der Gleichheit, wesentlich Gleiches willkürlich ungleich, aber auch wesentlich Ungleiches willkürlich gleich zu behandeln. Diese Formulierung lädt dazu ein, den Gleichheitssatz stets nur mit Blick auf Vereinheitlichung zu erfassen. In ihr kommen nur „Gleichheit" vor und „Ungleichheit", als ihr Spiegelbildbegriff, und das Ausgangskriterium ist für jede derartige Verfassungsfrage immer nur die Vereinheitlichung[778]. Dabei gerät in einer bisher nicht thematisierten Verkürzung eine wichtige Erkenntnis in den Hintergrund: *Ungleichheit hat verfassungsrechtlich das gleiche Gewicht wie die Gleichheit.* Der Gleichheitssatz beinhaltet keine Präferenz für eine Vereinheitlichung. *Alles Vielfältige ist zunächst stets ungleich.* Im Namen der Achtung der Ungleichheiten muss Vielfalt also prinzipiell ebenso respektiert werden wie Gleichheit.

Damit ist nun zwar nichts darüber ausgesagt, welche *weiteren* Unterschiede innerhalb eines Komplexes bestehen, der einem anderen gegenüber „einheitlich ungleiche Qualität" aufweist. Darin liegt auch eine Einseitigkeit der Gleichheitsbetrachtung: Sie sieht „das Ungleiche" als etwas „in sich, gerade dadurch wiederum Gleiches", dass es bei einem Vergleich mit einem bestimmten anderen Betrachtungsgegenstand als „ungleich" erscheint. Deshalb wird hier – insoweit verständlich – die Vielfaltsfrage nicht gestellt.

Demgegenüber ist zu betonen, dass im Verständnis des Art. 3 Absatz 1 GG „Ungleiches" virtuell ein Sammelbegriff für alles ist, was nicht gleich ist. Es umfasst auch in sich Unterschiedliches, (mögliche) Ungleichheiten sozusagen auf einer zweiten Stufe, innerhalb der einen Ungleichheit". In solchen Verschiedenheiten muss sich ein Gleichheitsurteil freilich nicht äußern. *Gleichheit schließt aber Vielfalt nicht aus, sie unterstellt vielmehr deren Möglichkeiten, mehr noch ihre rechtliche Zulässigkeit und knüpft daraus die Rechtsfolge einer in Vielfalt ungleichen Behandlung.* In diesem Sinne ermöglicht Gleichheit erst Vielfalt.

b) Die Gleichheitsformel beinhaltet die *rechtliche Anerkennung noch einer weiteren Vielfaltsdimension:* Es gibt nach ihr zwar nur jeweils *eine* rechtliche *(Un-) Gleichheitsbeziehung,* welche im Licht der Verfassung im Einzelfall zu beurteilen ist. Die Verfassungsnorm geht aber davon aus, dass diese Ungleichheit sich in po-

---

777 BVerfGE 4, 144 (155); std. Rspr., vgl. etwa BVerfGE 50, 177 (186); 60, 16 (42).

778 Offenbleiben mag hier die eher rechtspsychologische Frage, ob nicht durch diese Begrifflichkeiten das *„Un*-gleiche" bereits abwertend in eine Ausnahmebedeutung gedrängt wird, in einem stillschweigenden „in dubio pro aequalitate".

tenziell unendlich vielen Differenzen zeigen kann; *„Differenz“ wird bei Gleichheitsbetrachtung zum Integral von Vielfalt(en).* Nicht nur also, dass „Ungleiches“ in sich begrifflich zur Vielfalt geöffnet ist – diese kann sich auch in eben dieser Diversität in (potenziell unzähligen) Vielfaltsbeziehungen ausdrücken. Sie sind zwar alle unter Gleichheitsaspekten zu beurteilen, dies hebt aber ihre Vielfalt nicht auf – im Gegenteil: Die Gleichheitsbetrachtung wird zu einer vielfaltsbezogenen und muss daher selbst „in einer Vielfalt erfolgen“, welche auf solchen Wegen „in die Gleichheit selbst“, in ihre rechtlichen Wirkungsformen, getragen wird. Wiederum wird damit Gleichheit über den Begriff des Ungleichen zum Vielfaltsbegriff.

c) Dies sind keineswegs nur Erkenntnisse von theoretischer Bedeutung. Alle Kommentierungen des Gleichheitssatzes[779] widmen einen, meist den größten Teil ihrer Ausführungen jenen teilweise gänzlich unterschiedlichen Rechtsfolgen, welche sich aus ihm für einzelne Materien, das heißt für einzelne Komplexe von Voraussetzungen ergeben. Es gibt also *kaum eine größere rechtliche Vielfalt im öffentlichen Recht als die der Rechtsfolgen, und damit der rechtlichen Gestaltungen im Namen der Gleichheit.* Diese erweist sich darin auch praktisch tagtäglich als ein Vielfaltsbegriff – der vereinheitlichen soll.

2. Die Vielfalt der Gleichheitsformeln – alle zu Vielfalt führend

a) Der Gleichheitssatz wird in der Verfassungsrechtsprechung durch zahlreiche Formeln erläutert, verdeutlicht, konkretisiert – wie immer man hier Zielsetzungen und dogmatisches Gewicht bestimmen mag. Genannt seien hier etwa Formulierungen wie „in sich gleichartige Tatbestände“[780] oder „vergleichbare Lebenssachverhalte“[781], oder wenn es auf „Sache“, „Sachlichkeit“, „Sachgerechtigkeit“ ankommen soll[782]. All dies sind Worte – als definierende Rechtsbegriffe lassen sie sich kaum verstehen – welche in ihrer inhaltlichen Weite auf qualitativ (beliebig) Unterschiedliches hinweisen, damit auf Vielfalt(en) in einem sehr weiten Sinn. Nichts anderes verlangt eine Betrachtung, welche die Gleichheit „am Gerechtigkeitsgedanken orientiert“ sieht[783]: Das suum cuique spricht eine personenbezogene, offene, qualitative Vielfalt an.

b) Die Gleichheit ist in einer vom Bundesverfassungsgericht lange Zeit verwendeten Formel als *Willkürverbot* verstanden worden. Unzulässig ist eine differenzie-

779 Als neueres Beispiel sei hier nur erwähnt *Starck,* Chr., in: v. Mangoldt, H. / Klein, F. / Starck, Chr. (Hrsg.), GG, Art. 3 Rn. 55 bis 209: „Funktionen des allgemeinen Gleichheitssatzes in den einzelnen Gebieten des öffentlichen Rechts“.

780 BVerfGE 11, 64 (71).

781 BVerfGE 46, 299 (312).

782 Nachw. z. Schrifttum b. *Starck* (Fn. 779), Rn. 12.

783 BVerfGE 9, 124 (129).

rende Sonderregelung, wenn sich für sie „ein vernünftiger, aus der Natur der Sache sich ergebender oder sonstwie einleuchtender Grund nicht finden lässt"[784]. Ganz wird man in der Praxis auf ein solches Kriterium wohl nie verzichten können, selbst wenn ihm noch so überzeugend formaler Leerlauf vorgeworfen werden kann. Letztlich wird damit nach einer methodischen Betrachtungsweise entschieden, welche auf die Grenzen juristischen Erkenntnis- und Beurteilungsvermögens abhebt – von Vielfalt(en) und sie prägenden Elementen. Nur wenn sie schlechthin nicht mehr erfassbar oder zu gewichten sind, kann Gleichheit durchschlagen. *Egalität wird zur Rechtsfolge nicht mehr erkennbarer Vielfalt.*

Existenz und prinzipielle Erfassbarkeit von Vielfalt im Recht wird damit aber ebenso wenig in Frage gestellt wie das gerade mit dem Gleichheitssatz aufgestellte Rechtsgebot, an sie vielfaltsentsprechende Rechtsfolgen zu knüpfen. Es liegt darin sogar eher eine Option „in dubio pro varietate" als „pro aequalitate", greift diese letztere doch erst dann ein, wenn das menschliche Erkenntnisvermögen für Ungleichheiten an seine Grenzen stößt.

c) Die vom Bundesverfassungsgericht später verwendete[785], vieldiskutierte[786] „neue Formel" zur Gleichheit hat, jedenfalls unter Gesichtspunkten einer Vielfaltsbetrachtung, keine wesentliche Änderung gebracht. Wenn es nun stets darauf ankommen soll, ob Unterschiede „von solcher Art und solchem Gewicht bestehen", dass dies gesetzgeberische Differenzierung rechtfertigt, so wird nur das allgemeine Verfassungsprinzip der *Verhältnismäßigkeit* bemüht. Damit wird die Vielfaltsbetrachtung noch wichtiger: Nun muss ja „Art" und „Gewicht" der Unterschiede besonders sorgfältig ermittelt und es müssen zu diesen Diversitäten die Vielfalten in beurteilende Beziehung gesetzt werden, welche die Gesetze aufrechterhalten oder gar neu schaffen. Gefordert ist also eher eine „Vervielfältigung der Vielfaltsbetrachtung" als deren schematisierende Vereinheitlichung.

IV. Ungleichheiten als Vielfalt

1. Die „faktische Ungleichheit" – Realitätsrezeption von Vielfalt

Dass die rechtliche Gleichheit nicht mit einer tatsächlichen gleichgesetzt werden darf, ist anerkannt[787]: Dies würde die *Freiheit aufheben,* in deren Namen sich die Bürger in Vielfalt und zu ihr entwickeln dürfen (dazu noch i. Folg. F.)[788]. Hier zeigt sich nun aber eine Öffnung der Gleichheit zur Vielfalt, die stärker betont wer-

---

784 BVerfGE 1, 14 (52); 208 (247); 68, 237 (250); 83, 1 (23).

785 Vgl. BVerfGE 55, 72 (88) (1. Senat); 75, 108 (157) (2. Senat).

786 Nachw. b. *Starck* (Fn. 779), Rn. 11; vgl. insb. BVerfGE 82, 126 (146).

787 Zu gewissen Entwicklungszügen aus einer „formalen" in eine „materielle" Gleichheit vgl. allerdings im Folg. V.

788 Vgl. *Starck* (Fn. 779), Rn. 4.

den sollte: *In der Realität begegnet eine Diversität, deren Rezeption ins Recht* bei diesen Untersuchungen schon mehrmals Thema war. Sie wird nun zwar nicht im Namen der Gleichheit in die Rechtsordnung übernommen, liefert dieser im Einzelnen keine rechtlichen Kategorien. Darin jedoch, dass auch das Gleichheitsgebot die faktische Ungleichheit zu achten hat, wird diese zu einer seine Vereinheitlichungswirkungen begrenzenden Global-Erscheinung. Am Respekt dieser faktischen Ungleichheit findet jede Gleichheitsordnung ihre Schranke. Indem überdies die rechtliche Gleichheitsprüfung sorgfältig an „Art und Gewicht" einzelner faktischer Ungleichheiten anzuknüpfen hat, ergeben sich hier viele *generelle* Öffnungen zu einer Realität, die damit auch „dem Gesetzgeber ihre Gesetze diktiert" – die der faktischen Ungleichheit, der realen Vielfalt.

2. Die „natürlichen Unterschiede"

Im Recht der Gleichheit wurden von jeher Unterschiede anerkannt, welche früher als natürlich und damit als sachgesetzlich vorgegeben angesehen wurden. Denn sie bezogen sich auf realitätsbegründete Differenzen, die das Recht in seine Ordnungen rezipierte. Im Mittelpunkt standen *natürliche Unterschiede zwischen Mann und Frau,* an denen keine normative oder sonstige staatliche Entscheidung etwas ändern zu können schien. Rechtlich veränderbar waren aber, ebenfalls von Anfang an, die daran anknüpfenden Rechtsfolgen. Mit ihrer fortschreitenden geschlechter-übergreifenden Vereinheitlichung verminderte sich auch die rechtliche Bedeutung der natürlichen Unterschiede, welche zu vielfältigen Differenzierungen geführt hatten.

Biologische Unterschiede werden immer noch als Vorgaben für differenzierte, auch durchaus vielfältige, Rechtsfolgen anerkannt[789], wobei allerdings ihre Bedeutung eher restriktiv beurteilt wird[790]. Geschlechtsunterschiede, die sich in *arbeitsteilig unterschiedlichen Gestaltungen* ausprägen, sind vom Bundesverfassungsgericht zwar zunächst den biologischen gleichgestellt worden[791]; doch wurde deren Bedeutung später erheblich eingeengt: Herkömmliche gesellschaftliche Vorstellungen von dem, was „typische Frauenarbeit" sei, durften nicht weiterhin Differenzierungen zwischen den Geschlechtern rechtfertigen, wenn sie sich nicht eindeutig auf gesellschaftsbedingte Eigenheiten zurückführen ließen[792].

Insgesamt lässt sich *im Hinblick auf die Bedeutung „natürlicher Unterschiede"* also eine *deutlich restriktive Entwicklung* feststellen. Damit wirkt Gleichheit hier stärker vereinheitlichend. Im allgemeinen rechtlichen Bewusstsein hat dies sicher dazu geführt, dass „Gleichheit" weithin generell als Regel, „Vielfalt" dagegen als Ausnahme, als begründungsbedürftig angesehen wird. Denn wenn „nicht einmal"

---

789 Z. B. BVerfGE 6, 389 (422 f.); 15, 337 (343); 52, 369 (374) usw.

790 Vgl. etwa die Beurteilung der Nachtarbeit von Frauen in BVerfGE 85, 191 (208).

791 Vgl. etwa BVerfGE 3, 225 (242); 10, 59 (74); 43, 213 (225).

792 So die Entscheidung des BVerfG zum „Hausarbeitstag", E 52, 369 (376).

so elementar erscheinende Unterschiede wie die zwischen den Geschlechtern als in rechtlichen Ordnungsbezügen vielfaltsbegründend anzuerkennen sind, dann liegt ein Erst-Recht-Schluss nahe, dass Vielfalt der Gleichheit gegenüber Ausnahmecharakter zukommt.

3. Vielfalt nur bei Differenzierungsgeboten?

a) Die nicht selten festzustellende Unterbelichtung der Vielfalt als Rechtsgebot oder auch nur als eine in rechtliche Ordnung zu rezipierende Gestaltungsmöglichkeit hat in der Gleichheitsdogmatik dazu geführt, dass nicht nur Vielfalt nicht als Ausdruck der Ungleichheit erfasst wurde (vgl. oben II.), sondern dass dieser Begriff zunehmend nur mehr unter Gesichtspunkten ausdrücklicher verfassungsrechtlicher Differenzierungsgebote, -verbote oder -erlaubnisse betrachtet wird[793].

Im Vordergrund stehen dabei die *Differenzierungsverbote* des Art. 3 Abs. 3 GG, welche im Wesentlichen früher als „natürlich" angesehene Unterschiede betreffen, die nun keine Rolle mehr spielen dürfen. Damit entfallen auch Vielfaltsvorstellungen, die einst, als Ausdruck etwa von Herkunft, Rasse oder Religion, zu Differenzierungen führen konnten.

Differenzierungsgebote, wie sie vor allem Art. 6 Abs. 1 GG[794], aber auch Art. 12 Abs. 1 GG entnommen werden[795], eröffnen andererseits Gestaltungsräume, in denen aus tatbestandlicher Diversität nicht nur unterschiedliche, sondern vielfältige Rechtsfolgen abgeleitet werden müssen. Differenzierungserlaubnisse überlassen dies der gesetzgeberischen Entscheidung (vgl. i. Folg. IV.). Es wird hier also (die Möglichkeit von) Vielfalt als – teilweise sogar zwingende – Voraussetzung nichteinheitlicher Regelungen ausdrücklich anerkannt. Für die „berufliche Vielfalt" wurde dies auch bereits oben (C. V.) näher behandelt.

b) Zu warnen ist jedoch vor einem Fehlschluss: Die Problematik der Zulässigkeit oder gar Notwendigkeit, bestimmten Erscheinungsformen von Vielfalt rechtlich Rechnung zu tragen, *kann nicht ausschließlich mit Blick auf diese spezielleren verfassungsrechtlichen Differenzierungsvorgaben* behandelt werden. Sie sind zwar jedenfalls zu beachten; darüber hinaus gilt aber der allgemeine Gleichheitssatz des Art. 3 Abs. 1 GG. Er schreibt in den spezialgesetzlich nicht gesperrten Vielfaltsräumen eine Beurteilung nach Kriterien vor, für welche sich (oben II.) ergeben hatte, dass sie Beachtung der Vielfalt, als Hintergrund der „Ungleichheiten" nicht nur nicht ausschließen, sondern zwingend verlangen.

Das Grundgesetz mag also durch seine bereichsspezifischen Differenzierungsregelungen in manchen Bereichen eine Vielfaltsverengung vorgenommen haben –

---

793 Vgl. dazu die Kommentierungen von *Dürig,* G., in: Maunz, Th. / Dürig, G., GG, Art. 3, insb. Rn. 29 ff.; *Starck* (Fn. 779), Rn. 16 ff.

794 *Starck,* a. a. O., Rn. 19.

795 A. a. O., Rn. 21.

für alle anderen gilt dies nicht. Im Umkehrschluss ist insoweit von der Aufrechterhaltung von Vielfaltsgeboten auszugehen. Differenzierungsverbote sollten eher einschränkend interpretiert werden; keinesfalls darf jedenfalls Art. 3 Abs. 1 GG insgesamt so verstanden werden, als schließe er bereits bestehende rechtliche Vielfaltsgebote oder organisatorisch abgesicherte Vielfaltsräume aus.

V. Die Gestaltungsfreiheit des Gesetzgebers nach dem Gleichheitssatz: ein rechtlicher Vielfaltsraum

1. Gestaltungsfreiheit als Gleichheitsraum und Gleichheitsgebot

Im Rahmen der Differenzierungsverbote und -gebote bleibt dem Gesetzgeber immer noch ein beachtlicher Gestaltungsspielraum, nicht nur in Bezug auf den Regelungsinhalt, sondern auch hinsichtlich der Adressatengruppen. Zahlreiche Gleichheitsfragen sind von der Verfassung nicht im Vorfeld entschieden[796]. Dies zeigt sich vor allem bei der Diskussion um die *Systemgerechtigkeit,* die als Schranke der Gesetzgebung zunehmend an Bedeutung verliert[797]. Dass der Gesetzgeber folgerichtig bleiben, seine Ordnungen nicht in Widersprüchlichkeit entfalten darf, ist ein Gebot, das keine prinzipielle Entscheidung zur Frage einer Vereinheitlichung oder Anerkennung von Vielfalt beinhaltet; für den Grundsatz der Kontinuität[798] gilt dasselbe: Sie kann eine nur schrittweise Vereinheitlichung bisheriger Vielfaltslagen fordern, und nur beim Vorliegen besonderer Gründe, wie die Auffaltung einheitlicher Ordnungen zu neuer Vielfalt, in stetigem Rhythmus.

Gerade im *Steuerrecht,* wo der Abgabengleichheit zentrale Bedeutung zukommt, ist von einer besonders weiten Gestaltungsfreiheit der Gesetzgebung auszugehen. Denn hier muss sich das staatliche Ordnungsbemühen der schier unüberschaubaren Vielfalt der zu erfassenden Lebenssachverhalte öffnen, wodurch *(Un-)Gleichheit umgekehrt zu einem Vielfaltsgebot wird.* Damit aber entfaltet sich in ihren Räumen möglicher Gestaltung eine ebenso schwer zu erfassende Regelungsvielfalt – was dann wieder, wie gegenwärtig, zu radikalen Vereinheitlichungsanforderungen führt.

2. Vereinheitlichung auf dem Rückzug – im Namen der Gleichheit

Spektakulären Entscheidungen zur Vereinheitlichung im Namen der Gleichheit steht eine *Gesetzgebungspraxis gegenüber, die unablässig weiter differenziert.* Sie

796 *Starck,* a. a. O., Rn. 44; nach dem BVerfG steht dem Gesetzgeber die Freiheit der Auswahl aus einer „Vielzahl von Lebenssachverhalten" zu, E 71, 39 (53); neuerdings BVerfG, DVBl. 2001, 191 (193).

797 Nachw. a. a. O., sowie Rn. 46 ff.

798 Siehe *Leisner* (Fn. 143). S. 347 ff.

will nicht nur einzelne Unterschiede erfassen und rechtlich gewichten; im Ergebnis bringt sie, auch bereichsspezifisch, *normative Vielfaltslagen* hervor. Sie rezipieren nicht nur außerrechtliche Realitäten, schaffen vielmehr auch selbst neue und tragen sie ordnend an die Wirklichkeit heran. Untereinander zeigen diese Vielfaltslagen wiederum ein vielfältiges Bild.

In der Praxis orientiert sich diese Gesetzgebungsentwicklung *weit weniger am Vereinheitlichungsgebot des Gleichen als am Vervielfältigungsgebot des Ungleichen.* Die viel beklagte Normenflut und die durch sie bedingte Unübersichtlichkeit sind ein überzeugender Hinweis darauf, dass sich legislative Vereinheitlichung längst in die Defensive gedrängt sieht, Achtung der Vielfalt in normativen Formen auf breiter Front auf dem Vormarsch ist. Vereinheitlichung bleibt Ideal der Gleichheit, ihre rechtliche Realität findet sich in den ständigen Bemühungen, dem Gleichheitsgebot durch normative Achtung von Vielfalt zu entsprechen.

So wird die Gleichheit in ihren Gestaltungsräumen als Grundnorm weiter gesetzgeberischer Gestaltungsfreiheit verstanden, zum Entfaltungsbereich rechtlicher Vielfalt, der gegenüber sich Vereinheitlichungsstreben praktisch längst auf einem kaum mehr aufzuhaltenden und durch gelegentliche Schrankenziehung allenfalls noch verlangsamten Rückzug befindet. *Hier wirkt vor allem eine außerrechtliche Realität als Vorgabe* der Normsetzung[799]. Die zunehmende Dominanz wirtschaftlicher Kategorien und Denkweisen im Recht ist Ausdruck dieser Realitätsrezeption, die sich daher auf absehbare Zeit noch verstärken wird.

VI. Vielfalt als Gegenprinzip zur Gleichheit

1. Der Zug aller Gleichheit zur Einebnung

a) Diese Betrachtungen mögen den Schluss nahe legen, von einem Gegensatz zwischen Gleichheit und Vielfalt könne nicht gesprochen, ja es könne nicht einmal eine Spannung zwischen diesen beiden Geboten festgestellt werden. Gerade die Gleichheit erweise sich, bei näherem Zusehen, als ein – begrenztes – Gebot der Achtung einer Vielfalt, die sich denn auch eben in ihren Räumen entfalten dürfe und dort tatsächlich immer weiter zunehme.

Diese Erkenntnisse dürfen aber nicht darüber hinwegtäuschen, dass die Gleichheit, schon von ihren ideengeschichtlichen Ursprüngen her, mehr noch in ihren Entwicklungslinien und -stufen, stets auf eine Vereinheitlichung gerichtet war, welche zunehmen, in letzter Konsequenz über viele Einebnungen zur Nivellierung führen sollte. Selbst wenn man von politischen Glaubensbekenntnissen absieht, die sich allerdings bei einer Gleichheitsbetrachtung nur schwer ausklammern lassen,

---

799 Wie sie das Bundesverfassungsgericht verlangt, etwa im Vermögensteuerbeschluss, E 93, 121.

so zeigt sich die Grundtendenz doch in den seit langem erkannten und thematisierten *rechtlichen Stufen* der Gleichheitsentfaltung.

b) Sie führen von einer *„Gleichheit vor dem Gesetz"*, das auf alle Adressaten gleich anzuwenden ist[800], über eine *Chancengleichheit*[801] zur „materiellen", der *„Gleichmachungsgleichheit"*, mit dem Endziel der Herstellung gleicher oder doch weithin angeglichener materieller Lagen für jedermann in einer Ordnung, die rechtlich geschaffen und garantiert ist. Die erste dieser Stufen wurde mit der Rechtsstaatlichkeit und ihrer Rechtsanwendungsgleichheit bereits im 19. Jahrhundert erreicht; die zweite ist im 20. Jahrhundert von einem fernen Ziel zur weithin konsensgetragenen generellen Forderung geworden. Auf diesen beiden Ebenen wird Vielfalt grundsätzlich negiert und praktisch immer weitergehend abgebaut. Vollständig mag dies auf keiner von ihnen gelingen – wirtschaftliche Potenz schränkt die Fühlbarkeit „gleicher Gesetzesanwendung" doch immer wieder ein; und alle Chancen und Belastungen – etwa aus familiären Unterschieden, lassen sich nicht im Namen der Chancengleichheit egalisieren.

c) Dennoch lässt sich kaum bestreiten, dass der *Rechtsanwendungs- wie der Chancengleichheit etwas gemeinsam ist:* Sie wenden sich grundsätzlich gegen Vielfalt als Phänomen des Rechts; Einheitlichkeit von bestimmten Rechtslagen soll hier hergestellt werden. Insoweit muss eine Einheitlichkeit der Lebensverhältnisse – denn hier geht es vor allem um sie (vgl. oben D. III.) – als Gegenbegriff zur Vielfalt wirken. Chancengleichheit mag nur als eine Etappe auf diesem Weg erscheinen; gerichtet ist sie bereits auf das letzte Ziel einer materiellen Gleichheit.

2. Materielle Gleichheit – unerreichbar, und doch allgemeiner Motor der Vereinheitlichung

Die dritte Stufe einer Herstellung materieller Gleichheitslagen mit rechtlichen Instrumenten und ihre Garantie durch materielles Recht mag als ein weit entferntes, letztlich nie voll erreichbares Endziel erscheinen; gerade daraus erwächst ihr die Vielfalt eines Ideals. Dies weckt immer wieder rechtspolitische Bestrebungen, es verleiht der Gleichheit ihre Dynamik. Gerade im sozialrechtlichen Bereich ist im Namen eines solchen Prinzips schon vieles erreicht worden (grundsätzlich gleiche Gesundheitsvorsorge, Existenzminimum), anderes lässt sich (wenigstens) fordern, im Namen von Zielvorstellungen „sozialer Grundrechte" (Mindestlohn, Recht auf Wohnung).

In all dem findet eine generelle Tendenz ihre rechtliche Legitimation, wenn nicht bereits rechtliche Ausdrucksformen, welche man schon angesichts ihrer stets

---

800 *Starck* (Fn. 779), Rn. 1 m. Nachw.

801 Dazu grds. m. Nachw. *Leisner,* W., Chancengleichheit als Nivellierung, in: Adamovich, L. / Pernthaler, P. (Hrsg.), Auf dem Weg zur Menschenwürde und Gerechtigkeit, FS f. Klecatsky, 1980, S. 535 ff.

problematischen Realisierungschancen zwar nicht als grundsätzliche Leugnung von Vielfalt im Recht sehen darf, immerhin zielt sie aber doch deutlich auf eine systematische Einschränkung des Gewichts von Vielfalt, ganz allgemein, in völlig heterogenen Bereichen, vor allem durch den Einsatz der Hoheitsgewalt des Öffentlichen Rechts.

Die Gesetzgebung insbesondere soll ja Vielfalt als legitimierende Grundlage, ja als Instrumentarium der Herstellung von (immer weiteren) Abständen materiellrechtlich verfestigter gesellschaftlicher Unterschiede möglichst weitgehend abbauen. Wer, umgekehrt, für Vielfalt eintritt, im Namen des Rechts, ja als Rechtsgebot, muss sich, so scheint es doch, notwendig gegen eine solche materielle Gleichheit wenden. Und wenn schon Einheitlichkeit so nicht zu erreichen ist, Gleichwertigkeit ist doch anzustreben, wie sich dies bei den „Lebensverhältnissen" (oben C. III.) bereits zeigte.

3. Vielfalt gegen Gleichheit?

An einer Erkenntnis führt nun, nach dem bisherigen Ergebnis der Betrachtungen, kein Weg vorbei: Wo immer ein Rechtsgebot der Vielfalt festzustellen ist (oben C.), wo ihrer Entfaltung in Organisation Räume erschlossen werden (oben D.), da ist, insoweit jedenfalls, kein Raum für Gleichheit, jedenfalls nicht in ihrem materiellen Verständnis der einebnenden Vereinheitlichung.

Um an den Ausgangspunkt der Überlegungen zurückzukehren: Schon in der Pluralismusdiskussion war kein Raum für Gleichheitsüberlegungen; die sonst in allem Staatsgrundsätzlichen gegenwärtige Egalität wurde hier nahezu durchgehend stillschweigend ausgeblendet. Dies geschah trotz der laufenden Bezugnahme auf eine Demokratie, welche doch gemeinhin geradezu als Staatsform der Gleichheit anerkannt wird. In all den Rechtsmaterien, mit denen sich die Untersuchungen sodann beschäftigten, ergab sich stets dasselbe Bild: Diversitäten zeigten sich entweder beziehungslos neben Gleichheitsüberlegungen oder in einer Spannung zu vereinheitlichenden Rechtsgestaltungen.

Damit stellt sich eine Grundsatzfrage: Die Gleichheit ist als Grundsatznorm anerkannt. Muss man ihr nicht einen ebensolchen Rechtsgrundsatz der Vielfalt gegenüberstellen, gibt es nicht jedenfalls einen Vielfaltsbegriff, der in seiner Wertigkeit allenthalben abzuwägen ist gegenüber Wertigkeiten einer rechtlichen Vereinheitlichung? Es mag dies bereichsspezifisch geschehen, so wie ja auch die Gleichheit in jeder Rechtsmaterie wieder andere Wirkungen hervorbringt. Dennoch stellt es einen entscheidenden Unterschied dar, ob man Vielfalt nur als einen Beschreibungsbegriff, von im Wesentlichen außerrechtlichen Situationen, ansieht, oder ob er selbst Ordnungskategorie ist. Für dies letztere sprechen die hier gewonnenen Ergebnisse.

Nahe liegt hier auch die Folgerung, dass *Vielfalt als Gegenbegriff zur Gleichheit (an)erkannt werden muss, als ein Rechtswert, der diesen Gesamtbereich ebenso prägt wie Wertungen der Egalität.* Immer häufiger und immer mehr ist heute von Vielfalt die Rede, vor allem in Europa. Dies spricht dafür, dass sich hier dem Öffentlichen Recht eine bedeutsame Aufgabe stellt, so wie ihm vor mehr als zwei Jahrhunderten die Aufgabe einer Realisierung von Gleichheit gewiesen wurde.

VII. Vielfalt aus Freiheit – gegen Gleichheit

1. Deduktion aus der Freiheit und induktive Vielfaltsbetrachtung

Mit Bemerkungen zum Verhältnis von Vielfalt und Freiheit hätten diese Betrachtungen beginnen, nicht schließen können. Dann aber wäre dies eine primär deduktive Untersuchung geworden, die Bedeutung und Formen der Vielfalt aus ihrer Ermöglichung durch Freiheit abgeleitet hätte. Dann hätte auch der Versuch unternommen werden können, Freiheit als ein Staatsgrundprinzip zu erfassen, das geradezu auf Vielfalt zielt, als ein Staatsziel eines frei verfassten Gemeinwesens.

Gewählt wurde demgegenüber der methodische Weg einer induktiven Betrachtung der wichtigsten rechtlichen Phänomene, mit denen Juristen Vielfalt gemeinhin in Verbindung bringen, in denen sie vor allem in Entscheidungen der Verfassung und der Gesetzgebung gegenwärtig ist. Weil sie als Begriff des Öffentlichen Rechts vielfach bewusst, aber als solche noch nicht im allgemeinen Bewusstsein verankert ist, sollte sie als Rechtsgebot und in ihren organisationsrechtlichen Entfaltungsmöglichkeiten konkreter fassbar erschlossen werden.

Immer wieder begegneten jedoch auf diesem Weg Aspekte der Freiheit: Pluralismus ist ein Spiegelbild von Vorstellungen zur Freiheit; in zentralen Grundrechten wie der Meinungs- und Berufsfreiheit ist sie in besonderer Weise verankert; der Föderalismus mit seiner Vielfalt legitimiert sich als organisatorischer Freiheitsschutz. So eröffnet denn nun auch solche Induktion den Weg in eine Schlussbetrachtung der Vielfalt als Erscheinung der Freiheit.

2. Entstehung von Vielfalt aus Freiheitsbelieben

Vielfalt kann nur aus dem Verhalten freier Menschen entstehen. Sie selbst stellen die erste und grundlegende Vielfalt dar in ihrer unauswechselbaren Individualität. Diese führt zu ebenso vielfältigen Verhaltensweisen, aus denen schließlich vielfältige Situationen entstehen. Das Recht begleitet all diese Vorgänge, in der Sicherung ihrer Vielfalt auf allen Stufen.

In einer Staatsordnung gibt es soviel Vielfalt, wie dort an Freiheit anerkannt wird. Die allgemeine Handlungsfreiheit als Prototyp dieser Freiheit bringt aus der Verschiedenheit natürlicher Anlagen, Interessen, persönlicher Energie und sozialer Vorgegebenheiten notwendig unterschiedliche Resultate und damit Vielfalt hervor.

Dem sind prinzipiell keine Grenzen gesetzt. Die Formen, in denen das Recht dies ermöglicht, zeigen auch untereinander wieder eine Vielfalt, in ihren allgemeinen Ausprägungen wie in ihrem bereichsspezifischen Einsatz. Generell reichen sie von der Auflösung sozialer Zwänge bis zum Aufbau freiheitlicher Institutionen, von kulturellen Freiheitsräumen bis zur Liberalisierung von Produktionen und Dienstleistungen.

Überall und auf vielen Wegen bringt also Freiheit Vielfalt hervor; soweit es Freiheit als Rechtsbegriff gibt, verleiht sie diese Qualität auch einer durch sie generierten Vielfalt. Doch diese muss dann eben in ihren Erscheinungsformen im Einzelnen näher untersucht werden, soll aus solchen grundsätzlich-theoretischen Erkenntnissen fassbares geltendes Recht werden; und dazu ist in den vorstehenden Kapiteln Näheres gesagt worden. Nie vergessen werden darf aber dabei der hier angedeutete allgemeine freiheitsrechtliche Hintergrund.

3. Freiheit – kein Zwang zur Vielfalt

So eindeutig Freiheit Vielfalt hervorbringen kann, so wenig kann dieser Begriff mit dem der Freiheit pauschal gleichgesetzt werden.

a) Freiheit bleibt insoweit möglicherweise ohne Einfluss auf eine Vielfaltslage im rechtlichen Sinn, als sie als eine *negative* geschützt wird, also die Möglichkeit beinhaltet, Änderungen von Rechtslagen nicht zu bewirken. Derartige Garantien sind bei allen Grundrechten ausdrücklich anerkannt[802], soweit sie sich nicht bereits aus dem jeweiligen Schutzbereich ergeben, wie etwa im Fall der allgemeinen Handlungs- als einer Verhaltensfreiheit (Art. 2 Abs. 1 GG)[803].

Auch Inaktivität mag im Einzelfall zu Situationen rechtlicher Vielfalt führen oder solche aufrechterhalten. Denkbar ist aber auch, vor allem bei generalisiertem Nichtgebrauchmachen von einer Freiheit, dass eben insoweit irgendeine einheitliche Rechtslage entsteht – oder keinerlei rechtliche Beziehungen fassbar sind.

Freiheit bedeutet nicht Gebot der Aktivität, daher auch nicht einen Zwang zur Vielfalt, einen notwendigen Weg zu ihr. Der „Aktivbürger"[804] mag in manchen Bereichen, etwa nach Wahlrecht und damit auch mit Blick auf Parteienvielfalt (oben C. III.), eine Voraussetzung für das Funktionieren der Staatsordnung darstellen. Allgemein oder auch nur grundsätzlich ist Freiheitsgebrauch nicht begriffliche Folge der Freiheit, damit aber auch nicht notwendige Quelle von Vielfalt in rechtlichen Bezügen, die Libertät zulassen und schützen.

---

802 *Bethge,* H., in: Sachs, M., GG, Art. 5 Rn. 38 a (neg. Meinungsfreiheit), Art. 9 Rn. 65 (neg. Koalitionsfreiheit); *Kemper,* M., in: v. Mangoldt, H. / Klein, Fr. / Starck, Chr., GG, Art. 9 Abs. 3 Rn. 219 (neg.Koalitionsfreiheit).

803 *Murswiek,* D., in: Sachs, M., GG, Art. 2 Rn. 52 ff.

804 *Maihofer,* W., Prinzipien freiheitlicher Demokratie, HdbVerfR, § 12 Rn. 97; *Burmeister,* J., Das Petitionsrecht, HdbStR, Bd. 2, § 32 Rn. 2.

b) Von Freiheit kann *nicht nur Gebrauch gemacht werden* mit dem *Ziel der Herstellung oder Bewahrung rechtlicher Vielfaltszustände;* ebenso wird es in ihrem Namen nicht selten auch zu Angleichungen kommen, ja zu Vereinheitlichungen, welche mit (noch folgender) Rechtswirksamkeit Vielfalt einschränken oder gar bereichsweise ausschließen. Beispiele dafür finden sich in herrschenden *Meinungsströmungen im Namen der Meinungsfreiheit,* welche oft Vielfalt, vor allem freiheitliche Kritik, mit sich fortzureißen drohen. Positiver gewendet vollzieht sich Ähnliches in den Vereinheitlichungsvorgängen der Bildung und der Aktivitäten von politischen *Parteien,* bis hin zum Fraktionszwang[805]. Organisatorisch-institutionell werden Voraussetzungen dafür geschaffen in der Vereinigungs-, vor allem in der tarifvertragsorientierten *Koalitionsfreiheit* (Art. 9 Abs. III GG)[806]. Und die politische Betätigung der *Wahlfreiheit* erfolgt zwar aus der Vielfalt der abstimmenden Individuen heraus, mag damit auch Vielfalt politischer Strömungen hervorbringen. Zugleich wird damit aber auch das Spektrum politischer Diversitäten verengt und es kann zu weitreichenden Annäherungen kommen, in denen Vielfalten aller Art auf der Strecke bleiben.

c) Jenseits all dieser Erscheinungen einer Vielfalt nicht nur generierenden, sondern auch einschränkenden, ja aufhebenden Freiheit ist allgemein eines noch festzuhalten: Freiheitsbetätigung in Selbstbestimmung mag in Vielfalt erfolgen und, als Motiv der Bürgerentscheidung, in vielen Fällen auch auf Herstellung oder Bewahrung bestimmter Vielfaltszustände gerichtet sein. Dies letztere gerade wird auch nicht selten als solches im konkret-individuellen Interesse des Freiheitsträgers liegen oder von ihm in einem allgemeinen Interesse gewünscht werden. Durchgehend darf davon jedoch nicht ausgegangen werden. Rechtlich verfestigte Vielfaltssituationen haben stets – alle ihre Erscheinungen zeigen dies – einen wesentlichen, meist primären Bezug zu einem öffentlichen Interesse, das mit ihrer Schaffung, ihrem Schutz verfolgt wird; gerade deshalb übernimmt eben das Öffentliche Recht die Erfüllung dieser Funktion. Im privaten Bereich mag dies Wirkungen entfalten – doch privatrechtliche Vielfalt ist ein anderer Problembereich, gegenüber dem hier behandelten des Öffentlichen Rechts. Vielfalt als Rechtsgebot, als organisatorischer Raum möglicher Entfaltung, weist eine rechtliche Imperativität auf, welcher der außerstaatlich-freiheitlich handelnde Bürger keineswegs grundsätzlich, erst recht nicht in vergleichbarer Intensität verpflichtet ist.

Vielfalt mag Rechtsfolge von Freiheit sein, sie ist weder als solche primärer Rechtswert aus der Sicht der Freiheit, noch deren rechtliches (Fern-)Ziel als solches. Dass sich „in Vielfalt mehr an Freiheit entfalte", ist allenfalls allgemein Überlegung, Hoffnung, Ziel im öffentlichen Recht, nicht als solches Motor von Freiheitsentscheidungen. Objektiv mögen sie zur Potenzierung der Freiheit führen, subjektiv muss dies nicht allgemein und notwendig ihr Motor und Ziel sein.

---

805 *Klein,* H. H., Status des Abgeordneten, HdbStR, Bd. 2, § 41 Rn. 16.

806 *Höfling,* W., in: Sachs, M., GG, Art. 9 Rn. 83 ff.; *Scholz,* R., in: Maunz, Th. / Dürig, G., GG, Art. 9 Rn. 159 ff.

4. Vielfalt mit der Legitimation der Freiheit gegen vereinheitlichende Gleichheit

a) Freiheit ist nicht als solche Vielfalt, sie führt auch nicht notwendig zu dieser. Doch sie eröffnet dem Bürger, allen Rechtsträgern, einen *großen Raum,* in dem Vielfalt möglich ist, ja wahrscheinlich wird in vielen Einzelbereichen. Darin liegt bereits eine deutliche allgemeine Vielfaltsneigung der Freiheit. Und dass jede Diversität mit einer Unterdrückung der Freiheit endet, ist eine Selbstverständlichkeit. Je mehr also in einer Materie des Öffentlichen Rechts auf Freiheit gesetzt, diese geschützt und gefördert wird, desto höher sind die Chancen, dass dort Vielfalt entsteht, nicht einebnende Vereinheitlichung.

b) Darin zeigt sich auch wieder die schon früh, grundsätzlich und in vielen Einzelbezügen erkannte *Spannung von Freiheit und Gleichheit*[807], und deshalb mussten Gedanken zu Vielfalt und Freiheit auch diesen Abschnitt über Vielfalt und Gleichheit abschließen. Denn die letzte, die wirklich *grundsätzliche Schubkraft kommt einer Vielfalt als Rechtsbegriff aus der Freiheit,* tritt sie in durchgehender Abwägung als Rechtswert, generell oder bereichsspezifisch, egalitärem Vereinheitlichungsstreben entgegen. Gleichheit und Freiheit stehen in vielen nicht nur Spannungs-, sondern Gegensatzbeziehungen. Eine solche, bisher, soweit ersichtlich, noch nicht hinreichend vertiefte, wird deutlich in einer Sicht, die sich Vielfalt als solche zum rechtlichen Gegenstand wählt, wie es hier versucht worden ist. Sicher wird es dann auch dabei immer wieder zur Feststellung notwendiger, unauflöslicher Verbindungen, gegenseitiger Befruchtung, schwieriger Abgrenzung der beiden Grundprinzipien der demokratischen Staatsordnung kommen. Aber es ist dies doch eine neue Perspektive, die nun bis in die normativen Verästelungen des öffentlichen Rechts hineinreicht. Damit verstehen sich diese Betrachtungen auch als Beitrag zu diesem ewigen Dialog zweier höchstrangiger Staatsüberzeugungen.

c) Vor allem aber gewinnt über die *Freiheit die Vielfalt als eigenständiger Rechtswert eine Überzeugungskraft, die weit über Rechtsdogmatik hinausreicht, in Verfassungspolitik hinein.* Diese ist seit Generationen geprägt durch eine gleichermaßen von Pathos und Ethos getragene Gleichheit. Staatsrechtliche Vielfalt hat diese neuere Verfassungsgeschichte vorgefunden im Überfluss, in den Zerfallszuständen des alten Deutschen Reiches, des Ancien Régimes als solchem. Neue Formen eines reformierten Staatsrechts durften vor allem von Vereinheitlichungen erwartet werden, zu denen Instrumente in einem öffentlichen Recht entstanden, welches aus der Französischen Revolution sich entfaltete. All dies konnte nur getragen sein von der neuen, begeisternden Gleichheit.

Dem ließ und lässt sich gerade heute nur etwas gegenüber-, nicht notwendig entgegensetzen wie ein Gegen-Schwung aus der Freiheit, gerade nach den Erfahrungen mit egalitären Übersteigerungen im Osten. Von ihr wird jedoch, ebenso wie

---

807 *Starck,* Chr., Grundrechtliche und demokratische Freiheitsidee, HdbStR, Bd. 2, § 29 Rn. 25.

seinerzeit von der Gleichheit, erwartet werden, dass sie Rechtsformen, Institutionen hervorbringt, welche als Erscheinungsformen der Libertas konkreter juristisch fassbar sind als deren allgemeine Idee. Diese Untersuchungen sollten hier, wenn nicht dogmatische Wege, so doch rechtlich erfassbare, vielleicht auch nur umrisshafte Richtungsbestimmungen liefern, im Rechtsbegriff der Vielfalt, in den vielen Vielfalten, die das Recht heute schon kennt, in Zukunft wohl in größerem Reichtum noch wird kennenlernen.

VIII. Ergebnis: Vielfalt als Ausprägung und Schranke der Gleichheit

1. Vielfalt steht in grundsätzlicher, durchgehender Spannung zu einem Grundbegriff, Rechtswert und Gestaltungsziel der Verfassung wie des gesamten Öffentlichen Rechts: zur Gleichheit. Allenthalben ist sie als solche ein Abwägungsgewicht gegenüber einem Vereinheitlichungsstreben, das seinen zusammenfassenden rechtlichen Ausdruck in dieser Egalität findet. Gerade in dieser rechtlichen Grund-Beziehung erweist sich Vielfalt ebenso als ein Rechtsbegriff wie Gleichheit.

2. Die Gleichheit hat in der Gegenwart eine außerordentliche rechtliche Bedeutung erlangt, eine durchschlagende machtpolitische Intensität. Als ein Gegenpol der Vielfalt war sie hier zwar nicht Ausgangspunkt oder auch nur im Einzelnen Gegenstand von deren rechtlicher Betrachtung. Diese muss aber danach fragen, ob sie sich nicht auch in den Ordnungsräumen der Egalität verorten lässt, vielleicht gar als einer der Aspekte der Gleichheitsbegriffe erscheint.

3. Das Gebot, Ungleiches ungleich zu behandeln, zeigt Gleichheit zugleich als ein Vielfaltsgebot, allerdings ohne nähere Aussagekraft zur inneren Struktur dieses „jeweils Ungleichen". Deutlich wird damit allerdings, dass viele Ungleichheiten der Gleichheit gegenüberstehen, und dass sich damit vielfältige Ungleichheitsbezüge ergeben können. Rechtliche Vielfalt zeigt sich sogar darin, dass bei den Auswirkungen das Gleichheitsgebot nach vielfältigen Rechtsgebieten zu differenzieren ist.

Alle Gleichheitsformeln der Verfassungsrechtsprechung bringen auch Öffnungen zu Vielfalt, die früher herrschende wie die neuere Formulierung, welche Verfeinerung in Verhältnismäßigkeit sucht. Der Hinweis auf Willkür bedeutet, dass der Ungleichheit – und damit der Vielfalt – erst mit den Grenzen menschlichen Erkenntnis- und Argumentationsvermögens Schranken gezogen sind, wenn eben gar nichts mehr spricht für Vielfalt.

„Faktische Ungleichheit" wird von der Gleichheitsdogmatik geachtet, sie wird zum Einbruchstor realer Vielfalt in die Egalität. „Natürliche Ungleichheiten", insbesondere zwischen den Geschlechtern, bedeuteten früher weite Vielfaltsräume in der Gleichheitsordnung. Ihre deutliche Einschränkung, etwa auf die notwendig-unmittelbaren Auswirkungen biologischer Unterschiedlichkeiten, hat diese Bereiche zwar normativ verengt. Achtung oder Herstellung von Vielfalt ist aber keineswegs auf (verfassungs)rechtliche Differenzierungsgebote beschränkt. Außerhalb von ihnen gelten noch immer die erwähnten Ordnungsvorstellungen des allgemeinen Gleichheitssatzes, welche weitreichende Diversitäten gestatten.

4. Der Gesetzgeber hat grundsätzlich einen weiten Gestaltungsspielraum, auch in der Gleichheitsordnung, besonders sogar im Steuerrecht, wo doch der Egalität spezielles Gewicht zukommt. In der Gesetzgebungspraxis ist Vereinheitlichung weithin auf dem Rückzug – gerade im Namen einer Gleichheit, die Ungleichheiten Rechnung tragen, vor allem aber reale Vielfalt im Recht abbilden will. So wird Gleichheit geradezu zu einem Alibi für eine rechtliche Vielfalt, die in ihrem Namen sich hält oder entsteht.

5. Dennoch bleibt Vielfalt ein Gegenprinzip zur Gleichheit. Diese drängt historisch von Anfang an, dogmatisch, auch gegenwärtig, in all ihren Formen – jedenfalls zugleich und weithin – zu Vereinheitlichung. Dies gilt auf all ihren Stufen, der Rechtsanwendungs-, Chancen- und materiellen (Gleichmachungs-)Gleichheit; diese prägt heute ein Rechtsbewusstsein, dem (annähernd) gleiche, vom Recht geschützte oder hergestellte Lebensverhältnisse für alle Bürger, damit letztlich eine gewisse Güter-Zuteilungsgleichheit, als Fernziel erscheint. Dem steht eine Vielfalt gegenüber, in deren Namen auch hier Differenzierungen akzeptiert werden, vielleicht als wünschbar erscheinen.

6. Freiheit ist ein Rechtsprinzip, in Form einer Grundnorm der demokratischen Staatsordnung, aus dem wesentlich Vielfalt entsteht, noch weit mehr von ihr entstehen kann. Im Namen ihres Selbstbestimmungsrechts bringt eine in sich vielfältige Bürgerschaft laufend solche Diversität hervor, in all den unübersehbaren Bereichen des Außerrechtlich-Gesellschaftlichen, die ins Recht rezipiert werden, aber auch in dessen Gestaltungen. Zwar ist „Freiheit (noch) nicht Vielfalt", sondern nur eine Möglichkeit zu ihr, kann sie doch auch inaktiv bleiben oder Vereinheitlichung bewirken. Dennoch kommt der Freiheit und in ihrem Namen der Vielfalt, welche so entsteht, ein Ethos und ein Pathos zu, das dem der Egalität entspricht. Die daraus wachsende Überzeugungskraft der Vielfalt, in den Räumen der Gleichheit, aber auch als deren Beschränkung, macht sie eben doch letztlich zu einem großen Gegenbegriff zur Gleichheit. In ihrem Namen ist das Öffentliche Recht ebenso in einem neuen Licht zu sehen, wie es einst in dem der Gleichheit erneuert sich zeigte.

F. Ergebnisse für eine „Lehre der Vielfalt“

Antworten auf Fragen zu einer „Dogmatik der Vielfalt“

Am Ende des Ersten Hauptteils (A., III.) wurden Fragen gestellt, auf die nun Antworten gegeben werden sollen, zunächst in gebotener Kürze zu den Fragestellungen; die gewonnenen Erkenntnisse werden im Folgenden nochmals dargestellt (G.).

1. Vielfalt ist nicht (nur) ein außerrechtlicher Beschreibungsbegriff, sondern ein Rechtsbegriff.

2. Diese Rechtskategorie rezipiert weithin Realität ins Recht, trägt ihren außerrechtlichen Gesetzmäßigkeiten Rechnung. Ihre rechtliche Wirksamkeit und Bedeutung erschöpft sich darin jedoch nicht. Auf vielen Gebieten tragen Rechtsentscheidungen ihrerseits Vielfaltsvorstellungen an die zu ordnende Wirklichkeit heran, etwa zur Sicherung der Funktionalität von Institutionen und Ordnungsentscheidungen wie zum Beispiel zum Wettbewerb.

3. Festzustellen sind drei Stufen normativer Wirksamkeit eines rechtlichen Vielfaltsgebots:

a) Das Vielfaltsgebot kann sich zu einem Rechtsgebot für Staatsorgane verdichten, wie vor allem das Medienrecht oder das Naturschutzrecht zeigen, in Grenzen auch das Wettbewerbsrecht. Aus Rechtsgestaltungen, welche dies realisieren, können sich entsprechende Rechtspflichten der Normadressaten ergeben.

b) Über organisatorische Gestaltungen kann Vielfalt in dem Sinne wirken, dass die Vielfalt der Organisationen oder Institutionen auch zu einer Vielfalt materieller Entscheidungen führt. Beispiele bieten vor allem der Föderalismus, die Kommunalisierung, aber auch die allgemeine Verwaltungsorganisation.

c) Räume zur Entfaltung materiell-rechtlicher Vielfalt werden vor allem im Grundrechtsbereich eröffnet, etwa im Berufsrecht (Berufsbilder). In einem ganz allgemeinen Sinn verwirklicht sich dies im Raum der Freiheit als solcher.

Rechtsformen und Wirkungsintensitäten der Vielfalt als Rechtsgebot sind also ihrerseits vielfältig, lassen sich aber doch in gewisse Kategorien einteilen.

4. Inhaltlich können zur rechtlichen Vielfalt immerhin einige orientierende Aussagen getroffen werden:

a) Der Anwendungsbereich des Vielfaltsbegriffs ist nicht nur virtuell, sondern auch aktuell sehr weit. Er umfasst sämtliche Lebenssachverhalte, die rechtlich gestaltbar sind, wie sich im Begriff der Lebensverhältnisse und überhaupt in den Aktionsbereichen des Staates in einem föderal verfassten Gemeinwesen zeigt. Ausgeschlossen bleiben allenfalls Bereiche, welche der staatlichen Einwirkung, jedenfalls im Kern, verschlossen sind wie Religion und Kirchen.

b) Vielheiten mögen Voraussetzungen für Vielfalten schaffen, in aller Regel vermögen sie diese nicht zu ersetzen, hier wird sich vielmehr häufig eine Tendenz zu konvergierender Vereinheitlichung bemerkbar machen. Vielfalt als Rechtswert muss also über Vielheit hinaus angestrebt werden, wie sich im Recht der Parteien und der Verwaltungsorganisation zeigt; Dezentralisation ist mehr als Bürgernähe durch viele Organisationen.

c) Die Frage nach einer notwendigen minimalen oder optimalen Tiefe von Qualitätsunterschieden, die im Namen der Vielfalt anzustreben ist, oder gar realisiert werden muss, lässt sich nicht allgemein beantworten. In gewissen Bereichen ist eine bestimmte qualitative Tiefe von Unterschiedlichkeiten rechtlich gewollt, so etwa im Naturschutzrecht, bei der Kunst- und Wissenschaftsfreiheit, aber auch allgemeiner in der Garantie einer Meinungsfreiheit, die sich nicht in der Dominanz von mainstreams verlieren darf. Soweit allerdings Organisationen in ihrer Vielfalt ohnehin weithin Ausdruck außerrechtlicher Realitäten darstellen, zu ihrer Rezeption geöffnet sind, wie in Föderalismus und Kommunalisierung, dürfen an die Organisationsvielfalt keine allzu hohen Anforderungen gestellt werden.

5. Vielfalt ist ein bereichsspezifisch mit rechtlichen Inhalten zu füllender Begriff. Einen einheitlichen Vielfaltsbegriff gibt es allenfalls übergreifend über den einzelnen Formen, in denen er Rechtswirksamkeit erlangt (oben 3.). Inhaltlich ist von einer durchgehenden Bereichsspezifik auszugehen, welche aber in induktiver Betrachtung und Zusammenschau doch Grundlinien eines allgemeinen Vielfaltsbegriffs erkennen lässt:

a) Die Frage eines beziehungslosen Nebeneinanders von Vielfalten oder einer Überwirkung von einem Begriffsinhalt zum anderen ist differenziert zu beantworten.

- In den Bereichen Naturschutz, Wissenschafts- und Kunstfreiheit, wohl auch der kulturellen Bezüge als solcher, ist wohl von einer so weitgehenden Spezifik auszugehen, dass sie auf andere Sektoren, wie etwa Parteienrecht und Recht des Wettbewerbs, nicht übertragbar erscheinen.
- Näher aufeinander bezogen sind Vielfaltsvorstellungen in Bereichen, die sachliche Berührungen aufweisen wie etwa Berufs- und Eigentumsvielfalt.
- Im Organisatorischen kann der Vielfaltsbegriff durchaus aus einer Gestaltungsform, von einem Kompetenzraum zum anderen befruchtend wirken. So bietet etwa die kommunale Vielfalt in ihren weitreichenden materiellen Auswirkungen auf Entscheidungen in vielem ein Modell für föderale Vielfalt, diese kann wieder auf die allgemeine Verwaltungsorganisation diversifizierend überwirken.

b) Sucht man nach prägenden Elementen eines Gesamtbegriffs, so bieten sich vor allem folgende Erkenntnisse an:

- Vielfalt muss immer ein Begriff der Offenheit bleiben, er darf bereichsspezifisch konkretisiert, in dem Bereich selbst aber nicht ausklammernd verengt werden.
- Stets ist der Vielfaltsbegriff insbesondere offen zu halten zu einer außerrechtlichen Realität. Vielfalt ist wesentlich ein Rezeptions-, ein Abbildungsbegriff des Rechts. In seinem Namen ist von einer grundsätzlichen Trennung von Staat und Gesellschaft auszugehen, doch gerade in seinen Ausprägungsformen wirken beide aufeinander ein.
- Organisatorische Vielfalten sind bedeutsame Ausprägungen des Begriffs, dürfen aber in ihren materiellen Auswirkungen auf die Lösung von Entscheidungen nicht überschätzt werden. Es sind hier auch vielfache organisatorische Angleichungstendenzen wirksam.
- Gewisse Schwerpunktbildungen – in Fortentwicklung der Bereichsspezifik – der Wirkung von Vielfalt als Rechtsbegriff schließen einen allgemeinen Vielfaltsbegriff nicht aus. Mit Staatsferne der Regelungsbereiche – wie sie im öffentlichen Bereich grundsätzlich anerkannt und auch im Einzelnen bereits weithin konkretisiert ist – nimmt die Schwerpunktbedeutung der Vielfalt zu. Soll sie sich nicht in Unüberschaubarkeit verlieren, so ist hinzunehmen, dass sie in gewissen Ordnungsbereichen eine zentrale, in anderen eine eher marginale Rolle spielt.
- Vielfalt ist ein qualitativer Begriff, sie setzt im Recht qualitative Unterschiede von einer gewissen Tiefe voraus, welche vor allem Wahrnehmbarkeit ermöglichen.
- Als einem Rechtsbegriff darf der Vielfalt nicht der Vorwurf einer Rechtsauflösung, eines Rückzugs des Staates von seinen Ordnungsaufgaben, gemacht werden. Als ein Gegenpol zu aller Vereinheitlichung, zur Gleichheit, soweit sie diese trägt, ist Vielfalt ein Grundbegriff des Öffentlichen Rechts.

G. Ergebnisse der Untersuchung im Einzelnen

I. Pluralismusdiskussion – Bedeutung und Probleme für eine Erfassung der Vielfalt

1. Pluralismus ist der Ausgangsbegriff für eine Untersuchung zur Vielfalt im Öffentlichen Recht; hier sollten für sie theoretische Grundlagen erwartet werden. Die „Pluralismusdiskussion" wird seit dem Beginn des 19. Jahrhunderts geführt. Inzwischen ist Pluralismus zu einem positiv aufgenommenen Grundbegriff in Staatstheorie und Staatsrecht geworden, das sich in ihm öffnen soll – zu einer offenen Gesellschaft.

2. Dieser Akzeptanz entspricht allerdings nicht die hier erreichte Präzision. Schon zur Weimarer Zeit – und auch später – ging es in der Pluralismusdiskussion vor allem um die Bewahrung der Staatseinheit gegenüber vordringenden gesellschaftlichen Gewalten, insbesondere Verbänden und politischen Parteien.

3. Aus der Pluralismusdiskussion sind daher im Wesentlichen Bemühungen um die Erfassung einer Verbände- und Parteienstaatlichkeit entstanden. Darin droht sich der rechtliche Vielfaltsbegriff in soziologischen oder politischen Umschreibungen zu verlieren. Der Verbändestaat erscheint überdies als durch den Parteienstaat grundsätzlich „überholt"; dessen faktischer Mächtigkeit gegenüber macht sich zunehmend juristische Resignation breit. So können den Untersuchungen zum Pluralismus kaum Ansätze zu näherer rechtlicher Erfassung von Außen- und Innenpluralismus entnommen werden, die immerhin als Begriffe unterschieden werden. Wichtig für die folgenden Problemstellungen ist aber die Erkenntnis der Bedeutung organisatorischer, damit auch organisationsrechtlicher Pluralität.

II. Vielfalt als Rechtsgebot

1. Betrachtungen verschiedener Rechtsgebiete, in denen Vielfalt ein bedeutsamer Rechtsbegriff ist, haben Vielfalt als ein Rechtsgebot erwiesen. Diese induktive Betrachtung hat zwar eine Bereichsspezifik in dessen einzelnen Ausprägungen ergeben, in der etwa organisatorische Bemühungen – deutlich im Medien-, als solche zurücktretend im Naturschutzrecht – unterschiedliches Gewicht haben. Auch jene Rezeption außerrechtlicher Vielfaltslagen ins Recht, welche allenthalben aufgegeben ist, hat in unterschiedlicher Intensität zu erfolgen, „öffnet" aber inhaltlich

doch allenthalben den rechtlichen Vielfaltsbegriff. Damit wird dieser jedoch nicht zu einem soziologischen Begriff, mag er auch vom Recht in pluridisziplinärer Öffnung auszugestalten sein. Die Gestaltungsaufgaben der Rechtsordnung orientieren sich vielmehr an den Zielen, welche die Verfassung, insbesondere in den Grundrechten setzt: Ein Gebot, Vielfalt zu optimieren, zeigt etwa die Kulturstaatlichkeit, als Rahmen und immerhin in Grenzen das Medien- wie auch das Naturschutzrecht, im Parteienrecht ist dies auf das Auswahlminimum der Zweiparteilichkeit beschränkt.

2. Einheitliche inhaltliche Strukturen der Vielfalt sind bisher, soweit ersichtlich, nirgends näher verdeutlicht worden. Nur gewisse Ansätze finden sich, etwa in der Betonung von „Eigenheiten“ und „Abgrenzbarkeiten“ von Vielfaltsphänomenen. Hier harren noch viele Aufgaben öffentlich-rechtlicher Bewältigung, und es mag zweifelhaft sein, ob sich je mehr wird aufzeigen lassen als einige inhaltliche Grundlinien eines allgemeinen Vielfaltsbegriffs.

3. Klar wurde aber schon im bisher Untersuchten die allenthalben festzustellende Bereichsspezifik des Vielfaltsbegriffs. Sie wird in Einzeluntersuchungen noch vertieft und damit die Chance einer Induktion verstärkt werden müssen. Immerhin konnten aber auch nicht grundsätzlich unterschiedliche Vielfaltsbegriffe aufgefunden werden, und darin liegt doch wohl ein bedeutsames Ergebnis: Vielfalt ist „als solche“ ein Rechtswert, der also einfließen muss in vielfache Abwägungen, jeweils mit dem Gewicht, das ihm in den einzelnen Materien zukommt. Dabei wird es auf Gegengewichte ankommen, welche eine gewisse Vereinheitlichung fordern, und sie gibt es von der Kulturstaatlichkeit bis zum Naturschutzrecht; im föderalen Verhältnis werden sie wieder begegnen. Einen „absoluten Rechtswert“ stellt Vielfalt nirgends dar; dies würde das Ende der Ordnungsaufgabe des Rechts in einem Vielfaltschaos bedeuten. Doch der bisher weithin vernachlässigte „Selbstwert einer Vielfalt als solcher“ muss stärker hervorgehoben werden, in allen Zusammenhängen, welche sich in der Praxis zeigen.

4. Schließlich hat sich Vielfalt immer wieder als ein dynamisch wirksames Rechtsgebot gezeigt, aus Entwicklungen kommend, zu weiteren solchen führend. Auch dazu hat die Rechtsordnung ihren Beitrag zu leisten, von der einfachen Übernahme des Bestehenden über dessen gestaltende Ordnung bis zur Eröffnung weiterer Vielfalt oder deren (Wieder-)Herstellung.

5. In all dem ist eine – vorsichtig zu entfaltende – Vielfaltsdogmatik gefordert, welche sich nach diesen Betrachtungen in weiterer Induktion als möglich erweist. Sie muss dann die Praxis befruchten, für die bisher Vielfalt meist nur ein Buch mit vielen Siegeln – oder ein leeres Wort geblieben ist. Es darf nicht zum Argumentationsreservoir für alle möglichen politischen Tendenzen verkommen. Vielfalt ist ein vielfältiger – aber als solcher, schon als Vielfaltsgebot, ein Kernbegriff des Öffentlichen Rechts.

III. Vielfalt im Föderalismus

1. Im Bundesstaat ist Vielfalt ein Rechtsbegriff, nicht ein Wort zur Beschreibung soziologischer oder politischer Lagen und Bestrebungen. Föderalismus ist hier ein wesentlicher Vielfaltsbegriff: In ihm findet er demokratische Legitimation. Geöffnet ist er zur Vielfalt einer Gesellschaft, die selbst überall Formen des Bündischen zeigt, die des Staates widerspiegelt. Subsidiarität setzt Vielfalt voraus, ihre „kleineren Einheiten" legitimieren sich aus ihr. Nur aus dem in ihr liegenden Vielfaltsgebot heraus wird Föderalismus zu einer Staatsgrundnorm.

2. Die Bundesstaatlichkeit zeigt die außerordentliche Bedeutung organisatorischer Gestaltungen für den Vielfaltsbegriff; aus ihnen erwächst materielle Diversität der Lösungen, sie „sind" bereits eine solche in potentia, da sie ihr organisatorisch den Raum und die Motoren bieten.

3. Föderalismus zeigt Vielfalt als grundsätzlichen rechtlichen Gegenbegriff zum fundamentalen Rechtsbegriff der Gleichheit. In ihm werden vielfältige Ungleichheiten gebündelt, in ihm finden sie staatsgrundsätzliche Legitimation. Homogenitätsklauseln ziehen dem nur einen letzten, sehr weiten Rahmen.

4. Vielfalt muss im bündisch verfassten Staat als Rechtsprinzip bewusst bleiben. Sie findet in seiner Organisation vielfache organisatorische Konkretisierungen: Deutlich wird hier die besondere Bedeutung des Territorialen als einer tatsächlichen Grundlage und zugleich rechtlichen Begründung des Vielfältigen; innerstaatliche Konkurrenzen („kompetitiver Föderalismus") setzen nicht nur Vielheit, sondern Vielfalt voraus, können sie einengen, vor allem aber auch fördern. Kooperation (zwischen den Ländern) ist nur auf solcher Basis vorstellbar; die Selbstkoordinierung der Länder hat Vielfalt zum Ausgangspunkt, zieht ihr aber auch enge Grenzen. Eine Föderalkammer legitimiert sich aus ihr, darf sie aber nicht in der Gleichartigkeit von Mehrheitsentscheidungen einebnen.

IV. „Vielfältige Lebensverhältnisse" im Bundesstaat

1. Aus Anlass der neueren Verfassungsdiskussion und -änderung war dieser Föderalbereich näher zu betrachten. Dabei hat sich die Erkenntnis bestätigt, dass Vielfalt als verfassungsrechtlicher Selbstwert einen deutlichen Gegenpol zu unitarisierenden Kompetenzen darstellt. Die Grundtendenz der Entwicklung läuft hier in Richtung auf die Verstärkung einer Vielfalt, welche nicht weiter leerlaufen darf. Der vereinheitlichte Bundesvorrang in der Beurteilung ist gefallen, diese darf nicht in die Politik abgedrängt werden. Aufgabe des Bundesverfassungsgerichts ist es, die Chance der neu versuchten Justiziabilität des Art. 72 Abs. 2 GG mehr als bisher zu nutzen, zur Konkretisierung der Vielfalt.

2. Die Verfassungsreform hat inhaltlich zwar nicht viel gebracht, für die Stärkung der Bedeutung der Vielfalt als eines Rechtsbegriffs aber immerhin einiges.

Zwar muss sie nach wie vor in Bewertung erschlossen werden. Die Gleichwertigkeit der Lebensverhältnisse hat aber, in grundsätzlicher Gegenüberstellung und Spannung zur „Einheitlichkeit“, zu einer durchgehenden und grundsätzlichen Abwägung zu führen. „Wahrung der Rechts- und Wirtschaftseinheit“ ist nicht mehr übergeordnetes Ziel, sondern nur mehr eine Vorgabe neben (einer) anderen; manches spricht für ihren Ausnahmecharakter. Die Beurteilung der Erforderlichkeit des Einheitlichen rückt die föderale Vielfalt in die Nähe der grundsätzlich vorrangigen Bürgerfreiheit. „Gesamtstaatliche Interessen“ sind – wiederum in deutlich abgrenzender Gegenüberstellung zur Ländervielfalt – allein vom Bund zu wahren. Die Betonung von Prognoseentscheidungen bei Inanspruchnahme einer Bundeskompetenz unterstreicht die Notwendigkeit vertiefender Untersuchung der Vielfalt im Gliedstaatenbereich und wirkt damit als deren verfassungsrechtliche Gewährleistung.

3. Schließlich zeigt sich auf diesem weiten Feld föderal geordneter Lebensverhältnisse die besondere Bedeutung einer Bereichsspezifik, in welcher Vielfalt stets zunächst inhaltlich zu bestimmen ist, sodann in ihrem Abwägungsgewicht gegenüber unitarischen Belangen.

V. Regionalismus als entwicklungsfähige Vielfalt

1. Die Bilanz des Gemeinschaftsrechts zum Vielfaltsbegriff ist bisher noch eher bescheiden, rechtlich vielleicht nur rudimentär. Politisch kann das „Vereinigte Europa“ nur ein Vielfaltsbegriff sein, in der Entfaltung einer Einheit in der Vielfalt der Mitgliedsstaaten und ihrer Rechtsordnungen. Gerade wenn nicht (sogleich) ein Durchbruch zu europarechtlichem Föderalismus gelingt, bietet sich auf Gemeinschaftsebene der Regionalismus an, mit föderal-ähnlichen Tendenzen der Vielfalt. Das institutionelle Europarecht öffnet sich auch bereits gliedstaatlichem föderalen Denken. Wer Regionalismus sagt, muss in Vielfalt(en) denken.

2. „Europa der Regionen“ ist eine als solche bereits erkannte, entwicklungsfähige Föderalform des Gemeinschaftsrechts. Der Regionalismus bringt vieles zum Tragen, was ein rechtliches Denken in Vielfalt(en) fördern kann. Er legitimiert sich aus dem Demokratieprinzip, aus geschichtlich gewordener Vielfalt. Sie ist für ihn, in den natürlichen territorialen Verschiedenheiten vor allem, vielleicht noch deutlicher konstitutiv als für den Föderalismus.

3. Typische oder gar ausschließliche regionale Aufgabenfelder sind bisher jedoch nur ansatzweise rechtlich erfasst worden. Selbst wo dies der Fall ist, entfaltet sich vor allem ein Zug zu regionaler Angleichung, in dem sich die größere gemeinschaftliche Rechtsangleichung fortsetzt.

4. Insgesamt ist es bisher kaum gelungen, Regionalismus als Organisationsform von Vielfalt(en) auszuprägen, diese so zu verfestigen. Immerhin haben sich im Gemeinschaftsrecht in diesem Sinn Ansätze gezeigt, welche weiterentwickelt werden könnten – diversifizierend.

VI. Kommunalrecht als Vielfaltsmaterie

1. In der Kommunalisierung findet eine (weitere) Form der Föderalisierung statt, sie bringt all deren diversifizierende Kräfte in tiefer reichender Verästelung zum Tragen. Deutlicher vielleicht noch als bei der Bundesstaatlichkeit ist Vielfalt hier zugleich Legitimation und Gestaltungsform eines auch staatsrechtlichen Pluralismus; sie legitimiert sich aus der Staatsform selbst als „lokale Demokratie". Sie darf nicht als Dezentralisierung verstanden werden; primär geht es ihr nicht um Effizienzsteigerung selbst, sondern nur um eine solche „aus Vielfalt" heraus.

2. Gemeindliche Selbstverwaltung ist schon aus ihrer institutionellen Gewährleistung heraus ein Vielfaltsbegriff. Die Kommunalisierung spiegelt organisationsrechtlich reale Vielfalt in der Gemeinschaft deutlicher noch wider als der Föderalismus. In ihr wird die Organisationsvielfalt geradezu als eine Vorstufe materiellrechtlicher Lösungsvielfalt eingesetzt. Ein Wirklichkeitsbezug wirkt auch aus jener wesentlichen Traditionalität des Kommunalrechts heraus, welche „Vielfalt in der Zeit" bietet, verfestigt in Organisationsstrukturen. Praktisch muss dies vor allem bei Neugliederungen beachtet werden, welche nicht nur mit Blick auf eine Leistungssteigerung erfolgen dürfen.

3. Selbstverwaltung ist ein Vielfaltsbegriff. Wie immer ihr – überwiegend angenommener – Kernbereich zu bestimmen ist, Vielfalt spielt dabei in der Organisation wie in den zu erfüllenden Aufgaben eine wesentliche Rolle. Autonomie wird nur dort Rechtswirklichkeit, wo Diversitäten die Organisationsstrukturen wie das Verfahren der Kommunen prägen. Nur so können die Voraussetzungen für die von der Selbstverwaltung geforderte Eigenständigkeit der Aufgabenerfüllung geschaffen werden.

4. Die Handlungsräume schließlich, welche die institutionelle Garantie der Selbstverwaltung garantiert, die „Angelegenheiten der örtlichen Gemeinschaft", bestimmen sich nicht (mehr auch) nach der Erfüllbarkeit der Aufgaben durch Gemeinden, also nach deren Leistungsfähigkeit, sondern allein nach ihrer örtlichen Verwurzelung oder ihrem spezifisch lokalen Bezug. Damit ist die Bedeutung des „Örtlichen" und damit zugleich einer Vielfalt, welche vor allem in ihm ihre Grundlage findet, noch gesteigert.

Im Kommunalrecht muss also kommunale Vielfalt gegenüber staatlichem Vereinheitlichungsstreben gewahrt werden: mit Blick auf die im jeweiligen Sachbereich zu erwartenden Lösungen, auf die einzelne Kommune, der ein für die Eigenständigkeit ihrer Selbstverwaltung hinreichender Raum zu gewähren ist, und zur Gewährleistung der Selbstverwaltung in deren institutioneller Gesamtvielfalt. Auf kaum einem Rechtsgebiet ist Vielfalt so selbstverständlich gegenwärtig – und zugleich als rechtliches Kriterium bisher so wenig bewusst wie im Kommunalrecht.

VII. Die Verwaltung als vielfaltssichernde Gewalt

1. Die Administration wurde in ihrer historischen Entwicklung zunächst nach französischem Vorbild als blockhaft-einheitliche, in Gesetzesanwendung vereinheitlichende Staatsgewalt aufgefasst. Neuerdings wird sie kritisch als ein Bündel weithin heterogener Aktivitäten und damit bereits in grundsätzlicher Vielfalt gesehen. Vielfalt könnte in ihr vor allem in Öffnungen zu außerrechtlichen Diversitäten, aber auch in administrationsimmanenten Vielfaltsentwicklungen rechtlich wirksam werden.

2. Die Verwaltung tritt dem Bürger in „außerpluraler Erscheinung" gegenüber. Vielfach differenziert sie sich – wie sich vor allem in Planungen, Förderungen und informellem Verwaltungshandeln zeigt – in ihren allgemeinen Handlungsformen. Hier kommt Vereinheitlichungsstreben zum Ausdruck, aber auch „gestaltende Verwaltungstätigkeit" als Raum der möglichen Vielfalt, in einer breiten Auffächerung möglicher rechtlicher Effekte. Im Verwaltungsverfahren wirken einerseits Vereinheitlichungsbemühungen, andererseits ist es als föderal relevante Vielfaltsmaterie verfassungsrechtlich (Art. 84 GG) anerkannt. Für die Verwaltungsorganisation ist Vielfalt als Gestaltungsprinzip noch eindeutiger von Konsens getragen.

3. Ausprägungen administrativer Innenpluralisierung werden erkennbar, wenn über die Gestaltbarkeit der Verwaltung in Interdisziplinarität nachgedacht wird, wenn ihre Modernisierung gefordert wird, vor allem unter dem Einfluss privatrechtlicher Denkformen, etwa in der Überwachung gesellschaftlicher Selbstregulierung. In der Verwaltung selbst entfaltet sich ein neues Vielfaltsbewusstsein einer behördlichen corporate identity. In ihre Organisationsstrukturen sollen ausgleichsbedürftige Interessen in ihrer Vielfalt einbezogen werden; Informatisierung bietet zu all dem neue Chancen.

4. Eine Realitätsrezeption in die Verwaltung findet auf vielen Wegen statt, mit ihr fließen vor allem Vielfaltsvorstellungen der außerrechtlichen Wirklichkeit ein in Handlungsformen der Administration, aber auch in ihren Organisationsstrukturen muss sie sich dem öffnen. „Wirklichkeitsmaßstäbe" im Verwaltungsrecht zeigen dies.

5. Das Ermessen öffnet das Verwaltungsrecht zu einer Wirklichkeit, welcher hier unmittelbar Entscheidungsmaßstäbe entnommen werden – in ihrer ganzen, einzelfallgeprägten Vielfalt. Auch Beurteilungsspielräume belassen der Verwaltung Recht und Pflicht zu deren rechtsgestaltender Berücksichtigung, in ihrem Rahmen kommen überdies die vielfachen rechtlichen Vielfaltsbegriffe und -gebote zum Tragen.

6. Die Privatisierung öffnet die Verwaltung zu privatrechtlichen Vielfaltsformen und Auswahlkriterien. Die Organisationsprivatisierung übernimmt diese in Verwaltungsstrukturen einer sich aus ihnen ergebenden Entscheidungsfindung. Insgesamt ist die Privatisierung daher ein Weg der Verwaltung zu mehr Vielfalt.

VIII. Vielfalt als Ausprägung und Schranke der Gleichheit

1. Vielfalt steht in grundsätzlicher, durchgehender Spannung zu einem Grundbegriff, Rechtswert und Gestaltungsziel der Verfassung wie des gesamten Öffentlichen Rechts: zur Gleichheit. Allenthalben muß sie abgewogen werden gegenüber einem Vereinheitlichungsstreben, das seinen zusammenfassenden rechtlichen Ausdruck in dieser Gleichheit findet.

2. Die Gleichheit hat in der Gegenwart eine außerordentliche rechtliche Bedeutung erlangt, eine durchschlagende machtpolitische Intensität. Als ein Gegenpol der Vielfalt war sie hier zwar nicht Ausgangspunkt oder auch nur im Einzelnen Gegenstand von deren rechtlicher Betrachtung. Diese muss aber danach fragen, ob sie sich nicht auch in den Ordnungsräumen der Gleichheit verorten lässt, vielleicht gar als einer der Aspekte der Gleichheitsbegriffe erscheint.

3. Das Gebot, Ungleiches ungleich zu behandeln, zeigt Gleichheit zugleich als ein Vielfaltsgebot, allerdings ohne nähere Aussagekraft zur inneren Struktur dieses „jeweils Ungleichen“. Deutlich wird damit allerdings, dass viele Ungleichheiten der Gleichheit gegenüberstehen, und dass sich damit vielfältige Ungleichheitsbezüge ergeben können. Rechtliche Vielfalt zeigt sich sogar darin, dass bei den Auswirkungen das Gleichheitsgebot nach vielfältigen Rechtsgebieten zu differenzieren ist.

4. Alle Gleichheitsformeln der Verfassungsrechtsprechung bringen auch Öffnungen zu Vielfalt, die früher herrschende wie die neuere Formulierung, welche Verfeinerung in Verhältnismäßigkeit sucht. Der Hinweis auf Willkür bedeutet, dass der Ungleichheit – und damit der Vielfalt – erst mit den Grenzen menschlichen Erkenntnis- und Argumentationsvermögens Schranken gezogen sind, wenn nichts mehr für die Vielfalt spricht.

„Faktische Ungleichheit“ wird von der Gleichheitsdogmatik geachtet, sie wird zum Einbruchstor realer Vielfalt in die Gleichheit. „Natürliche Ungleichheiten“, insbesondere zwischen den Geschlechtern, bedeuteten früher weite Vielfaltsräume in der Gleichheitsordnung. Ihre deutliche Einschränkung, etwa auf die notwendigen unmittelbaren Auswirkungen biologischer Unterschiedlichkeiten, hat diese Bereiche zwar normativ verengt. Achtung oder Herstellung von Vielfalt ist aber keineswegs auf (verfassungs)rechtliche Differenzierungsgebote beschränkt. Außerhalb von ihnen gelten noch immer die erwähnten Ordnungsvorstellungen des allgemeinen Gleichheitssatzes, welche weitreichende Diversitäten gestatten.

5. Der Gesetzgeber hat grundsätzlich einen weiten Gestaltungsspielraum, auch in der Gleichheitsordnung, besonders sogar im Steuerrecht, wo doch der Gleichheit spezielles Gewicht zukommt. In der Gesetzgebungspraxis ist Vereinheitlichung weithin auf dem Rückzug – gerade im Namen einer Gleichheit, die Ungleichheiten Rechnung tragen, vor allem aber reale Vielfalt im Recht abbilden will. So wird

Gleichheit geradezu zu einem Alibi für eine rechtliche Vielfalt, die sich in ihrem Namen hält oder entsteht.

6. Dennoch bleibt Vielfalt ein Gegenprinzip zur Gleichheit. Diese drängt historisch von Anfang an, dogmatisch, auch gegenwärtig, in all ihren Formen – jedenfalls zugleich und weithin – zu Vereinheitlichung. Dies gilt auf all ihren Stufen, der Rechtsanwendungs-, Chancen- und materiellen (Gleichmachungs-)Gleichheit; diese prägt heute ein Rechtsbewusstsein, dem (annähernd) gleiche, vom Recht geschützte oder hergestellte Lebensverhältnisse für alle Bürger, damit letztlich eine gewisse Güter-Zuteilungsgleichheit, als Fernziel erscheint. Dem steht eine Vielfalt gegenüber, in deren Namen auch hier Differenzierungen akzeptiert werden, vielleicht als wünschbar erscheinen.

7. Freiheit ist ein Rechtsprinzip, in Form einer Grundnorm der demokratischen Staatsordnung, aus dem wesentlich Vielfalt entsteht, aus dem sie noch weit mehr wachsen kann. Im Namen ihres Selbstbestimmungsrechts bringt eine in sich vielfältige Bürgerschaft laufend solche Diversität hervor, in all den unübersehbaren Bereichen des Außerrechtlich-Gesellschaftlichen, die ins Recht rezipiert werden, aber auch in dessen Gestaltungen. Zwar ist Freiheit (noch) nicht Vielfalt, sondern nur eine Möglichkeit zu ihr, kann sie doch auch inaktiv bleiben oder Vereinheitlichung bewirken. Dennoch kommt aus der Freiheit und in ihrem Namen der Vielfalt, welche so entsteht, ein Ethos zu, das dem der Gleichheit entspricht. Die daraus wachsende Überzeugungskraft der Vielfalt in den Räumen der Gleichheit aber auch als deren Beschränkung, lässt sie zu einem Gegenbegriff zur Gleichheit werden. In ihrem Namen ist das Öffentliche Recht ebenso in einem neuen Licht zu sehen, wie es sich einst in dem der Gleichheit erneuert zeigte.

Literaturverzeichnis

Achterberg, N., Die Parlamentarische Demokratie als Entfaltungsraum für Bürgerinitiativen, NJW 1978, 1993.

Alemann, U. / *Heinze,* R.G., Verbände und Staat, 1979.

Appel, I., Reform des Verwaltungsrechts – Ermöglichung von Flexibilität und Innovationsoffenheit, JZ 1994, 668.

Arndt, H.-W., Forum – Zur verfassungsrechtlichen Problematik der Herstellung einheitlicher Lebensverhältnisse in der Bundesrepublik Deutschland, JuS 1993, 360.

Badura, P., Bewahrung und Veränderung demokratischer und föderativer Verfassungsprinzipien durch Europa verbundene Staaten, ZSR N.F. 109, 1990 I, 115.

– Verwaltungskompetenz und Organisationsrecht des Bundes (Art. 87 Abs. 1 GG) im Hinblick auf eine Beteiligung an Unternehmen in einer Rechtsform des privaten Rechts, betrachtet am Beispiel der Postreform von 1989, in: Pfister, B. / Will, M. R. (Hrsg.), Festschrift für Werner Lorenz zum 70. Geburtstag, 1991, S. 3.

– Die „Kunst der föderalen Form" – der Bundesstaat in Europa und die europäische Föderation, in: Badura, P. / Scholz, R. (Hrsg.), Wege und Verfahren des Verfassungslebens, Festschrift für Peter Lerche zum 65. Geburtstag, 1993, S. 369.

– Staatsrecht, 2. Auflage, 1996.

Bamberger, Chr., Sicherung der Meinungsvielfalt durch die Landesmedienanstalt, ZUM 2000, 551.

Bauer, H., Bundestreue, 1992.

Baumann, K., Luftsicherheit und materielle Privatisierung, ZLW 50 (2001), 304.

Baur, J. F. / *Stürner,* R., Sachenrecht, 17. Auflage, 1999.

Becker, W., Pluralismus gegen Konsens, in: Hempfer, K. / Schwan, A., Grundlagen der politischen Kultur des Westens, New York 1987, S. 319.

Benda, E., Föderalismus in der Rechtsprechung des Bundesverfassungsgerichts, in: Benda, E. (Hrsg.), Probleme des Föderalismus. Referate auf dem Symposium „Föderalismus in der SFR Jugoslawien und in der Bundesrepublik Deutschland – ein Vergleich" vom 19. – 21. März 1984, 1985, S. 71.

– Der soziale Rechtsstaat, in: Benda, E. / Maihofer, W. / Vogel, H.-J. (Hrsg.), Handbuch des Verfassungsrechts der Bundesrepublik Deutschland, 2. Auflage, Berlin / New York 1994, § 17.

Bethge, H., in: Sachs, M. (Hrsg.), Grundgesetz, 3. Auflage, 2003, Art. 5.

– in: Sachs, M. (Hrsg.), Grundgesetz, 3. Auflage, 2003, Art. 9.

Beyerle, K., Föderalismus, in: Görres-Gesellschaft (Hrsg.), Festschrift für Felix Porsch zum 70. Geburtstag, 1923, S. 132.

Bischoff, F., Neuer Stellenwert der Kultur in der Politik des Bundes, ZRP 1999, 240 .

Bleckmann, A., Staatsrecht I, 1993.

Blümel, W., Wesensgehalt und Schranken des kommunalen Selbstverwaltungsrechts, in: v. Mutius, A. (Hrsg.), Selbstverwaltung im Staat der Industriegesellschaft, Festgabe für Georg Christoph von Unruh, 1983, S. 265.

Böckenförde, E.-W., Demokratie als Verfassungsprinzip, in: Isensee, J. / Kirchhof, P. (Hrsg.), Handbuch des Staatsrechts, Bd. 1, 2. Auflage, 1995, § 22.

Bonk, H. J., Rechtliche Rahmenbedingungen einer Privatisierung im Strafvollzug, JZ 2000, 435.

Bracher, K. D., Zeit der Ideologien – Eine Geschichte politischen Denkens im 20. Jh., 1987.

Breuer, R., Freiheit des Berufs, in: Isensee, J. / Kirchhof, P. (Hrsg.), Handbuch des Staatsrechts, Bd. 5, 2. Auflage, 2001, § 147.

– Die staatliche Berufsregelung und Wirtschaftslenkung, in: Isensee, J. / Kirchhof, P. (Hrsg.), Handbuch des Staatsrechts, Bd. 5, 2. Auflage, 2001, § 148.

Brohm, W., Die staatliche Verwaltung als eigenständige Gewalt und die Grenzen der Verwaltungsgerichtsbarkeit, DVBl. 1986, 321.

Bülck, H., Föderalismus als internationales Ordnungsprinzip, VVDStRL 21 (1964), S. 1.

Bullinger, M., Das Ermessen der öffentlichen Verwaltung. Entwicklung, Funktionen, Gerichtskontrolle, JZ 1984, 1001.

– Flexibilität moderner Verwaltung und Gerichtsschutz des Bürgers, in: Geis, M.-E. (Hrsg.), Staat, Kirche, Verwaltung, Festschrift für Helmut Maurer zum 70. Geburtstag, 2001, S. 565.

– Freiheit von Presse, Rundfunk, Film, in: Isensee, J. / Kirchhof, P. (Hrsg.), Handbuch des Staatsrechts, Bd. 5, 2. Auflage, 2001, § 142.

Burgi, M., Kommunales Privatisierungsfolgenrecht – Vergabe, Regulierung und Finanzierung, NVwZ 2001, 601.

– Verwaltungsorganisation und Verwaltungsmodernisierung in Nordrhein-Westfalen, NWVBl 2001, 1.

Burmeister, J., Verfassungstheoretische Neukonzeptionen der kommunalen Selbstverwaltungsgarantie, 1977.

– Das Petitionsrecht, in: Isensee, J. / Kirchhof, P. (Hrsg.), Handbuch des Staatsrechts, Bd. 2, 2. Auflage, 1998, § 32.

Castendyk, O., Recht und Rechtskultur, ZRP 1992, 63.

Degenhart, Chr., in: Sachs, M. (Hrsg.), Grundgesetz, 2. Auflage, 1999, Art. 72.

– Staatsrecht I, Staatsorganisationsrecht, 17. Auflage, 2001.

Depenheuer, O. (Hrsg.), Die Einheit des Staates, Symposium aus Anlaß der Vollendung des 60. Lebensjahrs von Josef Isensee, 1997.

– in: von Mangoldt, H. / Klein, F. / Starck, Chr. (Hrsg.), Grundgesetz. Kommentar, Bd. 1, 4. Auflage, 1999, Art. 14.

Deuerlein, E., Föderalismus, 1972.

Di Fabio, U., in: Maunz, Th. / Dürig, G. (Hrsg.), Grundgesetz. Kommentar, Art. 2 Abs. 1 (Stand 2003).

Dierksmeier, C., Die Würde der Kunst – Überlegungen zu Schutzbereich und Schranken eines schrankenlosen Grundrechts, JZ 2000, 883.

Dittmann, A., in: Sachs, M. (Hrsg.), Grundgesetz, 2. Auflage, 1999, Art. 84.

DIW Berlin (Hrsg.), Föderalismusreform aus ökonomischer Sicht, Vierteljahreshefte zur Wirtschaftsforschung, Bd. 72 (2003).

Dörr, D., Rundfunkföderalismus auf dem Prüfstand, ZUM 1996, 617.

Dörr, D. / *Zorn,* N., Die Entwicklung des Medienrechts, NJW 2003, 3020.

Dreier, H., in: Dreier, H. (Hrsg.), Grundgesetz. Kommentar, Bd. 2, 1998, Art. 28.

Dürig, G., in: Maunz, Th. / Dürig G. (Hrsg.), Grundgesetz. Kommentar, Art. 2 Abs. 1 (Stand 2003).

– in: Maunz, Th. / Dürig, G. (Hrsg.), Grundgesetz. Kommentar, Art. 3 Abs. 1 (Stand 2003).

Endler, J., Privatisierung und Vergaberecht, NZBau, 2002, 125.

Epiney, A., in: von Mangoldt, H. / Klein, F. / Starck, Chr. (Hrsg.), Grundgesetz. Kommentar, Bd. 2, 4. Auflage, 2000, Art. 20 a.

Erichsen, H.-U., Kommunalrecht der Länder NW, 1988, S. 327.

Eschenburg, Th., Herrschaft der Verbände, 1955.

Esterbauer, F., Der europäische Regionalismus. Föderalistische Konzeption des Aufbaus eines vereinigten Europas, BayVBl. 1979, 328.

Fechtner, D. / *Hannes,* M., „Lessons from american federalism" – Länder und Regionen in der Europäischen Gemeinschaft, ZParl. 1993, 133.

Fiedler, W., Die Verteilung der Gesetzgebungskompetenzen. Zum Schlussbericht der Enquete-Kommission Verfassungsreform, DÖV 1977, 580.

Fisahn, A., Internationale Anforderungen an den deutschen Naturschutz. Die Konvention über die biologische Vielfalt und die Flora-Fauna-Habitat-Richtlinie der EU, ZUR 1996, 3.

Fraenkel, E., Der Pluralismus als Strukturelement der freiheitlich rechtsstaatlichen Demokratie, 1964.

Frantz, C., Der Föderalismus als universale Idee, 1879.

Frenz, W., Liberalisierung und Privatisierung der Wasserwirtschaft, ZHR 2002, 307.

Frey, D., Die europäische Fusionskontrolle und die Medienvielfalt, ZUM 1998, 985.

Friedrich, C. J., Politische Zeitschrift, S. 116.

Fröhler, L. / *Mörtel,* G., Die „Berufsbildlehre" des Bundesverfassungsgerichts, GewArch 1978, 249.

– Der Berufsbegriff des Art. 12 Abs. 1 Grundgesetz in der Rechtsprechung des Bundesverfassungsgerichts, GewArch 1979, 105.

Frotscher, W., Selbstverwaltung und Demokratie, in: v. Mutius, A. (Hrsg.), Selbstverwaltung im Staat der Industriegesellschaft, Festgabe zum 70. Geburtstag von Georg Christoph von Unruh, 1983, S. 127.

Gassner, E., / *Bendomir-Kahlo,* G., / *Schmidt-Räntsch,* A. (Hrsg.), Bundesnaturschutzgesetz. Kommentar, § 1.

Gehrhardt, E., „Pressevielfalt" – ein oft gebrauchter, doch ungeklärter Begriff, AfP 1980, 200.

Geiger, W., Bedeutung und Funktion des Föderalismus in der Bundesrepublik Deutschland, BayVBl. 1964, 65.

Geis, M.-E., Die „Kulturhoheit der Länder", DÖV 1992, 522.

– Zum Kunstbegriff in der Rechtsprechung des BVerwG und zur Reichweite der Einschätzungsprärogative der Bundesprüfstelle für jugendgefährdende Schriften, JZ 1993, 792.

Gellermann, M., Das modernisierte Naturschutzrecht. Anmerkungen zur Novelle des Bundesnaturschutzgesetzes, NVwZ 2002, 1025.

Gensler, F., Mit dem Ausschuß der Regionen ins Europa der Regionen?, BWGZ 1994, 311.

Georges, K. E. (Hrsg.), Ausführliches lateinisch-deutsches Handwörterbuch, 1913.

Gern, A., Deutsches Kommunalrecht, 2. Auflage, 1997.

Geske, O.-E., Erwartungen an eine Neuordnung des deutschen Föderalismus, Wirtschaftsdienst, Bd. 83 (2003), S. 721.

Görres-Gesellschaft (Hrsg.), Staatslexikon, 7. Auflage, 1989.

Gramm, Chr., Zur Gesetzgebungskompetenz des Bundes für ein Umweltgesetzbuch – Zugleich ein Beitrag zur Auslegung von Art. 75 Abs. 2 GG, DÖV 1999, 540.

Grimmer, K., Gestaltbarkeit von Verwaltungen, Verw 31 (1998), 481.

Gröpl, Chr., Privatisierung von Messen, Märkten und Volksfesten, GewArch 1995, 367.

Gröschner, R., in: Dreier, H. (Hrsg.), Grundgesetz. Kommentar, Bd. 2, 1998, Art. 20.

Groß, Th., Die Anpassungsfähigkeit des Verwaltungsrechts, DÖV 1994, 66.

Große Wentrup, A., Die Europäische Grundrechtecharta im Spannungsfeld der Kompetenzverteilung zwischen Europäischer Union und Mitgliedstaaten, 2003.

Gubelt, M., in: von Münch, I. / Kunig, Ph. (Hrsg.), Grundgesetz. Kommentar, Bd. 1, 5. Auflage, 2000, Art. 12.

Gusy, Chr., Die wirtschaftliche Betätigung des Staats (Teil 2), JA 1995, 253.

Häberle, P., Öffentlichkeitsarbeit der Regierung zwischen Parteiendemokratie und Bürgerdemokratie, JZ 1977, 361.

– Die Verfassung des Pluralismus, 1980.

– Der Regionalismus als werdendes Strukturprinzip des Verfassungsstaates und als europarechtspolitische Maxime, AöR 118 (1993), 1.

– Die Menschenwürde als Grundlage der staatlichen Gemeinschaft, in: Isensee, J. / Kirchhof, P. (Hrsg.), Handbuch des Staatsrechts, Bd. 1, 2. Auflage, 1995, § 20 .

– Verfassung als öffentlicher Prozess – Materialien zu einer Verfassungstheorie der offenen Gesellschaft, 1996.

– Die Zukunft der Landesverfassung der Hansestadt Bremen, JZ 1998, 57.

– Kulturhoheit im Bundesstaat – Entwicklungen und Perspektiven, AöR 124 (1999), 549.

Haedrich, M., Föderalismusprobleme im deutsch-europäischen Kontext und die fünf neuen Bundesländer, ThürVBl. 1992, 97.

Hauschka, Chr., Der Stand der gemeinschaftlichen Rechtsangleichung im Recht der privaten Wirtschaft drei Jahre vor Vollendung des Binnenmarktes 1992, NJW 1989, 3048.

Heberlein, H., Der Ausschuß der Regionen, BWGZ 1994, 307.

– Maastricht II – Einstieg in das „Europa der Kommunen"?, BayVBl 1996, 1.

Heintzen, M., Staatliche Warnungen als Grundrechtsproblem, VerwArch 81 (1990), 532.

Hennig, E., Zur Dialektik von Pluralismus und Totalitarismus, Der Staat 1968, S. 287 ff.

Hense, A., Bundeskulturpolitk als verfassungs- und verwaltungsrechtliches Problem, DVBl. 2000, 376.

Herdegen, M., in: Maunz, Th. / Dürig, G. (Hrsg.), Grundgesetz. Kommentar, Art. 1 Abs. 1 (Stand 2003).

Hermes, G., in: Dreier, H. (Hrsg.), Grundgesetz. Kommentar, Bd. 2, 1998, Art. 65 .

Herzog, R., in: Herzog, R. / Kunst, H. / Schlaich, K. / Schneemelcher, W. (Hrsg.), Evangelisches Staatslexikon, Band 1 und 2, 3. Auflage, 1987.

– in: Maunz, Th. / Dürig, G. (Hrsg.), Grundgesetz. Kommentar, Art. 5 Abs. 1, 2 (Stand 2003).

– in: Maunz, Th. / Dürig, G. (Hrsg.), Grundgesetz. Kommentar, Art. 65 (Stand 2003).

Hesse, K., Der unitarische Bundesstaat, 1962.

– Grundzüge des Verfassungsrechts der BRD, 20. Auflage, 1999.

Hirsch-Weber, W., Politik als Interessenskonflikt, 1969.

Hoffmann-Riem, W., Rundfunkrecht neben Wirtschaftsrecht, 1991.

Hoffschulte, H., Vier Wege einer Garantie kommunaler Selbstverwaltung in Europa, BWGZ 1994, 313.

Höfling, W., Beruf – Berufsbild – Berufsfeld. Heilpraktikerrecht und Psychotherapie aus berufsgrundrechtlicher Perspektive, DÖV 1989, 110.

– Vertragsfreiheit. Eine grundrechtsdogmatische Studie, 1991.

– in: Sachs, M. (Hrsg.), Grundgesetz, 3. Auflage, 2003, Art. 1.

– in: Sachs, M. (Hrsg.), Grundgesetz, 3. Auflage, 2003, Art. 9.

Hohm, K.-H., Parteiendemokratie und Volksentscheid, DuR 1983, 406.

Hohmann, H., Der Verfassungsgrundsatz der Herstellung einheitlicher Lebensverhältnisse im Bundesgebiet. Erläutert anhand der fünf neuen Bundesländer, DÖV 1991, 191.

Hönes, E.-R., Zum Schutz bestehender Alleen, LKV 2003, 7.

Hoppe, W. / *Beckmann,* M. / *Kauch,* P., Umweltrecht, 2. Auflage, 2000.

Huber, E. R., Der Streit um das Wirtschaftsverfassungsrecht, DÖV 1956, 135.

Huber, P. H., Konkurrenzschutz im Verwaltungsrecht, 1991.

Huber, P. M., Vom Aufbau der Staats- und Verwaltungsorganisation in Thüringen, ThürVBl. 1997, 49.

Ipsen, J., Staatsrecht I, 12. Auflage, 2000.

Isensee, J., Der Föderalismus und der Verfassungsstaat der Gegenwart, (Kongressvortrag), AöR 115 (1990), 248.

– Einheit in Ungleichheit: der Bundesstaat – Vielfalt der Länder als Legitimationsbasis des deutschen Föderalismus, in: Bohr, K. (Hrsg.), Föderalismus, 1992, S. 139.

– Staat und Verfassung, in: Isensee, J. / Kirchhof, P. (Hrsg.), Handbuch des Staatsrechts, Bd. 1, 2. Auflage, 1995, § 13.

– Idee und Gestalt des Föderalismus im Grundgesetz, in: Isensee, J. / Kirchhof, P. (Hrsg.), Handbuch des Staatsrechts, Bd. 4, 2. Auflage, 1999, § 98.

– Subsidiaritätsprinzip und Verfassungsrecht: eine Studie über das Regulativ des Verhältnisses von Staat und Gesellschaft, 2. Auflage, 2001.

Jach, F.-R., Schulvielfalt als Verfassungsgebot, 1991.

Janik, V., Kapitulation vor der eingetretenen Konzentration?, AfP 2002, 104.

Jellinek, G., Allgemeine Staatslehre, 5. Neudruck der 3. Auflage, 1966.

Jerusalem, F. W., Die Staatsidee des Föderalismus, 1949.

Jestaedt, M., Grundrechtsentfaltung im Gesetz: Studien zur Interdependenz von Grundrechtsdogmatik und Rechtsgewinnungstheorie, 1999.

Johne, R., Vertretung der Landtage im Ausschuß der Regionen – Zur parlamentarischen Komponente unmittelbarer Interessenvertretung der deutschen Bundesländer in der Europäischen Union, ZParl. 2000, 103.

Kaiser, J. H., Repräsentation organisierter Interessen, 1956.

Kempen, O., Zwischen Gemeinwohlpostulat und demokratischen Verfahrensgarantien, Der Staat 18 (1979), 81.

Kemper, M., in: v. Mangoldt, H. / Klein, Fr. / Starck, Chr. (Hrsg.), Grundgesetz. Kommentar, Bd. 1, 4. Auflage, 1999, Art. 9 Abs. 3.

Kimminich, O., Historische Grundlagen und Entwicklung des Föderalismus in Deutschland, in: Benda, E. (Hrsg.), Probleme des Föderalismus. Referate auf dem Symposium „Föderalismus in der SFR Jugoslawien und in der Bundesrepublik Deutschland – ein Vergleich" vom 19. – 21. März 1984, 1985, S. 1.

– Der Bundesstaat, in: Isensee, J. / Kirchhof, P. (Hrsg.), Handbuch des Staatsrechts, Bd. 1, 1987, § 26.

Kirchhof, P., Grundsätze der Finanzverfassung des vereinten Deutschlands, VVDStRL 52 (1993), S. 71.

– Mittel staatlichen Handelns, in: Isensee, J. / Kirchhof, P. (Hrsg.), Handbuch des Staatsrechts, Bd. 3, 1996, § 59.

Kisker, G., Zur Rechtfertigung des Föderalismus, in: Benda, E. (Hrsg.), Probleme des Föderalismus. Referate auf dem Symposium „Föderalismus in der SFR Jugoslawien und in der Bundesrepublik Deutschland – ein Vergleich" vom 19.– 21. März 1984, 1985, S. 27.

Klein, H. H., Status des Abgeordneten, in: Isensee, J. / Kirchhof, P. (Hrsg.), Handbuch des Staatsrechts, Bd. 2, 1998, § 41.

Kloepfer, M., Umweltrecht, 2. Aufl. 1998, § 1 Rn. 27.

Knemeyer, F.-L., Die verfassungsrechtliche Gewährleistung des Selbstverwaltungsrechts der Gemeinden und Landkreise, in: von Mutius, A. (Hrsg.), Selbstverwaltung im Staat der Industriegesellschaft, Festgabe für Georg Christoph von Unruh, 1983, S. 209.

– Subsidiarität – Föderalismus, Dezentralisation. Initiativen zu einem „Europa der Regionen", DVBl. 1990, 449.

– Staat – Kommunen, Gemeinden – Landkreise. Die Rastede-Entscheidung des Bundesverfassungsgerichts vom 23. 11. 1988 – 2 BvR 1619 / 83 = BVerfGE 79, 127, Der Staat 29 (1990), 406.

Knorr, Ph., Die Justitiabilität der Erforderlichkeitsklausel, 1998.

Koch, H.-J., Umweltrecht, 2002.

„Kommission für wirtschaftlichen und sozialen Wandel", in: Wirtschaftlicher und sozialer Wandel in der Bundesrepublik Deutschland", 1977.

König, Klaus, Öffentliche Verwaltung – postindustriell, postmodern, postbürokratisch, in: Merten, D. / Schmidt, R. / Stettner, R. (Hrsg.), Der Verwaltungsstaat im Wandel, Festschrift für Franz Knöpfle zum 70. Geburtstag, 1996, S. 141.

Kopp, R., in: Bohr, K. (Hrsg.), Föderalismus, 1992, S. 163.

Korte, S., Die Kunst – ein unbekanntes Wesen?, JA 2003, 225.

Krause, Chr. L. / *Hoegen,* D., Landschaftsbild in der Eingriffsregelung: Hinweise zur Berücksichtigung von Landschaftsbildelementen, Schriftenreihe des Bundesamtes für Naturschutz. Angewandte Landschaftsökologie, Heft 8, 1996.

Krebs, W., Notwendigkeit und Struktur eines Verwaltungsgesellschaftsrechts, Verw 29 (1996), 309.

Kremendahl, H., Pluralismustheorie in Deutschland, 1977.

Krüger, H., Zur Bedeutung des Art. 72 Abs. 2 GG für die Gesetzgebungskompetenz des Bundes, BayVBl 1984, 545.

Kübler, F., Verhandlungen des 49. Deutschen Juristentages 1972, I, D 13 ff.

– in: Kohl, H. (Hrsg.), Vielfalt im Rundfunk, 1997, S. 27.

Kunig, Ph., in: von Münch, I. / Kunig, Ph. (Hrsg.), Grundgesetz. Kommentar, Bd. 3, 5. Auflage, 2003, Art. 72.

Ladeur, K.-H., Elternrecht, kulturstaatliches Vielfaltgebot und gesetzliche Regelung der Schulschließung, DÖV 1990, 945.

– Verfassungsrechtliche Fragen regierungsamtlicher Öffentlichkeitsarbeit und öffentlicher Wirtschaftstätigkeit im Internet, DÖV 2002, 1.

Landmann, R. v. / *Rohmer,* G. (Hrsg.), Umweltrecht. Kommentar, Bd. 4, § 1 BNatSchG (Stand 2002).

Laufer, S., Das föderative System der BRD, 5. Auflage, 1985.

Laux, E., Zur Bürokratiekritik, ZO 1980, 121.

– Bürokratiekritik und Verwaltungsvereinfachung, DÖV 1988, 657.

– Vom Verwalten: Beiträge zur Staatsorganisation und zum Kommunalwesen, Bd. 27, 1993, S. 326.

– Die Privatisierung des Öffentlichen: Brauchen wir eine neue Kommunalverwaltung?, Gemeindehaushalt 1994, 169.

Lehner, F., Der Staat, 1985.

Leibholz, G., Das Prinzip der Selbstverwaltung und Art. 28 Abs. 2 Grundgesetz, DVBl. 1973, 715.

– in: Kluxen, K. (Hrsg.), Parlamentarismus, 1976, S. 352.

Leisner, A., Europa als Wettbewerbsgemeinschaft von Staaten – Kompetitiver Förderalismus und europäische Integration, in: Kirchhof, P. / Lehner, M. / Raupach, A. / Rodi, M. (Hrsg.), Staaten und Steuern, Festschrift für Klaus Vogel zum 70. Geburtstag, 2000, S. 593.

– Kontinuität als Verfassungsprinzip, 2001.

Leisner, W., Grundrechte und Privatrecht, 1960.

– Parteienvielfalt bei gleichem Parteiprogramm?, DÖV 1971, 649.

– Die Pressegleichheit, 1976.

– Organisierte Opposition in Verbänden und Parteien, ZRP 1979, 275.

– Chancengleichheit als Nivellierung, in: Adamovich, L. / Pernthaler, P. (Hrsg.), Auf dem Weg zur Menschenwürde und Gerechtigkeit, Festschrift für Hans R. Klecatsky, 1980, S. 535.

– Die Staatseinung, 1991.

– Degressive Ersatzleistungen? Ansätze zu einer „Sozialisierung“ von Entschädigung und Schadensersatz, NJW 1993, 353.

– Die verfassungsrechtliche Belastungsgrenze der Unternehmen, 1995.

– Der Gleichheitsstaat – Macht durch Nivellierung, Demokratie 1998, S. 199.

– Eigentum, in: Isensee, J. / Kirchhof, P. (Hrsg.), Handbuch des Staatsrechts, Bd. 6, 2. Auflage, 2001, § 149.

– Erbrecht, in: Isensee, J. / Kirchhof, P. (Hrsg.), Handbuch des Staatsrechts, Bd. 6, 2. Auflage, 2001, § 150.

– „Wertverlust“, „Wertewandel“ und Verfassungsrecht, JZ 2001, 313.

– Die undefinierbare Verwaltung: Zerfall der vollziehenden Gewalt, 2002.

– Der europäische Einigungszwang. Einigung um Werte – oder Institutionen als Selbstläufer?, JZ 2002, 735.

Lemke, H., Föderalismus, ein verfassungsrechtliches Relikt?, DÖV 1972, 657.

Leonardy, U., Gegenwart und Zukunft der Arbeitsstrukturen des Föderalismus – Status quo – „Europa der Regionen“ und staatliche Einheit Deutschlands, ZParl. 1990, 180.

– Deutscher Föderalismus jenseits 2000 – Reformiert oder deformiert, ZParl 1999, 135.

Lerche, P., Föderalismus als nationales Ordnungsprinzip, VVDStRL 21 (1964), S. 66.

– Werbung und Verfassung, 1967.

– Grundfragen eines gemeinschaftlichen Verbots mittelbarer Werbung, 1990.

– Prinzipien des deutschen Föderalismus, in: Kirchhof, P. / Kammers, D. P. (Hrsg.), Deutschland und sein Grundgesetz, 1993, S. 79.

– in: Maunz, Th. / Dürig, G. (Hrsg.), Grundgesetz. Kommentar, Art. 84 (Stand 2003).

Liebrecht, H., Zur Rechtfertigung des Föderalismus heute und zu den Grenzen zulässiger Länderkooperationen, DVBl. 1969, 97.

Lindgens, G., Katholische Kirche und moderner Pluralismus, 1980.

Loewenstein, K., Verfassungslehre, 1959, S. 367.

Lorse, J., Ist die Bundeswehr privatisierbar?, RiA 2002, 16.

Louis, W., Bundesnaturschutzgesetz. Kommentar, Band 1, S. 174 (Stand 2002).

Löwer, W., in: v. Münch, J. / Kunig, Ph., (Hrsg.) Grundgesetz. Kommentar, Band 2, 5. Auflage, 2000, Art. 28.

Mahrenholz, E. G., Die Kultur und der Bund, DVBl. 2002, 857.

Maier, H., Der Föderalismus – Ursprünge und Wandlungen (Kongressvortrag), AöR 115 (1990), 213.

Maihofer, W., Abschließende Äußerungen, in: Benda, E. / Maihofer, W. / Vogel, Hans-Jochen (Hrsg.), Handbuch des Verfassungsrechts der Bundesrepublik Deutschland, Berlin / New York, 1983, S. 1411.

– Prinzipien freiheitlicher Demokratie, Benda, E. / Maihofer, W. / Vogel, Hans-Jochen (Hrsg.), Handbuch des Verfassungsrechts der Bundesrepublik Deutschland, Berlin / New York, 2. Auflage, 1994, § 12.

Majer, D., Ist die verfassungsrechtliche Prüfung der Voraussetzungen der konkurrierenden Gesetzgebung des Bundes sinnvoll und möglich? Ein Beitrag zu den Vorschlägen der Enquete-Kommission Verfassungsreform über die Erweiterung der Kompetenzen des Bundesverfassungsgerichts, EuGRZ 1980, 98.

Manssen, G., in: von Mangoldt, H. / Klein, F. / Starck, Chr. (Hrsg.), Grundgesetz. Kommentar, 4. Auflage, 1999, Art. 12.

Marcuse, H., in: Wolff, R. / Moore, B. / Mareuse, H. (Hrsg.), Kritik der reinen Toleranz, 1966, S. 91.

Margedant, U., Die Föderalismusdiskussion in Deutschland, Politik und Zeitgeschichte, Band 53 (2003), 29 – 30, S. 6.

Masing, P., Interesse und Konsensus. Zur Rekonstruktion und Begründung normativ-kritischer Elemente neopluralistischer Demokratietheorie, 1979, S. 36.

Maunz, Th. in: Maunz, Th. / Dürig, G. (Hrsg.), Grundgesetz. Kommentar, Art. 21 (Stand 2003).

– in: Maunz, Th. / Dürig, G. (Hrsg.), Grundgesetz. Kommentar, Art. 28 (Stand 2003).

– in: Maunz, Th. / Dürig, G. (Hrsg.), Grundgesetz. Kommentar, Art. 72 (Stand 2003).

Maunz, Th. / *Zippelius,* R., Deutsches Staatsrecht, 30. Auflage, 1998, § 15.

Maurer, H., Verfassungsrechtliche Grundlagen der kommunalen Selbstverwaltung, DVBl. 1995, 1037.

– Allgemeines Verwaltungsrecht, 14. Auflage, 2002.

Mayer, O., Theorie des französischen Verwaltungsrechts, 1886.

Mayer, Th., Direkte Demokratie als Chance für die politische Kultur, ZRP 1993, 330.

Mayntz, R., Gesetzesflut und Bürokratiekritik – Das Problem der Überregelung im Spiegel der öffentlichen Meinung, Verw 1982, 281.

– Föderalismus und die Gesellschaft der Gegenwart (Kongressvortrag), AöR 115 (1990), 232.

Mecking, Chr., Das Europa der Zukunft – Subsidiarität, Föderalismus, Regionalismus (Tagungsbericht), BayVBl. 1991, 746.

Mehlich, H., Die Verwaltungsorganisation im Informatisierungsprozeß, Verw 29 (1996), 385.

Messerschmidt, K., Bundesnaturschutzrecht. Kommentar, Band 1, , Rn. 53 (Stand 2002).

Miller, M., Regionalisierung nur der Strukturpolitik? Chancen und Probleme der Errichtung von Regionalämtern, LKV 1996, 50.

Mitschang, St., Die Aufgaben und Instrumente des Naturschutzes und der Landschaftspflege nach dem neuesten Stand des Bundes- und Landesrechts, UPR 1994, 206.

Möllers, Chr., Braucht das öffentliche Recht einen neuen Methoden- und Richtungsstreit?, VerwArch 90 (1999), 187.

Morlok, M., Staatsrechtslehrertagung 1992 in Bayreuth, NJW 1993, 906.

Morstein-Max, F., Elnfuhrung in die Bürokratie, 1959.

Müller, D., Die Gesetzgebungskompetenz im Berufsbildungsrecht. Analyse der Beratungen der Gemeinsamen Verfassungskommission zur Neufassung des Art. 72 GG, RdJB 1994, 467.

Müller, G., Mangelnde Öffentlichkeitsarbeit der Verwaltung?, BBauBl. 1981, 527.

Müller, M., Markt- und Politikversagen im Fernsehsektor, 1998.

Münch, I., Rechtskultur, NJW 1993, 1673.

Murswiek, D., Staatliche Warnungen, Wertungen, Kritik als Grundrechtseingriffe, DVBl. 1997, 1021.

– in: Sachs, M. (Hrsg.), Grundgesetz. Kommentar, 3. Auflage, 2003, Art. 2.

Naß, K. O., Das „Europa der Regionen“ – verfassungs-, struktur- und agrarpolitische Aspekte, Agrarrecht 1995, 289.

Nawiasky, H., Zum Begriff des Föderalismus, Schweizer Rundschau 45 (1946), 798.

Niebler, E., Der Förderalismus in der Bundesrepublik Deutschland. Dargestellt anhand der Rechtsprechung des Bundesverfassungsgerichts, ThürVBl. 1992, 104.

Niedermann, J., Kultur, Werden und Wandlungen des Begriffs und seiner Ersatzbegriffe von Cicero bis Herder, 1941.

Nierhaus, M., in: Sachs, M. (Hrsg.), Grundgesetz. Kommentar, 3. Auflage, 2003, Art. 28.

Nipperdey, H. C., Soziale Marktwirtschaft und Grundgesetz, 3. Auflage, 1965.

Oberreuter, H., in: ders. (Hrsg.), Pluralismus, 1980.

– Staatslexikon der Görres-Gesellschaft, 7. Auflage 1986.

Oeter, St., in: von Mangoldt, H. / Klein, F. / Starck, Chr. (Hrsg.), Grundgesetz. Kommentar, 4. Auflage, 2000, Art. 72.

Oppermann, Th., Freiheit von Forschung und Lehre, in: Isensee, J. / Kirchhof, P. (Hrsg.), Handbuch des Staatsrechts der Bundesrepublik Deutschland, Band 6, 1989; § 145.

– Europarecht, 2. Auflage, 1999.

– Eine Verfassung für die Europäische Union. Der Entwurf des Europäischen Konvents – 1.Teil, DVBl. 2003, 1165.

Oschatz, G. B., EG-Rechtsetzung und deutscher Föderalismus, in: Merten, D. (Hrsg.) Föderalismus und Europäische Gemeinschaften, 2. Auflage, 1993, S. 63.

Osterloh, L., Der verfassungsrechtliche Gleichheitssatz – Entwicklungslinien der Rechtsprechung des Bundesverfassungsgerichts, EuGRZ 2002, 309.

Papier, H. J., Unternehmen und Unternehmer in der verfassungsrechtlichen Ordnung der Wirtschaft, VVDStRL 35 (1977), S. 56.

– Pressefreiheit zwischen Konzentration und technischer Entwicklung, Staat 18 (1979), 422.

– Art. 12 GG – Freiheit des Berufs und Grundrecht der Arbeit, DVBl. 1984, 801.

Partsch, K.-J., Die Würde des Staates, 1967.

Poetzsch-Heffter, G., Selbstverwaltung und Bundesstaatlichkeit“, in: von Mutius, A. (Hrsg.), Selbstverwaltung im Staat der Industriegesellschaft, Festgabe zum 70. Geburtstag von Georg Christoph von Unruh, 1983, S. 111.

Pollmann, Chr., Der Vertreter der Länder in Angelegenheiten der Europäischen Union – Schutz des Föderalismus oder Beruhigungspille?, KJ 1999, 83.

Püttner, G., Verwaltungslehre, 3. Auflage, 2000.

Quaritsch, H., Zur Entstehung der Theorie des Pluralismus, Der Staat, 1980, S. 37.

Rabe, H.-J., Die Europäisierung der Rechtsordnung, NJW 1997, 2631.

Rehak, H., Vergaberecht und kommunale Privatisierungen der Abfallentsorgung, LKV 2001, 185.

Rehbinder, E., Wege zu einem wirksamen Naturschutz – Aufgaben, Ziele und Instrumente des Naturschutzes – unter besonderer Berücksichtigung des Entwurfs zur Neuregelung des Naturschutzrechts, NuR 2001, 361.

Rehbinder, M., Gesetzgebung in pluralistischen Rechtsordnungen, ZG 1994, 125.

Reinhard, R., Informationstätigkeit der Bundesregierung: Warnungen vor Jugendsekten und glykohlhaltigen Weinen, ThürVBl 2003, 49.

Rengeling, H.-W., Gesetzgebungszuständigkeit, in: Isensee, J. / Kirchhof, P. (Hrsg.), Handbuch des Staatsrechts der Bundesrepublik Deutschland, Band 4, 1990, § 100.

– Europa der Nationen, in: Becker, B. / Bull, H. P. / Seewald, O. (Hrsg.), Festschrift für Werner Thieme zum 70. Geburtstag, 1993, S. 445.

– Die Bundeskompetenzen für ein Umweltgesetzbuch I, DVBl. 1998, 997.

Reuter, L.-R., Schulaufsicht und Schulvielfalt, RdJB 1992, 378.

Richter, in: Alternativkommentar zum Grundgesetz, 1984, Art. 7.

Ridder, H., Meinungsfreiheit, in: Neumann F. L. / Nipperdey, H. C. / Scheuner, U. (Hrsg.), Die Grundrechte, Handbuch der Theorie und Praxis der Grundrechte, Band 2, 1954, S. 243.

Rodi, K., Ist die biologische Vielfalt zu retten?. Dritter Warnemünder Naturschutzrechtstag der Universität Rostock (Tagungsbericht), NuR 1998, 536.

Rohlf, D., Die Novellierung des Bundesnaturschutzgesetzes aus Sicht der Länder. Eine unendliche Geschichte, ZuR 1996, 1.

Ruffert, M., Interessenausgleich im Verwaltungsorganisationsrecht, DÖV 1998, 897.

Rupp, M. H., Handwörterbuch der Wirtschaftswissenschaft, Band 9, 1988.

Rusch, R., in: Thüringer Kommunalhandbuch (Hrsg. Gemeinde- und Städtebund Thüringen), 3. Auflage, 1999, S. 226.

Rybak, H., / *Hofmann,* H., Verteilung der Gesetzgebungsrechte zwischen Bund und Ländern nach der Reform des Grundgesetzes, NVwZ 1995, 230.

Sachs, M., Das Parlamentarische Regierungssystem und der Bundesrat – Entwicklungsstand und Reformbedarf, VVDStRL 58 (1999), 39.

Sannwald, R., Die Reform der Gesetzgebungskompetenzen nach den Beschlüssen der Gemeinsamen Verfassungskommission von Bundestag und Bundesrat, DÖV 1994, 629.

– Die Reform des Grundgesetzes, NJW 1994, 3313.

– in: Schmidt-Bleibtreu, B. / Klein, F. (Hrsg.), Grundgesetz, 9. Auflage, 1999, Art. 72.

Schambeck, H., Vom Wesen und Wert des Föderalismus, in: Marten, D. (Hrsg.), Föderalismus und Europäische Gemeinschaften, 2. Auflage, 1993, S. 27.

Scheuner, U., Konsens und Pluralismus als verfassungsrechtliches Problem, in: Jakobs (Hrsg.), Rechtsgeltung und Konsens, 1976, S. 33.

– Struktur und Aufgabe des Bundesstaats in der Gegenwart, DÖV 1962, 641.

– Wandlungen im Föderalismus der Bundesrepublik, DÖV 1966, 513.

– Zur kommunalen Verwaltungsreform in Deutschland, AfK 8, 1969, 236.

– Zur Neubestimmung der kommunalen Selbstverwaltung, AfK 12, 1973, 1.

Schink, A., Kodifikation des Umweltrechts. Zum Entwurf der Sachverständigenkommission Umweltgesetzbuch (UGB-KomE), DÖV 1999, 1.

Schmehl, A., Die erneuerte Erforderlichkeitsklausel im Art. 72 Abs. 2 GG, DÖV 1996, 724.

– Teilprivatisierung der Daseinsvorsorge, Demokratieprinzip und Gewinnerzielungsmaxime – BerlVerfGH, NVwZ 2000, 794, JuS 2001, 233.

Schmidt, K., Gesellschaftsrecht, 4. Auflage, 2002.

Schmidt-Aßmann, E., in: ders. (Hrsg.), Besonderes Verwaltungsrecht, 10. Auflage, 1995, Rn. 19.

Schmidt-Eichstaedt, G., Die Rechtsqualität der Kommunalaufgaben, in: Püttner, G. (Hrsg.), Handbuch der kommunalen Wissenschaft und Praxis, Band 3, 2. Auflage, 1983, S. 9.

Schmidt-Jortzig, E., Gemeinde- und Kreisaufgaben. Funktionsordnung des Kommunalbereiches nach „Rastede", DÖV 1993, 973.

– Meinungs- und Informationsfreiheit, in: Isensee, J. / Kirchhof, P. (Hrsg.), Handbuch des Staatsrechts der Bundesrepublik Deutschland, Band 6, 1989, 2. Auflage, 2001, § 141.

Schmidt-Preuß, M., Soziale Marktwirtschaft und Grundgesetz vor dem Hintergrund des Staatsvertrages zur Währungs-, Wirtschafts- und Sozialunion, DVBl. 1993, 236.

Schmitt, C., Die Hüter der Verfassung, 1929.

Schoch, F., Zur Situation der kommunalen Selbstverwaltung nach der Rastede-Entscheidung des Bundesverfassungsgerichts, VerwArch. 1990, 18.

– Staatliche Informationspolitik und Berufsfreiheit, DVBl. 1991, 667.

Scholz, R., Wettbewerbsrecht und öffentliche Hand, ZHR 132 (1969), 97.

– Konzentrationskontrolle und Grundgesetz, 1971.

– Paritätische Mitbestimmung und Grundgesetz, 1974, S. 32.

– Pressefreiheit und Arbeitsverfassung, 1978.

– Die Gemeinsame Verfassungskommission von Bundestag und Bundesrat. Auftrag, Verfahrensgang und Ergebnisse, ZG 1994, 1.

– in: Maunz, Th. / Dürig, G. (Hrsg.), Grundgesetz. Kommentar, Art. 5 (Stand 2003).

– in: Maunz, Th. / Dürig, G. (Hrsg.), Grundgesetz. Kommentar, Art. 9 (Stand 2003).

– in: Maunz, Th. / Dürig, G. (Hrsg.), Grundgesetz. Kommentar, Art. 12 (Stand 2003).

– in: Maunz, Th. / Dürig, G. (Hrsg.), Grundgesetz. Kommentar, Art. 20 a (Stand 2003).

Schreckenberger, W., Förderalismus als politischer Handlungsstil, VerwArch. 69 (1978), 341.

Schröder, M., in: von Mangoldt, H. / Klein, F. / Starck, Chr. (Hrsg.), Grundgesetz. Kommentar, 4. Auflage, 2000, Art. 65.

Schulte, M., Informales Verwaltungshandeln als Mittel staatlicher Umwelt- und Gesundheitspflege, DVBl. 1988, 512.

Schulze-Fielitz, H., Art. 35 EinigungsV – Freibrief für eine Bundeskulturpolitik?, NJW 1991, 2456.

– Neue Kriterien für die verwaltungsgerichtliche Kontrolldichte bei der Anwendung unbestimmter Rechtsbegriffe, JZ 1993, 772.

– Auf dem Wege zu einer offenen Gesellschaft europäischer Staatsrechtslehrer, DVBl. 1994, 991.

– in: Dreier, H. (Hrsg.), Grundgesetz. Kommentar, Band 1, 1996, Art. 5.

Schumann, E., Der föderale Aufbau der Bundesrepublik Deutschland und die Rolle des Freistaates Bayern, BayVBl. 1991, 737.

Schuppert, G. F., Die Einheit der Verwaltung als Rechtsproblem, DÖV 1987, 757.

– Self-restrains der Rechtsprechung. Überlegungen zur Kontrolldichte in der Verfassungs- und Verwaltungsgerichtsbarkeit, DVBl. 1988, 1191.

– Verwaltungswissenschaft, 1. Auflage, 2000.

Schwan, A., in: Görres-Gesellschaft (Hrsg.), Staatslexikon: Recht, Wirtschaft, Gesellschaft, 7. Aufl., Band 4, 1988.

Schwartz, I., Subsidiarität und EG-Kompetenzen – der neue Titel „Kultur" – Medienvielfalt und Binnenmarkt, AfP 1993, 409.

Schwarze, J., Medienfreiheit und Medienvielfalt im Europäischen Gemeinschaftsrecht, ZUM 2000, 779.

Schweitzer, M. / *Fixson,* O., Subsidiarität und Regionalismus in der Europäischen Gemeinschaft, Jura 1992, 579.

Seifert, K.-H., Öffentlichkeitsarbeit der Bundesregierung und Wahlwerbung, DÖV 1977, 288.

Seiler, W., Pressekonzentration und publizistische Vielfalt nach zehn Jahren deutscher Einheit, AfP 2002, 1.

Schmitt Glaeser, W., in: Deutsches Rechtslexikon, Band 2, 3. Auflage, 2001.

– in: Tilch, H. / Arloth, F. (Hrsg.), Deutsches Rechtslexikon, Band 2, 3. Auflage, 2001, S. 3271.

Sommermann, K.-P., in: von Mangoldt, H. / Klein, F. / Starck, Chr. (Hrsg.), Grundgesetz. Kommentar, Band 2, 4. Auflage, 2000, Art. 20.

Sparwasser, R. / *Engel,* R. / *Vosskuhle,* A., Umweltrecht, 5. Auflage, 2003.

Starck, Chr., Grundrechtliche und demokratische Freiheitsidee, in: Isensee, J. / Kirchhof, P. (Hrsg.), Handbuch des Staatsrechts der Bundesrepublik Deutschland, Band 2, 1987, § 29.

– in: v. Mangoldt, H. / Klein, F. / Starck, Chr. (Hrsg.), Grundgesetz. Kommentar, Band 1, 4. Aufl. 1999, Art. 1.

– in: von Mangoldt, H. / Klein, F. / Starck, Chr. (Hrsg.), Grundgesetz. Kommentar, Band. 1, 4. Aufl. 1999, Art. 2.

– in: v. Mangoldt, H. / Klein, F. / Starck, Chr. (Hrsg.), Grundgesetz. Kommentar, Band 1, 4. Auflage, 1999, Art. 3.

– in: Maunz, Th. / Dürig, G. (Hrsg.), Grundgesetz. Kommentar, Art. 5 (Stand 2003).

Steinberg, R., Pluralismus und öffentliches Interesse als Problem der amerikanischen und deutlichen Verbandslehre, AöR 96 (1997), 475.

Stern, K., Staatsrecht, Band 1, 2. Auflage, 1984.

– Staatsrecht, Band 5, 2. Auflage, 1989.

Stich, R., Das neue Bundesnaturschutzgesetz. Bedeutsame Änderungen und Ergänzungen des Bundesnaturschutzrechts, UPR 2002, 161.

Storm, P.-Chr., Umweltgesetzbuch (UGB-KomE) – Einsichten in ein Jahrhundertwerk, NvWZ 1999, 35.

Stüer, B. / *Hermanns,* C. D., Daseinsvorsorge durch Privatisierung – Wettbewerb oder staatliche Gewährleistung, DVBl. 2001, 1501.

Süsterhenn, A., in: ders. (Hrsg.), Föderalisierte Ordnung, 1961, S. 43.

Tettinger, P. J., in: Sachs, M. (Hrsg.), Grundgesetz. Kommentar, 3. Auflage, 2003, Art. 12.

– in: von Mangoldt, H. / Klein, F. / Starck, Chr. (Hrsg.), Grundgesetz. Kommentar, 4. Auflage, 2000, Art. 28.

Thelen, M., Demokratie, Grundkonsens und politischer Pluralismus, 1997.

Thieme, W., Verwaltungslehre, Jura 1990, 337.

Topitsch, E. u. a., Pluralismus: Legitimationsprobleme im Interessenwandel, Veröffentlichungen der Walter-Raymond-Stiftung, Band 21, 1983.

Truman, D. B., The Governmental Process. Political Interests and Public Opinion, 2. Aufl., New York, 1971.

Trute, H.-U., Die Verwaltung und das Verwaltungsrecht zwischen gesellschaftlicher Selbstregulierung und staatlicher Steuerung, DVBl. 1996, 950.

Tsiliotis, Ch., Der verfassungsrechtliche Schutz der Wettbewerbsfreiheit, 2000, S. 85.

v. *Hoerner,* H.-H., Von Rastede nach Goldenstedt – Bundesverfassungsgericht macht Art. 28 Abs. 2 „europafest", BGWZ 1994, 315.

v. Mutius, A., Öffentliche Aufgabenerfüllung. Traditionelles, funktionales oder neues Selbstverwaltungsverständnis?, in: ders. (Hrsg.) Selbstverwaltung im Staat der Industriegesellschaft, Festgabe zum 70. Geburtstag von Georg Christoph von Unruh, 1983, S. 227.

– Unbestimmter Rechtsbegriff und Ermessen im Verwaltungsrecht, Jura 1987, 92.

v. Unruh, G.-Chr., Regionalismus in Europa – Realität und Probleme, BayVBl. 1993, 10.

Veiter, Th., Regionalismus und Selbstbestimmung in Europa, AVR 30 (1992), 482.

Vitzthum, W. Graf, Der Föderalismus in der europäischen und internationalen Einbindung der Staaten (Kongressvortrag), AöR 115 (1990), 281.

Volkert, H. P., in: Merten, D. (Hrsg.), Föderalismus und Europäische Gemeinschaften, 2. Auflage, 1993, S. 251.

Waechter, K., Kommunalrecht, 3. Auflage, 1997.

Wannagat, G., Die Rechtskultur in unserer Mediengesellschaft, in: Ruland, F. (Hrsg.), Verfassung, Theorie und Praxis des Sozialstaates, Festschrift für Hans Zacher zum 70. Geburtstag, 1998, S. 1187.

Weber, W., Die Gegenwartslage des deutschen Föderalismus, 1966.

– Spannungen und Kräfte im westdeutschen Verfassungssystem, 3. Auflage, 1970.

Weimar, R. / *Schimikowski,* P. Grundzüge des Wirtschaftsrechts, 2. Auflage, 1993.

Wendt, R., in: v. Münch, I. / Kunig, Ph. (Hrsg.), Grundgesetz. Kommentar, Band 1, 4. Auflage, 2000, Art. 5.

– in: Sachs, M. (Hrsg.), Grundgesetz. Kommentar, Band 1, 3. Auflage, 2003, Art. 14.

Wiedmann, Th., Föderalismus als europäische Utopie. Die Rolle der Regionen aus rechtsvergleichender Sicht – Das Beispiel Deutschlands und Frankreichs, AöR 117 (1992), 46.

Wieland, J., in: Dreier, H. (Hrsg.), Grundgesetz. Kommentar, Band 1, 1996, Art. 12.

Wimmer, R., Abscheid von „gleichwertigen" Lebensverhältnissen?, DVBl. 1982, 62.

Wolf, M., Sachenrecht, 19. Auflage, 2003.

Wolff, H. J. / *Bachof,* O. / *Stober,* R., Verwaltungsrecht, 11. Auflage, 1999.

Wuermeling, J., Föderalismus und Regionalismus in Europa (Kongressvortrag), BayVBl. 1990, 489.

Zacher, H., Forschung in Deutschland – Strukturen in Vielfalt – Strukturen der Ganzheit, in: Kästner, K.-H. (Hrsg.), Festschrift für Martin Heckel zum 70. Geburtstag, 1999, S. 941.

Zehetmair, H., 50 Jahre KMK – Neue Entwicklungen im Kulturföderalismus, RdJB 1998, 133.

Zwicky, H., Das Dilemma der verwaltungsgerechter Öffentlichkeitsarbeit, Verwaltungspraxis 1981, 4.

Sachwortverzeichnis

Schriften zum Öffentlichen Recht

934 **Unternehmerverantwortung im Bergbau.** Am Beispiel der Wasserhaltung. Von W. Frenz. 140 S. 2003 ⟨3-428-11308-X⟩ € 58,– / sFr 98,–

935 **Staatshaftung für Tumultschäden.** Historische Entwicklung, Zustand und Reformperspektiven einer staatlichen Einstandspflicht für Tumultschäden in Deutschland unter vergleichender Berücksichtigung der französischen Rechtslage. Von C. Kimmel. 177 S. 2003 ⟨3-428-11218-0⟩ € 59,80 / sFr 101,–

936 **Der Grundsatz der Verhältnismäßigkeit im Staatsorganisationsrecht.** Von A. Heusch. 256 S. 2003 ⟨3-428-11190-7⟩ € 69,80 / sFr 118,–

937 **Planerhaltung im Städtebaurecht durch Gesetz und richterliche Rechtsfortbildung.** Von H. Steinwede. 275 S. 2003 ⟨3-428-11249-0⟩ € 72,– / sFr 122,–

938 **Demonstrationsfreiheit für Neonazis?** Analyse des Streits zwischen BVerfG und OVG NRW und Versuch einer Aktivierung des § 15 VersG als ehrenschützende Norm. Von R. Röger. 81 S. 2004 ⟨3-428-11325-X⟩ € 36,– / sFr 62,–

939 **Mediation und Vorverfahren.** Ein Beitrag zur Reform des verwaltungsgerichtlichen Vorverfahrens. Von S. Vetter. XIV, 303 S. 2004 ⟨3-428-10859-0⟩ € 62,– / sFr 105,–

940 **Die polizeirechtliche Beschlagnahme von Wohnraum zur Unterbringung Obdachloser.** Zulässigkeit, Inhalt und Rechtsfolgen der Inanspruchnahme und Zuweisung, Verhältnis zu zivilgerichtlichen Entscheidungen, Räumung, Kostentragungs- und Haftungsprobleme. Von K. Reitzig. 409 S. 2004 ⟨3-428-11071-4⟩ € 89,80 / sFr 152,–

941 **Staatliches Engagement im Stiftungswesen zwischen Formenwahlfreiheit und Formenmissbrauch.** Von A. Fiedler. 283 S. 2004 ⟨3-428-11271-7⟩ € 64,80 / sFr 109,–

942 **Beiträge zum Planungsrecht 1959–2000.** Von Willi Blümel. Hrsg. von K. Grupp und M. Ronellenfitsch. 466 S. 2004 ⟨3-428-11439-6⟩ Geb. € 98,– / sFr 165,–

943 **Der Einsatz der Bundeswehr im Innern.** Verfassungsrechtliche Zulässigkeit von innerstaatlichen Verwendungen der Streitkräfte bei Großveranstaltungen und terroristischen Bedrohungen. Von J.-P. Fiebig. 467 S. 2004 ⟨3-428-11118-4⟩ € 84,– / sFr 142,–

944 **Die Gewährleistungsverantwortung des Staates und der Regulatory State.** Zur veränderten Rolle des Staates nach der Deregulierung der Stromwirtschaft in Deutschland, Großbritannien und der EU. Von R. Reinhard. 347 S. 2004 ⟨3-428-11350-0⟩ € 78,– / sFr 132,–

945 **Staatsleistungen an Religionsgemeinschaften im säkularen Kultur- und Sozialstaat.** Von M. Droege. 639 S. 2004 ⟨3-428-11290-3⟩ € 115,– / sFr 194,–

946 **Risikoentscheidungen im Gentechnikrecht.** Beurteilungsspielräume der Verwaltung gegenüber den Gerichten? Von S. Schmieder. 367 S. 2004 ⟨3-428-11301-2⟩ € 88,– / sFr 149,–

947 **Außerordentliche Rechtsbehelfe.** Verfassungsbeschwerden vor dem Fachgericht. Von C. Seidel. 236 S. 2004 ⟨3-428-11376-4⟩ € 74,– / sFr 125,–

948 **Die Erstattungsfähigkeit behördlicher Aufwendungen in Verfahren vor den Verwaltungsgerichten.** Ein Beitrag zum Neuen Steuerungsmodell im Verwaltungsprozeß. Von A. Dietz. 208 S. 2004 ⟨3-428-11355-1⟩ € 69,80 / sFr 118,–

949 **Haftungsprobleme bei informellem Verwaltungshandeln.** Zur Haftpflicht in den verwaltungsrechtlichen Anbahnungsverhältnissen. Von M. Kellner. 265 S. 2004 ⟨3-428-11130-3⟩ € 74,80 / sFr 126,–